상공회의소 한자 2급

시대에듀

不經一事, 不長一智

한 가지 일을 경험해 보지 않으면, 한 가지 지혜가 자라지 않는다.

– ≪명심보감(明心寶鑑)≫, 〈성심편(省心篇)〉

머리말

PREFACE

한자는 왜 이렇게 어려울까?

우리가 한자를 사용한 역사만 무려 2천여 년, 우리말 중 한자어가 차지하는 비율은 약 70%! 이 정도면 우리의 모든 학문과 생활에 한자가 끼치는 영향은 무궁무진하다고 볼 수 있습니다. 그런데 왜 많은 사람이 한자를 어렵고 따분하다고 생각할까요? 공부를 할 때 '한자는 분명히 어려울 거야'라는 고정관념과 걱정에서 출발하기 때문입니다.

편저자 역시 그런 과정을 겪어 온 경험이 있기에 책을 펴기에 앞서 수험생들이 어떻게 하면 한자를 쉽고 효과적으로 공부할 수 있을지 항상 고민하고 연구하였습니다. 그리고 그 결과 가장 효율적이고 체계적인 학습 방법을 구성하여 본서를 출간하게 되었습니다. 그렇다면 한자 시험의 '합격'이라는 여행을 떠나기 전 갖추어야 할 준비물을 알아볼까요?

합격에 필요한 준비물

합 격 = 배정한자 학습 + 출제 유형 파악 + 모의고사 풀이 + CBT 훈련

❶ 배정한자 익히기는 기본!

배정한자를 모두 익혀 자신감을 키우고 시작하는 것이 좋습니다.

❷ 출제 경향 파악은 필수!

기출문제를 통해 출제 유형을 미리 숙지하는 것이 합격의 비법입니다.

❸ 모의고사를 통한 다양한 문제 풀이!

유형 파악만으로 방심은 금물! 출제될 만한 다양한 유형의 예상 문제를 많이, 그리고 반복해서 풀어 보는 것이 바람직합니다.

❹ CBT 모의고사로 실전 감각 기르기!

CBT로 진행되는 상공회의소 한자 시험! CBT 시험 형식에 대한 이해도가 높아야 당황하지 않고 시험에 임할 수 있습니다.

시대에듀에서는 대한상공회의소 한자 시험을 준비하는 수험생들을 위해 단 한 권으로 모든 준비를 완벽하게 마무리할 수 있도록 책을 만들었습니다. 이 책을 통해 수험생이 합격의 영광과 함께할 수 있기를 바라며, 진심으로 여러분을 응원합니다.

편저자 씀

상공회의소 한자 시험 안내 INFORMATION

상공회의소 한자 시험이란?

상공회의소 한자 시험은 중국, 대만, 일본 등 한자 문화권 국가와의 수출 및 투자가 증가함에 따라 이에 필요한 기업 업무 및 일상생활에 사용 가능한 한자의 이해 및 구사 능력을 평가하는 시험이다. 또한 대부분 쓰기 위주의 능력을 평가하는 다른 한자검정시험과 달리, 상공회의소 한자 시험은 기업 위주의 실무 능력을 위해 읽기 능력을 중점적으로 평가하는 시험이다.

자격 특징

상공회의소 한자는 부분국가공인 자격이다. 1급, 2급, 3급은 국가 공인자격이지만 나머지 급수는 상공회의소 자격으로 민간자격이다.

❶ 상공회의소 한자 민간 자격: 9급~4급
❷ 상공회의소 한자 공인 자격: 3급~1급

인터넷 접수

대한상공회의소 자격평가사업단(licence.korcham.net)

검정 기준

급 수	한자능력수준에 따른 검정 기준	급수별 배정한자에 따른 검정 기준
1급	전문적 한자어가 사용된 국한혼용의 신문이나 잡지, 서류, 서적 등을 능숙하게 읽고 이해할 수 있는 최상급의 한자 능력 수준	교육부가 제정한 중 · 고등학교 한문교육용 기초한자 1,800자와 국가 표준의 KSX1001한자 4,888자 및 대법원이 제정한 인명용 한자 3,153자(중복 한자를 제외하면 3,108자) 중 4,908자를 이해하고 국어생활에서 활용할 수 있다.
2급	전문적 한자어가 사용된 국한혼용의 신문이나 잡지, 서류, 서적 등을 별 무리 없이 읽고 이해할 수 있는 상급의 한자 능력 수준	교육부가 제정한 중 · 고등학교 한문교육용 기초한자 1,800자와 국가 표준의 KSX1001한자 4,888자 및 대법원이 제정한 인명용 한자 3,301자를 이해하고 국어생활에서 활용할 수 있다.
3급	고등학교 수준의 일상적인 한자어가 사용된 국한혼용의 신문이나 잡지, 서류, 서적 등을 어느 정도 읽고 이해할 수 있는 한자 능력 수준	교육부가 제정한 중 · 고등학교 한문교육용 기초한자 1,800자를 이해하고 국어생활에서 활용할 수 있다.

출제 기준

과 목	중분류	소분류
한 자	❶ 한자의 부수, 획수, 필순	① 한자의 부수
		② 한자의 획수
		③ 한자의 필순
	❷ 한자의 짜임	① 한자의 짜임
	❸ 한자의 음과 뜻	① 한자의 음
		② 음에 맞는 한자
		③ 음이 같은 한자
		④ 한자의 뜻
		⑤ 뜻에 맞는 한자
		⑥ 뜻이 비슷한 한자
어 휘	❶ 한자어의 짜임	① 한자어의 짜임
	❷ 한자어의 음과 뜻	① 한자어의 음
		② 음에 맞는 한자어
		③ 음이 같은 한자어
		④ 여러 개의 음을 가진 한자
		⑤ 한자어의 뜻
		⑥ 뜻에 맞는 한자어
		⑦ 3개 어휘에 공통되는 한자
		⑧ 반의어 · 상대어
	❸ 성어	① 성어의 빠진 글자 채워 넣기
		② 성어의 뜻
		③ 뜻에 맞는 성어
독 해	❶ 문장에 사용된 한자어의 음과 뜻	① 문장 속 한자어의 음
		② 문장 속 한자어의 뜻
		③ 문장 속 한자어 채워 넣기
		④ 문장 속 틀린 한자어 고르기
		⑤ 문장 속 단어의 한자 표기
		⑥ 문장 속 어구의 한자 표기
	❷ 종합문제	① 종합문제

※ 관련 규정 및 세부 내용은 변경될 수 있으며, 자세한 사항은 시행처 홈페이지(license.korcham.net)를 참고하시기 바랍니다.

상공회의소 한자 시험 안내 INFORMATION

시험 일정

상공회의소 한자 상시 시험 일정

❶ 시험 일정: 대한상공회의소(license.korcham.net)에서 확인(지역별 일정 관리)
❷ 시험 접수: 선착순 마감(접수일로부터 4일 이내의 일정은 시험장 준비 관계로 자동 마감되어 접수 불가)
❸ 시험 방법: CBT(Computer-based testing)
❹ 시험 형식: 상시 시험(시험 개설 여부는 시험장 상황에 따라 다름)
❺ 합격자 발표: 시험일 다음날 오전 10시

합격 기준

급 수	과 목	문항 수	배점	과목별 총점	전체 총점	합격 점수
2급	한 자	50	4점	200	760	608
	어 휘	40	6점	240		
	독 해	40	8점	320		

영역별 출제 범위

❶ 한자 영역의 출제 범위

출제 범위	세부 내용	출제 기준별 출제 문항 수		
		3급	2급	1급
한자의 부수, 획수, 필순	한자의 부수	2	–	–
	한자의 획수	2	–	–
	한자의 필순	2	–	–
한자의 짜임	한자의 짜임	2	–	–
한자의 음과 뜻	한자의 음	6	11	11
	음에 맞는 한자	5	7	7
	음이 같은 한자	5	7	7
	한자의 뜻	6	11	11
	뜻에 맞는 한자	5	7	7
	뜻이 비슷한 한자	5	7	7
합 계		40	50	50

❷ 어휘 영역의 출제 범위

출제 범위	세부 내용	출제 기준별 출제 문항 수		
		3급	2급	1급
한자어의 짜임	한자어의 짜임	–	2	3
한자어의 음과 뜻	한자어의 음	–	2	3
	음에 맞는 한자어	–	2	3
	음이 같은 한자어	5	3	5
	여러 개의 음을 가진 한자	2	1	2
	한자어의 뜻	–	2	3
	뜻에 맞는 한자어	–	2	3
	3개의 어휘에 공통되는 한자	10	6	8
	반의어 · 상대어	8	5	5
성 어	성어의 빠진 글자 채워 넣기	5	5	5
	성어의 뜻	5	5	5
	뜻에 맞는 성어	5	5	5
합 계		40	40	50

❸ 독해 영역의 출제 범위

출제 범위	세부 내용	출제 기준별 출제 문항 수		
		3급	2급	1급
문장에 사용된 한자어의 음과 뜻	문장 속 한자어의 음	6	7	10
	문장 속 한자어의 뜻	6	5	5
	문장 속 한자어 채워 넣기	3	5	5
	문장 속 틀린 한자어 고르기	3	5	5
	문장 속 단어의 한자 표기	3	8	10
	문장 속 어구의 한자 표기	3	5	5
종합 문제	종합 문제	16	5	10
합 계		40	40	50

※ 관련 규정 및 세부 내용은 변경될 수 있으며, 자세한 사항은 시행처 홈페이지(license.korcham.net)를 참고하시기 바랍니다.

이 책의 구성 STRUCTURES

·· 상공회의소 한자 2급 2주 격파! SCHEDULE

■ 아래 스케줄에 따라 공부하고, 체크해 보세요.

일정	학습 범위	학습한 날	학습 완료 체크
Day 01	9~5급 배정한자 (600자)	/	☐
Day 02	4급 배정한자 (300자)	/	☐
Day 03	3급 배정한자 (480자)	/	☐
Day 04	3급 배정한자 (420자)	/	☐
Day 05	2급 배정한자 (190자)	/	☐
Day 06	2급 배정한자 (192자)	/	☐

2주 격파 플랜

상공회의소 한자 2급 초단기 합격을 위한 2주 필승 전략!

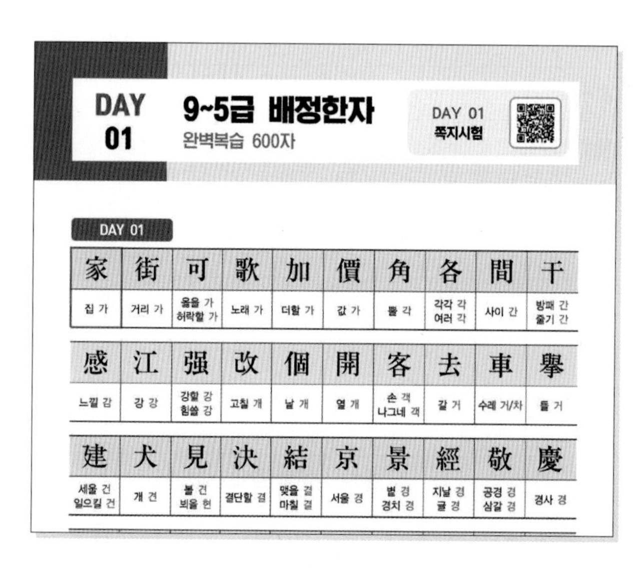
DAY 01 9~5급 배정한자 완벽복습 600자 DAY 01 쪽지시험

DAY 01

家	街	可	歌	加	價	角	各	間	干
집 가	거리 가	옳을 가 허락할 가	노래 가	더할 가	값 가	뿔 각	각각 각 여러 각	사이 간	방패 간 줄기 간

感	江	强	改	個	開	客	去	車	擧
느낄 감	강 강	강할 강 힘쓸 강	고칠 개	낱 개	열 개	손 객 나그네 객	갈 거	수레 거/차	들 거

建	犬	見	決	結	京	景	經	敬	慶
세울 건 일으킬 건	개 견	볼 견 뵈올 현	결단할 결	맺을 결 마칠 결	서울 경	볕 경 경치 경	지날 경 글 경	공경 경 삼갈 경	경사 경

9~3급 배정한자

2급 배정한자 학습 전 하위 급수 배정한자를 완벽히 복습할 수 있도록 DAY 01부터 DAY 04까지 9~3급 배정한자 모두 수록!

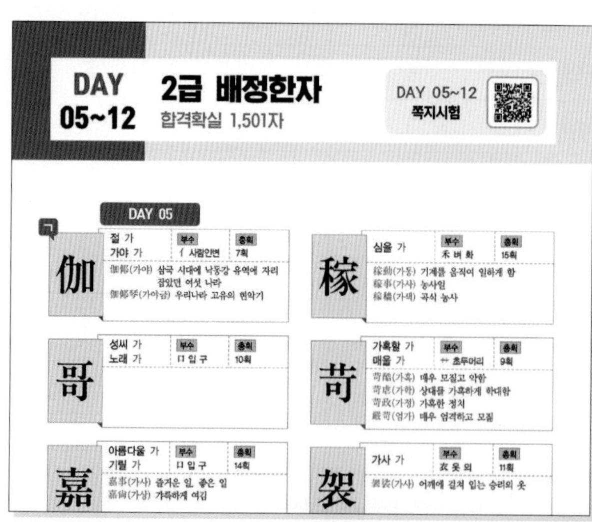
DAY 05~12 2급 배정한자 합격확실 1,501자 DAY 05~12 쪽지시험

DAY 05

伽 절 가 / 가야 가 | 부수 亻 사람인변 | 총획 7획
伽倻(가야) 삼국 시대에 낙동강 유역에 자리 잡았던 여섯 나라
伽倻琴(가야금) 우리나라 고유의 현악기

稼 심을 가 | 부수 禾 벼 화 | 총획 15획
稼動(가동) 기계를 움직여 일하게 함
稼事(가사) 농사일
稼穡(가색) 곡식 농사

哥 성씨 가 / 노래 가 | 부수 口 입 구 | 총획 10획

苛 가혹할 가 / 매울 가 | 부수 艹 초두머리 | 총획 9획
苛酷(가혹) 매우 모질고 악함
苛虐(가학) 상대를 가혹하게 학대함
苛政(가정) 가혹한 정치
嚴苛(엄가) 매우 엄격하고 모짊

嘉 아름다울 가 / 기릴 가 | 부수 口 입 구 | 총획 14획
嘉事(가사) 즐거운 일, 좋은 일
嘉尙(가상) 가륵하게 여김

袈 가사 가 | 부수 衣 옷 의 | 총획 11획
袈裟(가사) 어깨에 걸쳐 입는 승려의 옷

2급 배정한자

2급 배정한자의 훈 · 음뿐만 아니라 부수와 획수, 활용 어휘까지 수록하여 더욱 꼼꼼하게 학습!

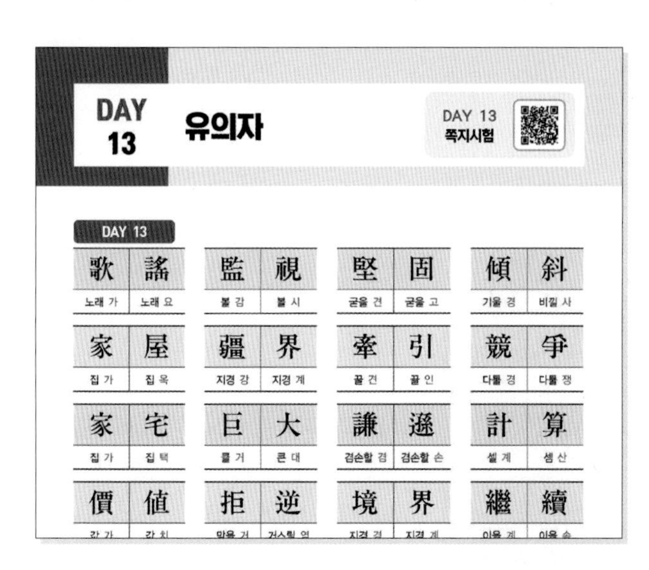

DAY 13 유의자

DAY 13 쪽지시험

DAY 13

歌	謠	監	視	堅	固	傾	斜
노래 가	노래 요	볼 감	볼 시	굳을 견	굳을 고	기울 경	비낄 사
家	屋	疆	界	牽	引	競	爭
집 가	집 옥	지경 강	지경 계	끌 견	끌 인	다툴 경	다툴 쟁
家	宅	巨	大	謙	遜	計	算
집 가	집 택	클 거	큰 대	겸손할 겸	겸손할 손	셀 계	셈 산
價	値	拒	逆	境	界	繼	續
값 가	값 치	막을 거	거스릴 역	지경 경	지경 계	이을 계	이을 속

출제 유형별 한자

유의자, 동음이의어, 사자성어 등 출제 유형별로 나누어 전략적 학습!

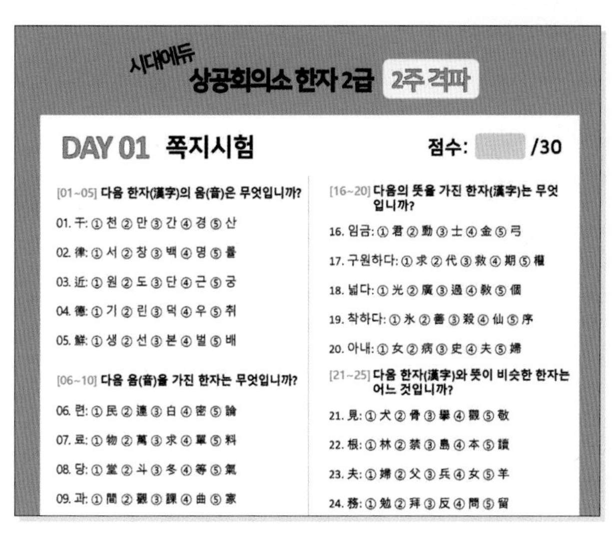

시대에듀 상공회의소 한자 2급 2주 격파

DAY 01 쪽지시험 점수: /30

[01~05] 다음 한자(漢字)의 음(音)은 무엇입니까?

01. 千: ① 천 ② 만 ③ 간 ④ 경 ⑤ 산

02. 律: ① 서 ② 창 ③ 백 ④ 명 ⑤ 률

03. 近: ① 원 ② 도 ③ 단 ④ 근 ⑤ 궁

04. 德: ① 기 ② 린 ③ 덕 ④ 우 ⑤ 취

05. 鮮: ① 생 ② 선 ③ 본 ④ 벌 ⑤ 배

[06~10] 다음 음(音)을 가진 한자는 무엇입니까?

06. 련: ① 民 ② 連 ③ 白 ④ 密 ⑤ 論

07. 료: ① 物 ② 萬 ③ 求 ④ 畢 ⑤ 料

08. 당: ① 堂 ② 斗 ③ 冬 ④ 等 ⑤ 氣

09. 과: ① 間 ② 觀 ③ 課 ④ 曲 ⑤ 家

[16~20] 다음의 뜻을 가진 한자(漢字)는 무엇입니까?

16. 임금: ① 君 ② 勤 ③ 士 ④ 金 ⑤ 弓

17. 구원하다: ① 求 ② 代 ③ 救 ④ 期 ⑤ 糧

18. 넓다: ① 光 ② 廣 ③ 過 ④ 敎 ⑤ 個

19. 착하다: ① 氷 ② 善 ③ 殺 ④ 仙 ⑤ 序

20. 아내: ① 女 ② 病 ③ 史 ④ 夫 ⑤ 婦

[21~25] 다음 한자(漢字)와 뜻이 비슷한 한자는 어느 것입니까?

21. 見: ① 犬 ② 骨 ③ 擧 ④ 觀 ⑤ 敬

22. 根: ① 林 ② 禁 ③ 島 ④ 本 ⑤ 讀

23. 夫: ① 婦 ② 父 ③ 兵 ④ 女 ⑤ 羊

24. 務: ① 勉 ② 拜 ③ 反 ④ 問 ⑤ 留

ALL DAY 쪽지시험

각 DAY가 끝나면 PDF로 제공되는 쪽지시험으로 복습&실력 테스트! (각 DAY 첫 장의 QR코드를 스캔하면 쪽지시험 PDF로 바로 연결됩니다.)

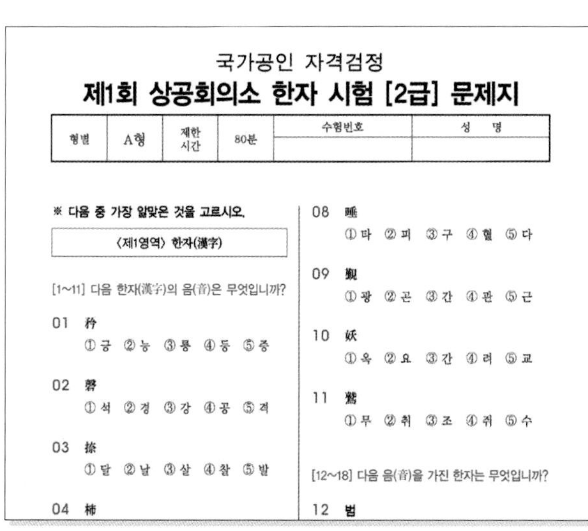

국가공인 자격검정

제1회 상공회의소 한자 시험 [2급] 문제지

형별	A형	제한 시간	80분	수험번호	성 명

※ 다음 중 가장 알맞은 것을 고르시오.

〈제1영역〉 한자(漢字)

[1~11] 다음 한자(漢字)의 음(音)은 무엇입니까?

01 矜
① 긍 ② 능 ③ 릉 ④ 등 ⑤ 증

02 磬
① 석 ② 경 ③ 강 ④ 공 ⑤ 격

03 捺
① 달 ② 날 ③ 살 ④ 찰 ⑤ 발

04 柿

08 唾
① 타 ② 피 ③ 구 ④ 혈 ⑤ 다

09 覲
① 광 ② 곤 ③ 간 ④ 관 ⑤ 근

10 妖
① 옥 ② 요 ③ 간 ④ 려 ⑤ 교

11 鷲
① 무 ② 취 ③ 조 ④ 쥐 ⑤ 수

[12~18] 다음 음(音)을 가진 한자는 무엇입니까?

12 범

최신 기출 동형 모의고사

최신 기출 동형 모의고사&해설로 출제 경향 완벽히 파악하기!

빈출순으로 정리한 한자

※ 빈칸을 채워서 합격 한자책을 완성해 보세요.

	한자	훈·음
1	訶	
2	覲	
3	緊	
4	殼	
5	墾	
6	艮	
7	喝	
8	龕	
9	彊	
10	薑	

	훈·음	한자
1	꾸짖을 가	
2	뵐 근	
3	긴	
4	껍	
5	개간	
6	괘이	
7	꾸짖	
8	감	
9	굳	
10	생	

시대에듀
상공회의소 한자 2급
빅데이터 빈출한자
시대에듀

특별 부록

빅데이터 빈출 한자

시험 직전 막판 뒤집기! 빅데이터를 기반으로 시험에 가장 많이 출제된 한자 330자, 한자어 100개, 사자성어 100개 수록!

CBT 모의고사 1회 무료 쿠폰 제공

시험 당일처럼 생생하게! CBT 모의고사 1회 무료 쿠폰 제공!

CBT 모의고사

CBT 모의고사 응시 방법

① 시대에듀 합격시대 홈페이지(www.sdedu.co.kr/pass_sidae) 접속

② 검색창 우측 쿠폰 입력 배너 클릭

③ 무료 쿠폰 번호 입력 후 응시(* 무료 쿠폰 번호는 도서 마지막 장 하단에 적혀있습니다.)

상공회의소 한자 2급 2주 격파! SCHEDULE

아래 스케줄에 따라 공부하고, 체크해 보세요.

일정	학습 범위	학습한 날	학습 완료 체크
Day 01	9~5급 배정한자 (600자)	/	☐
Day 02	4급 배정한자 (300자)	/	☐
Day 03	3급 배정한자 (480자)	/	☐
Day 04	3급 배정한자 (420자)	/	☐
Day 05	2급 배정한자 (190자)	/	☐
Day 06	2급 배정한자 (192자)	/	☐
Day 07	2급 배정한자 (192자)	/	☐
Day 08	2급 배정한자 (192자)	/	☐
Day 09	2급 배정한자 (192자)	/	☐
Day 10	2급 배정한자 (180자)	/	☐
Day 11	2급 배정한자 (180자)	/	☐
Day 12	2급 배정한자 (183자)	/	☐
Day 13	출제 유형별 한자	/	☐
Day 14	출제 유형별 한자	/	☐

한자의 부수

❶ 부수의 정의

부수(部首)란 옥편(玉篇)에서 한자를 찾는 데 필요한 기본 글자로서 214자가 있으며, 한자의 핵심 의미이자 한자 분류의 기본 원칙이다. 부수는 그 글자의 뜻을 함축하고 있는 경우가 많으므로 부수만 알아도 모르는 한자의 뜻을 쉽게 추측할 수 있다.

❷ 부수의 분류와 배열

부수는 현재 1획부터 17획까지 총 214자로 이루어져 있다. '상형자(象形字)'가 149자, '지사자(指事字)'가 17자, '회의자(會意字)'가 21자, '형성자(形聲字)'가 27자이다.

❸ 부수의 위치에 따른 명칭

부수는 글자가 놓이는 위치에 따라 변, 방, 엄, 머리, 몸, 받침, 발, 제부수 8가지로 나뉜다.

• 변(邊) : 부수가 글자의 왼쪽에 있는 경우

변

㉠ 亻(人) : 사람인변(사람 인) → 休(쉴 휴), 信(믿을 신), 伏(엎드릴 복)
㉡ 氵(水) : 삼수변(물 수) → 江(강 강), 河(물 하), 淸(맑을 청)
㉢ 扌(手) : 재방변(손 수) → 技(재주 기), 指(가리킬 지), 打(칠 타)
㉣ 言 : 말씀 언 → 記(기록할 기), 訓(가르칠 훈, 길 순)

• 방(傍) : 부수가 글자의 오른쪽에 있는 경우

방

㉠ 刂(刀) : 선칼도방(칼 도) → 別(나눌 별), 判(판단할 판), 利(이로울 리)
㉡ 阝(邑) : 우부방(고을 읍) → 部(떼 부), 郡(고을 군)
㉢ 攵(攴) : 등글월문(칠 복) → 改(고칠 개), 政(정사 정)

• 머리 : 부수가 글자의 위에 있는 경우

머리

㉠ 艹(艸) : 초두머리(풀 초) → 花(꽃 화), 草(풀 초), 苦(쓸 고)
㉡ 宀 : 갓머리(집 면) → 宙(집 주), 安(편안 안), 家(집 가)
㉢ 竹 : 대 죽 → 簡(대쪽 간), 筆(붓 필), 答(대답할 답)
㉣ 雨 : 비 우 → 露(이슬 로, 이슬 노), 雪(눈 설)

• 발 : 부수가 글자의 아래에 있는 경우

㉠ 灬(火) : 연화발(불 화) → 烈(매울 렬), 熱(더울 열)
㉡ 儿 : 어진사람인발(어진사람 인) → 元(으뜸 원), 兒(아이 아)
㉢ 心 : 마음 심 → 忘(잊을 망), 思(생각 사), 怨(원망할 원)
㉣ 皿 : 그릇 명 → 益(더할 익, 넘칠 일), 盜(도둑 도)

• 받침 : 부수가 왼쪽과 아래에 걸쳐 있는 경우

받침

㉠ 辶(辵) : 책받침(쉬엄쉬엄 갈 착) → 道(길 도), 送(보낼 송)
㉡ 廴 : 민책받침(길게 걸을 인) → 建(세울 건), 廻(돌 회)
㉢ 走 : 달릴 주 → 起(일어날 기), 超(뛰어넘을 초)

• 엄 : 부수가 위쪽과 왼쪽에 걸쳐 있는 경우

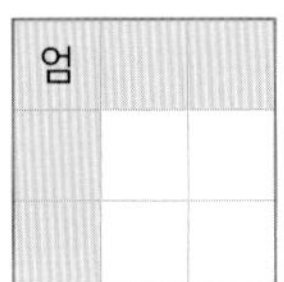

㉠ 尸 : 주검시엄(주검 시) → 居(살 거), 尾(꼬리 미), 屋(집 옥)
㉡ 广 : 엄호(집 엄) → 店(가게 점), 庭(뜰 정), 府(관청 부)
㉢ 戶 : 지게호(집 호) → 房(방 방), 扇(부채 선)
㉣ 虍 : 범호엄 → 虎(범 호), 虐(모질 학)

• 엄 : 부수가 글자를 둘러싸고 있는 경우

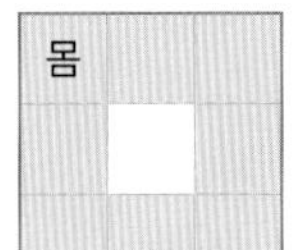

㉠ 口 : 큰입구몸(에워쌀 위) → 國(나라 국), 固(굳을 고)
㉡ 門 : 문 문 → 間(사이 간), 開(열 개)
㉢ 匚 : 감출혜몸(감출 혜) → 匹(짝 필), 區(지경 구)
㉣ 行 : 다닐 행 → 街(거리 가), 術(재주 술)

• 제부수 : 부수 자체가 글자인 경우

角	車	見	高	鼓	谷	骨	工	口	金
뿔 각	수레 거	볼 견	높을 고	북 고	골짜기 곡	뼈 골	장인 공	입 구	쇠 금
己	女	大	豆	力	老	里	立	馬	面
몸 기	여자 녀	큰 대	콩 두	힘 력	늙을 로	마을 리	설 립	말 마	낯 면
毛	木	目	文	門	米	方	白	父	比
터럭 모	나무 목	눈 목	글월 문	문 문	쌀 미	모 방	흰 백	아비 부	견줄 비
飛	非	鼻	士	山	色	生	夕	石	小
날 비	아닐 비	코 비	선비 사	뫼 산	색 색	날 생	저녁 석	돌 석	작을 소
水	首	手	示	食	身	臣	心	十	羊
물 수	머리 수	손 수	보일 시	먹을 식	몸 신	신하 신	마음 심	열 십	양 양
魚	言	用	龍	牛	雨	月	肉	瓦	音
고기 어	말씀 언	쓸 용	용 룡	소 우	비 우	달 월	고기 육	기와 와	소리 음
邑	衣	二	耳	人	一	日	入	子	自
고을 읍	옷 의	두 이	귀 이	사람 인	한 일	날 일	들 입	아들 자	스스로 자
長	赤	田	鳥	足	走	竹	至	止	辰
길 장	붉을 적	밭 전	새 조	발 족	달릴 주	대나무 죽	이를 지	그칠 지	별 진
靑	寸	齒	土	八	風	行	香	血	火
푸를 청	마디 촌	이 치	흙 토	여덟 팔	바람 풍	다닐 행	향기 향	피 혈	불 화
黃	黑								
누를 황	검을 흑								

＊부수의 변형 – 부수로 쓰일 때 본래의 모양과 달라지는 글자

부수	변형	부수	변형	부수	변형
人 인	亻 사람인변	犬 견	犭 개사슴록변	阜 부	阝 좌부변
心 심	忄 심방변	衣 의	衤 옷의변	刀 도	刂 선칼도방
邑 읍	阝 우부방	㔾 절	卩 병부절	辵 착	辶 책받침
肉 육	月 육달월	水 수	氵 삼수변	火 화	灬 연화발
艸 초	艹 초두머리	手 수	扌 재방변	老 로	耂 늙을로엄

❹ 획수별 부수

1획						
一	丨	丶	丿	乙	亅	
한 일	뚫을 곤	점 주	삐침 별	새 을	갈고리 궐	

2획						
二	亠	人(亻)	儿	入	八	冂
두 이	돼지해머리	사람인(사람인변)	어진사람인발	들 입	여덟 팔	멀경 몸
冖	冫	几	凵	刀(刂)	力	勹
민갓머리	이수변	안석 궤	위튼입구몸	칼 도(선칼도방)	힘 력	쌀포몸
匕	匚	匸	十	卜	卩(㔾)	厂
비수 비	터진입구몸	감출혜몸	열 십	점 복	병부절	민엄호
厶	又					
마늘 모	또 우					

3획						
口	囗	土	士	夂	夊	夕
입 구	큰입구 몸	흙 토	선비 사	뒤져올 치	천천히걸을쇠발	저녁 석
大	女	子	宀	寸	小	尢
큰 대	여자 녀	아들 자	갓머리	마디 촌	작을 소	절름발이 왕
尸	屮	山	巛(川)	工	己	巾
주검시엄	왼손 좌	뫼 산	개미허리(내 천)	장인 공	몸 기	수건 건
干	幺	广	廴	廾	弋	弓
방패 간	작을 요	엄호	민책받침	스물입발	주살 익	활 궁
彐(⺕)	彡	彳	忄	氵	犭	阝
튼가로왈	터럭 삼	두인변	심방변	삼수변	개사슴록변	우부방
阝	扌					
좌부변	재방변					

4획						
心(⺗)	戈	戶	手	支	攵(攴)	文
마음 심(마음심밑)	창 과	지게 호	손 수	지탱할 지	등글월문(칠 복)	글월 문
斗	斤	方	无(旡)	日	曰	月
말 두	날 근	모 방	이미기방	날 일	가로 왈	달 월, 육달월

木	欠	止	歹(歺)	殳	毋	比
나무 목	하품 흠	그칠 지	죽을사변	갖은등글월 문	말 무	견줄 비
毛	氏	气	水	火(灬)	爪(爫)	父
터럭 모	성씨 씨	기운기엄	물 수	불 화(연화발)	손톱 조	아비 부
爻	爿	片	牙	牛(牜)	犬	王
점괘 효	장수장변	조각 편	어금니 아	소 우	개 견	구슬옥변
礻	耂	艹	辶	㓁		
보일시변	늙을로엄	초두머리	책받침	그물 망		

5획

玄	玉	瓜	瓦	甘	生	用
검을 현	구슬 옥	오이 과	기와 와	달 감	날 생	쓸 용
田	疋	疒	癶	白	皮	皿
밭 전	짝 필	병질엄	필발머리	흰 백	가죽 피	그릇 명
目	矛	矢	石	示	禸	禾
눈 목	창 모	화살 시	돌 석	보일 시	발자국 유	벼 화
穴	立	罒	衤	氺		
구멍 혈	설 립	그물망머리	옷의변	아래물수		

6획

竹	米	糸	缶	网	羊	羽
대 죽	쌀 미	실 사	장군 부	그물 망	양 양	깃 우
老	而	耒	耳	聿	肉	臣
늙을 로	말이을 이	가래 뢰	귀 이	붓 율	고기 육	신하 신
自	至	臼	舌	舛	舟	艮
스스로 자	이를 지	절구 구	혀 설	어그러질 천	배 주	괘이름 간
色	艸	虍	虫	血	行	衣 / 襾
빛 색	풀 초	범호엄	벌레 충/훼	피 혈	다닐 행	옷 의 / 덮을 아

7획

見	角	言	谷	豆	豕	豸
볼 견	뿔 각	말씀 언	골 곡	콩 두	돼지 시	갖은돼지시변
貝	赤	走	足	身	車	辛
조개 패	붉을 적	달릴 주	발 족	몸 신	수레 거/차	매울 신
辰	辵	邑	酉	釆	里	
별 진	쉬엄쉬엄갈 착	고을 읍	닭 유	분별할 변	마을 리	

8획

金	長	門	阜	隶	隹	雨
쇠 금	길 장	문 문	언덕 부	미칠 이	새 추	비 우
靑	非					
푸를 청	아닐 비					

9획						
面	革	韋	韭	音	頁	風
낯 면	가죽 혁	가죽 위	부추 구	소리 음	머리 혈	바람 풍
飛	食(飠)	首	香			
날 비	밥 식(밥식변)	머리 수	향기 향			

10획							
馬	骨	高	髟	鬥	鬯	鬲	鬼
말 마	뼈 골	높을 고	터럭 발	싸울 투	울창주 창	솥 력	귀신 귀

11획						
魚	鳥	鹵	鹿	麥	麻	
물고기 어	새 조	소금밭 로	사슴 록	보리 맥	삼 마	

12획				13획			
黃	黍	黑	黹	黽	鼎	鼓	鼠
누를 황	기장 서	검을 흑	바느질할 치	맹꽁이 맹	솥 정	북 고	쥐 서

14획		15획	16획		17획
鼻	齊	齒	龍	龜	龠
코 비	가지런할 제	이 치	용 룡	거북 귀	피리 약

한자의 필순

필순(筆順)은 한자를 쓰는 순서, 즉 획(劃)을 말합니다. 필순에 따라 한자를 쓰면 글자 쓰기가 쉽고 빠르며, 모양도 올바르게 됩니다.

三	총 3획
	一 二 三
석 삼	예 三, 工, 言, 客, 花, 志

▶ 상하 구조일 때 위에서 아래로 쓴다.

川	총 3획
	丿 川 川
내 천	예 川, 州, 外, 街, 到

▶ 좌우 구조일 때 왼쪽에서 오른쪽으로 쓴다.

小	총 3획
	亅 小 小
작을 소	예 小, 水, 山, 樂

▶ 좌우 대칭될 때는 가운데를 먼저 쓰고 왼쪽, 오른쪽의 순서로 쓴다.

十	총 2획							
	一	十						
열 십	예 十, 木, 支, 干							

▶ 가로, 세로가 겹칠 때에는 가로획을 먼저 긋는다.

中	총 4획							
	丨	冂	口	中				
가운데 중	예 中, 事, 手, 平							

▶ 가운데를 꿰뚫는 획은 나중에 긋는다.

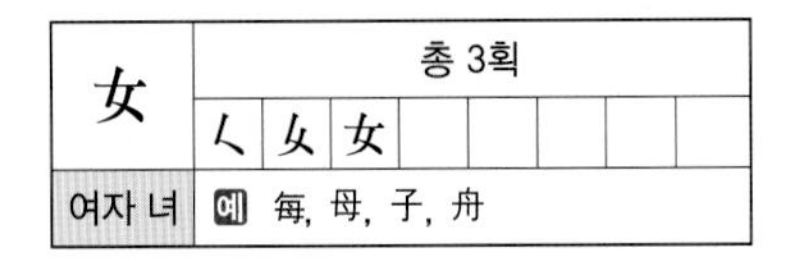

女	총 3획							
	𡿨	夂	女					
여자 녀	예 每, 母, 子, 舟							

▶ 허리를 끊는 획은 나중에 긋는다.

道	총 13획												
	丶	丷	䒑	䒑	䒑	首	首	首	首	首	道	道	道
길 도	예 道, 近, 建												

▶ 받침은 나중에 긋는다.

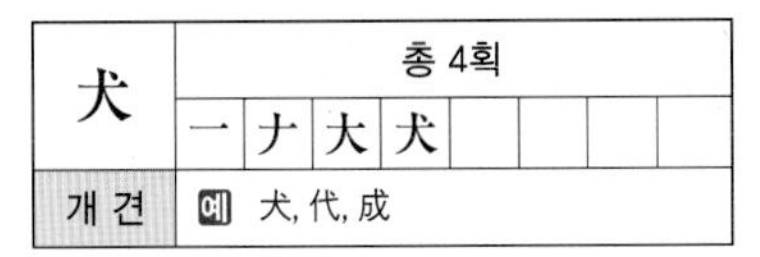

犬	총 4획							
	一	ナ	大	犬				
개 견	예 犬, 代, 成							

▶ 오른쪽 위의 점은 맨 마지막에 찍는다.

同	총 6획							
	丨	冂	冂	同	同	同		
같을 동	예 同, 固, 內, 因							

▶ 몸과 안이 있을 때는 몸부터 먼저 긋는다.

人	총 2획							
	丿	人						
사람 인	예 人, 文, 六, 其							

▶ 삐침(ノ)과 파임(㇏)이 만나면 삐침을 먼저 쓴다.

有	총 6획							
	丿	ナ	𠂇	有	有	有		
있을 유	예 希							

▶ 왼쪽의 삐침이 짧고 가로획이 길면 삐침을 먼저 쓴다.

友	총 4획							
	一	ナ	方	友				
벗 우	예 存							

▶ 왼쪽 삐침이 길고 가로획이 짧으면 가로획을 먼저 쓴다.

也	총 3획							
	ㄱ	㔾	也					
어조사 야								

▶ 아래를 여운 획은 나중에 쓴다.

한자의 짜임

한자는 처음엔 사물의 모양을 본떠 만들었으나, 생활 영역 확대, 인류 문화 발달에 따라 수많은 사물과 다양한 생각을 나타내기 위해 많은 수의 글자가 필요하게 되자 점차 다양한 방법을 통해 한자가 만들어지게 되었습니다.

❶ 상형(象形) : 그림 한자

눈에 보이는 구체적인 사물의 모양을 본떠서 만든 글자이다.

예시 日(날 일) : 둥근 해의 모양을 본떠 만든 글자, 木(나무 목) : 나무의 모양을 본떠 만든 글자

❷ 지사(指事) : 부호(기호) 한자

눈에 보이지 않는 추상적인 사물의 개념이나 생각을 기호, 부호 등을 사용해 나타낸다.

예시 本(근본 본) : 나무의 아래에 표(一)를 붙여 근본이나 뿌리를 뜻함
久(오랠 구) : 엉덩이를 잡아끌고 오랫동안 놓지 않음

❸ 회의(會意)

상형과 지사의 방법으로 이미 만들어진 두 글자 이상을 결합하되, 그 글자의 뜻을 모아 처음 두 글자와는 다른 새로운 뜻을 가진 글자를 만드는 방법이다.

예시 林(수풀 림) → 木(나무 목)+木(나무 목) : 나무가 많이 있는 숲을 뜻하는 한자
孝(효도 효) → 老(늙을 로)+子(아들 자) : 아들이 부모를 머리 위에 받들고 있음을 뜻하는 한자

❹ 형성(形聲)

이미 만들어진 두 개의 글자를 하나로 만들되, 한 글자는 소리(聲)를, 다른 한 글자는 뜻(形)을 나타내도록 한다. 약 70%에 달하는 한자가 형성의 원리에 의해 만들어진다.

예시 洋(큰바다 양) → 水(물 수 – 뜻 부분)+羊(양 양 – 소리 부분)
聞(들을 문) → 門(문 문 – 소리 부분)+耳(귀 이 – 뜻 부분)

❺ 전주(轉注)

한자의 원뜻이 유추 · 확대 · 변화되어 새로운 뜻으로 바뀌는 것인데, 뜻뿐만 아니라 음까지 바뀌는 경우도 있다.

예시 革(가죽 혁) : 원뜻은 가죽이나, 가죽의 털을 벗기면 훌륭한 모피로 변한다는 의미에서 '변화'의 뜻으로 전용되어 改革(개혁), 革命(혁명) 등으로 쓰인다.
樂(풍류 악) : 원뜻은 '풍류'이고 음은 '악'이지만 '즐긴다'는 뜻일 때의 음은 '락', '좋아한다'는 뜻일 때는 '요'이다.

❻ 가차(假借)

한자의 원뜻과 소리에 상관없이 소리(음)만 빌려 사용하는 한자이다. 외국어 · 외래어 표기에 많이 사용하고, 의성어 · 의태어 같은 부사적 표현에 쓰인다.

예시 堂堂(당당 – 의태어) : 모습이 매우 씩씩한 모양
佛陀(불타 – 외래어) : 부다(Budda = 부처)를 한자로 표현

한자어의 구성 관계

두 자 이상의 한자가 결합하여 한 단위의 의미를 형성하는 것을 말한다.

❶ 주술(主述) 관계

'주어+서술어' 관계로 결합된 한자어

예시 日出(일출) : 해가 뜨다, 性急(성급) : 성질이 급하다

❷ 술목(述目) 관계

'서술어+목적어' 관계로 결합된 한자어

예시 讀書(독서) : 책을 읽다, 投票(투표) : 표를 던지다

❸ 술보(述補) 관계

'서술어+보어' 관계로 결합된 한자어

예시 登山(등산) : 산에 오르다, 歸家(귀가) : 집에 돌아가다

❹ 수식(修飾) 관계

'수식어+피수식어' 관계로 결합된 한자어

- 관형어+체언

  예시 落葉(낙엽) : 떨어지는 잎, 確答(확답) : 확실한 대답

- 부사어+용언

  예시 順從(순종) : 고분고분 따르다, 徐行(서행) : 천천히 가다

❺ 병렬(竝列) 관계

- 대립(對立) 관계

  예시 往來(왕래) : 가고 옴, 强弱(강약) : 강함과 약함

- 유사(類似) 관계

  예시 道路(도로) : 길, 出生(출생) : 사람이 태어남

- 대등(對等) 관계

  예시 父母(부모) : 아버지와 어머니, 富貴(부귀) : 재산이 많고 지위가 높음

- 첩어(疊語) 관계

  예시 年年(연년) : 해마다, 正正堂堂(정정당당) : 태도나 수단이 바르고 떳떳함

- 융합(融合) 관계

  예시 春秋(춘추) : 나이, 연세, 역사, 矛盾(모순) : 말이나 행동의 앞뒤가 서로 일치하지 않음

이 책의 목차 CONTENTS

DAY 01~04

9~3급 배정한자
완벽복습 1,800자

합격 Tip!

합격을 위한 완벽 복습!
낮은 급수도 두드려 보고 건너자!

學而不思則罔, 思而不學則殆.

“배우기만 하고 생각하지 않으면 어리석어지고, 생각만 하고 배우지 않으면 위태롭다.”

– ≪논어≫, 〈위정(爲政)〉

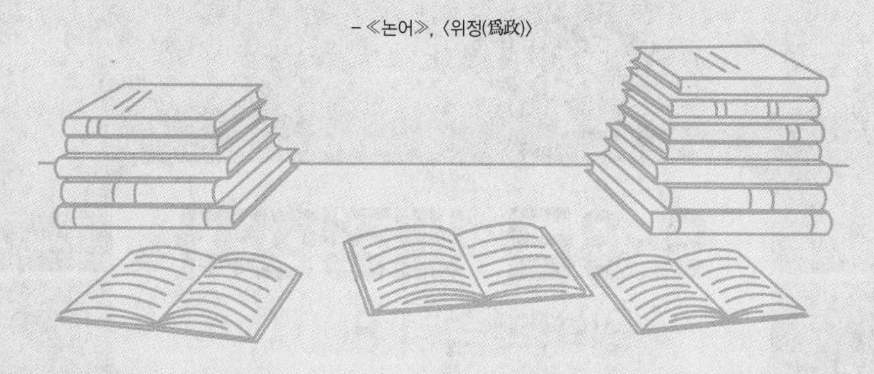

DAY 01

9~5급 배정한자

완벽복습 600자

DAY 01
쪽지시험

DAY 01

家	街	可	歌	加	價	角	各	間	干
집 가	거리 가	옳을 가 허락할 가	노래 가	더할 가	값 가	뿔 각	각각 각 여러 각	사이 간	방패 간 줄기 간

感	江	强	改	個	開	客	去	車	擧
느낄 감	강 강	강할 강 힘쓸 강	고칠 개	낱 개	열 개	손 객 나그네 객	갈 거	수레 거/차	들 거

建	犬	見	決	結	京	景	經	敬	慶
세울 건 일으킬 건	개 견	볼 견 뵈올 현	결단할 결	맺을 결 마칠 결	서울 경	볕 경 경치 경	지날 경 글 경	공경 경 삼갈 경	경사 경

競	季	界	計	古	故	固	考	高	告
다툴 경 겨룰 경	계절 계	지경 계	셀 계	옛 고 오래될 고	연고 고 예 고	굳을 고	생각할 고 살필 고	높을 고	고할 고 알릴 고

曲	谷	骨	工	功	空	共	公	果	課
굽을 곡 가락 곡	골 곡 곡식 곡	뼈 골	장인 공 솜씨 좋을 공	공 공	빌 공	한가지 공 함께 공	공평할 공	열매 과 과연 과	부과할 과 과정 과

科	過	官	觀	光	廣	交	校	敎	九
과목 과	지날 과 허물 과	벼슬 관 관가 관	볼 관 관념 관	빛 광 영화 광	넓을 광	사귈 교	학교 교	가르칠 교 종교 교	아홉 구

口	救	究	句	求	久	國	君	軍	郡
입 구	구원할 구	연구할 구 궁구할 구	글귀 구	구할 구	오랠 구	나라 국	임금 군	군사 군	고을 군

弓	權	貴	近	勤	根	金	今	禁	記
활 궁	권세 권	귀할 귀	가까울 근	부지런할 근 근무할 근	뿌리 근 근본 근	쇠 금 성씨 김	이제 금 오늘 금	금할 금	기록할 기

期	基	氣	技	己	起	其	吉	難	南
기약할 기 기간 기	터 기	기운 기	재주 기	몸 기 자기 기	일어날 기	그 기	길할 길	어려울 난	남녘 남

男	內	女	年	念	勞	農	能	多	單
사내 남	안 내	여자 녀	해 년 나이 년	생각 념	일할 노/로	농사 농	능할 능	많을 다	홑 단

短	丹	達	談	答	堂	大	對	代	德
짧을 단 허물 단	붉을 단	통달할 달 이를 달	말씀 담	대답할 답	집 당 당당할 당	큰 대	대할 대 대답할 대	대신할 대 대 대	덕 덕 큰 덕

到	度	道	島	都	刀	圖	獨	讀	同
이를 도	법도 도 헤아릴 탁	길 도 도리 도	섬 도	도읍 도	칼 도	그림 도 꾀할 도	홀로 독	읽을 독	한가지 동 화할 동

洞	童	冬	東	動	頭	斗	豆	得	等
동네 동 골 동 밝을 통	아이 동 어린이 동	겨울 동	동녘 동	움직일 동	머리 두 우두머리 두	말 두	콩 두	얻을 득	무리 등 가지런할 등

登	落	樂	卵	來	冷	良	量	旅	力
오를 등 기재할 등	떨어질 락/낙	즐길 락 노래 악 좋아할 요	알 란	올 래	찰 랭	좋을 량 어질 량	헤아릴 량 용량 량	나그네 려 군대 려	힘 력

歷	連	列	令	例	禮	路	老	論	料
지날 력	잇닿을 련	벌일 렬 줄 렬	명령할 령 하여금 령	법식 례 보기 례	예도 례	길 로	늙을 로	논의할 론 논할 논	헤아릴 료

流	留	陸	律	里	理	利	林	立	馬
흐를 류	머무를 류	뭍 륙	법 률 절제할 률	마을 리	다스릴 리 이치 리	이로울 리	수풀 림	설 립	말 마

萬	滿	末	望	亡	每	賣	勉	面	名
일만 만	찰 만 풍족할 만	끝 말	바랄 망	망할 망	매양 매	팔 매	힘쓸 면 부지런할 면	낯 면 얼굴 면	이름 명

命	明	母	毛	木	目	武	務	無	舞
목숨 명 명령할 명	밝을 명	어머니 모	터럭 모	나무 목	눈 목	굳셀 무 호반 무	힘쓸 무 일 무	없을 무	춤출 무

門	問	聞	文	物	美	米	未	味	民
문 문	물을 문	들을 문	글월 문	물건 물	아름다울 미	쌀 미	아닐 미	맛 미	백성 민

密	反	半	發	方	放	訪	防	拜	白
빽빽할 밀 비밀할 밀 친할 밀	돌이킬 반	반 반	필 발 쏠 발 나타날 발	모 방 본뜰 방	놓을 방	찾을 방	막을 방	절 배 공경할 배	흰 백 말할 백

百	番	法	變	別	病	兵	保	步	報
일백 백	차례 번	법 법	변할 변	나눌 별 다를 별	병 병	군사 병	지킬 보	걸음 보	갚을 보 알릴 보

福	服	復	本	奉	夫	父	富	婦	北
복 복	옷 복 일 복 다스릴 복	다시 부 회복할 복	근본 본	받들 봉	지아비 부 사나이 부	아비 부	부유할 부	며느리 부 아내 부	북녘 북 달아날 배

分	不	比	非	備	飛	氷	四	士	史
나눌 분 신분 분	아닐 불/부	견줄 비	아닐 비	갖출 비	날 비	얼음 빙	넉 사	선비 사	역사 사 사기 사

師	死	思	事	仕	使	寺	射	山	産
스승 사 군사 사	죽을 사	생각 사	일 사 섬길 사	섬길 사 벼슬 사	하여금 사 부릴 사	절 사	쏠 사	뫼 산 메 산	낳을 산 재산 산

算	殺	三	上	尙	賞	商	相	想	色
셈 산	죽일 살 빠를 쇄	석 삼	윗 상 오를 상	오히려 상 숭상할 상	상 줄 상	장사 상 헤아릴 상	서로 상 재상 상	생각 상	빛 색

生	西	序	書	夕	石	席	先	線	善
날 생 자랄 생	서녘 서	차례 서 실마리 서	글 서 문서 서	저녁 석	돌 석	자리 석	먼저 선 앞설 선	줄 선	착할 선

選	鮮	船	仙	雪	說	設	姓	性	成
가릴 선	고울 선 생선 선	배 선	신선 선	눈 설	말씀 설 달랠 세	베풀 설	성씨 성	성품 성	이룰 성

城	省	星	誠	聲	世	洗	勢	歲	小
성 성 재 성	살필 성 덜 생	별 성	정성 성	소리 성 명예 성	인간 세 대 세	씻을 세	형세 세	해 세	작을 소

少	所	消	素	俗	速	孫	送	水	手
적을 소 젊을 소	바 소 곳 소	사라질 소	본디 소 흴 소	풍속 속	빠를 속	손자 손 자손 손	보낼 송	물 수	손 수

受	授	守	收	數	首	順	習	勝	市
받을 수	줄 수	지킬 수	거둘 수	셈 수 자주 삭	머리 수 우두머리 수	순할 순 순종할 순	익힐 습	이길 승	저자 시

示	是	時	詩	視	始	施	食	植	識
보일 시 지시할 시	옳을 시 이 시	때 시 철 시	시 시	볼 시	처음 시 비로소 시	베풀 시	먹을 식 밥 식 먹이 사	심을 식 식물 식	알 식 적을 지

式	身	神	臣	信	新	失	室	實	心
법 식 예식 식	몸 신	귀신 신 정신 신	신하 신	믿을 신 편지 신	새 신	잃을 실 그르칠 실	집 실	열매 실 사실 실	마음 심

十	氏	兒	安	案	愛	夜	野	約	藥
열 십	성씨 씨	아이 아	편안 안	책상 안 생각 안	사랑 애	밤 야	들 야	맺을 약	약 약

弱	若	羊	洋	養	陽	兩	魚	語	漁
약할 약	같을 약 반야 야	양 양	큰 바다 양 서양 양	기를 양	볕 양	두 양/량	물고기 어	말씀 어	고기잡을 어

言	業	易	逆	然	硏	熱	永	英	榮
말씀 언	업 업	바꿀 역 쉬울 이	거스를 역	그럴 연 불탈 연	갈 연 벼루 연 연구할 연	더울 열	길 영	꽃부리 영 뛰어날 영	영화로울 영 꽃 영

藝	五	午	烏	玉	屋	溫	完	王	往
재주 예	다섯 오	낮 오	까마귀 오	구슬 옥	집 옥	따뜻할 온	완전할 완	임금 왕	갈 왕

外	要	浴	用	勇	容	右	牛	友	雨
바깥 외	요긴할 요	목욕할 욕	쓸 용	날랠 용 용감할 용	얼굴 용 용서할 용	오른쪽 우	소 우	벗 우	비 우

宇	雲	運	雄	元	原	遠	園	願	月
집 우	구름 운	옮길 운	수컷 웅 뛰어날 웅	으뜸 원	근원 원 언덕 원	멀 원	동산 원	원할 원	달 월

位	爲	由	油	有	遺	肉	育	六	恩
자리 위 신분 위	할 위	말미암을 유	기름 유	있을 유	남길 유 따를 수	고기 육	기를 육	여섯 육	은혜 은

銀	飮	音	邑	應	衣	義	議	醫	意
은 은	마실 음	소리 음	고을 읍	응할 응	옷 의	옳을 의	의논할 의	의원 의	뜻 의

二	耳	移	以	益	人	因	引	仁	一
두 이	귀 이	옮길 이	써 이	더할 익 유익할 익	사람 인	인할 인 까닭 인	끌 인	어질 인	한 일 첫째 일

日	入	子	字	自	者	作	將	長	場
날 일 해 일	들 입	아들 자 사람 자	글자 자	스스로 자 자기 자	놈 자	지을 작	장수 장 장차 장	길 장 어른 장	마당 장

章	材	財	在	再	才	爭	貯	的	田
글 장 무늬 장	재목 재 재능 재	재물 재	있을 재	두 재 거듭 재	재주 재	다툴 쟁	쌓을 저 저축할 저	과녁 적	밭 전

全	前	展	電	傳	典	戰	節	絶	店
온전할 전	앞 전	펼 전	번개 전	전할 전	법 전 법식 전	싸움 전	마디 절 절기 절	끊을 절	가게 점

接	正	政	定	情	庭	精	弟	題	製
이을 접	바를 정	정사 정 다스릴 정	정할 정	뜻 정	뜰 정	깨끗할 정 찧을 정 정할 정	아우 제	제목 제	지을 제

第	帝	早	造	鳥	調	朝	助	祖	兆
차례 제	임금 제	이를 조	지을 조	새 조	고를 조	아침 조	도울 조	조상 조	조짐 조 조 조

足	族	存	卒	種	宗	左	罪	主	注
발 족	겨레 족	있을 존	군사 졸 마칠 졸	씨 종 종류 종	마루 종 사당 종	왼 좌	허물 죄	주인 주 임금 주	부을 주

住	晝	走	宙	竹	中	衆	重	增	止
살 주	낮 주	달릴 주	집 주	대 죽 대나무 죽	가운데 중 맞을 중	무리 중	무거울 중	더할 증	그칠 지 머무를 지

知	地	指	支	志	至	紙	直	眞	進
알 지	땅 지	가리킬 지 손가락 지	지탱할 지	뜻 지	이를 지	종이 지	곧을 직 바로 직	참 진	나아갈 진

質	集	次	着	察	參	唱	窓	責	冊
바탕 질	모을 집	버금 차	붙을 착 나타날 저	살필 찰	참여할 참 석 삼	부를 창	창 창	꾸짖을 책 책임 책 빚 채	책 책

處	千	天	川	青	淸	體	初	草	村
곳 처	일천 천	하늘 천	내 천	푸를 청	맑을 청	몸 체	처음 초	풀 초	마을 촌

寸	最	秋	追	祝	春	出	充	忠	蟲
마디 촌	가장 최	가을 추	쫓을 추 따를 추	빌 축	봄 춘	날 출	채울 충	충성 충	벌레 충

取	治	致	齒	則	親	七	快	打	太
가질 취	다스릴 치	이를 치	이 치 나이 치	법칙 칙 곧 즉	친할 친	일곱 칠	쾌할 쾌	칠 타	클 태

宅	土	通	統	退	特	波	判	八	敗
집 택 댁 댁	흙 토	통할 통	거느릴 통	물러날 퇴	특별할 특	물결 파	판단할 판	여덟 팔	패할 패

貝	便	片	平	表	品	風	豐	皮	必
조개 패	편할 편 똥오줌 변	조각 편	평평할 평 다스릴 편	겉 표	물건 품	바람 풍 풍속 풍	풍년 풍	가죽 피	반드시 필

筆	下	夏	河	學	韓	漢	限	合	海
붓 필 글씨 필	아래 하	여름 하	물 하 강 하	배울 학	나라 이름 한	한수 한 한나라 한	한정할 한	합할 합	바다 해

解	害	行	幸	香	鄕	向	革	現	血
풀 해	해칠 해	다닐 행 항렬 항	다행 행	향기 향	시골 향	향할 향	가죽 혁 고칠 혁	나타날 현	피 혈

協	兄	形	惠	好	號	湖	虎	婚	火
화합할 협	형 형	모양 형	은혜 혜	좋을 호	부르짖을 호 이름 호	호수 호	범 호	혼인할 혼	불 화

化	花	和	話	貨	畫	患	活	黃	皇
될 화	꽃 화	화할 화	말씀 화	재물 화	그림 화	근심 환	살 활	누를 황	임금 황

回	會	孝	效	後	訓	休	凶	興	希
돌아올 회	모일 회	효도 효	본받을 효 효과 효	뒤 후	가르칠 훈	쉴 휴	흉할 흉	일 흥	바랄 희

DAY 02 4급 배정한자

완벽복습 300자

DAY 02 쪽지시험

DAY 02

佳	假	脚	看	渴	減	甘	敢	甲	降
아름다울 가	거짓 가 빌릴 가	다리 각	볼 간	목마를 갈	덜 감	달 감	감히 감	갑옷 갑	내릴 강 항복할 항

講	皆	更	居	巨	乾	堅	潔	庚	耕
외울 강	다 개	다시 갱 고칠 경	살 거	클 거	하늘 건 마를 건	굳을 견	깨끗할 결	별 경 나이 경	밭 갈 경

驚	輕	溪	鷄	癸	苦	穀	困	坤	關
놀랄 경	가벼울 경	시내 계	닭 계	북방 계	쓸 고	곡식 곡	곤할 곤	땅 곤	관계할 관

橋	舊	卷	勸	歸	均	極	急	及	給
다리 교	옛 구	책 권	권할 권	돌아갈 귀	고를 균	극진할 극 다할 극	급할 급	미칠 급	줄 급

幾	旣	暖	乃	怒	端	但	當	待	徒
몇 기	이미 기	따뜻할 난	이에 내	성낼 노	끝 단	다만 단 거짓 탄	마땅 당	기다릴 대	무리 도 헛되이 도

燈	浪	郞	涼	練	烈	領	露	綠	柳
등잔 등	물결 랑	사내 랑	서늘할 량	익힐 련	매울 렬	거느릴 령	이슬 로	푸를 록	버들 류

倫	李	莫	晩	忙	忘	妹	買	麥	免
인륜 륜	오얏 리 성씨 리	없을 막	늦을 만	바쁠 망	잊을 망	누이 매	살 매	보리 맥	면할 면

眠	鳴	暮	卯	妙	戊	茂	墨	勿	尾
잘 면	울 명	저물 모	토끼 묘 넷째 지지 묘	묘할 묘	천간 무	무성할 무	먹 묵	말 물	꼬리 미

朴	飯	房	杯	伐	凡	丙	伏	逢	扶
성씨 박 순박할 박	밥 반	방 방	잔 배	칠 벌	무릇 범	남녘 병	엎드릴 복	만날 봉	도울 부

否	部	浮	佛	朋	悲	鼻	貧	私	謝
아닐 부	떼 부 나눌 부 거느릴 부	뜰 부	부처 불	벗 붕	슬플 비	코 비	가난할 빈	사사로울 사	사례할 사

舍	巳	絲	散	常	霜	傷	喪	暑	昔
집 사	뱀 사	실 사	흩을 산	떳떳할 상 항상 상	서리 상	다칠 상	잃을 상	더울 서	옛 석 섞일 착

惜	舌	盛	聖	稅	細	笑	續	松	修
아낄 석	혀 설	성할 성	성인 성	세금 세	가늘 세	웃음 소	이을 속	소나무 송	닦을 수

樹	愁	壽	秀	誰	雖	須	叔	宿	淑
나무 수	근심 수	목숨 수	빼어날 수	누구 수	비록 수	모름지기 수	아저씨 숙	잘 숙 별자리 수	맑을 숙

純	戌	崇	拾	乘	承	試	申	辛	甚
순수할 순	개 술	높을 숭	주울 습 열 십	탈 승	이을 승	시험 시	거듭 신 펼 신	매울 신	심할 심

深	我	惡	眼	顏	巖	暗	仰	哀	也
깊을 심	나 아	악할 악 미워할 오	눈 안	얼굴 안	바위 암	어두울 암	우러를 앙	슬플 애	어조사 야

讓	揚	於	憶	億	嚴	餘	與	余	汝
사양할 양	날릴 양	어조사 어	생각할 억	억 억	엄할 엄	남을 여	더불 여 줄 여	나 여	너 여

如	亦	煙	悅	炎	葉	迎	吾	悟	誤
같을 여	또 역	연기 연	기쁠 열	불꽃 염	잎 엽	맞을 영	나 오	깨달을 오	그르칠 오

瓦	臥	曰	欲	于	憂	又	尤	遇	云
기와 와	누울 와	가로 왈	하고자 할 욕	어조사 우	근심 우	또 우	더욱 우	만날 우	이를 운

怨	圓	危	偉	威	酉	猶	唯	遊	柔
원망할 원	둥글 원	위태할 위	클 위	위엄 위	닭 유	오히려 유	오직 유	놀 유	부드러울 유

幼	乙	吟	陰	泣	依	矣	已	而	異
어릴 유	새 을	읊을 음	그늘 음	울 읍	의지할 의	어조사 의	이미 이	말이을 이	다를 이

忍	寅	印	認	壬	慈	姊	昨	壯	栽
참을 인	범 인	도장 인	알 인	북방 임	사랑 자	손위 누이 자	어제 작	장할 장	심을 재

哉	著	低	敵	適	赤	錢	丁	頂	停
어조사 재	나타날 저	낮을 저	대적할 적	맞을 적	붉을 적	돈 전	고무래 정	정수리 정	머무를 정

井	貞	靜	淨	除	祭	諸	尊	從	終
우물 정	곧을 정	고요할 정	깨끗할 정	덜 제	제사 제	모두 제	높을 존	좇을 종	마칠 종

鐘	坐	酒	朱	卽	曾	證	只	枝	持
쇠북 종	앉을 좌	술 주	붉을 주	곧 즉	일찍 증	증거 증	다만 지	가지 지	가질 지 유지할 지

之	辰	盡	執	此	借	且	昌	採	菜
갈 지	별 진 때 신	다할 진	잡을 집	이 차	빌릴 차	또 차	창성할 창	캘 채	나물 채

妻	尺	淺	泉	鐵	聽	晴	請	招	推
아내 처	자 척	얕을 천	샘 천	쇠 철	들을 청	갤 청	청할 청	부를 초	밀 추/퇴

丑	就	吹	針	他	脫	探	泰	投	破
소 축	나아갈 취	불 취	바늘 침	다를 타	벗을 탈	찾을 탐	클 태	던질 투	깨뜨릴 파

篇	閉	布	抱	暴	彼	匹	何	賀	寒
책 편	닫을 폐	펼 포 베 포 보시 보	안을 포	사나울 폭/포 쬘 폭	저 피	짝 필	어찌 하	하례할 하	찰 한

恨	閑	恒	亥	虛	許	賢	刑	乎	戶
한 한	한가할 한	항상 항	돼지 해	빌 허	허락할 허	어질 현	형벌 형	어조사 호	집 호 지게 호

呼	或	混	紅	華	歡	厚	胸	黑	喜
부를 호	혹시 혹	섞을 혼	붉을 홍	빛날 화	기쁠 환	두터울 후	가슴 흉	검을 흑	기쁠 희

DAY 03~04 3급 배정한자

완벽복습 900자

DAY 03~04
쪽지시험

DAY 03

暇	架	覺	刻	却	閣	簡	刊	肝	姦
겨를 가 틈 가	시렁 가	깨달을 각	새길 각	물리칠 각	집 각 내각 각	대쪽 간 편지 간 간략할 간	새길 간 책 펴낼 간	간 간	간음할 간

幹	懇	鑑	監	康	剛	鋼	綱	介	慨
줄기 간 주관할 관	간절할 간 정성 간	거울 감 살필 감	볼 감	편안 강	굳셀 강	강철 강	벼리 강	낄 개	슬퍼할 개 분개할 개

槪	蓋	距	拒	據	健	件	傑	乞	儉
대개 개 절개 개	덮을 개 대개 개	떨어질 거 막을 거	막을 거	근거 거 의지할 거	굳셀 건 건강할 건	물건 건 사건 건	뛰어날 걸	빌 걸	검소할 검

劍	檢	格	擊	激	隔	絹	肩	遣	牽
칼 검	검사할 검	격식 격	칠 격 마주칠 격	격할 격	사이 뜰 격	비단 견	어깨 견	보낼 견	끌 견

缺	兼	謙	竟	境	鏡	頃	傾	硬	警
이지러질 결 모자랄 결	겸할 겸	겸손할 겸 사양할 겸	마침내 경 다할 경	지경 경 경계 경	거울 경	잠깐 경 반걸음 규	기울 경	굳을 경	경계할 경 깨우칠 경

徑	卿	系	係	戒	械	繼	契	桂	啓
지름길 경 길 경	벼슬 경	이을 계 맬 계	맬 계	경계할 계	기계 계 틀 계	이을 계	맺을 계	계수나무 계	열 계 인도할 계

階	繫	枯	姑	庫	孤	鼓	稿	顧	哭
섬돌 계 계단 계	맬 계	마를 고	시어미 고	곳집 고	외로울 고 부모 없을 고	북 고 두드릴 고	원고 고	돌아볼 고 생각할 고	울 곡

孔	供	恭	攻	恐	貢	寡	誇	郭	館
구멍 공 매우 공	이바지할 공	공손할 공	칠 공 닦을 공	두려울 공	바칠 공	적을 과 과부 과	자랑할 과	외성 곽 둘레 곽	집 관

管	貫	慣	冠	寬	鑛	狂	掛	塊	愧
대롱 관 주관할 관	꿸 관	익숙할 관	갓 관 우두머리 관	너그러울 관	쇳돌 광 광석 광	미칠 광	걸 괘	덩어리 괴 흙덩이 괴	부끄러울 괴

怪	壞	郊	較	巧	矯	丘	俱	懼	狗
괴이할 괴	무너질 괴	들 교 교외 교	비교할 교	공교할 교 교묘할 교	바로잡을 교	언덕 구 무덤 구	함께 구 갖출 구	두려워할 구 조심할 구	개 구

龜	驅	構	具	區	拘	球	苟	菊	局
땅이름 구 거북 귀 터질 균	몰 구	얽을 구	갖출 구	구역 구 구분할 구	잡을 구	공 구	진실로 구 구차할 구	국화 국	판 국

群	屈	窮	宮	券	拳	厥	軌	鬼	規
무리 군	굽힐 굴	다할 궁 궁할 궁	집 궁	문서 권	주먹 권	그 궐	바퀴 자국 궤	귀신 귀	법 규

叫	糾	菌	克	劇	斤	僅	謹	琴	禽
부르짖을 규 울 규	얽힐 규 모을 규	버섯 균 세균 균	이길 극	심할 극 연극 극	근 근 도끼 근	겨우 근 적을 근	삼갈 근	거문고 금	새 금 사로잡을 금

錦	級	肯	忌	棄	祈	豈	機	騎	紀
비단 금	등급 급	즐길 긍	꺼릴 기 기일 기	버릴 기	빌 기	어찌 기	틀 기 기회 기	말 탈 기	벼리 기 해 기

飢	旗	欺	企	奇	寄	器	畿	緊	那
주릴 기	기 기	속일 기	꾀할 기 바랄 기	기이할 기	부칠 기	그릇 기	경기 기 지경 기	긴할 긴	어찌 나

納	奈	耐	寧	努	奴	腦	惱	泥	茶
들일 납 바칠 납	어찌 내/나	견딜 내	편안할 녕	힘쓸 노	종 노	골 뇌	번뇌할 뇌	진흙 니	차 다/차

旦	團	壇	斷	段	檀	淡	擔	畓	踏
아침 단	둥글 단	단 단	끊을 단	층계 단	박달나무 단	맑을 담 싱거울 담	멜 담	논 답	밟을 답

唐	糖	黨	貸	臺	隊	帶	桃	稻	跳
당나라 당 당황할 당	엿 당/탕	무리 당	빌릴 대	대 대	무리 대	띠 대 찰 대	복숭아 도	벼 도	뛸 도

途	陶	逃	倒	導	挑	盜	渡	塗	毒
길 도	질그릇 도	달아날 도 도망할 도	넘어질 도	인도할 도	돋울 도	도둑 도	건널 도	칠할 도 길 도	독 독

篤	督	豚	敦	突	凍	銅	鈍	屯	騰
도타울 독	감독할 독	돼지 돈	도타울 돈	갑자기 돌	얼 동	구리 동	둔할 둔	진칠 둔	오를 등

羅	絡	諾	亂	欄	蘭	濫	覽	娘	廊
벌일 라 그물 라	이을 락	허락할 락/낙	어지러울 란	난간 란	난초 란	넘칠 람	볼 람	여자 랑	행랑 랑 사랑채 랑

略	掠	梁	糧	諒	麗	慮	勵	曆	鍊
간략할 략	노략질할 략	들보 량	양식 량	살펴 알 량	고울 려	생각할 려 염려할 려	힘쓸 려	책력 력	불릴 련 단련할 련

憐	聯	戀	蓮	劣	裂	廉	獵	零	靈
불쌍히 여길 련	연이을 련	그리워할 련	연꽃 련	못할 렬	찢을 렬	청렴할 렴	사냥 렵	떨어질 령	신령 령

嶺	隷	爐	祿	錄	鹿	弄	賴	雷	了
고개 령	종 례	화로 로	녹 록	기록할 록	사슴 록	희롱할 롱	의뢰할 뢰 의지할 뢰	우레 뢰	마칠 료

僚	龍	屢	樓	累	淚	漏	類	輪	栗
동료 료 관리 료	용 룡	여러 루	다락 루	여러 루 자주 루	눈물 루	샐 루	무리 류	바퀴 륜	밤 률

率	隆	陵	吏	離	裏	履	梨	隣	臨
비율 률 거느릴 솔	높을 륭 성할 륭	언덕 릉	관리 리	떠날 리	속 리	밟을 리 신 리	배나무 리	이웃 린	임할 림

磨	麻	幕	漠	漫	慢	茫	妄	罔	媒
갈 마	삼 마 저릴 마	장막 막	넓을 막 사막 막	흩어질 만	거만할 만 게으를 만	아득할 망 넓을 망	망령될 망 허망할 망	그물 망 없을 망	중매 매

梅	埋	脈	孟	盲	盟	猛	綿	滅	銘
매화 매	묻을 매 감출 매	줄기 맥 맥 맥	맏 맹 맹랑할 맹	눈 멀 맹	맹세 맹	사나울 맹	솜 면 얽힐 면	꺼질 멸 멸할 멸	새길 명

冥	募	某	謀	貌	慕	模	侮	冒	牧
어두울 명	모을 모 뽑을 모	아무 모	꾀 모 도모할 모	모양 모	그릴 모 생각할 모	본뜰 모 모호할 모	업신여길 모	무릅쓸 모	칠 목 다스릴 목

睦	沒	夢	蒙	墓	廟	苗	貿	霧	默
화목할 목	빠질 몰 잠길 몰	꿈 몽	어두울 몽	무덤 묘	사당 묘 묘당 묘	모 묘	무역할 무	안개 무	잠잠할 묵

微	眉	迷	敏	憫	蜜	泊	博	拍	薄
작을 미	눈썹 미	미혹할 미	민첩할 민	민망할 민 근심할 민	꿀 밀	배 댈 박 머무를 박	넓을 박	칠 박	엷을 박

迫	叛	班	返	盤	般	伴	髮	拔	倣
핍박할 박	배반할 반	나눌 반 반 반	돌이킬 반	쟁반 반 소반 반	일반 반	짝 반 따를 반	터럭 발 머리털 발	뽑을 발	본뜰 방 본받을 방

芳	邦	妨	傍	培	輩	倍	排	配	背
꽃다울 방 향기 방	나라 방	방해할 방 거리낄 방	곁 방	북 돋울 배	무리 배	곱 배	물리칠 배	나눌 배 짝 배	등 배 배반할 배

伯	煩	飜	繁	罰	範	犯	壁	碧	辨
맏 백	번거로울 번 번민할 번	번역할 번 뒤칠 번	번성할 번	벌할 벌	법 범 한계 범	범할 범 죄인 범	벽 벽	푸를 벽	분별할 변 가릴 변

辯	邊	竝	屛	補	寶	譜	普	卜	複
말씀 변 말 잘할 변	가 변	나란히 병 함께 병	병풍 병	기울 보 도울 보	보배 보	문서 보 족보 보	넓을 보 두루 보	점 복	겹칠 복

腹	覆	蜂	鳳	封	峯	符	簿	賦	赴
배 복	다시 복 덮을 부	벌 봉	봉새 봉	봉할 봉	봉우리 봉	부호 부	문서 부	부세 부	다다를 부

附	付	腐	府	副	負	紛	奮	墳	奔
붙을 부	줄 부 붙일 부	썩을 부 낡을 부	마을 부	버금 부	질 부	어지러울 분	떨칠 분 성낼 분	무덤 분	달릴 분 달아날 분

粉	憤	拂	崩	卑	妃	批	肥	碑	祕
가루 분	분할 분	떨칠 불	무너질 붕	낮을 비 천할 비	왕비 비 짝 비	비평할 비 칠 비	살찔 비 거름 비	비석 비	숨길 비

婢	費	賓	頻	聘	似	捨	斯	沙	蛇
여자 종 비	쓸 비	손님 빈	자주 빈	부를 빙	닮을 사 본뜰 사	버릴 사 베풀 사	이 사 어조사 사	모래 사	뱀 사

詐	詞	賜	寫	辭	邪	査	斜	司	社
속일 사 거짓 사	말 사 글 사	줄 사	베낄 사 그릴 사	말씀 사 사양할 사	간사할 사	조사할 사	비낄 사 기울 사	맡을 사 벼슬 사	모일 사

祀	削	朔	嘗	裳	詳	祥	床	象	像
제사 사	깎을 삭	초하루 삭 북쪽 삭	맛볼 상 일찍 상	치마 상	자세할 상	상서 상 조짐 상	평상 상	코끼리 상	모양 상

桑	狀	償	雙	塞	索	敍	徐	庶	恕
뽕나무 상	형상 상 문서 장	갚을 상 보답할 상	두 쌍 쌍 쌍	변방 새 막힐 색	찾을 색 동아줄 삭	펼 서 차례 서	천천히 할 서	여러 서	용서할 서

署	緖	誓	逝	析	釋	宣	禪	旋	涉
마을 서 관청 서 서명할 서	실마리 서	맹세할 서 약속 서	갈 서	쪼갤 석 나눌 석	풀 석	베풀 선	좌선할 선 물려줄 선	돌 선	건널 섭

攝	召	昭	蘇	騷	燒	訴	掃	疏	蔬
다스릴 섭 잡을 섭	부를 소	밝을 소	되살아날 소 깨어날 소	떠들 소	불사를 소	호소할 소	쓸 소	소통할 소 성길 소	나물 소 채소 소

束	粟	屬	損	訟	誦	頌	刷	鎖	衰
묶을 속 약속할 속	조 속	무리 속 이을 촉	덜 손	송사할 송	외울 송	칭송할 송 기릴 송	인쇄할 쇄 솔질할 쇄	쇠사슬 쇄 잠글 쇄	쇠할 쇠 상복 최

囚	睡	輸	遂	隨	帥	獸	殊	需	垂
가둘 수 죄수 수	졸음 수 잠잘 수	보낼 수	드디어 수 따를 수	따를 수	장수 수	짐승 수	다를 수 뛰어날 수	쓸 수	드리울 수

搜	孰	肅	熟	循	旬	殉	瞬	脣	巡
찾을 수	누구 숙	엄숙할 숙	익을 숙 익숙할 숙	돌 순 순행할 순	열흘 순	따라 죽을 순	깜짝일 순 잠깐 순	입술 순	돌 순 순행할 순

術	述	濕	襲	僧	昇	侍	矢	息	飾
재주 술 기술 술	펼 술	젖을 습	엄습할 습	중 승	오를 승	모실 시	화살 시	쉴 식 자식 식	꾸밀 식

DAY 04

伸	愼	晨	審	尋	牙	亞	芽	雅	餓
펼 신	삼갈 신	새벽 신	살필 심	찾을 심	어금니 아	버금 아	싹 아	맑을 아	주릴 아

岳	雁	岸	謁	壓	押	央	殃	涯	厄
큰 산 악	기러기 안	언덕 안	뵐 알	누를 압	누를 압 단속할 갑	가운데 앙	재앙 앙	물가 애	재앙 액

額	耶	躍	樣	壤	楊	御	抑	焉	予
이마 액 수량 액	어조사 야	뛸 약	모양 양	흙덩이 양	버들 양	거느릴 어 막을 어	누를 억	어찌 언	나 여 줄 여

輿	域	役	驛	疫	譯	宴	燕	沿	燃
수레 여 가마 여	지경 역 구역 역	부릴 역	역 역	전염병 역	번역할 역	잔치 연	제비 연	물 따라갈 연 따를 연	탈 연

演	鉛	延	軟	緣	閱	染	鹽	泳	詠
펼 연 넓힐 연	납 연	늘일 연	연할 연	인연 연	볼 열 셀 열	물들 염	소금 염	헤엄칠 영	읊을 영 노래할 영

映	營	影	豫	譽	銳	傲	嗚	娛	汚
비칠 영	경영할 영	그림자 영	미리 예	기릴 예 명예 예	날카로울 예	거만할 오	슬플 오	즐길 오	더러울 오

獄	翁	擁	緩	畏	腰	遙	謠	搖	慾
옥 옥	늙은이 옹	낄 옹 안을 옹	느릴 완	두려워할 외	허리 요	멀 요 거닐 요	노래 요	흔들 요	욕심 욕

辱	庸	偶	愚	郵	羽	優	韻	援	院
욕될 욕	떳떳할 용 쓸 용	짝 우 우연 우	어리석을 우	우편 우	깃 우	넉넉할 우 뛰어날 우	운 운	도울 원	집 원

源	員	越	緯	胃	謂	違	圍	慰	僞
근원 원	인원 원	넘을 월	씨줄 위	위장 위	이를 위	어긋날 위	에워쌀 위	위로할 위	거짓 위

衛	委	幽	惟	維	乳	儒	裕	誘	愈
지킬 위	맡길 위	그윽할 유	생각할 유 오직 유	벼리 유 맬 유	젖 유	선비 유	넉넉할 유	꾈 유	나을 유

悠	閏	潤	隱	淫	凝	儀	疑	宜	夷
멀 유 한가할 유	윤달 윤	윤택할 윤 젖을 윤	숨을 은	음란할 음	엉길 응	거동 의 본보기 의	의심할 의	마땅 의	오랑캐 이

翼	姻	逸	任	賃	刺	姿	紫	資	玆
날개 익	혼인 인	편안할 일 숨을 일	맡길 임 버려둘 임	품삯 임	찌를 자/척	모양 자 성품 자	자줏빛 자	재물 자	이 자 검을 현

恣	爵	酌	殘	潛	暫	雜	張	粧	腸
방자할 자 마음대로 자	벼슬 작	술 부을 작 짐작할 작	잔인할 잔	잠길 잠	잠깐 잠	섞일 잡	베풀 장 과장할 장	단장할 장	창자 장

莊	裝	墻	障	藏	丈	掌	葬	奬	帳
씩씩할 장 장중할 장	꾸밀 장	담 장	막을 장	감출 장	어른 장	손바닥 장 맡을 장	장사 지낼 장	권면할 장	장막 장

臟	載	災	裁	宰	抵	底	寂	摘	滴
오장 장	실을 재	재앙 재	마를 재	재상 재 주관할 재	막을 저 거스를 저	밑 저	고요할 적	딸 적	물방울 적

績	跡	賊	積	籍	專	轉	殿	折	切
길쌈할 적 공 적	발자취 적	도둑 적	쌓을 적	문서 적	오로지 전	구를 전 옮길 전	전각 전	꺾을 절	끊을 절 모두 체

竊	點	漸	占	蝶	廷	訂	程	亭	征
훔칠 절	점 점	점점 점	점칠 점 점령할 점	나비 접	조정 정	바로잡을 정	한도 정 길 정	정자 정	칠 정

整	際	堤	濟	制	齊	提	弔	照	租
가지런할 정	즈음 제 사귈 제	둑 제	건널 제 도울 제	절제할 제 지을 제	가지런할 제 다스릴 제	끌 제	조상할 조	비칠 조 대조할 조	조세 조

燥	組	條	操	潮	拙	縱	佐	座	周
마를 조 애태울 조	짤 조	가지 조 조목 조	잡을 조 지조 조	밀물 조 조수 조	옹졸할 졸	세로 종	도울 좌	자리 좌	두루 주

舟	州	柱	株	洲	奏	珠	鑄	準	俊
배 주	고을 주	기둥 주 받칠 주	그루 주 주식 주	물가 주 섬 주	아뢸 주 연주할 주	구슬 주	불릴 주 부어 만들 주	준할 준 법도 준	준걸 준

遵	仲	憎	症	蒸	贈	遲	智	誌	池
좇을 준 지킬 준	버금 중	미울 증	증세 증	찔 증	줄 증	더딜 지 늦을 지	지혜 지	기록할 지	못 지

職	織	珍	鎭	振	陳	陣	震	姪	疾
직분 직	짤 직	보배 진	진압할 진	떨칠 진 진동할 진	베풀 진	진 칠 진	우레 진	조카 질 조카딸 질	병 질 미워할 질

秩	徵	懲	差	捉	錯	贊	讚	慙	慘
차례 질	부를 징 거둘 징	징계할 징	다를 차	잡을 착	어긋날 착	도울 찬 찬성할 찬	기릴 찬	부끄러울 참	참혹할 참

創	暢	蒼	倉	債	彩	策	斥	戚	拓
비롯할 창 시작할 창	화창할 창	푸를 창	곳집 창 창고 창	빚 채	채색 채 무늬 채	꾀 책 채찍 책	물리칠 척	친척 척	넓힐 척 박을 탁

薦	賤	遷	踐	哲	徹	尖	添	妾	廳
천거할 천 드릴 천	천할 천 업신여길 천	옮길 천	밟을 천	밝을 철 슬기로울 철	통할 철 뚫을 철	뾰족할 첨	더할 첨	첩 첩	관청 청 마루 청

替	滯	逮	遞	抄	肖	礎	超	秒	促
바꿀 체	막힐 체	잡을 체 미칠 체	갈릴 체	뽑을 초	닮을 초	주춧돌 초 기초 초	뛰어넘을 초	분초 초	재촉할 촉

觸	燭	總	聰	銃	催	抽	醜	逐	縮
닿을 촉	촛불 촉 밝을 촉	모두 총 합할 총	귀 밝을 총 총명할 총	총 총	재촉할 최 열 최	뽑을 추	추할 추 더러울 추	쫓을 축 물리칠 축	줄일 축

畜	築	蓄	衝	臭	趣	醉	側	測	層
가축 축 짐승 축	쌓을 축	모을 축	찌를 충 부딪칠 충	냄새 취	뜻 취	취할 취	곁 측 기울 측	헤아릴 측	층 층

恥	値	置	漆	沈	侵	寢	枕	浸	稱
부끄러울 치	값 치	둘 치	옻 칠	잠길 침	침노할 침 범할 침	잘 침	베개 침 벨 침	잠길 침 적실 침	칭찬할 칭 일컬을 칭

墮	妥	托	濁	濯	卓	歎	彈	炭	誕
떨어질 타	온당할 타	맡길 탁 의지할 탁	흐릴 탁	씻을 탁	높을 탁 탁자 탁	탄식할 탄	탄알 탄	숯 탄	거짓 탄 낳을 탄

奪	貪	塔	湯	怠	殆	態	澤	擇	討
빼앗을 탈	탐낼 탐	탑 탑	끓일 탕	게으를 태	거의 태 위태로울 태	모습 태 태도 태	못 택 은혜 택	가릴 택	칠 토 연구할 토

吐	痛	鬪	透	播	罷	派	頗	把	販
토할 토	아플 통	싸울 투	통할 투 사무칠 투	뿌릴 파	마칠 파	갈래 파 보낼 파	자못 파 치우칠 파	잡을 파	팔 판 장사 판

版	板	編	遍	偏	評	幣	廢	弊	肺
판목 판 인쇄 판	널빤지 판 판목 판	엮을 편	두루 편	치우칠 편 기울 편	평할 평	화폐 폐	폐할 폐	폐단 폐	허파 폐

蔽	胞	包	浦	飽	捕	幅	爆	標	票
덮을 폐	세포 포	쌀 포 꾸러미 포	개 포	배부를 포	잡을 포	폭 폭	불 터질 폭	표할 표	표 표

漂	被	避	疲	畢	荷	鶴	旱	汗	割
떠다닐 표 빨래할 표	입을 피 받을 피	피할 피	피곤할 피	마칠 필	멜 하	학 학	가물 한	땀 한	벨 할 나눌 할

含	咸	陷	巷	港	航	抗	項	奚	該
머금을 함	다 함	빠질 함 함정 함	거리 항	항구 항	배 항 비행할 항	겨룰 항	항목 항	어찌 해 종 해	갖출 해 마땅 해

核	響	享	軒	憲	獻	險	驗	顯	懸
씨 핵	울릴 향	누릴 향	집 헌	법 헌	드릴 헌	험할 험	시험 험	나타날 현	매달 현

玄	縣	絃	穴	嫌	脅	亨	螢	衡	慧
검을 현	고을 현	줄 현	구멍 혈	싫어할 혐 혐의할 혐	위협할 협	형통할 형	반딧불 형	저울대 형 가로 횡	슬기로울 혜

兮	毫	互	浩	胡	豪	護	惑	昏	魂
어조사 혜 말 이을 혜	터럭 호	서로 호	넓을 호	오랑캐 호 어찌 호	호걸 호	도울 호	미혹할 혹	어두울 혼	넋 혼

忽	洪	弘	鴻	禾	禍	擴	確	穫	還
갑자기 홀 소홀할 홀	넓을 홍	클 홍	기러기 홍	벼 화	재앙 화	넓힐 확	굳을 확 확실할 확	거둘 확	돌아올 환

環	丸	換	荒	況	悔	懷	獲	劃	橫
고리 환 두를 환	둥글 환	바꿀 환	거칠 황	상황 황 하물며 황	뉘우칠 회	품을 회 달랠 회	얻을 획	그을 획	가로 횡

曉	侯	候	毁	輝	揮	携	吸	稀	戲
새벽 효 밝을 효	제후 후	기후 후	헐 훼 무너질 훼	빛날 휘	휘두를 휘	이끌 휴	마실 흡	드물 희	희롱할 희 탄식할 호

知之爲知之, 不知爲不知, 是知也.

"아는 것을 안다고 하고, 모르는 것을 모른다고 말하는 것, 그것이 아는 것이다."

– ≪논어≫, 〈위정(爲政)〉

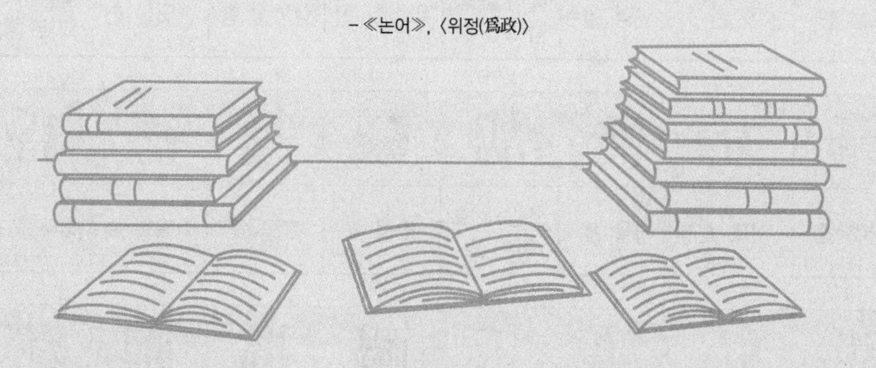

DAY 05~12

2급 배정한자

합격확실 1,501자

합격 Tip!

2급 배정한자의 훈, 음, 부수, 활용 어휘까지
꼼꼼히 익히고 확실히 합격하자!

人無遠慮, 必有近憂.

"사람이 먼 앞날을 걱정하지 않으면, 반드시 가까운 시일에 근심이 생긴다."

-《논어》, 〈위령공(衛靈公)〉

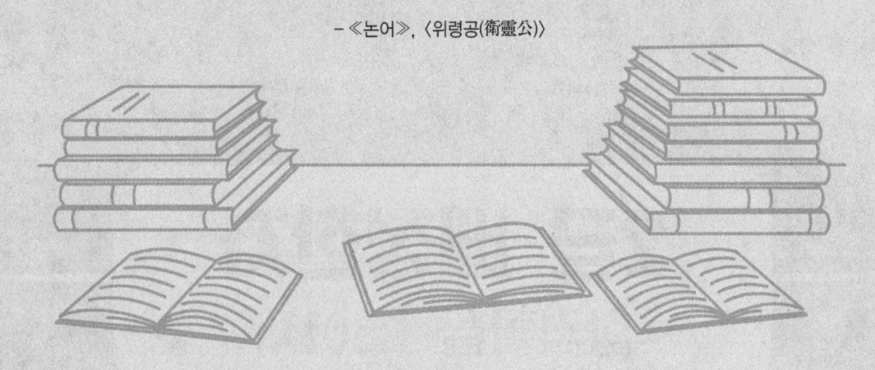

DAY 05~12 2급 배정한자

합격확실 1,501자

DAY 05~12 쪽지시험

DAY 05

ㄱ

伽

훈음	부수	총획
절 가 가야 가	亻 사람인변	7획

伽倻(가야) 삼국 시대에 낙동강 유역에 자리 잡았던 여섯 나라
伽倻琴(가야금) 우리나라 고유의 현악기

稼

훈음	부수	총획
심을 가	禾 벼 화	15획

稼動(가동) 기계를 움직여 일하게 함
稼事(가사) 농사일
稼穡(가색) 곡식 농사

哥

훈음	부수	총획
성씨 가 노래 가	口 입 구	10획

苛

훈음	부수	총획
가혹할 가 매울 가	艹 초두머리	9획

苛酷(가혹) 매우 모질고 악함
苛虐(가학) 상대를 가혹하게 학대함
苛政(가정) 가혹한 정치
嚴苛(엄가) 매우 엄격하고 모짊

嘉

훈음	부수	총획
아름다울 가 기릴 가	口 입 구	14획

嘉事(가사) 즐거운 일, 좋은 일
嘉尙(가상) 갸륵하게 여김

袈

훈음	부수	총획
가사 가	衣 옷 의	11획

袈裟(가사) 어깨에 걸쳐 입는 승려의 옷

嫁

훈음	부수	총획
시집갈 가	女 여자 녀	13획

嫁娶(가취) 장가들고 시집가는 일

訶

훈음	부수	총획
꾸짖을 가 꾸짖을 하	言 말씀 언	12획

訶子(가자) 가리륵(訶梨勒)의 열매
娑婆訶(사바하) 불교에서 원만한 성취라는 뜻임
※ 가리륵 : 사군자과의 낙엽 교목

柯

훈음	부수	총획
가지 가	木 나무 목	9획

柯葉(가엽) 가지와 잎

賈

훈음	부수	총획
값 가 장사 고	貝 조개 패	13획

賈誼島(가의도) 충청남도 서해에 있는 섬
※ 價(값 가)와 同字(동자)

跏

책상다리 할 가	부수: 足 발 족	총획: 12획

跏坐(가좌) 부처의 좌법으로 좌선할 때 앉는 방법의 하나
跏趺坐(가부좌) 책상다리를 하고 앉음

迦

부처 이름 가	부수: 辶 책받침	총획: 9획

釋迦(석가) '석가모니'의 준말

駕

멍에 가 능가할 가	부수: 馬 말 마	총획: 15획

駕士(가사) 임금의 수레를 끄는 사람
※ 멍에 : 수레를 끌기 위해 마소의 목에 얹는 막대

恪

삼갈 각	부수: 忄 심방변	총획: 9획

恪別(각별) 특별함
恪勤(각근) 부지런히 힘씀
恪愼(각신) 조심히 삼감
恪固(각고) 삼가 굳게 지킴

殼

껍질 각	부수: 殳 갖은등글월문	총획: 12획

地殼(지각) 지구의 바깥쪽을 차지하는 암석층
甲殼類(갑각류) 게, 새우 등의 갑각강의 동물
貝殼(패각) 조개의 겉껍데기

墾

개간할 간	부수: 土 흙 토	총획: 16획

開墾(개간) 버려져 있던 거친 땅을 일구어 논밭으로 만드는 일
耕墾(경간) 논이나 밭을 개간함
墾田(간전) 개간하여 밭을 만듦

奸

간사할 간	부수: 女 여자 녀	총획: 6획

奸邪(간사) 자기의 이익을 위해 나쁜 꾀를 부리는 등 마음이 바르지 않음
奸臣(간신) 간사한 신하

杆

몽둥이 간	부수: 木 나무 목	총획: 7획

杆棒(간봉) 좀 굵고 긴 막대기

桿

난간 간	부수: 木 나무 목	총획: 11획

測桿(측간) 측정하려는 지점에 세우는 긴 막대기
操縱桿(조종간) 조종사가 조종하는 데 사용하는 막대 모양의 장치

澗

산골 물 간	부수: 氵 삼수변	총획: 15획

澗谿(간계) 산골에 흐르는 물
碧澗(벽간) 푸른 물이 흐르는 골짜기
澗邊(간변) 물이 흐르는 시내의 가

癎

간질 간	부수: 疒 병질엄	총획: 17획

癎疾(간질) 경련 및 의식 장애를 일으키는 발작 증상이 되풀이 되는 병
驚癎(경간) 놀라면 발작되는 간질

竿

낚싯대 간	부수: 竹 대 죽	총획: 9획

刹竿(찰간) 절 앞에 세우는 깃대 모양의 물건

艮

괘 이름 간	부수	총획
	艮 괘 이름 간	6획

艮卦(간괘) 팔괘의 하나
艮時(간시) 이십사시의 자시(子時)로부터 넷째 시
艮方(간방) 24방위의 하나

艱

어려울 간	부수	총획
	艮 괘 이름 간	17획

艱難(간난) 몹시 힘들고 고생스러움
艱困(간곤) 몹시 가난하고 구차함
外艱(외간) 아버지의 상사(喪事)

諫

간할 간	부수	총획
	言 말씀 언	16획

諫言(간언) 윗사람에게 잘못된 일을 고치도록 하는 말
諫臣(간신) 임금에게 옳은 말로 간하는 신하

喝

꾸짖을 갈 고함칠 갈	부수	총획
	口 입 구	12획

喝取(갈취) 남의 것을 억지로 빼앗음
喝采(갈채) 크게 외치거나 박수를 쳐서 찬양하거나 환영함
恐喝(공갈) 공포를 느끼도록 윽박지름

碣

비석 갈	부수	총획
	石 돌 석	14획

墓碣(묘갈) 묘 앞에 세우는 작은 비석

葛

칡 갈	부수	총획
	++ 초두머리	13획

葛根(갈근) 칡의 뿌리
葛皮(갈피) 칡의 껍질
葛布(갈포) 칡으로 짠 베

褐

갈색 갈 굵은 베 갈	부수	총획
	衤 옷의변	14획

褐色(갈색) 밤색
褐變(갈변) 과일, 채소의 깎은 부분이 갈색으로 변함

鞨

말갈 갈	부수	총획
	革 가죽 혁	18획

靺鞨(말갈) 6~7세기경 만주 동북부 지방에 거주하고 있었던 퉁구스계의 민족

勘

헤아릴 감	부수	총획
	力 힘 력	11획

勘案(감안) 참고해서 생각함
勘檢(감검) 잘 생각하고 검사함
勘查(감사) 대조하여 조사함
輕勘(경감) 죄인을 가볍게 처분함

堪

견딜 감	부수	총획
	土 흙 토	12획

堪當(감당) 일을 맡아서 능히 해냄
堪耐(감내) 참고 견딤
堪能(감능) 일을 감당할 만한 능력
難堪(난감) 감당하기 어려움

嵌

산골짜기 감	부수	총획
	山 뫼 산	12획

嵌谷(감곡) 산의 동굴
嵌空(감공) 속이 비고 깊은 굴

憾

섭섭할 감	부수	총획
	忄 심방변	16획

憾恨(감한) 원망함
遺憾(유감) 마음에 차지 않아 못마땅하고 섭섭함
含憾(함감) 원망의 뜻을 품음

柑

귤 감 | 부수: 木 나무 목 | 총획: 9획

柑子(감자) 홍귤나무의 열매
蜜柑(밀감) 귤나무
黃柑(황감) 잘 익어서 누런빛이 나는 귤

岬

곶 갑 | 부수: 山 뫼 산 | 총획: 8획

岬角(갑각) 바다 쪽으로 뾰족하게 나와 있는 육지
沙岬(사갑) 해안에서 바다 가운데로 내밀어 곶을 이룬 모래톱

疳

감질 감 | 부수: 疒 병질엄 | 총획: 10획

疳病(감병) 음식 조절을 잘못하여 어린아이에게 생기는 병
疳疾(감질) 감병. 또는 바라는 정도에 아주 못 미쳐 애타는 마음

姜

성씨 강 | 부수: 女 여자 녀 | 총획: 9획

姜邯贊(강감찬) 고려 시대의 장군
姜太公(강태공) 중국 주(周)나라 초기의 정치가. 또는 낚시질하는 사람을 비유하는 말

紺

감색 감 | 부수: 糸 실 사 | 총획: 11획

紺色(감색) 검은빛을 띤 짙은 남색
紺碧(감벽) 약간 검은빛을 띤 청록색
紺青(감청) 산뜻하고 짙은 남색

岡

산등성이 강 | 부수: 山 뫼 산 | 총획: 8획

岡陵(강릉) 언덕이나 작은 산
岡阜(강부) 언덕
丘岡(구강) 비탈지고 조금 높은 곳

邯

땅 이름 감
땅 이름 한 | 부수: 阝 우부방 | 총획: 8획

居瑟邯(거슬한) 신라(新羅) 시조(始祖) 박혁거세(朴赫居世)의 왕호(王號)

崗

언덕 강 | 부수: 山 뫼 산 | 총획: 11획

花崗巖(화강암) 석영, 운모, 장석 등으로 구성된 심성암

龕

감실 감 | 부수: 龍 용 룡 | 총획: 22획

龕室(감실) 사당 안에 신주를 모셔 두는 장롱
壁龕(벽감) 장식을 위하여 벽면을 오목하게 파서 만든 공간
龕像(감상) 벽감 속에 둔 불상

疆

지경 강 | 부수: 田 밭 전 | 총획: 19획

疆土(강토) 국경 안에 있는 땅
疆界(강계) 나라의 경계
邊疆(변강) 나라의 경계가 되는 변두리 지역

匣

갑 갑 | 부수: 匚 튼입구몸 | 총획: 7획

紙匣(지갑) 돈, 카드 등을 넣어 가지고 다니는 것
掌匣(장갑) 손에 낄 수 있도록 손의 모양과 비슷하게 만든 것

羌

오랑캐 강 | 부수: 羊 양 양 | 총획: 8획

羌桃(강도) 호두(호두나무 열매)
羌活(강활) 미나리과의 두해・세해살이풀

腔

속 빌 강	부수	총획
	月 육달월	12획

口腔(구강) 입에서 목구멍에 이르는 입안의 빈 곳
體腔(체강) 동물의 체벽과 내장 사이에 있는 빈 곳
腹腔(복강) 척추동물 체강의 한 부분

薑

생강 강	부수	총획
	艹 초두머리	17획

生薑(생강) 생강과의 여러해살이풀
薑黃(강황) 생강과의 여러해살이풀
薑粉(강분) 생강즙의 앙금을 말린 가루

凱

개선할 개	부수	총획
	几 안석 궤	12획

凱旋(개선) 전쟁, 경기 등에서 이기고 돌아옴
凱歌(개가) 승리하고 돌아올 때에 부르는 노래

漑

물 댈 개	부수	총획
	氵 삼수변	14획

灌漑(관개) 물을 논밭에 대는 것

箇

낱 개	부수	총획
	竹 대 죽	14획

箇箇(개개) 하나하나
每箇(매개) 하나하나
箇體(개체) 하나하나의 물체
箇中(개중) 여럿 가운데

芥

겨자 개	부수	총획
	艹 초두머리	8획

芥子(개자) 겨자씨와 갓씨를 이르는 말
草芥(초개) 지푸라기라는 뜻으로 매우 하찮은 것을 비유함

坑

구덩이 갱	부수	총획
	土 흙 토	7획

坑道(갱도) 땅속에 뚫어 놓은 길
炭坑(탄갱) 석탄을 파내는 구덩이

羹

국 갱	부수	총획
	羊 양 양	19획

羹湯(갱탕) 국
羹粥(갱죽) 국과 죽
飯羹(반갱) 밥과 국
羊羹(양갱) 과자의 한 종류

渠

개천 거 도랑 거	부수	총획
	氵 삼수변	12획

暗渠(암거) 땅속이나 구조물 밑으로 낸 도랑
開渠(개거) 위를 덮지 않고 그대로 터놓은 수로

巾

수건 건	부수	총획
	巾 수건 건	3획

巾冠(건관) 옛날에 성인이 되는 예식 때 쓰던 관
屈巾(굴건) 상주가 상복을 입을 때에 두건 위에 덧쓰는 건

腱

힘줄 건	부수	총획
	月 육달월	13획

腱膜(건막) 막처럼 얇고 넓은 힘줄
腱反射(건반사) 근육의 힘줄을 자극했을 때 근육이 반사적으로 수축하는 현상

虔

공경할 건	부수	총획
	虍 범호엄	10획

敬虔(경건) 공경하며 삼가고 엄숙함
虔恭(건공) 말, 태도 등이 공손함
虔肅(건숙) 경건하고 엄숙함

鍵

열쇠/자물쇠 건 건반 건	부수 金 쇠 금	총획 17획

關鍵(관건) 빗장과 자물쇠. 어떤 일의 성패를 가름하는 가장 중요한 부분
鍵盤(건반) 피아노에서 손가락으로 치도록 된 부분

揭

높이 들 게	부수 扌 재방변	총획 12획

揭載(게재) 글이나 그림을 신문이나 잡지에 실음
揭示(게시) 사람들에게 알리기 위해 써서 붙임
揭揚(게양) 높이 걺

杰

뛰어날 걸	부수 木 나무 목	총획 8획

※ 傑(뛰어날 걸)의 俗字(속자)

檄

격문 격	부수 木 나무 목	총획 17획

檄文(격문) 어떤 일을 여러 사람에게 알려 부추기는 글
飛檄(비격) 급하게 격문을 돌림

黔

검을 검 귀신 이름 금	부수 黑 검을 흑	총획 16획

黔首(검수) 관을 쓰지 않은 검은 머리라는 뜻으로 일반 백성을 이름
黔炭(검탄) 화력이 낮은 품질 낮은 숯

覡

박수 격	부수 見 볼 견	총획 14획

巫覡(무격) 무당과 박수(남자 무당)

劫

위협할 겁	부수 力 힘 력	총획 7획

劫掠(겁략) 위협하여 남의 것을 빼앗음
劫迫(겁박) 으르고 협박함
劫奪(겁탈) 폭력으로 빼앗음
永劫(영겁) 영원한 세월

甄

질그릇 견 살필 견	부수 瓦 기와 와	총획 14획

甄表(견표) 뚜렷이 밝혀 나타냄
甄拔(견발) 재능을 잘 헤아려서 인재를 뽑아 씀
甄別(견별) 뚜렷하게 나눔

怯

겁낼 겁	부수 忄 심방변	총획 8획

怯弱(겁약) 겁이 많아 마음이 약함
卑怯(비겁) 비열하고 겁이 많음
食怯(식겁) 뜻밖에 놀라 겁을 먹음
喫怯(끽겁) 매우 겁을 먹음

繭

고치 견	부수 糸 실 사	총획 19획

繭絲(견사) 고치에서 뽑은 실
繭質(견질) 고치의 품질
生繭(생견) 생고치

偈

쉴 게	부수 亻 사람인변	총획 11획

偈句(게구) 부처의 공덕이나 가르침을 찬미하는 노래인 가타(伽陀)의 글귀
偈頌(게송) 부처의 공덕을 찬미하는 노래

鵑

두견이 견	부수 鳥 새 조	총획 18획

杜鵑(두견) 두견과의 새. 또는 진달래

訣

이별할 결
비결 결

부수: 言 말씀 언
총획: 11획

訣別(결별) 기약 없는 이별을 함
訣辭(결사) 결별의 말
祕訣(비결) 아무도 모르는 자기만의 뛰어난 방법

瓊

구슬 경

부수: 王 구슬옥변
총획: 19획

瓊團(경단) 동글동글한 떡
瓊樓(경루) 궁전을 아름답게 표현하는 말
瓊音(경음) 맑고 고운 소리
瓊杯(경배) 옥으로 만든 잔

鎌

낫 겸

부수: 金 쇠 금
총획: 18획

鉤鎌(구겸) 낫

痙

경련 경

부수: 疒 병질엄
총획: 12획

痙攣(경련) 근육이 갑자기 수축하거나 떠는 현상
鎭痙(진경) 경련을 진정시킴

憬

깨달을 경
동경할 경

부수: 忄 심방변
총획: 15획

憧憬(동경) 어떤 것을 그리워해 간절히 생각함

磬

경쇠 경

부수: 石 돌 석
총획: 16획

磬折(경절) 공경하는 태도로 경쇠(옥이나 돌로 만든 악기의 한 가지) 모양으로 허리를 굽혀 절함
磬聲(경성) 경쇠 치는 소리

暻

볕 경
밝을 경

부수: 日 날 일
총획: 16획

※ 景(볕 경)의 俗字(속자)

脛

정강이 경

부수: 月 육달월
총획: 11획

脛骨(경골) 정강이뼈
脛節(경절) 종아리 마디

梗

줄기 경
막힐 경

부수: 木 나무 목
총획: 11획

梗塞(경색) 통하지 못하고 막힘
梗概(경개) 전체 내용을 요약한 줄거리
生梗(생경) 두 사람 사이에 불화가 생김

莖

줄기 경

부수: 艹 초두머리
총획: 11획

莖葉(경엽) 줄기와 잎
球莖(구경) 알줄기
塊莖(괴경) 덩이줄기

璟

옥빛 경

부수: 王 구슬옥변
총획: 16획

頸

목 경

부수: 頁 머리 혈
총획: 16획

頸椎(경추) 목등뼈
頸骨(경골) 목뼈
頸動脈(경동맥) 목을 지나 얼굴로 피를 보내는 동맥

鯨

고래 경	부수	총획
	魚 물고기 어	19획

捕鯨(포경) 고래잡이
巨鯨(거경) 큰 고래

悸

두근거릴 계	부수	총획
	忄 심방변	11획

心悸(심계) 가슴이 두근거리고 불안한 증상
驚悸(경계) 놀란 것처럼 가슴이 두근거리는 증세
恐悸(공계) 무서워서 가슴이 두근거림

稽

생각할 계 머무를 계	부수	총획
	禾 벼 화	16획

稽査(계사) 자세히 조사함
稽滯(계체) 일이 밀려 늦어짐

誡

경계할 계	부수	총획
	言 말씀 언	14획

勸誡(권계) 선을 권장하고 악을 징계함
敎誡(교계) 가르치며 훈계함
守誡(수계) 계명을 지킴

谿

시내 계	부수	총획
	谷 골 곡	17획

谿谷(계곡) 두 산 사이에 물이 흐르는 골짜기
谿流(계류) 산골짜기에서 흐르는 시냇물
澗谿(간계) 산골에 흐르는 물
※ 溪(시내 계)와 同字(동자)

叩

두드릴 고 조아릴 고	부수	총획
	口 입 구	5획

叩門(고문) 남을 찾아가 문을 두드림
叩頭(고두) 경의를 나타내기 위해 머리를 조아림
叩謝(고사) 머리를 조아려 사례하거나 사죄함

拷

칠 고	부수	총획
	扌 재방변	9획

拷打(고타) 고문하여 때림
拷器(고기) 죄인을 고문할 때 사용하는 기구

攷

생각할 고 살필 고	부수	총획
	攵 등글월문	6획

論攷(논고) 문헌을 고증하여 사리를 논술함
雜攷(잡고) 여러 가지 사항을 질서 없이 고찰한 생각

皐

언덕 고 못 고	부수	총획
	白 흰 백	11획

皐復(고복) 사람이 죽었을 때 그 사람이 입었던 옷을 왼손으로 잡고 오른손은 허리에 댄 후 지붕이나 마당에 서서 북쪽을 향해 '아무 동네 아무개 복(復)'이라고 세 번 부르는 일

股

넓적다리 고	부수	총획
	月 육달월	8획

股關節(고관절) 엉덩 관절

膏

기름 고	부수	총획
	月 육달월	14획

軟膏(연고) 피부의 상처나 질환에 바르는 약
脂膏(지고) 지방

藁

짚 고 원고 고	부수	총획
	艹 초두머리	18획

藁草(고초) 벼의 이삭을 떨어낸 줄기. 볏짚
文藁(문고) 한 사람의 시문을 모은 원고

袴

바지 고	부수 衤 옷의변	총획 11획

袴衣(고의) 여름에 입는 남자의 바지와 저고리
單袴(단고) 남자의 홑바지
短袴(단고) 짧은 바지

誥

고할 고	부수 言 말씀 언	총획 14획

庭誥(정고) 가정의 교훈
制誥(제고) 임금이 내리는 사령
誓誥(서고) 윗사람이 아랫사람에게 맹세하여 말함

錮

막을 고	부수 金 쇠 금	총획 16획

禁錮(금고) 교도소에 가두어 두기만 하고 노역은 시키지 않는 형벌

雇

품 팔 고 품 살 고	부수 隹 새 추	총획 12획

雇傭(고용) 대가를 받고 남의 일을 해 줌
雇用(고용) 대가를 주고 사람을 부림

崑

산 이름 곤	부수 山 뫼 산	총획 11획

崑崙山(곤륜산) 중국의 전설 속에 나오는 산
崑玉(곤옥) 곤륜산에서 나는 아름다운 옥

昆

맏 곤 벌레 곤	부수 日 날 일	총획 8획

昆季(곤계) 형제
昆弟(곤제) 형과 아우
後昆(후곤) 후손
昆蟲(곤충) 벌레

棍

몽둥이 곤	부수 木 나무 목	총획 12획

棍杖(곤장) 옛날 죄인의 볼기를 치던 형구
棍刑(곤형) 조선 후기에 곤장을 치던 형벌
決棍(결곤) 곤형을 집행함

袞

곤룡포 곤	부수 衣 옷 의	총획 11획

御袞(어곤) 임금이 입는 옷
袞龍袍(곤룡포) 임금이 입는 정복(正服)

控

당길 공	부수 扌 재방변	총획 11획

控除(공제) 금액, 수량을 뺌
控球(공구) 공기놀이

拱

팔짱 낄 공	부수 扌 재방변	총획 9획

拱把(공파) 한 줌. 한 아름
拱陣(공진) 사방을 포위한 것 같이 된 진지(陣地)

串

땅 이름 곶/꿸 관 꿰미 천/꼬챙이 찬	부수 丨 뚫을 곤	총획 7획

串柿(관시) 곶감
冬外串(동외곶) 경상북도 동해안 끝에 영일만을 이루면서 바다에 뻗쳐 있는 산허리

戈

창 과	부수 戈 창 과	총획 4획

戈甲(과갑) 창과 갑옷
戈盾(과순) 창과 방패
干戈(간과) 창과 방패. 무기

瓜

오이 과	부수	총획
	瓜 오이 과	5획

木瓜(모과) 모과나무의 열매

菓

과자 과 과일 과	부수	총획
	++ 초두머리	12획

菓子(과자) 간식으로 먹는 음식
茶菓(다과) 차와 과자
製菓(제과) 과자나 빵을 만듦
氷菓(빙과) 아이스크림

顆

낟알 과	부수	총획
	頁 머리 혈	17획

顆粒(과립) 둥글고 잔 알갱이
橘顆(귤과) 귤
飯顆(반과) 밥알
一顆(일과) 한 알

槨

덧널 곽	부수	총획
	木 나무 목	15획

棺槨(관곽) 시체를 넣는 데 쓰는 널과 덧널을 아울러 이르는 말
石槨(석곽) 관을 담을 수 있도록 돌로 만든 곽

藿

콩잎 곽 미역 곽	부수	총획
	++ 초두머리	20획

藿田(곽전) 미역 따는 곳
藿湯(곽탕) 미역국
藿巖(곽암) 미역이 붙어서 자라는 바위

廓

둘레 곽	부수	총획
	广 엄호	14획

外廓(외곽) 바깥 테두리
胸廓(흉곽) 가슴

棺

널 관	부수	총획
	木 나무 목	12획

棺材(관재) 관을 만드는 재료
棺上(관상) 관 뚜껑의 겉면
棺臺(관대) 시체를 넣은 관을 얹어놓는 평상

款

항목 관 정성 관	부수	총획
	欠 하품 흠	12획

款待(관대) 정성껏 대접함
款服(관복) 마음을 다해 복종하고 따름
約款(약관) 계약의 내용. 조항

灌

물 댈 관	부수	총획
	氵 삼수변	21획

灌漑(관개) 물을 논밭에 대는 것
灌腸(관장) 약물을 항문으로 넣어서 대변을 보게 하는 일

罐

두레박 관	부수	총획
	缶 장군 부	24획

湯罐(탕관) 국을 끓이거나 약을 달이는 그릇
茶罐(차관) 찻물을 끓이는 그릇
水罐(수관) 먹을 물을 담아 두는 그릇

括

묶을 괄	부수	총획
	扌 재방변	9획

括弧(괄호) 글, 숫자 등을 한데 묶기 위해 사용하는 부호
括約(괄약) 벌어진 것을 오므라지게 함
總括(총괄) 여러 가지를 한데 모아서 묶음

适

빠를 괄 맞을 적	부수	총획
	辶 책받침	10획

※ 適(맞을 적)의 간체자(簡體字)

匡

바를 광 구원할 광	부수 匚 튼입구몸	총획 6획

匡正(광정) 바로잡아 고침
匡困(광곤) 가난한 사람을 도움
匡翼(광익) 잘못을 바로잡아 바르게 도움

壙

뫼 구덩이 광	부수 土 흙 토	총획 18획

壙中(광중) 무덤의 구덩이 속
壙穴(광혈) 시체를 묻는 구덩이
作壙(작광) 땅을 파 뫼 구덩이를 만듦

曠

빌 광 밝을 광	부수 日 날 일	총획 19획

崇曠(숭광) 높고 넓음

珖

옥피리 광	부수 王 구슬옥변	총획 10획

卦

점괘 괘 걸 괘	부수 卜 점 복	총획 8획

卦爻(괘효) 주역의 괘와 효를 아울러 이르는 말
卦象(괘상) 역괘에서 길흉을 나타내는 상
卦兆(괘조) 점을 칠 때 나타나는 길흉의 현상

乖

어그러질 괴	부수 丿 삐침 별	총획 8획

乖離(괴리) 두 사물이나 현상이 서로 조화되지 않고 어긋나 동떨어짐
乖僻(괴벽) 성격이 이상야릇하고 까다로움
乖當(괴당) 정당하지 않음

傀

허수아비 괴 클 괴	부수 亻 사람인변	총획 12획

傀儡(괴뢰) 꼭두각시. 남의 앞잡이가 되어 이용당하는 사람
傀奇(괴기) 이상하고 기이함

槐

회화나무 괴	부수 木 나무 목	총획 14획

槐位(괴위) 삼공(三公)을 달리 이르던 말로 중국 주나라 때에 세 그루의 회화나무를 심어 삼공의 자리를 정한 데서 비롯됨

魁

괴수 괴	부수 鬼 귀신 귀	총획 14획

魁首(괴수) 우두머리
魁殊(괴수) 남달리 훌륭함
魁甲(괴갑) 과거 시험에서 으뜸으로 급제한 사람

宏

클 굉	부수 宀 갓머리	총획 7획

宏壯(굉장) 아주 크고 훌륭함
宏謀(굉모) 아주 큰 계획
宏飮(굉음) 술을 한꺼번에 매우 많이 마심

僑

더부살이 교	부수 亻 사람인변	총획 14획

僑民(교민) 외국에 살고 있는 동포
僑胞(교포) 교민
僑居(교거) 남의 집이나 타향에서 임시로 삶

咬

물 교	부수 口 입 구	총획 9획

咬傷(교상) 짐승, 벌레 등에 물려서 상함
咬創(교창) 짐승에게 물린 상처
咬齒(교치) 소리를 내어 이를 갊

喬

높을 교	부수	총획
	口 입 구	12획

喬木(교목) 줄기가 곧고 굵으며 높이 자라는 나무
遷喬(천교) 꾀꼬리가 골짜기에서 나와 큰 나무로 옮긴다는 뜻으로 낮은 지위에서 높은 지위로 오름

嬌

아리따울 교	부수	총획
	女 여자 녀	15획

嬌態(교태) 아리따운 자태. 또는 아양을 부리는 태도
嬌童(교동) 귀여운 남자 아이
嬌聲(교성) 아리따운 소리

攪

흔들 교	부수	총획
	扌 재방변	23획

攪亂(교란) 뒤흔들어 어지럽고 혼란스럽게 함

絞

목맬 교	부수	총획
	糸 실 사	12획

絞殺(교살) 목을 매어 죽임
絞首刑(교수형) 목을 매어 죽이는 형벌
處絞(처교) 죄인을 교수형에 처함

膠

아교 교	부수	총획
	月 육달월	15획

膠着(교착) 단단히 달라붙음
膠泥(교니) 시멘트에 모래를 섞고 물로 갠 것

轎

가마 교	부수	총획
	車 수레 거	19획

轎馬(교마) 가마와 말
轎軍(교군) 가마. 또는 가마꾼
駕轎(가교) 임금이 타는 가마

驕

교만할 교	부수	총획
	馬 말 마	22획

驕慢(교만) 잘난 체하며 건방짐
驕奢(교사) 교만하고 사치스러움

仇

원수 구	부수	총획
	亻 사람인변	4획

仇恨(구한) 원한
仇怨(구원) 원수
仇隙(구극) 서로 원수처럼 지내는 사이
強仇(강구) 강한 적

勾

글귀 구/굽을 구 갈고리 구	부수	총획
	勹 쌀포몸	4획

勾配(구배) 수평을 기준으로 한 경사도

垢

때 구	부수	총획
	土 흙 토	9획

垢弊(구폐) 때가 묻고 해어짐
垢濁(구탁) 때가 묻어 더러움
垢面(구면) 때 묻어 더러운 얼굴

寇

도적 구	부수	총획
	宀 갓머리	11획

寇盜(구도) 도둑
寇奪(구탈) 사람을 해치고 재물을 약탈함
倭寇(왜구) 13~16세기경의 일본 해적

歐

구라파 구	부수	총획
	欠 하품 흠	15획

歐羅巴(구라파) 유럽
歐美(구미) 유럽과 미국
西歐(서구) 서양을 이루는 유럽과 북아메리카

毬

공 구 | 부수: 毛 터럭 모 | 총획: 11획

毬形(구형) 공 모양
毬果(구과) 솔방울, 잣송이 등 구과 식물의 열매
毬燈(구등) 둥근 등

購

살 구 | 부수: 貝 조개 패 | 총획: 17획

購買(구매) 물건을 삼
購入(구입) 물건을 사들임
購讀(구독) 책, 신문, 잡지 등을 사서 읽음

溝

도랑 구 | 부수: 氵 삼수변 | 총획: 13획

溝池(구지) 도랑과 못
海溝(해구) 해저에서 좁고 길게 움푹 파인 곳
下水溝(하수구) 하수가 흘러서 빠져나가도록 만든 도랑

軀

몸 구 | 부수: 身 몸 신 | 총획: 18획

體軀(체구) 몸의 부피
巨軀(거구) 큰 몸집
軀命(구명) 몸과 목숨

灸

뜸 구 | 부수: 火 불 화 | 총획: 7획

灸穴(구혈) 뜸을 뜰 수 있는 몸의 자리
灸治(구치) 뜸으로 병을 치료함
鍼灸(침구) 한방의 침질과 뜸질

逑

짝 구 | 부수: 辶 책받침 | 총획: 11획

矩

모날 구
법도 구 | 부수: 矢 화살 시 | 총획: 10획

矩尺(구척) 곱자('ㄱ' 자 모양의 자)
矩券(구권) 어음
矩步(구보) 바른 걸음걸이

邱

언덕 구
땅 이름 구 | 부수: 阝 우부방 | 총획: 8획

首邱(수구) 여우가 죽을 때 자기가 살던 굴이 있는 언덕 쪽으로 머리를 둔다는 뜻으로 고향을 그리워하는 마음

臼

절구 구 | 부수: 臼 절구 구 | 총획: 6획

臼磨(구마) 절구
臼齒(구치) 어금니
臼狀(구상) 절구처럼 생긴 모양

鉤

갈고리 구 | 부수: 金 쇠 금 | 총획: 13획

鉤曲(구곡) 갈고리처럼 굽음
鉤形(구형) 갈고리처럼 생긴 형태
鉤取(구취) 갈고리로 끌어당겨서 가짐

舅

시아버지 구
외삼촌 구 | 부수: 臼 절구 구 | 총획: 13획

舅姑(구고) 시아버지와 시어머니
舅父(구부) 외삼촌
國舅(국구) 임금의 장인

駒

망아지 구 | 부수: 馬 말 마 | 총획: 15획

千里駒(천리구) 천리마. 또는 뛰어나게 잘난 자손을 칭찬하는 말

鳩

비둘기 구 모일 구	부수 鳥 새 조	총획 13획

鳩舍(구사) 비둘기 집
鳩合(구합) 어떤 일을 도모하기 위해 사람을 모음 ㉾ 糾合(규합)
鳩聚(구취) 일정한 곳에 모음

鷗

갈매기 구	부수 鳥 새 조	총획 22획

海鷗(해구) 바닷가 갈매기
鷗盟(구맹) 갈매기와 벗한다는 뜻으로 은거하면서 자연을 즐김

耉

늙을 구	부수 老 늙을 로	총획 11획

耉老(구로) 늙은이
黃耉(황구) 나이가 매우 많은 늙은이

鞠

공 국 국문할 국	부수 革 가죽 혁	총획 17획

蹴鞠(축국) 공을 차며 놀던 민속놀이
鞠子(국자) 어린 아이

鞫

국문할 국	부수 革 가죽 혁	총획 18획

鞫問(국문) 중죄인을 신문함
鞫治(국치) 신문하여 죄를 다스림
親鞫(친국) 임금이 직접 죄인을 신문하는 일

麴

누룩 국	부수 麥 보리 맥	총획 19획

麴菌(국균) 누룩곰팡이
麥麴(맥국) 보리를 사용해 만든 누룩
淸麴醬(청국장) 콩으로 만든 장의 한 가지

裙

치마 군	부수 衤 옷의변	총획 12획

紅裙(홍군) 붉은 치마란 뜻으로 미인을 말함

堀

굴 굴	부수 土 흙 토	총획 11획

掘

팔 굴	부수 扌 재방변	총획 11획

發掘(발굴) 땅속에 있던 역사적 유물 등을 파냄
盜掘(도굴) 고분이나 묘지 등을 허가 없이 몰래 파냄

窟

굴 굴	부수 穴 구멍 혈	총획 13획

洞窟(동굴) 깊고 넓은 굴
巢窟(소굴) 나쁜 짓을 하는 자들의 무리가 활동의 근거지로 삼고 있는 곳

穹

하늘 궁	부수 穴 구멍 혈	총획 8획

穹蒼(궁창) 높고 푸른 하늘
穹壤(궁양) 하늘과 땅
高穹(고궁) 높은 공중

躬

몸 궁	부수 身 몸 신	총획 10획

躬行(궁행) 자기 스스로 행함
躬稼(궁가) 자기가 직접 농사를 지음
躬進(궁진) 누구를 만나러 자기가 직접 감

倦

게으를 권	부수 亻 사람인변	총획 10획

倦怠(권태) 어떤 일이나 상태에 시들해져서 생긴 싫증
倦疲(권피) 권태가 생겨 피곤함
勞倦(노권) 피로하여 싫증을 냄

圈

우리 권 술잔 권	부수 囗 큰입구몸	총획 11획

圈域(권역) 어떤 특정한 범위 내의 영역
首都圈(수도권) 수도를 중심으로 한 대도시권
上位圈(상위권) 높은 위치에 속하는 범위

捲

거둘 권 말 권	부수 扌 재방변	총획 11획

捲舌音(권설음) 혀끝을 윗잇몸 쪽으로 말아 올리며 내는 소리
席捲(석권) 돗자리를 맒. 즉 빠른 기세로 영토나 세력을 넓힘

眷

돌볼 권	부수 目 눈 목	총획 11획

眷顧(권고) 관심을 가지고 보살핌
眷佑(권우) 친절히 보살펴 도와줌
眷率(권솔) 한집에 거느리고 사는 식구

闕

대궐 궐 모자랄 궐	부수 門 문 문	총획 18획

宮闕(궁궐) 임금이 사는 집 유 大闕(대궐)
補闕(보궐) 결원이 생겼을 때에 그 빈자리를 채움
闕席(궐석) 결석

櫃

궤 궤	부수 木 나무 목	총획 18획

金櫃(금궤) 금으로 장식해 만든 궤
藥櫃(약궤) 약을 담는 궤
※ 궤 : 물건을 넣는 네모난 그릇

潰

무너질 궤	부수 氵 삼수변	총획 15획

崩潰(붕궤) 무너지고 깨어짐 유 붕괴(崩壞)
潰滅(궤멸) 무너지거나 흩어져서 없어짐
潰亂(궤란) 싸움에 패해 흩어져서 도망침

晷

그림자 귀 그림자 구	부수 日 날 일	총획 12획

寸晷(촌구) 아주 짧은 시각
晷刻(구각) 짧은 시각
日晷(일구) 햇빛이 비쳐서 생긴 그림자. 또는 그 햇볕

圭

서옥 규 홀 규	부수 土 흙 토	총획 6획

白圭(백규) 희고 맑게 잘 간 구슬
玉圭(옥규) 임금이 드는 홀(제후를 봉할 때 사용하던 표적)

奎

별 규	부수 大 큰 대	총획 9획

奎文(규문) 문학, 문물, 교육 등을 이르는 말
奎運(규운) 학문이나 예술의 기세

揆

헤아릴 규 벼슬 규	부수 扌 재방변	총획 12획

右揆(우규) 조선 시대 때 의정부의 정일품
庶揆(서규) 모든 벼슬아치
一揆(일규) 같은 경우. 또는 항상 변하지 않는 법칙

珪

서옥 규 홀 규	부수 王 구슬옥변	총획 10획

珪幣(규폐) 폐백으로 보내는 옥과 비단
※ 圭(서옥 규)의 古字(고자)

硅

규소 규	부수	총획
	石 돌 석	11획

硅素(규소) 비금속인 탄소족 원소의 하나
硅酸(규산) 규소와 산소의 화합물

橘

귤 귤	부수	총획
	木 나무 목	16획

橘顆(귤과) 귤나무의 열매
柑橘(감귤) 귤·밀감의 총칭

窺

엿볼 규	부수	총획
	穴 구멍 혈	16획

窺視(규시) 엿봄
窺間(규간) 기회를 엿봄

剋

이길 극	부수	총획
	刂 선칼도방	9획

剋勵(극려) 사욕을 버리고 부지런히 힘씀
相剋(상극) 두 사람이나 두 사물이 서로 화합하지 못하고 충돌함

葵

해바라기 규	부수	총획
	艹 초두머리	13획

葵花(규화) 해바라기
蜀葵(촉규) 접시꽃

戟

창 극	부수	총획
	戈 창 과	12획

劍戟(검극) 칼과 창
交戟(교극) 창을 엇갈리게 맞댐. 즉, 싸움을 이르는 말

閨

안방 규	부수	총획
	門 문 문	14획

閨秀(규수) 남의 집 처녀를 점잖게 이르는 말. 또는 학문과 재주가 뛰어난 여자
閨房(규방) 안방 또는 침실. 부녀자가 거처하는 방

棘

가시 극	부수	총획
	木 나무 목	12획

棘針(극침) 가시. 또는 살을 에는 듯한 찬 바람
荊棘(형극) 나무의 가시. 또는 고난의 길

筠

대 균	부수	총획
	竹 대 죽	13획

綠筠(녹균) 푸른 대나무

隙

틈 극	부수	총획
	阝 좌부변	13획

隙間(극간) 틈
隙穴(극혈) 틈. 틈새

鈞

서른 근 균	부수	총획
	金 쇠 금	12획

千鈞(천균) 매우 무거운 무게 또는 그런 물건
陶鈞(도균) 도기를 만드는 데 사용하는 선반
國鈞(국균) 권력을 쥐고 나라를 다스림

劤

힘 근	부수	총획
	力 힘 력	6획

DAY 06

槿
무궁화 근 | 부수: 木 나무 목 | 총획: 15획

槿花(근화) 무궁화
槿域(근역) 무궁화가 많은 우리나라를 비유

瑾
아름다운 옥 근 | 부수: 王 구슬옥변 | 총획: 15획

瑕瑾(하근) 단점. 또는 결점
細瑾(세근) 작은 잘못

筋
힘줄 근 | 부수: 竹 대 죽 | 총획: 12획

筋肉(근육) 힘줄과 살을 통틀어 이르는 말
筋縮(근축) 근육이 수축되는 증상
筋腫(근종) 근육에 생기는 부스럼

覲
뵐 근 | 부수: 見 볼 견 | 총획: 18획

覲親(근친) 시집간 딸이 친정에 가서 부모를 뵘
覲行(근행) 어버이를 뵈러 가거나 옴
覲禮(근례) 제후가 임금을 뵙는 의식

풀 이름 금 | 부수: ⺾ 초두머리 | 총획: 8획

黃芩(황금) 꿀풀과에 딸린 여러해살이풀
宿芩(숙금) 황금(黃芩)의 묵은 뿌리

衾
이불 금 | 부수: 衣 옷 의 | 총획: 10획

衾具(금구) 이부자리
衾枕(금침) 이부자리와 베개
寢衾(침금) 이불

衿
옷깃 금 | 부수: 衤 옷의변 | 총획: 9획

靑衿(청금) 푸른 깃의 옷. 또는 유생을 달리 이르는 말

襟
옷깃 금 | 부수: 衤 옷의변 | 총획: 18획

襟度(금도) 남을 포용할 만한 너그러운 마음
心襟(심금) 마음속에 품은 깊은 뜻

扱
미칠 급
거둘 흡 | 부수: 扌 재방변 | 총획: 7획

取扱(취급) 사물을 다룸. 또는 다루어 처리함

길을 급 | 부수: 氵 삼수변 | 총획: 7획

汲水(급수) 물을 길음
汲汲(급급) 한 가지 일에만 정신을 쏟아 다른 일에 신경 쓸 마음의 여유가 없음

兢
떨릴 긍
삼갈 긍 | 부수: 儿 어진사람인발 | 총획: 14획

兢懼(긍구) 삼가고 두려워함
戰戰兢兢(전전긍긍) 매우 두려워하여 벌벌 떨며 조심함

矜
자랑할 긍
불쌍히 여길 긍 | 부수: 矛 창 모 | 총획: 9획

矜持(긍지) 자신의 능력을 자랑스럽게 여기는 마음
自矜(자긍) 스스로에게 긍지를 가짐
誇矜(과긍) 자랑하거나 칭찬함

伎

재간 기 | 부수: 亻 사람인변 | 총획: 6획

雜伎(잡기) 중국 고대·중세의 곡예, 무용 등의 각종 예능을 이르는 말

朞

돌 기 | 부수: 月 달 월 | 총획: 12획

朞年(기년) 만 일 년이 되는 날. 또는 기한이 되는 해
小朞(소기) 사망 후 1년 만에 지내는 제사
大朞(대기) 사망 후 두 돌 만에 지내는 제사

冀

바랄 기 | 부수: 八 여덟 팔 | 총획: 16획

冀願(기원) 희망 유 冀望(기망), 希冀(희기)
幸冀(행기) 행여나 하여 무엇을 바람

杞

구기자 기 / 나라이름 기 | 부수: 木 나무 목 | 총획: 7획

杞憂(기우) 쓸데없는 걱정. 중국의 기(杞)나라 사람이 하늘이 무너질까 봐 근심 걱정하였다는 데서 유래함

嗜

즐길 기 | 부수: 口 입 구 | 총획: 13획

嗜好(기호) 즐기고 좋아함
嗜眠(기면) 졸음증
嗜僻(기벽) 치우쳐 좋아하는 버릇

棋

바둑 기 | 부수: 木 나무 목 | 총획: 12획

棋局(기국) 바둑판. 또는 장기판
棋石(기석) 바둑돌
棋士(기사) 바둑을 직업으로 하여 두는 사람

妓

기생 기 | 부수: 女 여자 녀 | 총획: 7획

妓生(기생) 노래나 춤 등으로 술자리에서 흥을 돋우는 것을 직업으로 가진 여자
妓舞(기무) 기생이 추는 춤

汽

물 끓는 김 기 | 부수: 氵 삼수변 | 총획: 7획

汽車(기차) 증기 기관차
汽罐(기관) 높은 온도와 높은 압력의 증기를 일으키는 장치
汽笛(기적) 기관차, 선박 등의 신호 장치

岐

갈림길 기 | 부수: 山 뫼 산 | 총획: 7획

岐路(기로) 갈림길
岐貳(기이) 의논이 통일되지 않고 여러 갈래로 나누어짐

沂

물 이름 기 | 부수: 氵 삼수변 | 총획: 7획

沂州(기주) 중국 산동성 남동부의 도시

崎

험할 기 | 부수: 山 뫼 산 | 총획: 11획

崎險(기험) 산길이 험함. 또는 인생이 순탄치 못함

琦

옥 이름 기 | 부수: 王 구슬옥변 | 총획: 12획

琦行(기행) 기이(奇異)한 행동

琪

아름다운 옥 기 | 부수: 王 구슬옥변 | 총획: 12획

琪花(기화) 아름다운 꽃
琪樹(기수) 옥같이 아름다운 나무. 또는 눈이 많이 쌓인 나무의 모양

璣

구슬 기
별 이름 기 | 부수: 王 구슬옥변 | 총획: 16획

天璣(천기) 북두칠성의 하나

畸

뙈기밭 기
불구 기 | 부수: 田 밭 전 | 총획: 13획

畸形(기형) 사물의 구조, 생김새 등이 정상과는 다른 모양
畸兒(기아) 기형아

碁

바둑 기 | 부수: 石 돌 석 | 총획: 13획

碁士(기사) 바둑이나 장기를 잘 두는 사람. 바둑을 직업(職業)으로 삼아 두는 사람

祇

땅귀신 기 | 부수: 示 보일 시 | 총획: 9획

地祇(지기) 땅을 다스리는 신령
神祇(신기) 천신(天神)과 지기(地祇)

祺

길할 기 | 부수: 示 보일 시 | 총획: 13획

角星祺(각성기) 대한제국(大韓帝國) 때의 의장기(儀仗旗)

箕

키 기
별 이름 기 | 부수: 竹 대 죽 | 총획: 14획

箕卜(기복) 키(곡식을 까부르는 데 쓰는 기구)를 가지고 점을 치던 일
箕宿(기수) 이십팔수의 일곱째 별자리

綺

비단 기 | 부수: 糸 실 사 | 총획: 14획

綺語(기어) 교묘하게 꾸며 대는 말
綺麗(기려) 곱고 아름다움
錦綺(금기) 아름답고 화려한 옷

羈

굴레 기
나그네 기 | 부수: 罒 그물망머리 | 총획: 24획

羈屬(기속) 어떤 것에 매여 있음
羈束(기속) 얽어매어 묶음
羈旅(기려) 객지에 머물거나 여행함. 또는 나그네

耆

늙을 기 | 부수: 老 늙을 로 | 총획: 10획

耆老(기로) 연로하고 덕이 높은 사람
耆蒙(기몽) 늙은이와 어린이
宿耆(숙기) 늙은이

饑

주릴 기 | 부수: 飠 밥식변 | 총획: 21획

饑餓(기아) 굶주림
饑死(기사) 굶어 죽음
※ 飢(주릴 기)와 同字(동자)

驥

천리마 기 | 부수: 馬 말 마 | 총획: 26획

老驥(노기) 늙은 준마. 늙은 영웅

麒

기린 기	부수	총획
	鹿 사슴 록	19획

麒麟(기린) 기린과의 포유류. 또는 성인(聖人)이 이 세상에 나오면 나타난다고 하는 상상 속의 동물

囊

주머니 낭	부수	총획
	口 입 구	22획

背囊(배낭) 등에 메는 가방
囊裏(낭리) 주머니 속

喫

먹을 끽	부수	총획
	口 입 구	12획

喫煙(끽연) 담배를 피움
喫怯(끽겁) 겁을 먹음
滿喫(만끽) 마음껏 즐기고 누림

撚

비틀 년	부수	총획
	扌 재방변	15획

檢撚器(검년기) 천에서 짜인 실의 수를 측정하거나 실이 꼬여 있는 상태를 검사하는 기계

ㄴ

儺

푸닥거리 나	부수	총획
	亻 사람인변	21획

儺禮(나례) 음력 섣달그믐날 밤에 궁중, 민가에서 악귀를 쫓기 위해 베푸는 의식
儺藝(나예) 산대놀음(탈놀음)

拈

집을 념	부수	총획
	扌 재방변	8획

拈古(염고) 옛사람의 일사(逸事)를 끄집어내어 해석하고 비평하는 일
拈香(염향) 분향(焚香 – 향을 피움)

拿

잡을 나	부수	총획
	手 손 수	10획

拘拿(구나) 죄인을 잡음
拿捕(나포) 죄인을 붙잡음. 또는 사람, 배, 비행기 등을 사로잡음

弩

쇠뇌 노	부수	총획
	弓 활 궁	8획

弩師(노사) 쇠뇌(여러 개의 화살이나 돌을 잇달아 쏘는 큰 활)를 쏘는 군대

拏

붙잡을 나	부수	총획
	手 손 수	9획

※ 拿(잡을 나)의 俗字(속자)

濃

짙을 농	부수	총획
	氵 삼수변	16획

濃度(농도) 기체, 액체 등의 진하고 묽은 정도
濃淡(농담) 짙음과 옅음
濃厚(농후) 맛, 빛깔 등이 짙음

捺

누를 날	부수	총획
	扌 재방변	11획

捺印(날인) 도장을 찍음
捺染(날염) 무늬찍기

膿

고름 농	부수	총획
	月 육달월	17획

化膿(화농) 상처가 곪아서 고름이 생김
蓄膿症(축농증) 몸속의 공간에 고름이 괴는 병

尿

오줌 뇨	부수	총획
	尸 주검시엄	7획

糖尿(당뇨) 당분이 많이 섞여 나오는 오줌. 또는 당뇨병
放尿(방뇨) 오줌을 눔
利尿(이뇨) 오줌을 잘 나오게 함

訥

말 더듬거릴 눌	부수	총획
	言 말씀 언	11획

語訥(어눌) 말을 더듬어 유창하게 하지 못함
訥辯(눌변) 더듬거리는 말솜씨
訥言(눌언) 더듬거리는 말

紐

맺을 뉴 끈 뉴	부수	총획
	糸 실 사	10획

結紐(결뉴) 끈을 맴
革紐(혁뉴) 가죽으로 된 끈

尼

여승 니	부수	총획
	尸 주검시엄	5획

尼僧(이승) 여자 승려
尼院(이원) 여승이 있는 절
尼寺(이사) 여승들이 사는 절

溺

빠질 닉	부수	총획
	氵 삼수변	13획

溺死(익사) 물에 빠져 죽음
耽溺(탐닉) 어떤 일을 몹시 즐겨서 거기에 빠짐

匿

숨길 닉	부수	총획
	匸 감출혜몸	11획

隱匿(은닉) 숨김
掩匿(엄닉) 덮어서 숨김
轉匿(전닉) 발견되지 않게 감추었던 장소를 옮겨 다시 감춤

ㄷ

湍

여울 단	부수	총획
	氵 삼수변	12획

激湍(격단) 매우 급하게 흐르는 여울
飛湍(비단) 나는 것처럼 솟구쳐 흐르는 센 물살의 여울
急湍(급단) 물결이 빠르게 흐르는 여울

緞

비단 단	부수	총획
	糸 실 사	15획

禮緞(예단) 예물로 주는 비단
緋緞(비단) 명주실로 짠 광택이 나는 천

蛋

새알 단	부수	총획
	虫 벌레 훼	11획

蛋黃(단황) 노른자위
蛋白質(단백질) 아미노산으로 구성된 화합물
鷄蛋(계단) 달걀

袒

웃통 벗을 단	부수	총획
	衤 옷의변	10획

袒肩(단견) 한쪽 어깨를 내어 놓음. 한쪽 소매를 벗음

鍛

불릴 단	부수	총획
	金 쇠 금	17획

鍛鍊(단련) 쇠붙이를 불에 달궈 두드리며 단단하게 하는 것. 또는 몸이나 정신을 강한 상태로 만드는 것

曇

흐릴 담	부수	총획
	日 날 일	16획

曇天(담천) 흐린 하늘
微曇(미담) 조금 흐림

湛

훈음	부수	총획
괼 담 즐길 담	氵 삼수변	12획

湛水(담수) 괸 물. 또는 저수지나 댐에 물을 채움
湛樂(담락) 평화롭게 즐김

潭

훈음	부수	총획
못 담 깊을 담	氵 삼수변	15획

潭水(담수) 깊은 못의 물
潭深(담심) 물이 깊음. 또는 학문이 깊음
潭思(담사) 깊이 생각함

澹

훈음	부수	총획
맑을 담	氵 삼수변	16획

暗澹(암담) 어두컴컴하고 쓸쓸함. 또는 희망이 없고 절망적임

痰

훈음	부수	총획
가래 담	疒 병질엄	13획

去痰(거담) 가래를 없앰
血痰(혈담) 피가 섞여 나오는 가래

膽

훈음	부수	총획
쓸개 담	月 육달월	17획

膽力(담력) 두려워하지 않고 용감한 기력
大膽(대담) 담력이 큼
肝膽(간담) 간과 쓸개. 또는 속마음

譚

훈음	부수	총획
클 담 말씀 담	言 말씀 언	19획

民譚(민담) 일반 민중 사이에서 전해져 내려오는 이야기
英雄譚(영웅담) 영웅의 이야기

塘

훈음	부수	총획
못 당	土 흙 토	13획

池塘(지당) 못(넓고 오목한 땅에 물이 괴어 있는 곳)
堤塘(제당) 제방(堤防)

幢

훈음	부수	총획
기 당	巾 수건 건	15획

幢下(당하) 장군의 지휘 아래
幢戟(당극) 기가 달린 창

撞

훈음	부수	총획
칠 당	扌 재방변	15획

撞球(당구) 긴 막대기 끝으로 공을 치는 실내 오락
撞破(당파) 물건 등을 쳐서 깨뜨림

棠

훈음	부수	총획
아가위 당	木 나무 목	12획

甘棠(감당) 팥배나무
棠梨(당리) 팥배나무의 열매
※ 아가위 : 산사나무의 열매

垈

훈음	부수	총획
집터 대	土 흙 토	8획

垈地(대지) 집터 용도의 땅
家垈(가대) 집의 터전
苗垈(묘대) 못자리(모를 기르는 곳)

戴

훈음	부수	총획
일 대	戈 창 과	17획

推戴(추대) 윗사람으로 떠받듦
戴星(대성) 별을 머리 위에 이고 있다는 뜻으로 아침 일찍 나가 저녁 늦게 집에 돌아옴

玳

대모 대 | 부수: 王 구슬옥변 | 총획: 9획

玳瑁(대모) 바다거북과의 하나

燾

비출 도 / 덮을 도 | 부수: 灬 연화발 | 총획: 18획

燾育(도육) 덮어 기른다는 뜻으로 천지가 만물을 양육함

袋

자루 대 | 부수: 衣 옷 의 | 총획: 11획

負袋(부대) 종이, 피륙, 가죽 등으로 만든 큰 자루 유 包袋(포대)
麻袋(마대) 굵고 거친 삼실로 짠 부대
袋鼠(대서) 캥거루

禱

빌 도 | 부수: 示 보일 시 | 총획: 19획

祈禱(기도) 신에게 빎
黙禱(묵도) 소리를 내지 않고 기도함
禱請(도청) 신에게 소원 성취를 기도함

悳

큰 덕 / 덕 덕 | 부수: 心 마음 심 | 총획: 12획

※ 德(큰 덕)의 고자(古字)

萄

포도 도 | 부수: ++ 초두머리 | 총획: 12획

葡萄(포도) 포도나무 열매
乾葡萄(건포도) 건조시킨 포도

屠

죽일 도 | 부수: 尸 주검시엄 | 총획: 12획

屠殺(도살) 짐승을 잡아 죽임
屠畜(도축) 고기를 얻기 위해 가축을 잡아 죽임
屠漢(도한) 백정

賭

내기 도 | 부수: 貝 조개 패 | 총획: 16획

賭博(도박) 노름
賭場(도장) 도박을 하는 곳
賭書(도서) 글씨 쓰기를 겨룸

悼

슬퍼할 도 | 부수: 忄 심방변 | 총획: 11획

追悼(추도) 죽은 사람을 생각하여 슬퍼함
哀悼(애도) 사람의 죽음을 슬퍼함
悼亡(도망) 죽은 아내를 생각하며 슬퍼함

蹈

밟을 도 | 부수: 足 발 족 | 총획: 17획

蹈襲(도습) 옛 방식 등을 그대로 따라서 좇음
舞蹈(무도) 춤을 춤

濤

물결 도 | 부수: 氵 삼수변 | 총획: 17획

波濤(파도) 큰 물결
濤聲(도성) 파도 소리

鍍

도금할 도 | 부수: 金 쇠 금 | 총획: 17획

鍍金(도금) 표면에 금이나 은 등의 금속을 얇게 입히는 것
電鍍(전도) 전기 분해의 원리를 이용하여 금속의 표면에 다른 금속을 얇게 입히는 일

瀆

도랑 독 더럽힐 독	부수 氵 삼수변	총획 18획

冒瀆(모독) 말·행동 등으로 깎아내려 욕되게 함
煩瀆(번독) 너저분한게 많고 더러움
瀆汚(독오) 더러움

牘

서찰 독	부수 片 조각 편	총획 19획

簡牘(간독) 편지
案牘(안독) 관청의 문서
篇牘(편독) 책. 또는 문서

禿

대머리 독	부수 禾 벼 화	총획 7획

禿頭(독두) 머리털이 빠져 벗겨진 머리 ㊌ 禿頂(독정), 禿髮(독발)
禿山(독산) 민둥산

墩

돈대 돈	부수 土 흙 토	총획 15획

墩臺(돈대) 평지보다 약간 높은 평평한 땅

旽

밝을 돈	부수 日 날 일	총획 8획

沌

엉길 돈	부수 氵 삼수변	총획 7획

混沌(혼돈) 복잡하게 뒤섞여 있어 갈피를 잡을 수 없음 ㊌ 渾沌(혼돈)

頓

조아릴 돈 둔할 둔	부수 頁 머리 혈	총획 13획

頓首(돈수) 머리를 땅에 닿도록 하는 절
査頓(사돈) 혼인으로 형성되는 관계
斗頓(두둔) 편들어 감싸 줌

憧

동경할 동	부수 忄 심방변	총획 15획

憧憬(동경) 어떤 것을 그리워해 간절히 생각함

桐

오동나무 동	부수 木 나무 목	총획 10획

梧桐(오동) 오동나무
絲桐(사동) 거문고의 다른 이름

棟

마룻대 동	부수 木 나무 목	총획 12획

棟梁(동량) 마룻대와 들보. 또는 기둥이 될 만한 인물

潼

물 이름 동	부수 氵 삼수변	총획 15획

疼

아플 동	부수 疒 병질엄	총획 10획

疼痛(동통) 몸이 쑤시고 아픔

瞳
눈동자 동 | 부수: 目 눈 목 | 총획: 17획

瞳孔(동공) 눈동자

遁
숨을 둔 | 부수: 辶 책받침 | 총획: 13획

遁甲(둔갑) 자기 몸을 감추거나 변신하는 술법
遁迹(둔적) 종적을 감춤
隱遁(은둔) 세상을 피하여 숨음

胴
큰창자 동
몸통 동 | 부수: 月 육달월 | 총획: 10획

胴體(동체) 사람이나 동물에서 가슴, 등, 배로 이루어진 가운데 부분 ㊌ 胴部(동부)
鏡胴(경동) 망원경, 사진기 등의 몸통

遯
달아날 둔 | 부수: 辶 책받침 | 총획: 15획

遯隱(둔은) 세상을 피하여 숨음 ㊌ 隱遁(은둔)
遯逸(둔일) 세상을 피하여 편하게 삶

董
감독할 동 | 부수: ++ 초두머리 | 총획: 13획

董役(동역) 토목·건축 등의 공사를 지도하고 단속하는 일
骨董(골동) 오래되거나 희귀한 옛날의 기구나 예술품 ㊌ 古董(고동)

藤
등나무 등 | 부수: ++ 초두머리 | 총획: 19획

葛藤(갈등) 칡과 등나무라는 뜻으로 일이 복잡하게 얽혀 화합하지 못함
藤床(등상) 등의 줄기로 만든 걸상

兜
투구 두
도솔천 도 | 부수: 儿 어진사람인발 | 총획: 11획

兜率歌(도솔가) 신라 유리왕 5년에 지어진 노래로, 백성이 즐겁고 편안하여 지은 노래

謄
베낄 등 | 부수: 言 말씀 언 | 총획: 17획

謄本(등본) 원본의 내용을 그대로 베낌. 또는 그런 서류
謄寫(등사) 원본에서 베껴 옮김 ㊌ 謄抄(등초)

杜
막을 두 | 부수: 木 나무 목 | 총획: 7획

杜絶(두절) 막히고 끊어짐

鄧
나라 이름 등 | 부수: 阝 우부방 | 총획: 15획

痘
역질 두 | 부수: 疒 병질엄 | 총획: 12획

天然痘(천연두) 열과 발진이 생기는 급성 전염병 ㊌ 痘瘡(두창)
水痘(수두) 어린아이의 피부에 붉고 둥근 발진이 나는 전염병

ㄹ

螺
소라 라 | 부수: 虫 벌레 훼 | 총획: 17획

螺絲(나사) 물건을 고정시키는 데에 쓰는 나선형의 물건
田螺(전라) 우렁이
鳴螺(명라) 소라로 만든 악기를 붊

裸

벗을 라

부수: 衤 옷의변

총획: 13획

全裸(전라) 알몸

蘿

쑥 라
여라 라

부수: 艹 초두머리

총획: 23획

女蘿(여라) 이끼의 한 종류
青蘿(청라) 푸른 담쟁이덩굴
藤蘿(등라) 등나무의 덩굴

懶

게으를 라

부수: 忄 심방변

총획: 19획

懶怠(나태) 게으르고 느림

癩

문둥병 라

부수: 疒 병질엄

총획: 21획

癩病(나병) 만성 전염병으로 손발이나 얼굴이 변형됨

洛

물 이름 락

부수: 氵 삼수변

총획: 9획

京洛(경락) 한 나라의 중앙 정부가 있는 곳
上洛(상락) 지방에서 서울로 올라옴
유 上京(상경)

珞

구슬 목걸이 락

부수: 王 구슬옥변

총획: 10획

瓔珞(영락) 목·팔 등에 두르는 장식품

酪

쇠젖 락

부수: 酉 닭 유

총획: 13획

駝酪(타락) 우유
乳酪(유락) 우유로 만든 버터, 치즈 등의 가공품
羊酪(양락) 양젖으로 만든 식료품

烙

지질 락

부수: 火 불 화

총획: 10획

烙印(낙인) 불에 달구어 찍는 쇠도장. 다시 씻기 어려운 불명예(不名譽)스러운 이름

駱

낙타 락

부수: 馬 말 마

총획: 16획

駱駝(낙타) 포유류 낙타과 낙타속의 짐승의 총칭

爛

빛날 란
문드러질 란

부수: 火 불 화

총획: 21획

能爛(능란) 익숙하고 솜씨 있음
腐爛(부란) 썩어 문드러짐

瀾

물결 란

부수: 氵 삼수변

총획: 20획

波瀾(파란) 잔물결과 큰 물결. 또는 어려움이나 시련
狂瀾(광란) 거세고 사나운 물결

鸞

난새 란

부수: 鳥 새 조

총획: 30획

鳳鸞(봉란) 봉황새와 난새
赤鸞(적란) 붉은 난새
※ 난새 : 중국 전설 속의 상상의 새

藍

쪽 람 | 부수: ⺾ 초두머리 | 총획: 18획

青出於藍(청출어람) 푸른색이 쪽에서 나왔으나 쪽보다 더 푸르다는 뜻으로, 제자가 스승보다 나은 것을 비유하는 말

拉

끌 랍 | 부수: 扌 재방변 | 총획: 8획

被拉(피랍) 납치를 당함

蠟

밀 랍 | 부수: 虫 벌레 훼 | 총획: 21획

蜜蠟(밀랍) 꿀벌이 벌집을 만들기 위해 분비하는 물질
朱蠟(주랍) 편지 등을 봉할 때 쓰는 붉은 밀랍

臘

섣달 랍 | 부수: 月 육달월 | 총획: 19획

客臘(객랍) 지난해의 섣달
窮臘(궁랍) 한 해의 마지막 무렵
法臘(법랍) 승려가 된 후부터 치는 나이

朗

밝을 랑 | 부수: 月 달 월 | 총획: 11획

明朗(명랑) 밝고 활발함
晴朗(청랑) 날씨가 맑고 화창함
曠朗(광랑) 넓고 밝음

狼

이리 랑 | 부수: 犭 개사슴록변 | 총획: 10획

虎狼(호랑) 호랑이와 이리. 또는 욕심 많고 잔인한 사람
鼠狼(서랑) 족제비

萊

명아주 래 | 부수: ⺾ 초두머리 | 총획: 12획

草萊(초래) 풀이 우거져 황폐한 땅

亮

밝을 량 | 부수: 亠 돼지해머리 | 총획: 9획

淸亮(청량) 소리가 맑고 깨끗함
洪亮(홍량) 소리가 맑고 큼
照亮(조량) 형편, 사정 등을 밝히어 앎

樑

들보 량 | 부수: 木 나무 목 | 총획: 15획

棟樑(동량) 마룻대와 들보. 또는 기둥이 될 만한 인물
大樑(대량) 대들보

侶

짝 려 | 부수: 亻 사람인변 | 총획: 9획

伴侶(반려) 생각, 행동 등을 함께 하는 짝
群侶(군려) 많은 동료
僧侶(승려) 불교의 출가 수행자

儷

짝 려 | 부수: 亻 사람인변 | 총획: 21획

失儷(실려) 부부가 짝을 잃음

藜

명아주 려 | 부수: ⺾ 초두머리 | 총획: 19획

藜藿(여곽) 명아주 잎과 콩잎이란 뜻으로 변변치 못한 음식을 뜻함
藜杖(여장) 명아주 줄기로 만든 지팡이

驢

당나귀 려 | 부수: 馬 말 마 | 총획: 26획

靑驢(청려) 털 색깔이 검푸른 당나귀

呂

성씨 려 / 법칙 려 | 부수: 口 입 구 | 총획: 7획

陰呂(음려) 십이율(十二律) 중 음성(陰聲)에 속하는 여섯 가지 소리 유 六呂(육려)

閭

마을 려 | 부수: 門 문 문 | 총획: 15획

門閭(문려) 마을 어귀의 문
倚閭(의려) 마을 어귀의 문에 기대어 섬. 즉, 어머니가 애타게 자녀가 돌아오기를 기다림

驪

검은 말 려 / 검은 말 리 | 부수: 馬 말 마 | 총획: 29획

驪龍(여룡/이룡) 검은 용
探驪得珠(탐려득주) 흑룡을 찾아 진주를 얻음. 즉, 큰 위험을 무릅쓰고 큰 이익을 얻음

黎

검을 려 | 부수: 黍 기장 서 | 총획: 15획

黔黎(검려) 검은 맨머리. 즉, 일반 백성을 뜻함
群黎(군려) 많은 백성

廬

농막집 려 / 창 자루 로 | 부수: 广 엄호 | 총획: 19획

草廬(초려) 짚이나 갈대로 지붕을 인 집
屋廬(옥려) 살림집
村廬(촌려) 시골에 있는 집

礪

숫돌 려 | 부수: 石 돌 석 | 총획: 20획

磨礪(마려) 돌, 쇠붙이 등을 문질러 갊

濾

거를 려 | 부수: 氵 삼수변 | 총획: 18획

濾過(여과) 거름종이나 여과기로 침전물과 입자 등을 거르는 것

瀝

스밀 력 | 부수: 氵 삼수변 | 총획: 19획

披瀝(피력) 생각을 털어놓고 말함
餘瀝(여력) 먹고 남은 음식이나 술

礫

조약돌 력 / 뛰어날 락 | 부수: 石 돌 석 | 총획: 20획

礫塊(역괴) 자갈과 흙덩이. 즉, 아무 가치도 없는 물건을 뜻함
礫層(역층) 자갈이 많은 지층

煉

달굴 련 | 부수: 火 불 화 | 총획: 13획

煉藥(연약) 고아서 만든 약
煉瓦(연와) 벽돌

漣

잔물결 련 | 부수: 氵 삼수변 | 총획: 14획

細漣(세련) 잔물결
淸漣(청련) 맑고 잔잔함

輦

가마 련 | 부수: 車 수레 거 | 총획: 15획

輿輦(여련) 임금이 타는 수레
玉輦(옥련) 가마를 높여 이르는 말

攣

걸릴 련
경련할 련 | 부수: 手 손 수 | 총획: 23획

攣縮(연축) 당겨서 오그라들거나 줄어듦
痙攣(경련) 근육이 병적으로 수축하는 현상

斂

거둘 렴 | 부수: 攵 등글월문 | 총획: 17획

收斂(수렴) 돈·물건 등을 거두어들임. 또는 여러 의견을 하나로 모아 정리함
後斂(후렴) 시·노래 끝에 되풀이 되는 시구나 가사

濂

물 이름 렴 | 부수: 氵 삼수변 | 총획: 16획

簾

발 렴 | 부수: 竹 대 죽 | 총획: 19획

細簾(세렴) 가는 대로 촘촘히 엮은 발
垂簾(수렴) 발을 늘임. 또는 수렴청정
※ 垂簾聽政(수렴청정) : 나이 어린 임금을 왕대비가 도와 정사를 보는 일

殮

염할 렴 | 부수: 歹 죽을사변 | 총획: 17획

殮襲(염습) 죽은 사람의 몸을 씻기고 옷을 입힌 후 염포로 싸는 일
㊒ 襲殮(습렴)
棺殮(관렴) 시신을 관(棺)에 넣음

翎

깃 령 | 부수: 羽 깃 우 | 총획: 11획

翎毛(영모) 새나 짐승을 그린 그림
花翎(화령) 중국 청나라 때에 모자 뒤에 늘어뜨리는 공작의 꽁지

齡

나이 령 | 부수: 齒 이 치 | 총획: 20획

年齡(연령) 나이
老齡(노령) 늙은 나이
壽齡(수령) 오래도록 삶 ㊒ 長壽(장수)

玲

옥소리 령 | 부수: 王 구슬옥변 | 총획: 9획

鈴

방울 령 | 부수: 金 쇠 금 | 총획: 13획

馬鈴薯(마령서) 감자

醴

단술 례 | 부수: 酉 닭 유 | 총획: 20획

甘醴(감례) 단술
酒醴(주례) 술과 단술

魯

노나라 로
노둔할 로 | 부수: 魚 물고기 어 | 총획: 15획

愚魯(우로) 어리석고 둔함 ㊒ 愚鈍(우둔)
鄒魯(추로) 공자와 맹자(공자는 노나라, 맹자는 추나라 사람)

盧

성씨 로 / 밥그릇 로 | 부수: 皿 그릇 명 | 총획: 16획

新盧(신로) 신라 유 斯盧(사로)

鹵

소금 로 / 노략질할 로 | 부수: 鹵 짠땅 로 | 총획: 11획

鹵田(노전) 염분이 있는 땅
斥鹵(척로) 염분이 많은 땅
鹵掠(노략) 떼를 지어 재물을 약탈함

鷺

해오라기 로 / 백로 로 | 부수: 鳥 새 조 | 총획: 24획

蒼鷺(창로) 해오라기(왜가릿과의 새)
烏鷺(오로) 까마귀와 해오라기. 또는 흑과 백

麓

산기슭 록 | 부수: 鹿 사슴 록 | 총획: 19획

短麓(단록) 길지 않은 산기슭
西麓(서록) 서쪽 산기슭
空麓(공록) 무덤이 없는 산기슭

櫓

방패 로 | 부수: 木 나무 목 | 총획: 19획

干櫓(간로) 방패

籠

대바구니 롱 | 부수: 竹 대 죽 | 총획: 22획

籠球(농구) 운동 경기
籠絡(농락) 새장과 고삐라는 뜻으로 남을 꾀로 써 휘잡아서 제 마음대로 이용함

蘆

갈대 로 | 부수: ++ 초두머리 | 총획: 20획

藜蘆(여로) 백합과의 여러해살이풀
壺蘆(호로) 호리병박

聾

귀먹을 롱 | 부수: 耳 귀 이 | 총획: 22획

耳聾(이롱) 귀가 먹어 들리지 않음
細聾(세롱) 가는귀가 먹음
癡聾(치롱) 어리석고 귀먹은 사람

虜

사로잡을 로 | 부수: 虍 범호엄 | 총획: 13획

捕虜(포로) 사로잡힌 적군
北虜(북로) 북쪽에 있는 오랑캐
醜虜(추로) 포로를 낮잡아 이르는 말

儡

꼭두각시 뢰 | 부수: 亻 사람인변 | 총획: 17획

傀儡(괴뢰) 꼭두각시

撈

건질 로 | 부수: 扌 재방변 | 총획: 15획

漁撈(어로) 수산물을 채취함
撈採(노채) 물속으로 들어가 채취함

瀨

여울 뢰 | 부수: 氵 삼수변 | 총획: 19획

淺瀨(천뢰) 얕은 여울

牢

우리 뢰 | 부수: 牛 소 우 | 총획: 7획

圈牢(권뢰) 짐승을 가두는 우리
獄牢(옥뢰) 죄인을 가두어 두는 건물

療

병 고칠 료 | 부수: 疒 병질엄 | 총획: 17획

治療(치료) 병을 낫게 함
醫療(의료) 의술로 병을 고침
診療(진료) 진찰과 치료

遼

멀 료 | 부수: 辶 책받침 | 총획: 16획

廣遼(광료) 아주 넓고 멂
遼遠(요원) 아득히 멂 유 遙遠(요원)

寮

동관 료
벼슬아치 료 | 부수: 宀 갓머리 | 총획: 15획

內寮(내료) 궁중에서 잡무를 보던 벼슬아치 유 內僚(내료)
學寮(학료) 학교의 기숙사

陋

더러울 루 | 부수: 阝 좌부변 | 총획: 9획

固陋(고루) 낡은 관념에 젖어 새로운 것을 잘 받아들이지 않음
僻陋(벽루) 누추한 변두리. 또는 사람의 성격이 괴팍하고 고루함

壘

보루 루 | 부수: 土 흙 토 | 총획: 18획

堡壘(보루) 적을 막기 위해 쌓은 구축물
盜壘(도루) 야구에서 주자가 수비의 허술한 틈을 타서 다음 베이스까지 가는 일

婁

끌 루
별 이름 루 | 부수: 女 여자 녀 | 총획: 11획

婁宿(누수) 28수의 열여섯째 별자리

琉

유리 류 | 부수: 王 구슬옥변 | 총획: 11획

琉璃(유리) 투명하고 단단하며 잘 깨지는 물질

劉

죽일 류 | 부수: 刂 선칼도방 | 총획: 15획

劉邦(유방) 전한(前漢)의 고조(高祖). 진시황(秦始皇)이 죽은 다음 해 항우(項羽)와 합세하여 진(秦)나라를 멸망시켰음

硫

유황 류 | 부수: 石 돌 석 | 총획: 12획

硫黃(유황) 비금속 원소로 화약과 성냥의 원료 등에 쓰임
脫硫(탈류) 석유, 금속 제련 등의 생산 공정 중에 황 성분을 없앰

溜

낙숫물 류 | 부수: 氵 삼수변 | 총획: 13획

蒸溜(증류) 액체 가열로 생긴 기체를 다시 냉각하여 액체로 만드는 일
精溜(정류) 용액의 증류를 통해 각 성분을 분리하는 일

榴

석류나무 류 | 부수: 木 나무 목 | 총획: 14획

石榴(석류) 석류나무 열매
榴月(유월) 석류꽃이 피는 달이란 뜻으로 음력 오월을 뜻함

瘤
혹 류 | 부수: 疒 병질엄 | 총획: 15획

瘤腫(유종) 혹
根瘤(근류) 뿌리혹

謬
그르칠 류 | 부수: 言 말씀 언 | 총획: 18획

誤謬(오류) 그릇되어 이치에 맞지 않음
謬習(유습) 그릇된 습관
謬例(유례) 잘못된 사례

戮
죽일 륙 | 부수: 戈 창 과 | 총획: 15획

斬戮(참륙) 칼로 베어 죽이는 것
殃戮(앙륙) 천벌을 받아 죽음
刑戮(형륙) 죄인을 형법에 따라 죽임

綸
벼리 륜 | 부수: 糸 실 사 | 총획: 14획

經綸(경륜) 일정한 포부를 품고 일을 조직적으로 계획함
天綸(천륜) 천자의 명령

崙
산 이름 륜 | 부수: 山 뫼 산 | 총획: 11획

崑崙山(곤륜산) 중국 전설 속에 나오는 산

慄
떨릴 률 | 부수: 忄 심방변 | 총획: 13획

戰慄(전율) 몹시 두렵거나 큰 감동을 느껴 몸이 벌벌 떨림
慘慄(참률) 몸이 벌벌 떨릴 정도로 끔찍함

勒
굴레 륵 | 부수: 力 힘 력 | 총획: 11획

鉤勒(구륵) 동양화에서 물체의 윤곽을 가는 쌍선으로 그린 후에 그 안을 색칠하는 화법

肋
갈빗대 륵 | 부수: 月 육달월 | 총획: 6획

鷄肋(계륵) 닭의 갈비라는 뜻으로 큰 소용은 없지만 버리기에는 아까운 것

廩
곳집 름 | 부수: 广 엄호 | 총획: 16획

廩倉(늠창) 쌀을 넣어 두는 곳집
廩俸(늠봉) 조선 시대에 벼슬아치들에게 주던 봉급

凌
업신여길 릉, 얼음 릉 | 부수: 冫 이수변 | 총획: 10획

凌蔑(능멸) 업신여기어 깔봄 ㊒ 陵蔑(능멸)
凌駕(능가) 능력이나 수준이 비교 대상을 크게 넘어섬

綾
비단 릉 | 부수: 糸 실 사 | 총획: 14획

綾織(능직) 직물의 한 종류 및 그 직조 방법
花綾(화릉) 꽃무늬가 있는 능직물
綾羅(능라) 두꺼운 비단과 얇은 비단

菱
마름 릉 | 부수: ++ 초두머리 | 총획: 12획

菱實(능실) 마름의 열매
菱塘(능당) 마름이 뒤덮인 연못의 둑

DAY 07

稜

모날 릉	부수	총획
	禾 벼 화	13획

三稜(삼릉) 세 모서리
側稜(측릉) 옆모서리

楞

네모질 릉	부수	총획
	木 나무 목	13획

楞伽經(능가경) 대승(大乘) 경전(經典)의 하나

璃

유리 리	부수	총획
	王 구슬옥변	15획

琉璃(유리) 보통 석영(石英)・탄산(炭酸) 소다・석회암(石灰巖)을 원료로 하여 고온에서 융해시켜 식힌 물질

籬

울타리 리	부수	총획
	竹 대 죽	25획

墻籬(장리) 담. 또는 울타리 유 籬落(이락)
籬窺(이규) 울타리 사이로 엿봄
荒籬(황리) 거칠어진 울타리

釐

다스릴 리	부수	총획
	里 마을 리	18획

釐定(이정) 개정함
釐革(이혁) 뜯어고쳐 정리함

鯉

잉어 리	부수	총획
	魚 물고기 어	18획

鯉魚(이어) 잉어의 원말
鯉素(이소) 편지(편지가 잉어의 뱃속에 있었다는 고사에서 유래)

痢

설사 리	부수	총획
	疒 병질엄	12획

暑痢(서리) 더위를 먹어서 설사가 나는 병
痢疾(이질) 법정 전염병

罹

걸릴 리	부수	총획
	罒 그물망머리	16획

揮罹(휘리) 후릿그물을 둘러쳐서 물고기를 잡음
橫罹(횡리) 뜻밖에 재앙을 당함

裡

속 리	부수	총획
	衤 옷의변	12획

極祕裡(극비리) 남에게 전혀 알려지지 않은 가운데

麟

기린 린	부수	총획
	鹿 사슴 록	23획

麒麟(기린) 기린과의 포유류. 또는 성인이 세상에 나오면 나타난다는 상상 속의 동물

鱗

비늘 린	부수	총획
	魚 물고기 어	23획

片鱗(편린) 한 조각의 비늘이라는 뜻으로 사물의 아주 작은 한 부분
魚鱗(어린) 물고기의 비늘

璘

옥빛 린	부수	총획
	王 구슬옥변	16획

陳璘(진린) 명(明)나라 13대 신종 때의 장군

燐

도깨비불 린 | 부수 火 불 화 | 총획 16획

鬼燐(귀린) 도깨비불
白燐(백린) 고체상의 인(화학 원소의 하나)
유 黃燐(황린)

琳

옥 림 | 부수 王 구슬옥변 | 총획 12획

琳闕(임궐) 옥으로 장식한 대궐의 문
球琳(구림) 아름다운 구슬. 또는 뛰어난 재능

霖

장마 림 | 부수 雨 비 우 | 총획 16획

霖雨(임우) 장마
長霖(장림) 오랫동안 계속되는 장마
霖濕(임습) 장마 때의 습기

淋

임질 림
장마 림 | 부수 氵 삼수변 | 총획 11획

淋疾(임질) 임균이 일으키는 성병
淋菌(임균) 임질을 일으키는 병원균

笠

삿갓 립 | 부수 竹 대 죽 | 총획 11획

草笠(초립) 어린 나이에 관례를 한 사람이 쓰던 갓

粒

낟알 립 | 부수 米 쌀 미 | 총획 11획

沙粒(사립) 모래알
微粒(미립) 아주 작은 알갱이
穀粒(곡립) 낟알
細粒(세립) 아주 잔 알갱이

ㅁ

摩

문지를 마 | 부수 手 손 수 | 총획 15획

摩擦(마찰) 두 물체가 서로 맞닿아 비벼짐
摩耗(마모) 닳아서 없어짐

瑪

차돌 마
마노 마 | 부수 王 구슬옥변 | 총획 14획

石瑪陶器(석마도기) 중국 명나라 때에 복건성(福建省)에서 나던 도자기의 이름

痲

저릴 마 | 부수 疒 병질엄 | 총획 13획

痲痺(마비) 신경이나 근육이 기능을 잃는 것
痲醉(마취) 약물로 일정 시간 의식이나 감각을 잃게 함

魔

마귀 마 | 부수 鬼 귀신 귀 | 총획 21획

惡魔(악마) 악한 귀신
魔術(마술) 여러 가지 장치나 손재주로 신기한 일을 보여주는 재주

寞

고요할 막 | 부수 宀 갓머리 | 총획 14획

寂寞(적막) 고요함
寞寞(막막) 고요하고 쓸쓸함. 또는 막연함

膜

꺼풀 막
막 막 | 부수 月 육달월 | 총획 15획

鼓膜(고막) 청각 기관의 하나
角膜(각막) 눈알의 투명한 막
細胞膜(세포막) 세포의 가장 바깥층

卍

만자 만 | 부수: 十 열 십 | 총획: 6획

卍字(만자) '卍' 자 모양으로 된 표지

蔓

덩굴 만 | 부수: ⺾ 초두머리 | 총획: 15획

蔓草(만초) 덩굴이 뻗는 풀
蔓延(만연) 식물의 줄기가 널리 뻗음. 즉, 전염병이나 나쁜 현상이 널리 퍼짐 유 蔓衍(만연)

娩

낳을 만 | 부수: 女 여자 녀 | 총획: 10획

分娩(분만) 아이를 낳음 유 解産(해산)
順娩(순만) 순산(順産)

蠻

오랑캐 만 | 부수: 虫 벌레 훼 | 총획: 25획

野蠻(야만) 미개한 상태
蠻行(만행) 야만스러운 행동

彎

굽을 만 | 부수: 弓 활 궁 | 총획: 22획

彎曲(만곡) 활처럼 굽음 유 彎屈(만굴)
彎環(만환) 둥근 모양
彎月(만월) 초승달. 또는 그믐달

輓

끌 만 / 애도할 만 | 부수: 車 수레 거 | 총획: 14획

推輓(추만) 뒤에서 밀고 앞에서 끎. 또는 사람을 추천함 유 推挽(추만)
輓馬(만마) 짐을 끄는 말
輓詞(만사) 죽은 사람을 위해 지은 글

挽

당길 만 | 부수: 扌 재방변 | 총획: 10획

挽留(만류) 붙들고 못 하게 말림
挽回(만회) 바로잡아서 회복함
挽執(만집) 붙들어 말림

抹

지울 말 | 부수: 扌 재방변 | 총획: 8획

抹殺(말살) 아주 없애버림
抹消(말소) 기록되어 있는 사실을 지워 없애버림

曼

길게 끌 만 | 부수: 日 가로 왈 | 총획: 11획

曼壽(만수) 매우 오래 삶
曼麗(만려) 살결이 고움
曼姬(만희) 얼굴이 예쁜 젊은 여자

沫

물거품 말 | 부수: 氵 삼수변 | 총획: 8획

泡沫(포말) 물거품 유 浮沫(부말)
飛沫(비말) 흩어지는 물방울
噴沫(분말) 물거품을 내뿜음

灣

물굽이 만 | 부수: 氵 삼수변 | 총획: 25획

灣岸(만안) 만의 연안
臺灣(대만) 타이완. 중국 동남쪽에 있는 큰 섬

靺

말갈 말 / 버선 말 | 부수: 革 가죽 혁 | 총획: 14획

靺鞨(말갈) 중국 수·당나라 시대에 둥베이(東北) 지방에서 한반도 북부에 거주한 퉁구스계의 여러 민족

網

그물 망	부수	총획
	糸 실 사	14획

網膜(망막) 눈알에서 막 모양으로 층을 이룬 부분
網羅(망라) 물고기나 새를 잡는 그물. 또는 모두 포함함

芒

까끄라기 망	부수	총획
	艹 초두머리	7획

麥芒(맥망) 보리의 까끄라기
※ 까끄라기 : 벼, 보리의 껍질에 붙은 깔끄러운 수염이나 동강이

昧

어두울 매	부수	총획
	日 날 일	9획

蒙昧(몽매) 어리석고 사리에 어두움
昧事(매사) 사리에 어두움

枚

낱 매	부수	총획
	木 나무 목	8획

枚數(매수) 종이나 유리처럼 장으로 세는 물건의 수
枚擧(매거) 하나하나 들어서 말함

罵

꾸짖을 매	부수	총획
	罒 그물망머리	15획

罵倒(매도) 심하게 꾸짖음
侮罵(모매) 업신여겨 꾸짖음
怒罵(노매) 성내어 꾸짖음

邁

멀리 갈 매	부수	총획
	辶 책받침	17획

邁進(매진) 힘써 나아감
高邁(고매) 인격, 학식 등이 높고 뛰어남
雄邁(웅매) 기품이 씩씩하고 뛰어남

魅

매혹할 매 도깨비 매	부수	총획
	鬼 귀신 귀	15획

魅力(매력) 사람의 눈이나 마음을 사로잡아 끄는 힘
魅惑(매혹) 매력으로 남을 사로잡는 것

貊

맥국 맥	부수	총획
	豸 갖은돼지시변	13획

小水貊(소수맥) 고구려 사람의 한 종족
貊弓(맥궁) 소수맥에서 생산한 활

萌

움 맹	부수	총획
	艹 초두머리	12획

萌芽(맹아) 새로 트는 싹. 또는 사물의 시초
萌動(맹동) 싹이 틈

冕

면류관 면	부수	총획
	冂 멀경몸	11획

冠冕(관면) 갓과 면류관이라는 뜻으로 벼슬아치

棉

목화 면	부수	총획
	木 나무 목	12획

棉油(면유) 목화씨 기름
棉花(면화) 목화
棉作(면작) 목화 농사

沔

물 이름 면 빠질 면	부수	총획
	氵 삼수변	7획

沔沔(면면) 물이 가득 차 넘실거리는 모양

麵

밀가루 면	부수	총획
	麥 보리 맥	20획

冷麵(냉면) 찬 국수
麵類(면류) 국수류
唐麵(당면) 녹말가루로 만든 국수

蔑

업신여길 멸	부수	총획
	++ 초두머리	15획

蔑視(멸시) 업신여김 유 輕蔑(경멸)
侮蔑(모멸) 업신여기고 얕잡아 봄

溟

바다 명	부수	총획
	氵 삼수변	13획

溟海(명해) 망망한 바다
鴻溟(홍명) 큰 바다 유 滄溟(창명)

皿

그릇 명	부수	총획
	皿 그릇 명	5획

器皿(기명) 살림살이에 쓰는 그릇

帽

모자 모	부수	총획
	巾 수건 건	12획

帽子(모자) 머리에 쓰는 물건
冠帽(관모) 벼슬아치가 쓰던 모자
着帽(착모) 모자를 씀

牟

소 우는 소리 모 보리 모	부수	총획
	牛 소 우	6획

牟麥(모맥) 볏과에 속한 두해살이풀

牡

수컷 모	부수	총획
	牛 소 우	7획

牡牛(모우) 소의 수컷
牡畜(모축) 가축의 수컷

瑁

옥홀 모 대모 매	부수	총획
	王 구슬옥변	13획

玳瑁(대모) 바다거북과에 딸린 거북의 하나

矛

창 모	부수	총획
	矛 창 모	5획

矛盾(모순) 창과 방패라는 뜻으로 말이나 행동이 일치하지 않음
矛戟(모극) 창 유 矛戈(모과)

耗

소모할 모	부수	총획
	耒 가래 뢰	10획

磨耗(마모) 마찰된 부분이 닳아 없어짐
衰耗(쇠모) 쇠퇴하여 줄어듦
減耗(감모) 줄어듦

茅

띠 모	부수	총획
	++ 초두머리	9획

茅屋(모옥) 띠풀로 엮은 집 유 茅舍(모사)

謨

꾀 모	부수	총획
	言 말씀 언	18획

暗謨(암모) 남몰래 일을 꾀함
首謨(수모) 우두머리가 어떤 일을 꾀함
謨亂(모란) 난을 꾀함

沐

머리 감을 목 | 부수: 氵 삼수변 | 총획: 7획

沐浴(목욕) 머리를 감으며 온몸을 씻는 일
沐浴湯(목욕탕) 목욕을 하는 곳

撫

어루만질 무 | 부수: 扌 재방변 | 총획: 15획

撫摩(무마) 손으로 어루만짐. 또는 어떤 사건을 어물어물 덮어버림
愛撫(애무) 사랑하여 어루만짐

穆

화목할 목 | 부수: 禾 벼 화 | 총획: 16획

淸穆(청목) 맑고 화목함
怡穆(이목) 기쁘고 화목함

畝

이랑 무
이랑 묘 | 부수: 田 밭 전 | 총획: 10획

頃畝法(경무법) 옛날 중국의 논밭 면적 단위계
田畝(전묘) 밭의 고랑 사이에 흙을 두둑하게 올린 곳

描

그릴 묘 | 부수: 扌 재방변 | 총획: 12획

描寫(묘사) 사물이나 현상을 언어나 그림으로 있는 그대로 그려 냄
素描(소묘) 사물의 형태·명암을 위주로 그림

蕪

거칠 무 | 부수: ++ 초두머리 | 총획: 16획

蕪雜(무잡) 사물이 뒤섞여 어수선함
蕪淺(무천) 학식이 변변치 못함

猫

고양이 묘 | 부수: 犭 개사슴록변 | 총획: 12획

猫兒(묘아) 고양이의 어린 새끼

誣

속일 무 | 부수: 言 말씀 언 | 총획: 14획

誣告(무고) 사실이 아닌데 거짓으로 꾸며 해당 기관에 고소·고발하는 일

巫

무당 무 | 부수: 工 장인 공 | 총획: 7획

巫覡(무격) 무당과 박수(남자 무당)
巫女(무녀) 무당

吻

입술 문 | 부수: 口 입 구 | 총획: 7획

口吻(구문) 입술. 또는 부리
脣吻(순문) 입술 유 吻脣(문순)
接吻(접문) 입술을 댐

懋

무성할 무 | 부수: 心 마음 심 | 총획: 17획

懋力(무력) 힘을 씀
懋懋(무무) 힘쓰는 모양
懋典(무전) 성대한 의식

汶

물 이름 문 | 부수: 氵 삼수변 | 총획: 7획

汶山(문산) 경기도(京畿道) 파주시(坡州市)의 한 읍(邑)

紋

무늬 문	부수 糸 실 사	총획 10획

指紋(지문) 손가락 끝 안쪽의 살갗의 무늬
波紋(파문) 잔물결
紋樣(문양) 무늬의 모양

彌

미륵 미 두루 미	부수 弓 활 궁	총획 17획

彌勒(미륵) 미륵보살의 준말. 돌부처
彌縫策(미봉책) 임시변통으로 해결하는 방책

薇

장미 미	부수 艹 초두머리	총획 17획

薔薇(장미) 장미과의 관목
紫薇(자미) 백일홍

悶

답답할 민	부수 心 마음 심	총획 12획

煩悶(번민) 마음이 답답하고 괴로움
遣悶(견민) 답답한 속을 풂
苦悶(고민) 마음속으로 괴로워하고 애를 태움

愍

근심할 민	부수 心 마음 심	총획 13획

惜愍(석민) 아끼고 슬퍼함
哀愍(애민) 불쌍하고 가엾게 여김

旼

화할 민 하늘 민	부수 日 날 일	총획 8획

閔

성씨 민 위문할 민	부수 門 문 문	총획 12획

閔妃(민비) 을미(乙未) 사변(事變) 때 일본인에게 시해된 고종(高宗)의 비(妃) 명성황후

ㅂ

剝

벗길 박	부수 刂 선칼도방	총획 10획

剝奪(박탈) 지위나 자격 등을 힘으로 빼앗음
剝製(박제) 죽은 동물을 살아 있을 때와 같은 모양으로 만드는 일

搏

두드릴 박 어깨 박	부수 扌 재방변	총획 13획

搏動(박동) 맥이 뛰는 것
脈搏(맥박) 심장이 오므라졌다 펴졌다 함에 따라 뛰는 맥

珀

호박 박 호박 백	부수 王 구슬옥변	총획 9획

琥珀(호박) 나무의 송진 따위가 땅속에 파묻혀서 돌처럼 굳어진 광물

箔

발 박	부수 竹 대 죽	총획 14획

錫箔(석박) 은종이를 말하는 것으로 납과 주석의 합금을 종이처럼 얇게 늘인 것

縛

얽을 박	부수 糸 실 사	총획 16획

束縛(속박) 몸을 자유롭지 못하게 얽어맴
結縛(결박) 몸을 자유롭게 움직이지 못하도록 두 팔이나 다리를 묶음

舶

배 박	부수	총획
	舟 배 주	11획

舶舶(선박) 상당히 큰 규모로 만들어진 배
大舶(대박) 큰 배. 또는 큰 물건이나 이득을 비유하여 이르는 말

駁

논박할 박 얼룩말 박	부수	총획
	馬 말 마	14획

反駁(반박) 남에게서 받은 비난 공격에 대하여 도리어 논박함
論駁(논박) 어떤 주장이나 견해를 논하여 잘못을 말하는 것

搬

옮길 반	부수	총획
	扌 재방변	13획

運搬(운반) 물건을 탈것 따위에 실어서 옮겨 나르는 것
搬入(반입) 운반하여 들여옴

攀

더위잡을 반	부수	총획
	手 손 수	19획

登攀(등반) 매우 높거나 험한 산 따위를 오름
攀緣(반연) 휘어잡고 의지하거나 기어 올라감

斑

아롱질 반 얼룩 반	부수	총획
	文 글월 문	12획

黃斑(황반) 누른 빛깔의 얼룩무늬나 얼룩점

槃

쟁반 반	부수	총획
	木 나무 목	14획

涅槃(열반) 불도를 완전하게 이루어 일체의 번뇌를 해탈한 최고의 경지

泮

물가 반 녹을 반	부수	총획
	氵 삼수변	8획

泮村(반촌) 성균관을 중심으로 그 근처에 있는 동네를 일컫던 말
泮人(반인) 관사람. 조선 시대에 대대로 성균관에 딸려 있던 사람

潘

성씨 반/뜨물 반 넘칠 번	부수	총획
	氵 삼수변	15획

潘楊之好(반양지호) 반(潘)과 양(楊)의 다정한 사이라는 뜻으로, 혼인으로 인척 관계까지 겹친 오래된 좋은 사이

畔

밭두둑 반 배반할 반	부수	총획
	田 밭 전	10획

岸畔(안반) 바다 기슭이나 강기슭의 가
河畔(하반) 강가. 또는 강 언덕
湖畔(호반) 호숫가. 또는 호수의 언저리

礬

명반 반	부수	총획
	石 돌 석	20획

白礬(백반) 황산알루미늄 수용액에 황산칼륨 수용액을 넣었을 때 석출되는 정팔면체 무색의 결정 유 明礬(명반)

頒

나눌 반 머리 클 분	부수	총획
	頁 머리 혈	13획

頒賜(반사) 임금이 물건을 나누어 줌

磻

강 이름 반 돌살촉 파	부수	총획
	石 돌 석	17획

磻溪(반계) 섬서성에 위치한 강으로 강태공이 낚시질을 하였다고 함

勃

우쩍 일어날 발 / 노할 발 | 부수: 力 힘 력 | 총획: 9획

勃發(발발) 전쟁이나 사건 등이 갑자기 일어나는 것
勃起(발기) 음경의 해면체에 혈액이 가득 차 꼿꼿하게 되는 상태

鉢

바리때 발 | 부수: 金 쇠 금 | 총획: 13획

托鉢(탁발) 도를 닦는 승려가 경문을 외면서 집집마다 다니며 동냥하는 일
鉢盂(발우) 승려의 식기
※ 바리때 : 승려의 밥그릇

撥

다스릴 발 | 부수: 扌 재방변 | 총획: 15획

反撥(반발) 반항하여 받아들이지 아니함. 또는 떨어진 시세가 갑자기 오름

坊

동네 방 | 부수: 土 흙 토 | 총획: 7획

僧坊(승방) 절, 사원
坊曲(방곡) 마을

渤

바다 이름 발 / 발해 발 | 부수: 氵 삼수변 | 총획: 12획

渤海(발해) 장수 대조영이 세운 나라로 거란족의 침입으로 멸망함

幇

도울 방 | 부수: 巾 수건 건 | 총획: 12획

幇助(방조) 흔히 타인의 범죄 수행에 편의를 주는 유·무형의 모든 행위
幇子(방자) 조선 시대 때 지방의 관청에서 심부름하던 남자 하인

潑

물 뿌릴 발 | 부수: 氵 삼수변 | 총획: 15획

活潑(활발) 생기 있고 힘차며 시원스러움
潑墨(발묵) 산수화법의 하나로 붓을 순서 없이 두들겨서 그려 가는 수법

彷

헤맬 방 / 비슷할 방 | 부수: 彳 두인변 | 총획: 7획

彷佛(방불) 비슷함

跋

밟을 발 | 부수: 足 발 족 | 총획: 12획

跋扈(발호) 제 마음대로 날뛰며 행동하는 것
跋文(발문) 책의 끝에 본문 내용의 대강이나 간행 경위에 관한 사항을 간략하게 적은 글

枋

다목 방 / 자루 병 | 부수: 木 나무 목 | 총획: 8획

門地枋(문지방) 드나드는 문에서 두 문설주 밑에 가로 댄 나무

醱

술 괼 발 | 부수: 酉 닭 유 | 총획: 19획

醱酵(발효) 미생물이 산소 없이 유기물을 분해하는 과정에서 이로운 물질을 만들어 내는 작용

榜

방 붙일 방 / 도지개 병 | 부수: 木 나무 목 | 총획: 14획

標榜(표방) 어떠한 명목을 붙여 주의, 주장을 앞에 내세움

紡

길쌈 방 | 부수: 糸 실 사 | 총획: 10획

紡織(방직) 기계를 사용하여 실을 날아서 피륙을 짜는 것
紡績(방적) 동식물의 섬유를 가공해 실을 만듦

肪

살찔 방 | 부수: 月 육달월 | 총획: 8획

脂肪(지방) 지방산과 글리세롤의 에스테르 중 상온에서 고체인 것
體脂肪(체지방) 분해되지 않고 몸 안에 그대로 쌓인 지방

俳

배우 배 | 부수: 亻 사람인변 | 총획: 10획

俳優(배우) 연극이나 영화 속의 인물로 분장하여 연기하는 사람

盃

잔 배 | 부수: 皿 그릇 명 | 총획: 9획

賞盃(상배) 선행이나 공로를 표창하기 위하여 주는 술잔
毒盃(독배) 독약이 든 잔이나 그릇

胚

아이 밸 배 | 부수: 月 육달월 | 총획: 9획

胚芽(배아) 수정란이 배낭 속에서 분열 증식한 것
胚囊(배낭) 종자식물의 밑씨 안에 있어 뒤에는 그 안에 배가 생기는 자성 배우체

裵

치렁치렁할 배
성씨 배 | 부수: 衣 옷 의 | 총획: 14획

賠

물어줄 배 | 부수: 貝 조개 패 | 총획: 15획

賠償(배상) 남에게 입힌 손해를 갚아 줌
損害賠償(손해배상) 법률의 규정에 따라 남이 입은 손해를 메워 주는 일

陪

모실 배 | 부수: 阝 좌부변 | 총획: 11획

陪席(배석) 어떤 자리에 윗사람이나 상관을 받들거나 모셔 함께 참석하는 것

帛

비단 백 | 부수: 巾 수건 건 | 총획: 8획

幣帛(폐백) 신부가 시댁 어른들에게 드리는 첫 인사
竹帛(죽백) 서적. 특히 역사를 기록한 책

柏

측백 백 | 부수: 木 나무 목 | 총획: 9획

冬柏(동백) 동백나무의 열매
松柏(송백) 소나무와 잣나무

栢

측백 백 | 부수: 木 나무 목 | 총획: 10획

松茂栢悅(송무백열) 소나무가 무성하면 잣나무가 기뻐한다는 뜻으로, 벗이 잘되는 것을 기뻐함을 비유하여 이르는 말

魄

넋 백
영락할 탁 | 부수: 鬼 귀신 귀 | 총획: 15획

魂魄(혼백) 사람의 넋
魂飛魄散(혼비백산) 몹시 놀라 어찌할 바를 모름
落魄(낙탁) 체력이나 살림이 줄어 보잘것없이 됨

幡

깃발 번 | 부수: 巾 수건 건 | 총획: 15획

鏡幡甲(경번갑) 쇠로 만든 갑옷의 하나

樊

울타리 번 | 부수: 木 나무 목 | 총획: 15획

樊籬(번리) 울타리

燔

사를 번 | 부수: 火 불 화 | 총획: 16획

燔祭(번제) 짐승을 통째로 태워 제물로 바치는 것
燔灼(번작) 불에 구움

蕃

우거질 번 | 부수: 艹 초두머리 | 총획: 16획

蕃息(번식) 붇고 늘어서 많이 퍼짐
蕃盛(번성) 자손이 늘어 퍼지는 것. 또는 나무나 풀이 무성한 상태가 되는 것

藩

울타리 번 | 부수: 艹 초두머리 | 총획: 19획

藩籬(번리) 울타리 유 樊籬(번리)

閥

문벌 벌 | 부수: 門 문 문 | 총획: 14획

派閥(파벌) 개별적인 이해관계에 따라 따로따로 갈라진 사람들의 집단
學閥(학벌) 같은 학교 출신에 의하여 만들어진 파벌

帆

돛 범 | 부수: 巾 수건 건 | 총획: 6획

出帆(출범) 배가 돛을 달고 떠남. 또는 단체가 새로 조직되어 일을 시작하는 것
孤帆(고범) 외롭게 떠 있는 배

梵

불경 범 | 부수: 木 나무 목 | 총획: 11획

梵宇(범우) 승려가 불상을 모시고 불도를 닦으며 교법을 펴는 집으로 절을 의미
梵語(범어) 산스크리트어의 한역(漢譯)

汎

넓을 범 | 부수: 氵 삼수변 | 총획: 6획

汎愛(범애) 널리 사랑함
汎用(범용) 여러 분야에서 널리 쓰는 것
汎民族(범민족) 모든 민족을 아우름

泛

뜰 범 | 부수: 氵 삼수변 | 총획: 8획

泛然(범연) 차근차근한 맛이 없이 데면데면함. 또는 그 모양
大泛(대범) 사물에 대하여 잘게 굴거나 까다롭지 않음

范

성씨 범 | 부수: 艹 초두머리 | 총획: 9획

范浦湖(범포호) 함경남도(咸鏡南道) 영흥군 동쪽에 있는 호수(湖水)

僻

궁벽할 벽
피할 피 | 부수: 亻 사람인변 | 총획: 15획

僻地(벽지) 도시에서 멀리 떨어진 으슥하고 한적한 곳
偏僻(편벽) 도회지에서 멀리 떨어짐. 또는 마음이 한쪽으로 치우침

璧

구슬 벽 | 부수: 玉 구슬 옥 | 총획: 18획

雙璧(쌍벽) 우열이 없이 여럿 가운데에서 둘 다 뛰어난 존재
完璧(완벽) 흠 없는 구슬. 결함이 없이 완전함

癖

버릇 벽 | 부수: 疒 병질엄 | 총획: 18획

潔癖(결벽) 유난스럽게 깨끗한 것을 좋아하는 버릇
癎癖(간벽) 버럭 신경질을 잘 내는 버릇

闢

열 벽 | 부수: 門 문 문 | 총획: 21획

開闢(개벽) 새로운 시대가 열리는 것을 비유적으로 이르는 말

卞

성씨 변 / 법 변 | 부수: 卜 점 복 | 총획: 4획

抗卞(항변) 항의
卞正(변정) 옳고 그른 것을 따지고 변명하여 바로잡음

弁

고깔 변 / 말씀 변 | 부수: 廾 스물입발 | 총획: 5획

弁韓(변한) 삼한의 하나
皮弁(피변) 임금이 조회 때 쓰던 관

倂

아우를 병 | 부수: 亻 사람인변 | 총획: 10획

合倂(합병) 둘 이상의 국가나 기관 등 사물을 하나로 합침
倂記(병기) 함께 아울러 적는 것

幷

아우를 병 | 부수: 干 방패 간 | 총획: 8획

幷作(병작) 지주가 소작인에게 소작료를 수확량의 절반으로 매기는 일

柄

자루 병 / 근본 병 | 부수: 木 나무 목 | 총획: 9획

花柄(화병) 꽃자루
身柄(신병) 구금 또는 보호의 대상으로서의 본인의 몸

炳

불꽃 병 / 밝을 병 | 부수: 火 불 화 | 총획: 9획

炳然(병연) 빛이 비쳐 밝은 모양

甁

병 병 | 부수: 瓦 기와 와 | 총획: 13획

火焰甁(화염병) 휘발유나 화염제를 유리병에 넣어 만든 화학 수류탄

秉

잡을 병 | 부수: 禾 벼 화 | 총획: 8획

秉權(병권) 권력을 잡는 것

餠

떡 병 | 부수: 飠 밥식변 | 총획: 17획

煎餠(전병) 밀가루를 둥글넓적하게 부친 음식

騈

나란히 할 병 / 나란히 할 변 | 부수: 馬 말 마 | 총획: 18획

騈儷文(변려문) 4글자로 된 구와 6글자로 된 구를 기본으로 하여 지은 수사가 화려한 문장

輔

도울 보 | 부수: 車 수레 거 | 총획: 14획

輔弼(보필) 임금을 도움
輔佐(보좌) 상관을 도와 일을 처리하는 것

堡

작은 성 보 | 부수: 土 흙 토 | 총획: 12획

堡壘(보루) 적의 접근을 막기 위하여 돌, 흙, 콘크리트 등으로 만든 견고한 구축물

輻

바퀴살 복 / 바퀴살 폭 | 부수: 車 수레 거 | 총획: 16획

輻射熱(복사열) 물체에서 방출하는 전자기파를 직접 물체가 흡수하여 열로 변했을 때의 에너지

洑

보 보 / 스며 흐를 복 | 부수: 氵 삼수변 | 총획: 9획

洑主(보주) 보의 주인
民洑(민보) 백성들이 자체로 쌓아서 만든 논의 보

僕

종 복 | 부수: 亻 사람인변 | 총획: 14획

臣僕(신복) 신하
公僕(공복) 공무원을 국가·사회의 심부름꾼이란 뜻으로 일컫는 말

甫

클 보 / 채마밭 포 | 부수: 用 쓸 용 | 총획: 7획

濁甫(탁보) 성질이 흐리터분한 사람. 또는 아무 분수도 모르는 사람
謀甫(모보) 꾀가 많은 사람

茯

복령 복 | 부수: ++ 초두머리 | 총획: 10획

茯神(복신) 소나무의 뿌리를 싸고 뭉키어서 생긴 복령(茯苓)
※ 복령 : 구멍장이버섯과의 버섯

菩

향초 이름 배 / 보살 보 | 부수: ++ 초두머리 | 총획: 12획

菩薩(보살) 부처의 버금이 되는 성인

馥

향기 복 | 부수: 香 향기 향 | 총획: 18획

馥郁(복욱) 풍기는 향기가 그윽함

褓

포대기 보 | 부수: 衤 옷의변 | 총획: 14획

床褓(상보) 음식을 차려 놓은 상을 덮는 보자기
冊床褓(책상보) 책상을 덮는 보
面紗褓(면사보) 면사포

峰

봉우리 봉 | 부수: 山 뫼 산 | 총획: 10획

最高峰(최고봉) 가장 높은 봉우리. 또는 어떤 분야에서 가장 뛰어난 사람이나 수준
孤峰(고봉) 외따로 떨어져 있는 봉우리

俸

녹 봉

부수	총획
亻 사람인변	10획

俸給(봉급) 계속적인 근로에 대한 보수
年俸(연봉) 1년 단위로 정하여 지급하는 봉급
薄俸(박봉) 많지 않은 봉급

捧

받들 봉

부수	총획
扌 재방변	11획

捧納(봉납) 물건을 바치어 올림

棒

막대 봉

부수	총획
木 나무 목	12획

綿棒(면봉) 끝에 솜을 말아 붙인 가느다란 막대

烽

봉화 봉

부수	총획
火 불 화	11획

烽火(봉화) 옛날에 신호용으로 사용했던 횃불
烽燧軍(봉수군) 봉화를 올리는 일을 맡아보는 군사

琫

칼집 장식 봉

부수	총획
王 구슬옥변	12획

全琫準(전봉준) 조선 시대 말 동학 농민 운동의 지도자

縫

꿰맬 봉

부수	총획
糸 실 사	17획

彌縫(미봉) 잘못된 것을 임시변통으로 꾸며 댐
裁縫(재봉) 옷감을 마르고 꿰매고 하여 옷을 만드는 일

蓬

쑥 봉

부수	총획
艹 초두머리	15획

蓬萊山(봉래산) 금강산을 여름에 부르는 애칭

鋒

칼날 봉

부수	총획
金 쇠 금	15획

先鋒將(선봉장) 일선에서 막중한 임무를 갖고 힘쓰는 사람

俯

구부릴 부

부수	총획
亻 사람인변	10획

俯仰(부앙) 아래를 굽어봄과 위를 쳐다봄

傅

스승 부
펼 부

부수	총획
亻 사람인변	12획

師傅(사부) 자신을 가르쳐주는 사람
傅會(부회) 말이나 이론을 억지로 끌어다 붙임

剖

쪼갤 부

부수	총획
刂 선칼도방	10획

剖檢(부검) 사망 원인을 밝히기 위해 시체를 해부하여 검사하는 일
解剖(해부) 생물체나 시체를 관찰·연구하기 위해 내부를 칼 따위로 자르는 일

孚

미쁠 부

부수	총획
子 아들 자	7획

孚佑(부우) 믿고 도와 줌
見孚(견부) 남에게서 신용을 받음
※ 미쁘다 : 믿음성이 있다.

敷

펼 부	부수 攵 등글월문	총획 15획

敷地(부지) 건축물이나 도로에 쓰이는 땅
敷衍(부연) 덧붙여 알기 쉽게 자세히 설명을 하는 일

訃

부고 부	부수 言 말씀 언	총획 9획

訃告(부고) 사람의 죽음을 알림
訃音(부음) 사람이 죽었다고 알리는 말이나 글
訃聞(부문) 사람이 죽었다는 소식

斧

도끼 부	부수 斤 날 근	총획 8획

斧木(부목) 도끼로 베기만 하고 다듬지 아니한 나무

趺

책상다리 할 부	부수 足 발 족	총획 11획

跏趺坐(가부좌) 책상다리를 하고 앉음

溥

펼 부 넓을 보	부수 氵 삼수변	총획 13획

釜

가마 부	부수 金 쇠 금	총획 10획

瓦釜(와부) 기와를 굽는 가마

腑

육부 부	부수 月 육달월	총획 12획

五臟六腑(오장육부) 사람 내장의 총칭

阜

언덕 부	부수 阜 언덕 부	총획 8획

丘阜(구부) 언덕. 나직한 산

膚

살갗 부	부수 月 육달월	총획 15획

皮膚(피부) 척추동물의 몸 겉을 싼 외피

噴

뿜을 분	부수 口 입 구	총획 15획

噴出(분출) 뿜어 나옴. 내뿜음
噴火口(분화구) 화산의 분출물을 내뿜는 구멍

芙

연꽃 부	부수 艹 초두머리	총획 8획

芙蓉(부용) 연꽃

忿

성낼 분	부수 心 마음 심	총획 8획

忿怒(분노) 분하여 몹시 성냄
忿然(분연) 벌컥 성을 내고 있는 모양

汾

큰 분	부수	총획
	氵 삼수변	7획

汾酒(분주) 곡류를 원료로 한 중국의 증류주

棚

사다리 붕	부수	총획
	木 나무 목	12획

氷棚(빙붕) 거대한 얼음 덩어리
閼伽棚(알가붕) 부처에게 바치는 물이나 꽃 등을 올려놓는 시렁

焚

불사를 분	부수	총획
	火 불 화	12획

焚身(분신) 몸을 불사르는 것
焚香(분향) 향불을 피움

鵬

붕새 붕	부수	총획
	鳥 새 조	19획

鵬圖(붕도) 한없이 큰 포부
大鵬(대붕) 하루에 구만 리를 날아간다는 매우 큰 상상의 새

盆

동이 분	부수	총획
	皿 그릇 명	9획

盆地(분지) 산이나 대지로 둘러싸인 평지
盆栽(분재) 줄기나 가지를 보기 좋게 가꾸어 감상하는 초목

丕

클 비	부수	총획
	一 한 일	5획

丕訓(비훈) 큰 교훈

糞

똥 분	부수	총획
	米 쌀 미	17획

糞尿(분뇨) 똥과 오줌
人糞(인분) 사람의 똥

匪

비적 비 나눌 분	부수	총획
	匚 튼입구몸	10획

匪徒(비도) 비적의 무리
共匪(공비) 공산군. 공산당의 유격대
團匪(단비) 떼 지어 다니는 도둑

芬

향기 분	부수	총획
	++ 초두머리	8획

芬芳(분방) 꽃다운 향내

庇

덮을 비 허물 자	부수	총획
	广 엄호	7획

庇護(비호) 편들어 감싸 주고 보호함

弗

아닐 불 말 불	부수	총획
	弓 활 궁	5획

弗素(불소) 할로겐 원소의 하나

扉

사립문 비	부수	총획
	戶 지게 호	12획

柴扉(시비) 사립문
開扉(개비) 문을 엶
門扉(문비) 문짝

DAY 08

泌

분비할 비 스며 흐를 필	부수 氵 삼수변	총획 8획

分泌(분비) 의학에서 세포 작용에 의해 만든 액즙을 배출관으로 보내는 것
泌尿(비뇨) 오줌을 만들어 내보냄

緋

비단 비	부수 糸 실 사	총획 14획

緋緞(비단) 명주실로 두껍고도 윤이 나게 잘 짠 피륙(천)

沸

끓을 비 용솟음할 불	부수 氵 삼수변	총획 8획

沸騰(비등) 액체가 끓어오름
白沸湯(백비탕) 아무것도 넣지 않고 맹탕으로 끓인 물

翡

물총새 비	부수 羽 깃 우	총획 14획

翡翠(비취) 짙은 초록색의 보석
翡色(비색) 고려청자에서 볼 수 있는 빛깔과 같은 푸른 빛깔

琵

비파 비	부수 王 구슬옥변	총획 12획

琵琶(비파) 타원형의 몸통에 곧고 짧은 자루가 달린 현악기

脾

지라 비	부수 月 육달월	총획 12획

脾胃(비위) 어떤 음식물을 먹고 싶은 기분
脾臟(비장) 혈액 중 세균을 죽이고 노화된 적혈구를 파괴하는 내장 기관

痺

저릴 비 왜소할 비	부수 疒 병질엄	총획 13획

痲痺(마비) 신경, 근육이 그 기능을 잃는 병

臂

팔 비	부수 月 육달월	총획 17획

肩臂(견비) 어깨와 팔

砒

비상 비	부수 石 돌 석	총획 9획

砒霜(비상) 비석을 승화시켜서 만든 결정체

裨

도울 비	부수 衤 옷의변	총획 13획

裨助(비조) 도와 줌

秘

숨길 비	부수 禾 벼 화	총획 10획

※ 祕(숨길 비)의 俗字(속자)

鄙

더러울 비 마을 비	부수 阝 우부방	총획 14획

鄙地(비지) 자신이 사는 곳을 겸손하게 이르는 말

毘

도울 비	부수 比 견줄 비	총획 9획

茶毘(다비) 불에 태운다는 뜻으로 불교에서 화장하는 일을 달리 이르는 말

嬪

아내 빈 궁녀 벼슬 이름 빈	부수 女 여자 녀	총획 17획

宮嬪(궁빈) 궁녀
妃嬪(비빈) 왕비와 궁녀

彬

빛날 빈 밝을 반	부수 彡 터럭 삼	총획 11획

彬蔚(빈울) 문채(文彩)가 찬란(燦爛)함

斌

빛날 빈	부수 文 글월 문	총획 12획

※ 彬(빛날 빈)과 同字(동자)

殯

빈소 빈	부수 歹 죽을사변	총획 18획

啓殯(계빈) 발인을 할 때에 관을 내기 위하여 빈소를 엶

濱

물가 빈	부수 氵 삼수변	총획 17획

水濱(수빈) 바닷물이나 강물 따위의 가장자리

憑

기댈 빙	부수 心 마음 심	총획 16획

憑藉(빙자) 남의 힘을 빌려서 의지함
證憑(증빙) 증거로 근거가 될 만함

人

傞

잘게 부술 사 잘게 부술 새	부수 亻 사람인변	총획 15획

唆

부추길 사	부수 口 입 구	총획 10획

示唆(시사) 미리 암시(暗示)하여 일러줌
敎唆(교사) 남을 꾀거나 부추겨서 나쁜 짓을 하게 함

嗣

이을 사	부수 口 입 구	총획 13획

承嗣(승사) 뒤를 이음
世嗣(세사) 후손

奢

사치할 사	부수 大 큰 대	총획 12획

奢侈(사치) 필요 이상으로 돈이나 물건을 씀
華奢(화사) 화려하고 사치스러움
豪奢(호사) 호화롭게 사치하는 것

娑

춤출 사 사바 세상 사	부수 女 여자 녀	총획 10획

娑娑(파사) 춤추는 소매가 가볍게 나부끼는 모양
※ 사바 : 괴로움이 많은 인간 세계. 또는 자유로운 세계의 속된 말

徙

옮길 사 | 부수: 彳 두인변 | 총획: 11획

徙居(사거) 거처를 옮김

紗

비단 사 | 부수: 糸 실 사 | 총획: 10획

毛紗(모사) 털실로 짠 얇은 실
網紗(망사) 그물같이 성기게 짠 것
面紗布(면사포) 결혼식 때 신부가 쓰는 것

泗

물 이름 사 | 부수: 氵 삼수변 | 총획: 8획

泗川(사천) 사천시(泗川市). 경상남도 소재

肆

방자할 사 | 부수: 聿 붓 율 | 총획: 13획

恣肆(자사) 자기 멋대로 함
矜肆(긍사) 마음대로 행동함
肆惡(사악) 악독한 성질을 함부로 부림

瀉

쏟을 사 | 부수: 氵 삼수변 | 총획: 18획

泄瀉(설사) 배탈 등이 났을 때 누는 묽은 변
一瀉千里(일사천리) 조금도 거침없이 빨리 진행됨

莎

사초 사 | 부수: ++ 초두머리 | 총획: 11획

莎草(사초) 무덤에 떼를 입히고 다듬음

獅

사자 사 | 부수: 犭 개사슴록변 | 총획: 13획

獅子(사자) 포유류 고양잇과의 맹수
獅子吼(사자후) 사자의 울부짖음이라는 뜻으로 석가모니의 목소리를 사자의 우는 소리에 비유

裟

가사 사 | 부수: 衣 옷 의 | 총획: 13획

袈裟(가사) 승려가 입는 법의

砂

모래 사 | 부수: 石 돌 석 | 총획: 9획

砂漠(사막) 아득히 넓고 모래나 자갈 따위로 뒤덮인 불모의 벌판

赦

용서할 사 | 부수: 赤 붉을 적 | 총획: 11획

赦免(사면) 죄를 용서하여 형벌을 면제하는 일
赦罪(사죄) 죄를 용서하여 죄인을 놓아주는 것

祠

사당 사 | 부수: 示 보일 시 | 총획: 10획

祠堂(사당) 조상(祖上)의 신주(神主)를 모셔 놓은 집

飼

기를 사 | 부수: 飠 밥식변 | 총획: 14획

飼料(사료) 가축(家畜), 사조(飼鳥)의 먹이

麝

사향노루 사

부수: 鹿 사슴 록 | 총획: 21획

麝香(사향) 사향노루(麝香--) 수컷의 하복부에 있는 향낭을 쪼개어 말린 흑갈색(黑褐色)의 가루

傘

우산 산

부수: 人 사람 인 | 총획: 12획

傘下(산하) 보호를 받는 어떤 세력의 그늘
雨傘(우산) 비 올 때 쓰는 물건

刪

깎을 산

부수: 刂 선칼도방 | 총획: 7획

刪減(산감) 깎아서 줄임
刪修(산수) 쓸데없는 글의 자구를 깎고 다듬어서 잘 정리함
刪削(산삭) 필요 없는 글자나 구절을 지워 버림

珊

산호 산

부수: 王 구슬옥변 | 총획: 9획

珊瑚(산호) 산호충 군체의 중축 골격

酸

실 산

부수: 酉 닭 유 | 총획: 14획

炭酸(탄산) 이산화탄소가 물에 녹아서 생기는 약한 산

撒

뿌릴 살

부수: 扌 재방변 | 총획: 15획

撒布(살포) 액체나 기체 상태의 물질이나 약품을 공중으로 뿜어서 뿌리는 것

煞

죽일 살
빠를 쇄

부수: 灬 연화발 | 총획: 13획

急煞(급살) 보게 되면 운수가 아주 나빠진다고 하는 별. 또는 갑자기 닥치는 재액

薩

보살 살

부수: ++ 초두머리 | 총획: 18획

菩薩(보살) 부처의 버금이 되는 성인

杉

삼나무 삼

부수: 木 나무 목 | 총획: 7획

春杉(춘삼) 봄에 입는 홑옷

森

수풀 삼

부수: 木 나무 목 | 총획: 12획

森嚴(삼엄) 무서울 만큼 질서가 바르고 엄숙함

蔘

삼 삼

부수: ++ 초두머리 | 총획: 15획

人蔘(인삼) 오갈피 나무과의 여러해살이풀
水蔘(수삼) 말리지 않은 인삼

衫

적삼 삼

부수: 衤 옷의변 | 총획: 8획

油衫(유삼) 눈·비를 막기 위해 옷 위에 껴입는 기름에 결은 옷

滲

스며들 삼	부수	총획
	氵 삼수변	14획

滲透壓(삼투압) 삼투 현상이 일어날 때에 반투성의 막이 받는 압력

揷

꽂을 삽	부수	총획
	扌 재방변	12획

揷畫(삽화) 신문, 잡지, 서적의 문장 속에서 문장의 내용을 보완하거나 이해를 돕도록 장면을 묘사하여 그린 그림
揷入(삽입) 끼워 넣음

澁

떫을 삽	부수	총획
	氵 삼수변	15획

訥澁(눌삽) 말이 더듬거려 잘 나오지 않아 듣기에 답답함
澁滯(삽체) 일이 더디어 잘 나가지 못하는 것

庠

학교 상	부수	총획
	广 엄호	9획

庠序(상서) 학교의 다른 말
庠謝禮(상사례) 자녀의 스승에게 주는 예물

湘

강 이름 상	부수	총획
	氵 삼수변	12획

湘江(상강) 중국(中國) 호남성(湖南省)에 있는 강

箱

상자 상	부수	총획
	竹 대 죽	15획

箱子(상자) 나무·대·종이 등으로 만든 손그릇

翔

날 상	부수	총획
	羽 깃 우	12획

飛翔(비상) 공중을 날아다님

璽

옥새 새	부수	총획
	玉 구슬 옥	19획

國璽(국새) 나라를 대표하는 도장
玉璽(옥새) 옥으로 만든 국새. 국새의 미칭

穡

거둘 색	부수	총획
	禾 벼 화	18획

稼穡(가색) 곡식 농사

牲

희생 생	부수	총획
	牛 소 우	9획

犧牲者(희생자) 희생을 당한 사람

笙

생황 생	부수	총획
	竹 대 죽	11획

笙歌(생가) 생황과 노래
笙鼓(생고) 생황과 태고(太鼓)

壻

사위 서	부수	총획
	士 선비 사	12획

佳壻(가서) 참하고 훌륭한 사위
女壻(여서) 딸의 남편. 사위

嶼 섬 서 | 부수: 山 뫼 산 | 총획: 17획
- 島嶼(도서) 크고 작은 섬들
- 草嶼(초서) 강물 속에 모래가 쌓이고 그 위에 풀이 수북하게 난 곳

筮 점 서 | 부수: 竹 대 죽 | 총획: 13획
- 卜筮(복서) 길흉을 알기 위해 점을 침

抒 풀 서 | 부수: 扌 재방변 | 총획: 7획
- 抒情(서정) 자기의 감정을 펴서 나타냄
- 抒事(서사) 사실을 있는 그대로 적는 일

胥 서로 서 | 부수: 月 육달월 | 총획: 9획
- 胥失(서실) 서로 잘못한 허물

曙 새벽 서 | 부수: 日 날 일 | 총획: 18획
- 曙鐘(서종) 동틀 때 울리는 새벽 종소리
- 曙光(서광) 동틀 때의 새벽빛

舒 펼 서 | 부수: 舌 혀 설 | 총획: 12획
- 舒懷(서회) 품은 생각을 풀어서 말함
- 卷舒(권서) 말았다 폈다 함
- 急舒(급서) 급함과 완만함

棲 깃들일 서 | 부수: 木 나무 목 | 총획: 12획
- 棲息地(서식지) 동물이 깃들어 사는 곳
- 兩棲(양서) 물과 땅 양쪽에서 모두 삶

薯 감자 서 | 부수: ++ 초두머리 | 총획: 18획
- 甘薯(감서) 고구마
- 馬鈴薯(마령서) 감자

犀 무소 서 | 부수: 牛 소 우 | 총획: 12획
- 犀角(서각) 무소의 뿔

鋤 호미 서 | 부수: 金 쇠 금 | 총획: 15획
- 鋤骨(서골) 척추(脊椎)동물(動物)의 콧마루를 이루는 한 개의 뼈

瑞 상서 서 | 부수: 王 구슬옥변 | 총획: 13획
- 祥瑞(상서) 경사롭고 길한 징조

黍 기장 서 | 부수: 黍 기장 서 | 총획: 12획
- 蜀黍(촉서) 수수

鼠

쥐 서	부수	총획
	鼠 쥐 서	13획

鼠族(서족) 쥐의 족속이란 의미로 몹시 교활하고 약게 구는 사람

奭

클 석	부수	총획
	大 큰 대	15획

晳

밝을 석	부수	총획
	日 날 일	12획

明晳(명석) 분명하고 똑똑함
白晳(백석) 얼굴빛이 희고 살이 두툼하게 잘생김

汐

조수 석	부수	총획
	氵 삼수변	6획

汐水(석수) 저녁때에 밀려왔다가 나가는 바닷물

潟

개펄 석	부수	총획
	氵 삼수변	15획

干潟地(간석지) 조수가 드나드는 개펄

碩

클 석	부수	총획
	石 돌 석	14획

碩士(석사) 학위의 하나
碩學(석학) 학문이 깊은 사람을 우러르는 뜻에서 이르는 말

錫

주석 석	부수	총획
	金 쇠 금	16획

朱錫(주석) 탄소족 원소의 하나
錫婚式(석혼식) 결혼 10주년

扇

부채 선	부수	총획
	戶 지게 호	10획

扇風機(선풍기) 바람을 일으키는 기계

璿

구슬 선	부수	총획
	王 구슬옥변	18획

璿板(선판) 현판. 글자나 그림을 새기어서 문위에 다는 널조각

癬

옴 선	부수	총획
	疒 병질엄	22획

乾癬(건선) 마른버짐
白癬(백선) 백선균에 의해 일어나는 피부병

繕

기울 선	부수	총획
	糸 실 사	18획

修繕(수선) 낡거나 허름한 것을 손보아 고침

羨

부러워할 선	부수	총획
	羊 양 양	13획

羨望(선망) 부러워함
欽羨(흠선) 공경하고 부러워함
艷羨(염선) 남의 좋은 점을 몹시 부러워함

腺

샘 선	부수	총획
	月 육달월	13획

甲狀腺(갑상선) 호르몬을 분비하는 내분비선
扁桃腺(편도선) 사람의 입속 양쪽 구석에 하나씩 있는 림프샘

膳

선물 선 반찬 선	부수	총획
	月 육달월	16획

膳物(선물) 남에게 선사로 주는 물품
饌膳(찬선) 음식물

蟬

매미 선 날 선	부수	총획
	虫 벌레 훼	18획

蟬吟(선음) 매미의 울음소리

詵

많을 선 많을 신	부수	총획
	言 말씀 언	13획

道詵庵(도선암) 서울특별시 강북구 우이동 삼각산에 있는 절

銑

무쇠 선	부수	총획
	金 쇠 금	14획

銑鐵(선철) 무쇠

卨

사람 이름 설	부수	총획
	卜 점 복	11획

屑

가루 설 달갑게 여길 설	부수	총획
	尸 주검시엄	10획

屑塵(설진) 티끌

楔

문설주 설	부수	총획
	木 나무 목	13획

楔形文字(설형문자) 기원전 페르시아 등에서 쓰이던 문자
楔狀骨(설상골) 쐐기뼈

泄

샐 설	부수	총획
	氵 삼수변	8획

泄瀉(설사) 배탈 등이 났을 때 누는 묽은 변
排泄(배설) 사람이나 동물이 몸속의 찌꺼기를 몸 밖으로 내보내는 일

薛

성씨 설	부수	총획
	艹 초두머리	17획

薛炙(설적) 송도 설씨(松都薛氏)가 시작한 데서 나온 말로, 쇠고기나 소의 내장을 고명하여 꼬챙이에 꿰어 구운 음식

暹

햇살 치밀 섬 나라 이름 섬	부수	총획
	日 날 일	16획

暹羅(섬라) 타이(Thailand)의 예전 이름인 시암(Siam)의 한자음 표기

纖

가늘 섬	부수	총획
	糸 실 사	23획

纖細(섬세) 가냘프고 세밀함
纖纖玉手(섬섬옥수) 가냘프고 고운 여자의 손

蟾

두꺼비 섬 | 부수: 虫 벌레 훼 | 총획: 19획

蟾蛇(섬사) 살무사

贍

넉넉할 섬 | 부수: 貝 조개 패 | 총획: 20획

贍賑(섬진) 물품을 주어서 도움
不贍(불섬) 살림이 넉넉지 못함

閃

번쩍일 섬 | 부수: 門 문 문 | 총획: 10획

閃光(섬광) 순간적으로 번쩍이는 빛

陜

땅 이름 섬 | 부수: 阝 좌부변 | 총획: 10획

陜西省(섬서성) 중국(中國) 중서부에 있는 성

燮

불꽃 섭 | 부수: 火 불 화 | 총획: 17획

燮理(섭리) 음양을 고르게 다스림
燮伐(섭벌) 협동하여 정벌함

惺

깨달을 성 | 부수: 忄 심방변 | 총획: 12획

晟

밝을 성 | 부수: 日 날 일 | 총획: 11획

大晟樂(대성악) 중국(中國) 송(宋)나라 때의 아악(雅樂)

醒

깰 성 | 부수: 酉 닭 유 | 총획: 16획

覺醒(각성) 사람의 주의를 환기시킴

貰

세낼 세 | 부수: 貝 조개 패 | 총획: 12획

傳貰(전세) 집주인에게 일정한 돈을 맡기고 집을 빌려 쓰다가 내놓을 때 다시 찾아 가는 제도
月貰(월세) 다달이 내는 집세

塑

흙 빚을 소 | 부수: 土 흙 토 | 총획: 13획

塑造(소조) 진흙이나 석고, 목재 따위의 물질을 소재로 하여 형상을 조각해 냄

宵

밤 소
닮을 초 | 부수: 宀 갓머리 | 총획: 10획

中宵(중소) 한밤중 ㊒ 半宵(반소)
秋宵(추소) 가을밤
晝宵(주소) 밤과 낮

巢

새집 소 | 부수: 巛 개미허리 | 총획: 11획

巢窟(소굴) 좋지 못한 짓을 하는 사람들의 활동 근거지

梳

얼레빗 소 | 부수: 木 나무 목 | 총획: 11획

梳洗(소세) 머리를 빗고 세수함
梳髮(소발) 머리를 빗음
※ 얼레빗 : 빗살이 굵고 성긴 큰 빗

沼

못 소 | 부수: 氵 삼수변 | 총획: 8획

湖沼(호소) 호수와 늪
沼池(소지) 늪과 못

瀟

강 이름 소 | 부수: 氵 삼수변 | 총획: 20획

瀟湖(소호) 중국(中國)의 소수(瀟水)와 동정호(洞庭湖)를 아울러 이르는 말

疎

성길 소 | 부수: 疋 짝 필 | 총획: 12획

疎忽(소홀) 대수롭지 아니하고 예사로움
疎外感(소외감) 남에게 따돌림을 당한 것 같은 느낌

簫

퉁소 소 | 부수: 竹 대 죽 | 총획: 19획

太平簫(태평소) 날라리. 나팔 모양으로 된 우리나라 고유의 관악기

紹

이을 소
느슨할 초 | 부수: 糸 실 사 | 총획: 11획

紹介(소개) 모르는 두 사람을 잘 알도록 관계를 맺어 줌

蕭

쓸쓸할 소
맑은대쑥 소 | 부수: ⺾ 초두머리 | 총획: 17획

蕭寂(소적) 쓸쓸하고 호젓한 모양
蕭條(소조) 분위기가 매우 쓸쓸함

逍

노닐 소 | 부수: 辶 책받침 | 총획: 11획

逍遙(소요) 슬슬 거닐어 돌아다님
逍風(소풍) 학생들이 단체로 교외, 야외 등의 먼 길을 갔다 오는 일

遡

거스를 소 | 부수: 辶 책받침 | 총획: 14획

遡及(소급) 지나간 일에까지 거슬러 올라가서 미치게 하는 것

邵

땅 이름 소
성씨 소 | 부수: 阝 우부방 | 총획: 8획

邵齡(소령) 고령(高齡)

韶

풍류 이름 소 | 부수: 音 소리 음 | 총획: 14획

韶華(소화) 화창한 봄의 경치. 또는 젊은 때

贖

속죄할 속 | 부수: 貝 조개 패 | 총획: 22획

贖罪(속죄) 공을 세워 지은 죄를 비겨 없앰
代贖(대속) 남의 죄나 고통을 대신하여 자기가 당함

巽

부드러울 손 / 손괘 손 | 부수: 己 몸 기 | 총획: 12획

巽卦(손괘) 팔괘의 여섯 번째 괘
巽風(손풍) 동남풍

戍

수자리 수 | 부수: 戈 창 과 | 총획: 6획

衛戍(위수) 육군의 부대가 일정한 지역에 오래 주둔하여 경비하는 일
※ 수자리 : 변방을 지키는 일

遜

겸손할 손 | 부수: 辶 책받침 | 총획: 14획

謙遜(겸손) 남을 높이고 자기를 낮추는 태도
遜色(손색) 서로 견주어 보아서 못한 점
不遜(불손) 거만하여 겸손하지 못함. 버릇없음

洙

물가 수 | 부수: 氵 삼수변 | 총획: 9획

飡

저녁밥 손 / 먹을 찬 | 부수: 食 밥 식 | 총획: 11획

沙飡(사찬) 신라 때 17관등(十七官等)의 여덟째 벼슬

漱

양치질할 수 | 부수: 氵 삼수변 | 총획: 14획

養漱(양수) 이를 닦고 물로 입안을 가시는 일
含漱(함수) 양치질을 함

宋

성씨 송 / 송나라 송 | 부수: 宀 갓머리 | 총획: 7획

南宋(남송) 북송(北宋)이 금(金)나라에게 밀려 휘종의 아들인 고종(高宗)이 남쪽으로 내려가 항주에 도읍(都邑)하여 세운 나라

燧

부싯돌 수 | 부수: 火 불 화 | 총획: 17획

烽燧軍(봉수군) 봉화를 올리는 일을 맡아보는 군사
烽燧臺(봉수대) 봉화를 올릴 수 있게 되어 있는 곳

碎

부술 쇄 | 부수: 石 돌 석 | 총획: 13획

粉碎(분쇄) 가루처럼 아주 잘게 부스러뜨림
破碎(파쇄) 깨어져 부스러짐

狩

사냥할 수 | 부수: 犭 개사슴록변 | 총획: 9획

狩獵(수렵) 사냥
巡狩(순수) 임금이 나라 안을 두루 보살피며 돌아다님

嫂

형수 수 | 부수: 女 여자 녀 | 총획: 13획

弟嫂(제수) 아우의 아내
長嫂(장수) 맏형의 아내

瘦

여윌 수 | 부수: 疒 병질엄 | 총획: 15획

瘦削(수삭) 몹시 여윔

穗

이삭 수 | 부수: 禾 벼 화 | 총획: 17획

穗波(수파) 많은 이삭이 바람에 물결치는 것을 파도에 비유하여 이르는 말

羞

부끄러울 수 | 부수: 羊 양 양 | 총획: 11획

羞恥心(수치심) 떳떳하지 못해 부끄러운 마음
羞惡之心(수오지심) 자기의 옳지 못함을 부끄러워하고 남의 옳지 못함을 미워하는 마음

竪

세울 수 | 부수: 立 설 립 | 총획: 13획

竪立(수립) 꼿꼿이 똑바로 세움
橫說竪說(횡설수설) 말을 두서가 없이 아무렇게나 떠드는 것

蒐

모을 수 | 부수: 艹 초두머리 | 총획: 14획

蒐集(수집) 취미 또는 연구를 위해 어떤 물건이나 재료를 찾아 모음

粹

순수할 수
부술 쇄 | 부수: 米 쌀 미 | 총획: 14획

純粹(순수) 다른 것이 조금도 섞이지 않음
國粹主義(국수주의) 다른 나라의 문물을 배척하는 태도

藪

늪 수 | 부수: 艹 초두머리 | 총획: 19획

利藪(이수) 이익(利益)이 많은 곳

綏

편안할 수 | 부수: 糸 실 사 | 총획: 13획

交綏(교수) 화해하고 서로 퇴진함

袖

소매 수 | 부수: 衤 옷의변 | 총획: 10획

領袖(영수) 여럿 중의 우두머리
袖手傍觀(수수방관) 옆에서 보고만 있는 것

綬

끈 수 | 부수: 糸 실 사 | 총획: 14획

後綬(후수) 예복과 제복을 입을 때 뒤에 늘어뜨리는 띠
銀環綬(은환수) 은고리를 단 조복의 후수

讐

원수 수 | 부수: 言 말씀 언 | 총획: 23획

怨讐(원수) 원한의 대상이 되는 것

繡

수놓을 수 | 부수: 糸 실 사 | 총획: 19획

十字繡(십자수) 실을 십자형으로 교차시켜 놓는 수
刺繡(자수) 옷감에 색실로 그림·글자·무늬 등을 수놓는 일

酬

갚을 수
갚을 주 | 부수: 酉 닭 유 | 총획: 13획

報酬(보수) 근로의 대가로 주는 금전이나 물품
應酬(응수) 대립되는 의견 따위로 맞서서 주고받음
酬酌(수작) 말을 주고받음. 또는 엉큼한 속셈

銖

저울눈 수	부수 金 쇠 금	총획 14획

五銖錢(오수전) 전한의 무제 때 사용(使用)하던 동전

洵

참으로 순 멀 현	부수 氵 삼수변	총획 9획

蘇洵(소순) 중국 북송의 문인

隋

수나라 수 떨어질 타	부수 阝 좌부변	총획 12획

附隋(부수) 주된 것이나 기본적인 것에 붙어서 따라감

淳

순박할 순	부수 氵 삼수변	총획 11획

淳厚(순후) 양순하고 인정이 두터움
淳朴(순박) 소박하고 순진함

髓

뼛골 수	부수 骨 뼈 골	총획 23획

脊髓(척수) 척추의 관 속에 들어 있는 신경 중추
骨髓(골수) 뼈의 내강에 차 있는 연한 조직

盾

방패 순	부수 目 눈 목	총획 9획

盾戈(순과) 방패와 창
矛盾(모순) 창과 방패라는 뜻으로 말이나 행동의 앞뒤가 서로 일치되지 아니함

鬚

수염 수 모름지기 수	부수 髟 터럭 발	총획 22획

鬚眉(수미) 수염과 눈썹
觸鬚(촉수) 곤충이나 새우 등의 입 주위에 있는 수염 모양으로 생긴 감각기

筍

죽순 순	부수 竹 대 죽	총획 12획

竹筍(죽순) 대나무의 땅속줄기에서 돋아나는 어리고 연한 싹
雨後竹筍(우후죽순) 어떤 일이 일시에 많이 일어남

塾

글방 숙	부수 土 흙 토	총획 14획

家塾(가숙) 한 가정이나 일가끼리 경영하던 개인이 세운 글방

舜

순임금 순	부수 舛 어그러질 천	총획 12획

堯舜時代(요순시대) 옛 중국에서 요임금과 순임금이 다스리던 시대로 태평한 시대를 뜻함

楯

난간 순 방패 순	부수 木 나무 목	총획 13획

劍楯(검순) 칼과 방패

荀

풀이름 순	부수 艹 초두머리	총획 10획

荀子(순자) B.C. 315~230년경 중국 조(趙)의 유학자(儒學者)

詢

물을 순 | 부수: 言 말씀 언 | 총획: 13획

下詢(하순) 임금이 신하나 백성에게 물음
廣詢(광순) 여러 사람의 의견을 널리 물어봄

醇

전국술 순 | 부수: 酉 닭 유 | 총획: 15획

醇酒(순주) 다른 것을 섞지 않은 술
醇化(순화) 쓸데없는 것들을 없애고 깨끗하고 바르게 만듦

馴

길들일 순
가르칠 훈 | 부수: 馬 말 마 | 총획: 13획

馴行(순행) 선하고 착한 행실
馴鹿(순록) 사슴과의 짐승

嵩

높은 산 숭 | 부수: 山 뫼 산 | 총획: 13획

瑟

큰 거문고 슬 | 부수: 王 구슬옥변 | 총획: 13획

淸瑟(청슬) 맑은 거문고 소리
琴瑟(금슬) 거문고와 비파. 또는 부부 사이의 정

膝

무릎 슬 | 부수: 月 육달월 | 총획: 15획

膝蓋骨(슬개골) 무릎 앞 한가운데에 있는 오목한 뼈
膝下(슬하) 무릎 아래라는 뜻으로 주로 부모의 보호 영역을 말함

褶

주름 습 | 부수: 衤 옷의변 | 총획: 16획

褶曲(습곡) 지각에 작용하는 횡압력 때문에 지층이 물결 모양으로 주름이 잡히어 구부러진 상태

丞

정승 승 | 부수: 一 한 일 | 총획: 6획

政丞(정승) 조선 시대 의정부의 영의정・좌의정・우의정을 일컬었던 말

升

되 승
오를 승 | 부수: 十 열 십 | 총획: 4획

斗升(두승) 어떤 사물을 헤아리는 기준
上升(상승) 위로 올라감

繩

노끈 승 | 부수: 糸 실 사 | 총획: 19획

捕繩(포승) 죄인을 잡아 묶는 노끈
自繩自縛(자승자박) 자기의 언행으로 인해 자신이 꼼짝 못 하게 됨

陞

오를 승 | 부수: 阝 좌부변 | 총획: 10획

陞進(승진) 직위가 오름
陞降(승강) 오르고 내리는 것

匙

숟가락 시 | 부수: 匕 비수 비 | 총획: 11획

揷匙(삽시) 제사 지낼 때에 숟가락을 밥그릇에 꽂는 의식
十匙一飯(십시일반) 여러 사람이 힘을 합하면 한 사람을 돕기 쉬움

媤

시집 시

부수: 女 여자 녀

총획: 12획

媤父母(시부모) 남편의 부모
媤家(시가) 시집. 시부모가 사는 집

諡

시호 시

부수: 言 말씀 언

총획: 16획

賜諡(사시) 임금이 죽은 대신이나 장수에게 시호를 내려 주던 일
淸諡(청시) 살아 있을 때 청렴결백하고 고결한 사람에게 내리는 시호

尸

주검 시

부수: 尸 주검시엄

총획: 3획

尸蟲(시충) 시체에 생기는 벌레

柿

감나무 시

부수: 木 나무 목

총획: 9획

紅柿(홍시) 잘 익어 말랑말랑한 감
乾柿(건시) 곶감

屍

주검 시

부수: 尸 주검시엄

총획: 9획

屍身(시신) 죽은 사람의 몸을 이르는 말
屍體(시체) 사람이나 생물의 죽은 몸뚱이
屍軀(시구) 사람의 죽은 몸뚱이

殖

불릴 식

부수: 歹 죽을사변

총획: 12획

繁殖(번식) 붇고 늘어서 많이 퍼지는 것
增殖(증식) 생물 또는 그 조직, 세포 등이 생식·분열로 그 수가 늘어남

弑

윗사람 죽일 시

부수: 弋 주살 익

총획: 12획

弑殺(시살) 부모나 임금을 죽임 유 弑害(시해)

湜

물 맑을 식

부수: 氵 삼수변

총획: 12획

柴

섶 시

부수: 木 나무 목

총획: 10획

柴炭(시탄) 땔나무와 숯 또는 석탄 따위

蝕

좀먹을 식

부수: 虫 벌레 훼

총획: 15획

浸蝕(침식) 빗물이나 냇물, 바람 등이 땅이나 암석 등의 지반을 깎는 작용
侵蝕(침식) 차츰차츰 먹어 들어감

翅

날개 시

부수: 羽 깃 우

총획: 10획

前翅(전시) 곤충류의 날개 가운데 앞에 있는 한 쌍의 날개로 앞날개를 말함
翅脈(시맥) 곤충의 날개에 무늬처럼 갈라져 있는 맥

軾

수레 앞턱 가로 댄 나무 식

부수: 車 수레 거

총획: 13획

※ 수레 앞턱 가로 댄 나무 : 수레 안에서 절을 할 때 손으로 쥐는 앞턱의 가로 댄 나무

娠

아이 밸 신	부수: 女 여자 녀	총획: 10획

妊娠(임신) 아이를 뱀. 잉태
妊娠婦(임신부) 임신 중인 여자

紳

띠 신	부수: 糸 실 사	총획: 11획

紳士(신사) 점잖고 예의 바르며 교양 있는 남자

腎

콩팥 신	부수: 月 육달월	총획: 12획

腎臟(신장) 오줌 배설 기관. 콩팥
副腎(부신) 신장 부근에 내분비 기관

薪

섶 신	부수: 艹 초두머리	총획: 17획

薪炭(신탄) 땔나무와 숯
臥薪嘗膽(와신상담) 원수를 갚으려고 온갖 괴로움을 참고 견딤

訊

물을 신	부수: 言 말씀 언	총획: 10획

訊問(신문) 캐고 따져서 물음

迅

빠를 신	부수: 辶 책받침	총획: 7획

迅速(신속) 날쌔고 빠름
迅雷(신뢰) 몹시 맹렬한 우레

悉

다 실	부수: 心 마음 심	총획: 11획

詳悉(상실) 모조리 자세하게 아는 것
謹悉(근실) 글에서 남의 의견이나 소식 따위를 안다는 뜻으로 상대편을 높여 이르는 말

瀋

즙 낼 심 성씨 심	부수: 氵 삼수변	총획: 18획

瀋州(심주) 심양(瀋陽)의 이전(以前) 이름

什

열 사람 십 세간 집	부수: 亻 사람인변	총획: 4획

什長(십장) 인부를 직접 감독·지시하는 인부의 우두머리
什器(집기) 집 안이나 사무실에서 쓰는 온갖 기구

ㅇ

俄

아까 아	부수: 亻 사람인변	총획: 9획

俄頃(아경) 조금 있다가. 아까

啞

벙어리 아	부수: 口 입 구	총획: 11획

啞然失色(아연실색) 뜻밖의 일에 얼굴빛이 변할 정도로 놀람

娥

예쁠 아	부수: 女 여자 녀	총획: 10획

宮娥(궁아) 궁녀

DAY 09

峨

높을 아	부수: 山 뫼 산	총획: 10획

峨冠(아관) 높게 쓴 관. 고사(高士)의 관(冠)

蛾

나방 아	부수: 虫 벌레 훼	총획: 13획

飛蛾(비아) 여름밤에 불을 찾아 날아다니는 나방
原蠶蛾(원잠아) 누에나방

衙

마을 아	부수: 行 다닐 행	총획: 13획

官衙(관아) 예전에 벼슬아치들이 모여 나랏일을 처리하던 곳
郡衙(군아) 고을의 원이 사무를 보던 관아

鵝

거위 아	부수: 鳥 새 조	총획: 18획

天鵝兒(천아아) 고니
鵝王(아왕) 부처를 달리 이르는 말

嶽

큰 산 악	부수: 山 뫼 산	총획: 17획

楓嶽山(풍악산) 가을의 금강산을 이르는 말
雪嶽山(설악산) 강원도 양양군과 인제군 사이에 있는 산

堊

흰흙 악	부수: 土 흙 토	총획: 11획

白堊館(백악관) 미국 워싱턴에 있는 미국 대통령의 관저
白堊紀(백악기) 중생대를 셋으로 나눈 것 중 마지막 지질 시대

握

쥘 악	부수: 扌 재방변	총획: 12획

把握(파악) 어떠한 일을 잘 이해하여 확실하게 바로 앎
掌握(장악) 손에 넣음. 또는 세력 등을 온통 잡음

顎

턱 악	부수: 頁 머리 혈	총획: 18획

下顎(하악) 아래턱
上顎骨(상악골) 위턱뼈

按

누를 안	부수: 扌 재방변	총획: 9획

按排(안배) 제 차례나 제자리에 알맞게 몫몫이 갈라 붙이거나 벌여 놓음
按摩(안마) 손으로 근육을 주무르는 일

晏

늦을 안	부수: 日 날 일	총획: 10획

晏眠(안면) 아침 늦게까지 잠
晏寧(안녕) 천하가 잘 다스려져서 태평함

鞍

안장 안	부수: 革 가죽 혁	총획: 15획

鞍籠(안롱) 수레나 가마 등을 덮는 우비의 한 가지

閼

가로막을 알	부수: 門 문 문	총획: 16획

夭閼(요알) 제명을 다하지 못하고 죽임을 당함
閼伽水(알가수) 부처나 보살에게 공양하는 물

庵

암자 암 갑자기 엄	부수 广 엄호	총획 11획

石窟庵(석굴암) 신라 시대 유물로 토함산에 있는 한국의 대표적인 석굴사찰
庵主(암주) 암자의 주인(主人). 또는 암자에서 거처하는 승려

癌

암 암	부수 疒 병질엄	총획 17획

發癌(발암) 암이 발생하는 것
肝癌(간암) 간에 생기는 암종
胃癌(위암) 위에 생기는 암종

菴

암자 암	부수 ++ 초두머리	총획 12획

鴨

오리 압	부수 鳥 새 조	총획 16획

家鴨(가압) 집오리
鴨綠江(압록강) 우리나라 북부와 중국과의 국경을 이루는 강

昻

밝을 앙 오를 앙	부수 日 날 일	총획 9획

激昻(격앙) 감정이나 기운이 격렬히 일어나 높아지는 것
昻騰(앙등) 물건 값이 오름

秧

모 앙	부수 禾 벼 화	총획 10획

移秧(이앙) 모를 못자리에서 논으로 옮겨 심는 일. 모내기
移秧期(이앙기) 모를 내는 시기. 모내기 철

厓

언덕 애	부수 厂 민엄호	총획 8획

層厓(층애) 층층이 바위가 쌓인 언덕

埃

티끌 애	부수 土 흙 토	총획 10획

塵埃(진애) 세상의 속된 것
芳埃(방애) 향기로운 티끌

崖

언덕 애	부수 山 뫼 산	총획 11획

斷崖(단애) 깎아 세운 듯한 낭떠러지
蒼崖(창애) 아주 높은 절벽

碍

거리낄 애	부수 石 돌 석	총획 13획

障碍(장애) 신체 기관이 제 기능을 하지 못하거나 정신 능력에 결함이 있는 상태

艾

쑥 애 다스릴 예	부수 ++ 초두머리	총획 6획

耆艾(기애) 노인

掖

겨드랑이 액 낄 액	부수 扌 재방변	총획 11획

闕掖(궐액) 궁중
掖庭(액정) 대궐 안

液

진 액 | 부수: 氵 삼수변 | 총획: 11획

血液(혈액) 피
唾液(타액) 침
液體(액체) 일정한 모양 없이 유동하는 물질

腋

겨드랑이 액 | 부수: 月 육달월 | 총획: 12획

扶腋(부액) 겨드랑이를 붙들어 걸음을 돕는 것

櫻

앵두 앵 | 부수: 木 나무 목 | 총획: 21획

櫻花(앵화) 앵두나무의 꽃. 벚꽃

鶯

꾀꼬리 앵 | 부수: 鳥 새 조 | 총획: 21획

老鶯(노앵) 늦은 봄에 우는 꾀꼬리
鶯舌(앵설) 꾀꼬리의 울음소리

倻

가야 야 | 부수: 亻 사람인변 | 총획: 11획

伽倻(가야) 삼국 시대에 낙동강 유역에 자리 잡았던 여섯 나라

冶

풀무 야 | 부수: 冫 이수변 | 총획: 7획

冶金(야금) 광석에서 쇠붙이를 공업적으로 골라내거나 합금을 만드는 일

孃

아가씨 양 | 부수: 女 여자 녀 | 총획: 20획

野孃(야양) 시골 처녀

攘

물리칠 양 | 부수: 扌 재방변 | 총획: 20획

擾攘(요양) 한꺼번에 떠들어서 어수선함
擊攘(격양) 격퇴
斥攘(척양) 물리치어 배척함

瘍

헐 양 | 부수: 疒 병질엄 | 총획: 14획

腫瘍(종양) 세포가 병적으로 증식하여 생리적으로 무의미한 조직 덩어리를 만드는 병

襄

도울 양 | 부수: 衣 옷 의 | 총획: 17획

襄禮(양례) 장례
襄奉(양봉) 장례를 지냄을 높여 이르는 말

釀

술 빚을 양 | 부수: 酉 닭 유 | 총획: 24획

釀造場(양조장) 술이나 간장, 식초 따위를 담그는 공장
釀造(양조) 미생물의 발효 작용을 이용하여 술, 간장, 식초 따위를 담가서 만듦

禦

막을 어 | 부수: 示 보일 시 | 총획: 16획

防禦(방어) 남 또는 적의 침노를 막아냄

堰

둑 언	부수	총획
	土 흙 토	12획

堰堤(언제) 물을 가두어 두기 위해 하천이나 골짜기 따위에 쌓은 둑
유 堤堰(제언)

彦

선비 언	부수	총획
	彡 터럭 삼	9획

彦士(언사) 재덕이 뛰어난 남자. 또는 훌륭한 인물

諺

언문 언 속담 언	부수	총획
	言 말씀 언	16획

世諺(세언) 세상에 떠도는 속된 말
諺簡(언간) 우리 한글로 쓴 편지를 낮잡아 이르던 말

孽

서자 얼	부수	총획
	子 아들 자	19획

庶孽(서얼) 서자와 그 자손
餘孽(여얼) 망한 사람의 자손

儼

엄연할 엄	부수	총획
	亻 사람인변	22획

儼然(엄연) 겉모양이 장엄하고 엄숙한 모양
儼乎(엄호) 엄숙한 모양

掩

가릴 엄	부수	총획
	扌 재방변	11획

掩護(엄호) 적의 공격으로부터 보호함
掩蔽(엄폐) 보이지 않도록 가려서 숨김

繹

풀 역	부수	총획
	糸 실 사	19획

演繹(연역) 일반적인 명제를 전제로 하여 특수한 명제를 이끌어내는 추리

捐

버릴 연	부수	총획
	扌 재방변	10획

出捐(출연) 금품을 내어 원조함
義捐(의연) 자선, 공익을 위하여 금품을 기부함

椽

서까래 연	부수	총획
	木 나무 목	13획

野椽(야연) 들연. 오량(五樑)에서 도리로 걸친 서까래

淵

못 연	부수	총획
	氵 삼수변	12획

深淵(심연) 깊은 못. 또는 빠져나오기 어려운 상황
淵源(연원) 사물의 근원

烟

연기 연	부수	총획
	火 불 화	10획

寒烟(한연) 쓸쓸하게 올라오는 연기. 즉 집이 가난함
無烟炭(무연탄) 탄소분이 90% 이상인 석탄

硯

벼루 연 갈 연	부수	총획
	石 돌 석	12획

硯滴(연적) 벼룻물을 담는 그릇
筆硯(필연) 붓과 벼루
同硯(동연) 같은 곳에서 학업을 닦음

筵

대자리 연	부수 竹 대 죽	총획 13획

壽筵(수연) 장수를 축하하는 잔치. 보통 환갑 잔치를 말함

衍

넓을 연	부수 行 다닐 행	총획 9획

敷衍(부연) 덧붙여 알기 쉽게 자세히 설명을 늘어놓음
蔓衍(만연) 널리 번져 퍼짐

鳶

솔개 연	부수 鳥 새 조	총획 14획

飛鳶(비연) 연을 날림

涅

개흙 열	부수 氵 삼수변	총획 10획

涅槃(열반) 불도를 완전하게 이루어 일체의 번뇌를 해탈한 최고의 경지

厭

싫어할 염 누를 엽	부수 厂 민엄호	총획 14획

厭症(염증) 싫증. 또는 싫은 생각이나 느낌
厭世觀(염세관) 세계 및 인생을 무의미한 것, 추악한 것으로 보는 인생관

焰

불꽃 염	부수 火 불 화	총획 12획

氣焰(기염) 대단한 기세
火焰(화염) 불꽃

艷

고울 염	부수 色 빛 색	총획 19획

妖艷(요염) (주로 여자) 사람을 호릴 만큼 아리따움
艷書(염서) 남녀 간의 애정에 관한 편지

閻

마을 염	부수 門 문 문	총획 16획

閻羅(염라) 염라대왕

髥

구레나룻 염	부수 髟 터럭 발	총획 14획

鬚髥(수염) 남자의 입 주위, 턱, 뺨 등에 나는 털
紅髥(홍염) 붉은 수염. 또는 붉어진 단풍잎

燁

빛날 엽	부수 火 불 화	총획 16획

暎

비칠 영 희미할 앙	부수 日 날 일	총획 13획

瑩

밝을 영 의혹할 형	부수 玉 구슬 옥	총획 15획

未瑩(미형) 똑똑하지 못하고 어리석음

瀛

바다 영	부수 氵 삼수변	총획 19획

東瀛(동영) 동방의 바다

瓔

옥돌 영	부수 王 구슬옥변	총획 21획

瓔珞(영락) 목, 팔 등에 두르는 구슬을 꿴 장식품
鈿瓔(전영) 자개를 박은 목걸이

盈

찰 영	부수 皿 그릇 명	총획 9획

盈滿(영만) 가득 참
盈縮(영축) 남음과 모자람

穎

이삭 영	부수 禾 벼 화	총획 16획

穎花(영화) 이삭 꽃
穎敏(영민) 감각, 행동 등이 날카롭고 민첩함

纓

갓끈 영	부수 糸 실 사	총획 23획

冠纓(관영) 관의 끈
木纓(목영) 나무 구슬에 옻칠을 하여 실에 꿰어 만든 갓끈

叡

밝을 예	부수 又 또 우	총획 16획

叡智(예지) 밝고 지혜로운 생각
叡敏(예민) 마음이 밝고 생각이 영명함
聰叡(총예) 총명

曳

끌 예	부수 日 가로 왈	총획 6획

曳引(예인) 끌어당김
曳船(예선) 배를 끎

濊

종족 이름 예	부수 氵 삼수변	총획 16획

濊國(예국) 삼국 시대 초기의 부족(部族) 국가

睿

슬기 예	부수 目 눈 목	총획 14획

睿德(예덕) 몹시 뛰어난 덕망

穢

더러울 예	부수 禾 벼 화	총획 18획

穢語(예어) 욕지거리
汚穢(오예) 지저분하고 더러운 것

芮

성씨 예 나라 이름 열	부수 艹 초두머리	총획 8획

芮芮(예예) 풀이나 싹이 나서 뾰족뾰족하게 자라는 모양

裔

후손 예	부수 衣 옷 의	총획 13획

後裔(후예) 핏줄을 이은 먼 후손
弓裔(궁예) 후고구려를 건국한 왕

預

맡길 예 미리 예	부수 頁 머리 혈	총획 13획

預置(예치) 맡겨 둠
※ 豫(미리 예)와 通字(통자)

伍

다섯 사람 오	부수 亻 사람인변	총획 6획

隊伍(대오) 군대 행렬의 줄

吳

성씨 오	부수 口 입 구	총획 7획

吳回(오회) 불의 신(神)
吳越同舟(오월동주) 오나라와 월나라 사람이 한 배에 탐. 원수인 이들이 협력해야 할 상황

奧

깊을 오	부수 大 큰 대	총획 13획

奧地(오지) 해안이나 도시에서 멀리 떨어진 대륙 내부의 깊숙한 땅

旿

밝을 오	부수 日 날 일	총획 8획

梧

오동나무 오	부수 木 나무 목	총획 11획

梧桐(오동) 현삼과에 딸린 갈잎큰키나무

鰲

자라 오	부수 魚 물고기 어	총획 22획

金鰲新話(금오신화) 조선 시대 세조(世祖) 때 김시습(金時習)이 지은 한문(漢文)으로 된 전기체(傳奇體) 소설

沃

기름질 옥	부수 氵 삼수변	총획 7획

肥沃(비옥) 땅이 걸고 기름짐

鈺

보배 옥	부수 金 쇠 금	총획 13획

瘟

염병 온	부수 疒 병질엄	총획 15획

瘟疫(온역) 급성(急性) 전염병(傳染病)의 하나

穩

편안할 온	부수 禾 벼 화	총획 19획

穩全(온전) 본바탕대로 고스란히 있음
不穩(불온) 사상, 태도 등이 통치 권력이나 체제에 어긋나는 성질이 있는 것

蘊

쌓을 온	부수 艹 초두머리	총획 20획

蘊奧(온오) 학문이나 기예 따위의 이치가 깊고 오묘함
想蘊(상온) 어떤 일을 마음속에 생각하여 의식하는 여러 가지 감정과 사상

兀

우뚝할 올

부수	총획
儿 어진사람인발	3획

兀然(올연) 홀로 외롭고 우뚝한 모양
兀頭(올두) 대머리

甕

독 옹

부수	총획
瓦 기와 와	18획

甕器(옹기) 옹기그릇

雍

화할 옹

부수	총획
隹 새 추	13획

雍和(옹화) 서로 뜻이 맞고 정다움

饔

아침밥 옹

부수	총획
食 밥 식	22획

司饔(사옹) 조선 시대 때 대궐 안에서 쓸 음식을 만들던 궁중 요리인

渦

소용돌이 와

부수	총획
氵 삼수변	12획

旋渦(선와) 소용돌이
渦中(와중) 소용돌이치며 물이 흘러가는 가운데. 또는 분란한 사건의 가운데

窩

움집 와

부수	총획
穴 구멍 혈	14획

窩窟(와굴) 소굴

蛙

개구리 와

부수	총획
虫 벌레 훼	12획

蛙泳(와영) 개구리헤엄
井底之蛙(정저지와) 우물 밑 개구리. 즉 견문이 몹시 좁음

訛

그릇될 와

부수	총획
言 말씀 언	11획

訛僞(와위) 허위
訛傳(와전) 그 본래의 뜻이나 내용을 잘못되게 바꾸어 전하는 것

婉

순할 완
아름다울 완

부수	총획
女 여자 녀	11획

婉曲(완곡) 말, 행동을 둘러서 함. 노골적이 아님
淑婉(숙완) 아름답고 상냥함 ㊌ 婉淑(완숙)

浣

빨 완

부수	총획
氵 삼수변	10획

浣衣(완의) 옷을 빪

玩

희롱할 완

부수	총획
王 구슬옥변	8획

愛玩動物(애완동물) 집에서 기르는 동물
玩具(완구) 아이들이 가지고 노는 물건들

阮

나라 이름 완
나라 이름 원

부수	총획
阝 좌부변	7획

阮丈(완장) 남의 백부(伯父)·중부(仲父)·숙부(叔父)·계부(季父) 등의 높임말

腕

팔뚝 완

부수	총획
月 육달월	12획

腕章(완장) 팔 부분에 두르는 표장
手腕(수완) 일을 꾸미고 치러 나가는 재간

莞

빙그레 웃을 완

부수	총획
⺾ 초두머리	11획

莞爾(완이) 빙그레 웃는 모양

頑

완고할 완

부수	총획
頁 머리 혈	13획

頑强(완강) 태도가 완고하고 의지가 굳셈
頑固(완고) 성질이 완강하고 고루함

旺

왕성할 왕

부수	총획
日 날 일	8획

旺盛(왕성) 한창 성함

汪

넓을 왕

부수	총획
氵 삼수변	7획

汪洋(왕양) 바다가 가없이 넓음

倭

왜나라 왜

부수	총획
亻 사람인변	10획

倭亂(왜란) 왜인이 일으킨 난리
倭軍(왜군) 일본군을 얕잡아 이르는 말

歪

기울 왜
기울 외

부수	총획
止 그칠 지	9획

歪曲(왜곡) 비틀어 곱새김

矮

난쟁이 왜

부수	총획
矢 화살 시	13획

矮小(왜소) 키나 체구가 보통의 경우보다 작음
矮星(왜성) 빛이 동일한 별 가운데서 발광량이 적고 크기도 작은 별

巍

높고 클 외

부수	총획
山 뫼 산	21획

巍巍(외외) 뛰어나게 높고 우뚝 솟은 모양. 또는 인격이 높고 뛰어남

凹

오목할 요

부수	총획
凵 위튼입구몸	5획

凹凸(요철) 오목하게 들어감과 볼록하게 나옴
凹處(요처) 둘레의 다른 곳보다 오목하게 들어간 곳

堯

요임금 요

부수	총획
土 흙 토	12획

堯舜時代(요순시대) 옛 중국에서 요임금과 순임금이 다스리던 시대로 태평한 시대를 뜻함

夭

일찍 죽을 요

부수	총획
大 큰 대	4획

夭折(요절) 나이 젊어서 죽음

妖

요사할 요	부수: 女 여자 녀	총획: 7획

妖艶(요염) (주로 여자가) 사람을 호릴 만큼 아리따움
妖婦(요부) 요사스러운 여자

耀

빛날 요	부수: 羽 깃 우	총획: 20획

榮耀(영요) 영광
光耀(광요) 광채. 빛남

姚

예쁠 요	부수: 女 여자 녀	총획: 9획

姚江學(요강학) 양명학(陽明學). 명나라 때의 왕양명이 주창한 유학

饒

넉넉할 요	부수: 飠 밥식변	총획: 21획

豐饒(풍요) 흠뻑 많아서 넉넉함
饒富(요부) 살림이 넉넉함
肥饒(비요) 땅이 걸고 기름짐

擾

시끄러울 요	부수: 扌 재방변	총획: 18획

騷擾(소요) 여러 사람이 떠들썩하게 들고 일어남
擾亂(요란) 시끄럽고 어지러움
擾攘(요양) 한꺼번에 떠들어서 어수선함

褥

요 욕	부수: 衤 옷의변	총획: 15획

褥草(욕초) 가축(家畜)을 기르는 우리에 까는 마른풀. 깃

曜

빛날 요	부수: 日 날 일	총획: 18획

曜日(요일) 월, 화, 수, 목, 금, 토, 일에 붙어 1주일의 각 날을 나타내는 말

傭

품 팔 용	부수: 亻 사람인변	총획: 13획

雇傭(고용) 한쪽은 노무를 제공하고 상대는 이에 대한 보수를 지불하는 노동 계약
雇傭人(고용인) 삯을 받고 남의 일을 해 주는 사람

瑤

아름다운 옥 요	부수: 王 구슬옥변	총획: 14획

瑤顔(요안) 옥과 같이 몹시 아름다운 얼굴
瑤池鏡(요지경) 확대경을 통해 여러 그림들을 돌리면서 구경하는 장난감

湧

물 솟을 용	부수: 氵 삼수변	총획: 12획

湧出(용출) 액체가 솟아 나옴

窯

기와 가마 요	부수: 穴 구멍 혈	총획: 15획

陶窯(도요) 도기를 굽는 가마
窯業(요업) 기와, 벽돌, 사기, 질그릇, 법랑 칠기 등을 만드는 업의 총칭

溶

녹을 용	부수: 氵 삼수변	총획: 13획

溶解(용해) 기체 또는 고체가 액체 속에서 녹아서 균일한 액체가 되는 현상
可溶性(가용성) 액체에 잘 녹는 성질

熔

쇠 녹일 용 | 부수: 火 불 화 | 총획: 14획

熔融(용융) 고체가 열에 녹아서 액체 상태로 됨
熔鑛爐(용광로) 금속 광석을 녹여 제련하기 위한 가마
※ 鎔(쇠 녹일 용)의 俗字(속자)

茸

풀 날 용 / 버섯 이 | 부수: ++ 초두머리 | 총획: 10획

蒙茸(몽용) 풀이 어지럽게 난 모양. 또는 물건이 어지러운 모양

蓉

연꽃 용 | 부수: ++ 초두머리 | 총획: 14획

芙蓉(부용) 연꽃

踊

뛸 용 | 부수: 足 발 족 | 총획: 14획

舞踊(무용) 춤

鎔

쇠 녹일 용 | 부수: 金 쇠 금 | 총획: 18획

鎔鑛爐(용광로) 쇠붙이나 광석을 녹이는 가마
鎔融(용융) 고체가 열에 녹아서 액체 상태로 됨

鏞

쇠북 용 | 부수: 金 쇠 금 | 총획: 19획

鏞鼓(용고) 종과 북

佑

도울 우 | 부수: 亻 사람인변 | 총획: 7획

保佑(보우) 사람을 잘 보호하고 도와 줌
天佑神助(천우신조) 하늘이 돕고 신이 도움

寓

부칠 우 / 머무를 우 | 부수: 宀 갓머리 | 총획: 12획

假寓(가우) 임시로 사는 곳
寓話(우화) 딴 사물에 빗대어 교훈적·풍자적인 내용을 엮은 이야기

瑀

패옥 우 | 부수: 王 구슬옥변 | 총획: 13획

※ 패옥 : 허리띠에 차는 옥

盂

사발 우 | 부수: 皿 그릇 명 | 총획: 8획

鉢盂(발우) 승려의 식기
飯盂(반우) 밥을 담는 그릇

祐

복 우 / 도울 우 | 부수: 示 보일 시 | 총획: 10획

幸祐(행우) 행복

禑

복 우 | 부수: 示 보일 시 | 총획: 14획

禑王(우왕) 고려(高麗)의 32대 임금

禹

성씨 우	부수	총획
	禸 짐승발자국 유	9획

大禹(대우) 중국(中國) 고대(古代)의 성왕(聖王)인 우왕(禹王)의 경칭(敬稱)

虞

염려할 우 나라 이름 우	부수	총획
	虍 범호엄	13획

虞犯(우범) 성격, 환경 등에 비추어 죄를 범할 우려가 있음

不虞備(불우비) 뜻밖에 생기는 일에 대한 준비

迂

에돌 우 굽을 오	부수	총획
	辶 책받침	7획

迂廻(우회) 곧바로 가지 않고 돌아감

迂餘曲折(우여곡절) 여러 가지로 뒤얽힌 복잡한 사정이나 변화

隅

모퉁이 우	부수	총획
	阝 좌부변	12획

隅角(우각) 모퉁이, 구석

旭

아침 해 욱	부수	총획
	日 날 일	6획

旭日(욱일) 아침에 돋는 해

昱

햇빛 밝을 욱	부수	총획
	日 날 일	9획

昱耀(욱요) 밝게 빛남

郁

성할 욱	부수	총획
	阝 우부방	9획

馥郁(복욱) 풍기는 향기가 그윽함

耘

김맬 운	부수	총획
	耒 가래 뢰	10획

耕耘(경운) 밭 갈고 김을 맴

耕耘機(경운기) 논밭을 가는 데 쓰이는 농업용 기계

芸

평지 운	부수	총획
	艹 초두머리	8획

芸香(운향) 산형과의 여러해살이풀

芸窓(운창) 서재나 서재의 창을 멋스럽게 이르는 말

隕

떨어질 운 둘레 원	부수	총획
	阝 좌부변	13획

隕石(운석) 유성이 대기 중에서 다 타지 않고 지구상에 떨어진 것

蔚

고을 이름 울 제비쑥 위	부수	총획
	艹 초두머리	15획

蔚山(울산) 대한민국 경상남도에 있는 광역시

鬱

답답할 울	부수	총획
	鬯 울창주 창	29획

抑鬱(억울) 억제를 받아 답답함

憂鬱(우울) 마음이 어둡고 가슴이 답답한 상태

熊

곰 웅	부수	총획
	灬 연화발	14획

熊女(웅녀) 전설상에 나타난 단군의 어머니
熊膽(웅담) 곰의 쓸개

袁

성씨 원	부수	총획
	衣 옷 의	10획

袁安高臥(원안고와) 어려운 처지에 있어도 절조를 굳게 지킴

垣

담 원	부수	총획
	土 흙 토	9획

土垣(토원) 토담. 흙으로 쌓아 만든 담

尉

벼슬 위	부수	총획
	寸 마디 촌	11획

少尉(소위) 군위 계급의 하나로, 중위의 아래
中尉(중위) 장교 계급의 하나로, 대위의 아래
大尉(대위) 국군의 위관 계급의 하나로, 소령의 아래, 중위의 위

媛

여자 원	부수	총획
	女 여자 녀	12획

才媛(재원) 재주가 있는 젊은 여자

渭

물 이름 위	부수	총획
	氵 삼수변	12획

渭陽丈(위양장) 남의 외숙(外叔)을 높이어 이르는 말

冤

원통할 원	부수	총획
	冖 갓머리	11획

伸冤(신원) 원통한 일을 풀어 버림
冤魂(원혼) 원통하게 죽은 사람의 넋

萎

시들 위	부수	총획
	艹 초두머리	12획

萎縮(위축) 마르고 시들어서 오그라지고 쪼그라듦
萎落(위락) 시들어 떨어짐

猿

원숭이 원	부수	총획
	犭 개사슴록변	13획

類人猿(유인원) 유인원과에 딸린 원숭이를 통틀어 일컬음

葦

갈대 위	부수	총획
	艹 초두머리	13획

葦魚(위어) 웅어. 멸칫과의 바닷물고기

苑

나라 동산 원 막힐 울	부수	총획
	艹 초두머리	9획

後苑(후원) 대궐 안에 있는 동산
宮苑(궁원) 궁전에 있는 정원

韋

가죽 위	부수	총획
	韋 가죽 위	9획

韋編(위편) 책을 꿰어 매는 가죽 끈

魏
나라 이름 위 / 빼어날 외 | 부수: 鬼 귀신 귀 | 총획: 18획

魏闕(위궐) 대궐의 정문

楡
느릅나무 유 | 부수: 木 나무 목 | 총획: 13획

楡皮(유피) 느릅나무의 껍질. 약(藥)으로 씀

兪
대답할 유 | 부수: 入 들 입 | 총획: 9획

允兪(윤유) 임금이 허가함

游
헤엄칠 유 / 깃발 류 | 부수: 氵 삼수변 | 총획: 12획

浮游(부유) 공중이나 물 위에 떠다님
游泳(유영) 헤엄치며 놂

喩
깨우칠 유 | 부수: 口 입 구 | 총획: 12획

比喩(비유) 사물의 설명에 있어서 그와 비슷한 다른 사물을 빌려 표현하는 일
直喩(직유) 직접적으로 비유하는 일

濡
적실 유 | 부수: 氵 삼수변 | 총획: 17획

濡桑(유상) 비나 이슬에 젖은 뽕잎
濡染(유염) 젖어서 물이 듦

宥
너그러울 유 | 부수: 宀 갓머리 | 총획: 9획

宥和(유화) 서로 용서하고 화합함
宥恕(유서) 너그럽게 용서함
宥罪(유죄) 죄를 너그러이 용서함

瑜
아름다운 옥 유 | 부수: 王 구슬옥변 | 총획: 13획

瑜伽(유가) 주관·객관의 모든 사물이 서로 응하여 융합하는 일

庾
곳집 유 | 부수: 广 엄호 | 총획: 12획

庾廩(유름) 곡식 창고
庾積(유적) 한데 쌓아 놓은 곡식

癒
병 나을 유 | 부수: 疒 병질엄 | 총획: 18획

治癒(치유) 치료하여 병을 낫게 함
癒着(유착) 사물이 깊은 관계가 있어 서로 떨어지지 않게 결합되어 있음

愉
즐거울 유 | 부수: 忄 심방변 | 총획: 12획

愉快(유쾌) 마음이나 기분이 흐뭇하고 좋은 상태에 있음
愉色(유색) 유쾌하고 즐거운 얼굴빛

諭
타이를 유 | 부수: 言 말씀 언 | 총획: 16획

勸諭(권유) 어떤 일을 하도록 타이름
訓諭(훈유) 가르치어 타이름

踰
넘을 유 / 멀 요 | 부수: 足 발 족 | 총획: 16획

踰月(유월) 그달의 그믐을 넘김

釉
광택 유 | 부수: 釆 분별할 변 | 총획: 12획

贊釉(찬유) 도자기를 잿물 그릇에 담가서 잿물을 올리는 과정

鍮
놋쇠 유 | 부수: 金 쇠 금 | 총획: 17획

鍮器(유기) 놋쇠로 만든 그릇

堉
기름진 땅 육 | 부수: 土 흙 토 | 총획: 11획

毓
기를 육 | 부수: 毋 말 무 | 총획: 14획

毓精(육정) 정기를 받음

允
맏 윤 / 진실할 윤 | 부수: 儿 어진사람인발 | 총획: 4획

允兪(윤유) 임금이 허가함
承允(승윤) 임금의 허락을 받음
允納(윤납) 허락하여 받아들임

尹
성씨 윤 | 부수: 尸 주검시엄 | 총획: 4획

官尹(관윤) 관청(官廳). 또는 관리(官吏)

胤
자손 윤 | 부수: 月 육달월 | 총획: 9획

後胤(후윤) 후손
祚胤(조윤) 자손

戎
병장기 융 / 오랑캐 융 | 부수: 戈 창 과 | 총획: 6획

戎軒(융헌) 싸움에 쓰는 큰 수레
戎士(융사) 병사

絨
가는 베 융 | 부수: 糸 실 사 | 총획: 12획

絨緞(융단) 양털 따위를 표면에 보풀이 인 것 같이 짠 두꺼운 직물
石絨(석융) 석면

融
녹을 융 | 부수: 虫 벌레 훼 | 총획: 16획

融解(융해) 녹아서 풀어짐
金融(금융) 돈의 융통

殷
성할 은 / 은나라 은 | 부수: 殳 갖은등글월문 | 총획: 10획

殷盛(은성) 번화하고 풍성함
殷昌(은창) 일, 집안, 나라 등이 잘되어 성함
殷鑑(은감) 남이 실패한 것을 거울삼아 경계해야 할 일

蔭

그늘 음	부수	총획
	艹 초두머리	15획

蔭官(음관) 과거를 거치지 않고 조상의 공덕에 의하여 맡은 벼슬

擬

비길 의 헤아릴 의	부수	총획
	扌 재방변	17획

擬聲語(의성어) 사물의 소리를 본뜬 말
擬人化(의인화) 사람이 아닌 것을 사람에 비유함

揖

읍할 읍 모을 집	부수	총획
	扌 재방변	12획

上揖禮(상읍례) 두 손을 마주잡고 머리까지 올리고 허리를 앞으로 굽혔다 펴는 정중한 인사법
揖讓(읍양) 예를 다하여 사양함

椅

의자 의	부수	총획
	木 나무 목	12획

椅子(의자) 사람의 엉덩이를 대는 부분과 그것을 지탱하는 다리 등으로 된 기구

膺

가슴 응	부수	총획
	月 육달월	17획

膺懲(응징) 잘못을 회개하도록 징계함
服膺(복응) 교훈 같은 것을 늘 마음에 두어 잊지 아니함

毅

굳셀 의	부수	총획
	殳 갖은등글월문	15획

剛毅(강의) 강직하여 굴하지 않음
毅然(의연) 의지가 강하여 사물에 동하지 않은 모양

鷹

매 응	부수	총획
	鳥 새 조	24획

鷹犬(응견) 사냥 때 부리는 매와 개
魚鷹(어응) 물수리

蟻

개미 의	부수	총획
	虫 벌레 훼	19획

蟻寇(의구) 좀도둑
蟻夢(의몽) 개미의 꿈이란 뜻으로 덧없는 한때의 꿈

倚

의지할 의 기이할 기	부수	총획
	亻 사람인변	10획

倚附(의부) 의지하여 따름

誼

정 의 옳을 의	부수	총획
	言 말씀 언	15획

友誼(우의) 친구 사이의 정분

懿

아름다울 의	부수	총획
	心 마음 심	22획

懿德(의덕) 좋은 덕행
懿行(의행) 좋은 행실

伊

저 이	부수	총획
	亻 사람인변	6획

伊太利(이태리) 이탈리아
黃眞伊(황진이) 조선 시대의 기생

DAY 10

弛
늦출 이 / 떨어질 치 | 부수: 弓 활 궁 | 총획: 6획

解弛(해이) 긴장 따위가 풀려 마음이 느슨함
弛緩(이완) 풀려 늦추어짐

餌
미끼 이 | 부수: 飠 밥식변 | 총획: 15획

食餌(식이) 음식물
軟餌(연이) 끓여 익힌 부드러운 모이

彛
떳떳할 이 | 부수: 彐 튼가로왈 | 총획: 16획

彛倫(이륜) 사람으로서 지켜야 할 떳떳한 도리

頤
턱 이 | 부수: 頁 머리 혈 | 총획: 15획

頤使(이사) 턱으로 가리킴. 사람을 자유로이 부림
期頤(기이) 백 살의 나이

怡
기쁠 이 | 부수: 忄 심방변 | 총획: 8획

怡聲(이성) 부드러운 소리. 기쁜 목소리
怡顔(이안) 기쁜 낯을 함. 안색을 부드럽게 함

瀷
강 이름 익 | 부수: 氵 삼수변 | 총획: 20획

李瀷(이익) 조선 후기의 실학자(實學者)

爾
너 이 | 부수: 爻 점괘 효 | 총획: 14획

偶爾(우이) 우연

翊
도울 익 | 부수: 羽 깃 우 | 총획: 11획

翊戴(익대) 정성스럽게 모심
翊成(익성) 도와주어 이루게 함

珥
귀고리 이 | 부수: 王 구슬옥변 | 총획: 10획

玉珥(옥이) 옥으로 만든 귀고리

咽
목구멍 인 / 목멜 열 | 부수: 口 입 구 | 총획: 9획

咽頭炎(인두염) 인두의 점막이 붓고 헐어 목이 쉬는 병
咽喉(인후) 목구멍. 식도와 기도를 통하는 입 속 깊숙한 곳

貳
두 이 / 갖은두 이 | 부수: 貝 조개 패 | 총획: 12획

携貳(휴이) 두 마음을 먹음
貳心(이심) 배반하는 마음

刃
칼날 인 | 부수: 刀 칼 도 | 총획: 3획

白刃(백인) 서슬이 번쩍이는 칼
兵刃(병인) 칼, 창처럼 날이 서 있는 병기

靭

질길 인

부수: 革 가죽 혁

총획: 12획

强靭(강인) 성질이나 기질, 의지 따위가 강하여 잘 견디는 상태
堅靭(견인) 단단하고 질김

佾

춤 줄 일

부수: 亻 사람인변

총획: 8획

佾舞(일무) 사람을 여러 줄로 벌여 세워 놓고 추게 하는 춤
八佾舞(팔일무) 나라의 큰 제사 때에 추는 춤

壹

한 일
갖은한 일

부수: 士 선비 사

총획: 12획

壹萬(일만) 천의 열 배
壹是(일시) 모두. 일체. 모두 한결같이
壹意(일의) 한 가지에만 정신을 쏟음

溢

넘칠 일

부수: 氵 삼수변

총획: 13획

海溢(해일) 바닷물이 크게 일어나서 육지로 넘쳐 들어오는 일

鎰

무게 이름 일

부수: 金 쇠 금

총획: 18획

馹

역말 일

부수: 馬 말 마

총획: 14획

※ 역말 : 각 역참에 갖추어 둔 말

妊

아이 밸 임

부수: 女 여자 녀

총획: 9획

妊婦(임부) 임신한 부인
妊産婦(임산부) 임부와 산부를 이르는 말

荏

들깨 임

부수: ⺾ 초두머리

총획: 10획

黑荏子(흑임자) 검은 참깨

仍

인할 잉

부수: 亻 사람인변

총획: 4획

後仍(후잉) 후손
雲仍(운잉) 운손과 잉손이라는 뜻으로 썩 먼 대의 손자를 이르는 말

剩

남을 잉

부수: 刂 선칼도방

총획: 12획

過剩(과잉) 예정한 수량이나 필요한 수량보다 많음
剩餘(잉여) 다 쓰고 난 나머지

ㅈ

炙

구울 자
구울 적

부수: 火 불 화

총획: 8획

膾炙(회자) 회와 구운 고기라는 뜻으로 널리 칭찬을 받으며 사람의 입에서 입으로 전해지는 것
炙鐵(적철) 고기 등을 굽는 기구

咨

물을 자

부수: 口 입 구

총획: 9획

咨文(자문) 조선 시대 때 중국과 왕복하던 외교 문서의 하나
※ 諮(물을 자)와 同字(동자)

姉

손위 누이 자 | 부수: 女 여자 녀 | 총획: 8획

姉兄(자형) 손위 누이의 남편
伯姉(백자) 맏누이
長姉(장자) 둘 이상의 누이 가운데 맏이가 되는 누이

滋

불을 자 | 부수: 氵 삼수변 | 총획: 12획

滋味(자미) 자양분이 많고 좋은 맛. 또는 그러한 음식
滋弊(자폐) 폐단을 거듭함

煮

삶을 자 | 부수: 灬 연화발 | 총획: 13획

煮乾(자건) 삶아서 말림
煮沸(자비) 물 따위가 펄펄 끓음. 또는 펄펄 끓임

瓷

사기그릇 자 | 부수: 瓦 기와 와 | 총획: 11획

瓷器(자기) 사기그릇
靑瓷(청자) 철분이 들어 있는 청록색 또는 담자색의 유약을 입힌 자기

磁

자석 자 | 부수: 石 돌 석 | 총획: 14획

磁力(자력) 자석의 서로 끌고 미는 힘
磁氣場(자기장) 자기력이 작용하는 공간

藉

깔 자 | 부수: 艹 초두머리 | 총획: 18획

藉口(자구) 구실을 붙여 핑계를 댐

諮

물을 자 | 부수: 言 말씀 언 | 총획: 16획

諮問(자문) 전문가의 의견을 묻는 것
諮詢(자순) 윗사람이 아랫사람에게 의견을 물어 의논함
諮議(자의) 자문하여 의논함

雌

암컷 자 | 부수: 隹 새 추 | 총획: 14획

雌性(자성) 암컷. 암의 성질
雌雄(자웅) ① 암컷과 수컷 ② 강약(强弱), 승부(勝負), 우열(優劣)을 비유하는 말

灼

불사를 작 | 부수: 火 불 화 | 총획: 7획

灼灼(작작) 언동이나 태도 따위가 빠듯하지 않고 여유가 있는 모양
灼熱(작열) 새빨갛게 불에 닮. 또는 찌는 듯이 몹시 더움

綽

너그러울 작 | 부수: 糸 실 사 | 총획: 14획

綽態(작태) 여유 있고 침착한 모양
綽約(작약) 몸이 가냘프고 아리따움

芍

함박꽃 작 | 부수: 艹 초두머리 | 총획: 7획

芍藥(작약) 작약과에 딸린 백작약·호작약·적작약 등의 식물

雀

참새 작 | 부수: 隹 새 추 | 총획: 11획

雀躍(작약) 너무 좋아서 깡충깡충 뛰며 기뻐함
雀羅(작라) 새를 잡는 그물
雀卵班(작란반) 주근깨

鵲

까치 작 | 부수: 鳥 새 조 | 총획: 19획

鵲喜(작희) 까치가 지저귀면 기쁜 일이 생긴다는 뜻으로, 좋은 일이 있을 조짐을 이르는 말

棧

사다리 잔 / 성할 진 | 부수: 木 나무 목 | 총획: 12획

棧道(잔도) 험한 산의 낭떠러지 사이에 다리를 놓듯이 만든 길
棧板(잔판) 흙으로 빚어 만든 그릇을 굽기 전에 담아 나르는 널판

盞

잔 잔 | 부수: 皿 그릇 명 | 총획: 13획

盞臺(잔대) 술잔을 받치는 그릇
燈盞(등잔) 기름을 담아 등불을 켜는 그릇

岑

봉우리 잠 | 부수: 山 뫼 산 | 총획: 7획

岑寂(잠적) 외로이 솟아 있는 쓸쓸하고 적막한 모양
岑峨(잠아) 인심이 흉흉하고 험악한 모양

箴

경계 잠 | 부수: 竹 대 죽 | 총획: 15획

箴戒(잠계) 깨우쳐서 훈계함
箴言(잠언) 구약성서의 한 편으로 가르쳐서 훈계가 되는 말

簪

비녀 잠 | 부수: 竹 대 죽 | 총획: 18획

玉簪(옥잠) 옥으로 만든 비녀
龍簪(용잠) 용의 머리 모양을 새긴 비녀

蠶

누에 잠 | 부수: 虫 벌레 훼 | 총획: 24획

繭蠶(견잠) 고치를 지은 누에
蠶衣(잠의) 누에를 칠 때에 입는 옷. 또는 비단옷을 입는 것

仗

의장 장 | 부수: 亻 사람인변 | 총획: 5획

兵仗(병장) 전쟁에 쓰이는 모든 무기
儀仗(의장) 나라 의식에서 위엄을 보이기 위해 세우는 병장기나 물건

匠

장인 장 | 부수: 匚 튼입구몸 | 총획: 6획

巨匠(거장) 어떤 분야에서 그 기능이 매우 뛰어난 사람
名匠(명장) 이름난 장인

庄

전장 장 | 부수: 广 엄호 | 총획: 6획

外庄(외장) 먼 곳에 있는 자기 땅
※ 전장(田莊) : 개인이 소유하는 논밭
※ 莊(전장 장)의 俗字(속자)

杖

지팡이 장 | 부수: 木 나무 목 | 총획: 7획

杖刑(장형) 곤장으로 볼기를 치던 형벌로서 오형의 하나
杖家(장가) 집안에서 지팡이를 짚을 만한 나이라 하여 50세를 이르는 말

欌

장롱 장 | 부수: 木 나무 목 | 총획: 22획

欌匿(장닉) 감추고 숨김
欌籠(장롱) 옷 따위를 넣어 두는 장과 농

漿

즙 장 | 부수: 水 물 수 | 총획: 15획

血漿(혈장) 혈액 속의 투명한 담황색 중성 액체
漿果(장과) 액즙이 많고 속에 씨가 들어 있는 과실

獐

노루 장 | 부수: 犭 개사슴록변 | 총획: 14획

香獐(향장) 사향노루
獐血(장혈) 보혈하는 약으로 쓰이는 노루의 피
獐足(장족) 과녁에 박힌 화살을 뽑는 기구

璋

홀 장 | 부수: 王 구슬옥변 | 총획: 15획

圭璋(규장) 옥으로 만든 귀중한 그릇. 즉 훌륭한 인품

蔣

성씨 장 | 부수: ⺾ 초두머리 | 총획: 15획

蔣英實(장영실) 조선 시대 4대 세종 때의 과학자

薔

장미 장
여뀌 색 | 부수: ⺾ 초두머리 | 총획: 17획

薔薇(장미) 장미과의 낙엽 관목

贓

장물 장 | 부수: 貝 조개 패 | 총획: 21획

贓物(장물) 범죄 행위를 통해 부당하게 얻은 타인 소유의 물건
贓罪(장죄) 관리가 뇌물을 받은 죄

醬

장 장 | 부수: 酉 닭 유 | 총획: 18획

醬味(장미) 간장이나 된장 따위의 장맛
醋醬(초장) 양념장의 한 종류

梓

가래나무 재
가래나무 자 | 부수: 木 나무 목 | 총획: 11획

桐梓(동재) 오동나무와 가래나무라는 뜻으로 좋은 재목을 의미함
梓里(재리) 고향을 달리 이르는 말

滓

찌꺼기 재 | 부수: 氵 삼수변 | 총획: 13획

殘滓(잔재) 다 골라 쓰고 남은 못 쓸 것
滓炭(재탄) 잘게 부서져 찌꺼기로 된 탄이나 숯

齋

재계할 재
집 재 | 부수: 齊 가지런할 제 | 총획: 17획

齋戒(재계) 부정한 일을 멀리하고 심신을 깨끗이 함
齋祈(재기) 몸과 마음을 가다듬고 기도함

諍

간할 쟁 | 부수: 言 말씀 언 | 총획: 15획

諍臣(쟁신) 임금의 잘못에 대하여 바른말로 간하는 신하

儲

쌓을 저 | 부수: 亻 사람인변 | 총획: 18획

儲位(저위) 왕세자의 지위
儲貳(저이) 황태자, 왕세자를 달리 이르는 말

咀

씹을 저 | 부수: 口 입 구 | 총획: 8획

咀呪(저주) 미워하는 상대가 불행이나 재앙을 당하도록 빌고 바람

杵

공이 저 | 부수: 木 나무 목 | 총획: 8획

杵臼(저구) 절굿공이와 절구 유 臼杵(구저)

楮

닥나무 저 | 부수: 木 나무 목 | 총획: 13획

楮墨(저묵) 종이와 먹. 또는 글자 문자
楮冊(저책) 종이로 만든 책

沮

막을 저 | 부수: 氵 삼수변 | 총획: 8획

沮害(저해) 막아서 못 하게 해침
沮止(저지) 막아서 그치게 함
沮喪(저상) 기운을 잃거나 꺾임

渚

물가 저 | 부수: 氵 삼수변 | 총획: 12획

汀渚(정저) 물가 또는 물기슭
渚崖(저애) 물가와 냇가

猪

돼지 저 | 부수: 犭 개사슴록변 | 총획: 12획

兒猪(아저) 고기로 먹을 어린 돼지
猪突(저돌) 앞뒤를 생각하지 않고 돌진함

疽

등창 저 | 부수: 疒 병질엄 | 총획: 10획

炭疽病(탄저병) 탄저균의 감염으로 가축에 발생하는 전염병

箸

젓가락 저
붙을 착 | 부수: 竹 대 죽 | 총획: 15획

箸筒(저통) 숟가락이나 젓가락 따위를 꽂아 두는 통
銀匙箸(은시저) 은으로 만든 숟가락과 젓가락

苧

모시풀 저 | 부수: 艹 초두머리 | 총획: 9획

苧麻絲(저마사) 모시에서 뽑은 실
白苧(백저) 뉘어서 빛깔이 하얗게 된 눈모시. 흰모시

藷

감자 저
감자 서 | 부수: 艹 초두머리 | 총획: 20획

甘藷(감저) 감자. 또는 고구마
藷類(저류) 감자와 고구마

邸

집 저 | 부수: 阝 우부방 | 총획: 8획

邸宅(저택) 규모가 아주 큰 집
邸下(저하) 왕세자를 높여 이르는 말
官邸(관저) 높은 관리가 살도록 정부에서 관리하는 집

嫡

정실 적 | 부수: 女 여자 녀 | 총획: 14획

嫡子(적자) 정실이 낳은 아들
世嫡(세적) 대를 이을 자식
嫡統(적통) 적자 자손의 계통

狄

오랑캐 적 | 부수: 犭 개사슴록변 | 총획: 7획

狄人(적인) 중국 북쪽의 미개한 야만 종족. 옛날 우리나라 북쪽에 살던 여진족을 뜻하기도 함

迹

자취 적 | 부수: 辶 책받침 | 총획: 10획

痕迹(흔적) 뒤에 남은 자취나 자국
軌迹(궤적) 수레바퀴가 지나간 자국. 또는 어떠한 일을 이루어 온 과정이나 흔적

笛

피리 적 | 부수: 竹 대 죽 | 총획: 11획

汽笛(기적) 기관차·선박 등의 신호 장치. 또는 그것으로 내는 소리
笛聲(적성) 피리를 부는 소리

佃

밭 갈 전 | 부수: 亻 사람인변 | 총획: 7획

佃作(전작) 농업에 종사함

翟

꿩 적 | 부수: 羽 깃 우 | 총획: 14획

翟衣(적의) 옛날 황후가 입던 옷

剪

자를 전 | 부수: 刀 칼 도 | 총획: 11획

剪滅(전멸) 쳐부수어 멸망시킴
剪除(전제) 필요하지 않은 것을 잘라서 없애버림
剪截(전절) 가위로 베어 버림

謫

귀양 갈 적 | 부수: 言 말씀 언 | 총획: 18획

謫客(적객) 귀양살이하는 사람을 점잖게 이르는 말
遷謫(천적) 죄를 지은 탓으로 관위를 내리고 외진 곳으로 쫓아 보내거나 쫓겨남

塡

메울 전
진정할 진 | 부수: 土 흙 토 | 총획: 13획

充塡(충전) 모자라거나 빈 곳을 채워서 메움
塡補(전보) 부족한 것을 메워서 채우거나 결손을 보충함

蹟

자취 적 | 부수: 足 발 족 | 총획: 18획

行蹟(행적) 행위의 실적이나 자취. 또는 평생에 한 일
遺蹟(유적) 옛 건축물 등 고고학적 유물이 남아 있는 사적

塼

벽돌 전
뭉칠 단 | 부수: 土 흙 토 | 총획: 14획

塼槨(전곽) 벽돌로 쌓아 만든 옛 무덤에서 시신이 있는 방의 벽

迪

나아갈 적 | 부수: 辶 책받침 | 총획: 9획

啓迪(계적) 가르쳐 길을 열어줌

奠

정할 전
제사 전 | 부수: 大 큰 대 | 총획: 12획

奠雁(전안) 신랑이 신부 집에 기러기를 가지고 가서 상 위에 놓고 절하는 구식 혼인 예절

廛

가게 전	부수	총획
	广 엄호	15획

廛市(전시) 작은 규모로 물건을 파는 가게
廛人(전인) 가게를 내고 물건을 파는 사람

栓

마개 전	부수	총획
	木 나무 목	10획

消火栓(소화전) 화재시 불을 끄기 위해 마련해 놓은 급수전

氈

모전 전	부수	총획
	毛 터럭 모	17획

毛氈(모전) 짐승의 털로 짠 피륙
鋪氈(포전) 양탄자

澱

앙금 전	부수	총획
	氵 삼수변	16획

澱物(전물) 가라앉아서 앙금이 된 물질

煎

달일 전/졸일 전 전 전	부수	총획
	灬 연화발	13획

煎悶(전민) 근심이나 걱정으로 가슴을 태움
煎茶(전다) 차를 달임
煎餠(전병) 찹쌀가루 등을 둥글넓적하게 부친 음식

甸

경기 전	부수	총획
	田 밭 전	7획

畿甸(기전) 나라의 수도를 중심으로 수도에 가까운 행정 구역을 포괄하는 지역

箋

기록할 전	부수	총획
	竹 대 죽	14획

短箋(단전) 짧은 편지
處方箋(처방전) 약의 이름과 분량, 조제법 등을 적은 문서

箭

화살 전	부수	총획
	竹 대 죽	15획

弓箭(궁전) 활과 화살
大羽箭(대우전) 깃을 크게 댄 화살

篆

전자 전	부수	총획
	竹 대 죽	15획

篆字(전자) 한자 서체의 하나
篆劃(전획) 한자 글씨체의 하나인 전자의 획
篆刻(전각) 돌・나무・금・옥 등에 인장을 새기는 것. 또는 그 글자

纏

얽을 전	부수	총획
	糸 실 사	21획

纏着(전착) 덩굴 같은 것이 나무에 감아 뻗어서 붙거나 감기어 붙음
出纏(출전) 번뇌의 얽매임에서 벗어남

詮

설명할 전	부수	총획
	言 말씀 언	13획

詮次(전차) 글이나 말에서 짜인 순서나 조리
詮考(전고) 의논하여 상고함
詮議(전의) 사리를 따져 논의함

鈿

비녀 전	부수	총획
	金 쇠 금	13획

鈿合(전합) 자개를 박은 향합
鈿瓔(전영) 자개 박은 목걸이

銓

사람 가릴 전 | 부수: 金 쇠 금 | 총획: 14획

銓衡(전형) 인물의 됨됨이나 재능을 시험하여 뽑음
銓敍(전서) 재능을 시험하여 우열에 따라 벼슬을 시킴

粘

붙을 점 | 부수: 米 쌀 미 | 총획: 11획

粘着(점착) 끈기가 있어 착 달라붙음
粘力(점력) 끈끈한 기운과 끈기

顚

엎드러질 전, 이마 전 | 부수: 頁 머리 혈 | 총획: 19획

顚倒(전도) 엎어져서 넘어지거나 위와 아래를 바꾸어서 거꾸로 함
顚末(전말) 일의 처음부터 끝까지의 경과

偵

염탐할 정 | 부수: 亻 사람인변 | 총획: 11획

偵察(정찰) 필요한 자료를 얻기 위하여 사람을 보내 적의 정세를 살펴 알아내는 것

截

끊을 절 | 부수: 戈 창 과 | 총획: 14획

截斷(절단) 끊어 내거나 잘라냄
截取(절취) 끊어 가지거나 훔쳐서 제 것으로 함

呈

드릴 정, 한도 정 | 부수: 口 입 구 | 총획: 7획

贈呈(증정) 선물이나 기념품 등을 줌
獻呈(헌정) 물품을 올림(주로 책을 남에게 줄 때)

浙

강 이름 절 | 부수: 氵 삼수변 | 총획: 10획

浙瀝(절력) 비나 눈이 내리는 소리. 가을바람이 부는 소리

幀

그림 족자 정, 그림 족자 탱 | 부수: 巾 수건 건 | 총획: 12획

影幀(영정) 그림으로 나타낸 어떤 사람의 얼굴 모습이나 용태
裝幀(장정) 책의 표지나 겉모양을 꾸미는 기술

岾

땅 이름 점, 고개 재 | 부수: 山 뫼 산 | 총획: 8획

挺

빼어날 정 | 부수: 扌 재방변 | 총획: 10획

挺然(정연) 여러 사람 가운데 뛰어남
挺身(정신) 어떤 일에 앞장서서 나아감

点

점 점 | 부수: 灬 연화발 | 총획: 9획

橫点(횡점) 가로로 길게 늘인 점
点主(점주) 상점 또는 가게의 주인
※ 點(점 점)의 俗字(속자)

旌

기 정 | 부수: 方 모 방 | 총획: 11획

旌表(정표) 착한 행실을 칭송하고 이를 세상에 드러내어 널리 알림

晶

맑을 정	부수	총획
	日 날 일	12획

晶光(정광) 밝고 투명한 빛
結晶(결정) 원자·분자·이온 등이 규칙적으로 배열되어 있는 다면체의 고체

鄭

나라 이름 정	부수	총획
	阝 우부방	15획

鄭音(정음) 중국 춘추 시대 정나라에서 유행하였던 음란한 음악

楨

광나무 정	부수	총획
	木 나무 목	13획

楨幹(정간) 나무의 으뜸이 되는 줄기. 또는 사물의 근본

釘

못 정	부수	총획
	金 쇠 금	10획

押釘(압정) 대가리가 크고 촉이 짧은 못
鐵釘(철정) 쇠로 만든 못

汀

물가 정	부수	총획
	氵 삼수변	5획

汀洲(정주) 강·호수·바다 등의 물이 얕고 흙·모래가 드러난 곳
沙汀(사정) 바닷가의 모래톱

錠

덩이 정	부수	총획
	金 쇠 금	16획

錠劑(정제) 가루약을 뭉쳐서 만든 약
施錠(시정) 자물쇠를 채워 문을 잠금

町

밭두둑 정	부수	총획
	田 밭 전	7획

町步(정보) 땅의 넓이가 정으로 끝나고 끝수가 없을 때의 단위를 나타내며 1정보는 3,000평으로 약 9,917.4m^2에 해당함

靖

편안할 정	부수	총획
	靑 푸를 청	13획

靖國(정국) 나라를 다스려 태평하게 하는 것
安靖(안정) 편안하게 다스림

禎

상서로울 정	부수	총획
	示 보일 시	14획

禎祥(정상) 경사스럽고 복스러운 조짐

鼎

솥 정	부수	총획
	鼎 솥 정	13획

鼎足(정족) 세 발 달린 솥의 발
鼎立(정립) 세 세력이 솥의 세 발처럼 서로 대립함
鼎新(정신) 낡은 것을 새롭게 고치는 혁신

艇

배 정	부수	총획
	舟 배 주	13획

艦艇(함정) 전투용으로 사용하는 선박
警備艇(경비정) 항만, 하천 등지에서 위법 행위 단속에 쓰이는 함정

劑

약제 제	부수	총획
	刂 선칼도방	16획

抗生劑(항생제) 항생 물질로 된 약제
起爆劑(기폭제) 어떤 일이 일어나는 계기가 되는 것

悌

공손할 제 | 부수: 忄 심방변 | 총획: 10획

孝悌(효제) 부모에 대한 효도와 형제에 대한 우애

嘲

비웃을 조 | 부수: 口 입 구 | 총획: 15획

嘲弄(조롱) 누군가를 우습거나 형편없는 존재로 여겨 비웃고 놀리는 것
嘲笑(조소) 조롱하여 비웃는 웃음

梯

사다리 제 | 부수: 木 나무 목 | 총획: 11획

梯階(제계) 사다리. 또는 일이 잘되거나 벼슬이 올라가는 순서

彫

새길 조 | 부수: 彡 터럭 삼 | 총획: 11획

彫刻(조각) 그림·글씨·사람·짐승 등을 새기거나 빚는 일
彫心(조심) 마음에 새김

臍

배꼽 제 | 부수: 月 육달월 | 총획: 18획

臍帶(제대) 탯줄
臍腫(제종) 어린아이의 배꼽에 부스럼이 생기는 병

措

둘 조
섞을 착 | 부수: 扌 재방변 | 총획: 11획

措置(조치) 일을 잘 정돈하여 처치함
措語(조어) 글자를 짜 맞추어 말을 만듦

蹄

굽 제 | 부수: 足 발 족 | 총획: 16획

蹄形(제형) 말굽처럼 생긴 모양
口蹄疫(구제역) 소나 돼지 따위의 동물이 잘 걸리는, 전염성이 강한 바이러스 병

曺

성씨 조 | 부수: 日 가로 왈 | 총획: 10획

※ 曹(무리 조)의 속자(俗字). 우리나라 姓(성)으로는 반드시 이 글자를 씀

霽

비 갤 제 | 부수: 雨 비 우 | 총획: 22획

霽天(제천) 맑게 갠 하늘
開霽(개제) 비가 멎고 하늘이 활짝 갬

曹

무리 조 | 부수: 日 가로 왈 | 총획: 11획

法曹界(법조계) 사법에 관련된 사람들의 사회
六曹(육조) 옛날에 국가의 정무를 맡아보던 여섯 관부

俎

도마 조 | 부수: 人 사람 인 | 총획: 9획

刀俎(도조) 칼과 도마
俎上肉(조상육) 아무리 애써도 벗어나지 못하고 꼼짝할 수 없는 처지

棗

대추 조 | 부수: 木 나무 목 | 총획: 12획

棗栗(조율) 대추와 밤. 또는 신부(新婦)가 시부모(媤父母)에게 드리는 폐백(幣帛)

槽

구유 조 | 부수: 木 나무 목 | 총획: 15획

浴槽(욕조) 목욕을 할 수 있도록 물을 담는 통
水槽(수조) 물을 담아 두는 큰 통
※ 구유 : 가축에게 먹이를 주는 그릇

肇

비롯할 조 | 부수: 聿 붓 율 | 총획: 14획

肇域(조역) 땅의 경계를 넓혀서 나라의 영역을 정함
肇始(조시) 무슨 일이 처음으로 비롯되거나 비롯함. 또는 그 처음

漕

배로 실어 나를 조 | 부수: 氵 삼수변 | 총획: 14획

漕運(조운) 배로 물건을 실어 나름
漕船(조선) 물건을 실어 나르는 배

藻

마름 조 | 부수: 艹 초두머리 | 총획: 20획

海藻類(해조류) 바다에서 나는 조류
藻文(조문) 잘 지은 글
藻飾(조식) 몸치장을 함

爪

손톱 조 | 부수: 爪 손톱 조 | 총획: 4획

爪甲(조갑) 손톱과 발톱
爪痕(조흔) 손톱이나 짐승의 발톱 등으로 할퀸 자국

詔

조서 조 / 소개할 소 | 부수: 言 말씀 언 | 총획: 12획

詔書(조서) 임금의 명령을 일반에게 알릴 목적으로 적은 문서
詔旨(조지) 임금의 명령

祚

복 조 | 부수: 示 보일 시 | 총획: 10획

祚命(조명) 하늘의 복으로 도움을 받음
祚業(조업) 임금이 나라를 다스리는 일

趙

조나라 조 / 찌를 조 | 부수: 走 달릴 주 | 총획: 14획

趙高(조고) 중국(中國) 진(秦)나라 때의 환관(宦官)

稠

빽빽할 조 | 부수: 禾 벼 화 | 총획: 13획

稠密(조밀) 들어선 것이 성기지 않고 빽빽함
稠雜(조잡) 집이 빽빽하고 교통이 복잡함

躁

조급할 조 | 부수: 足 발 족 | 총획: 20획

躁急(조급) 참을성이 없이 매우 급함
躁進(조진) 벼슬이나 직위가 오르는 데 성급하게 굴거나 급히 나아감

粗

거칠 조 | 부수: 米 쌀 미 | 총획: 11획

粗雜(조잡) 언행이나 솜씨 따위가 거칠고 잡스럽게 막됨
粗食(조식) 검소한 음식 또는 그 음식을 먹음

遭

만날 조 | 부수: 辶 책받침 | 총획: 15획

遭禍(조화) 화나 재앙을 만남
遭難(조난) 재난을 만남
遭遇(조우) 만남. 또는 우연히 서로 만남

釣

낚을 조 낚시 조	부수 金 쇠 금	총획 11획

釣魚(조어) 물고기를 낚음
釣名(조명) 거짓으로 명예를 탐하여 구함

綜

모을 종	부수 糸 실 사	총획 14획

綜合(종합) 개개의 것을 한데 모아 합함
錯綜(착종) 여러 사물 또는 현상이 뒤섞여 있음

阻

막힐 조	부수 阝 좌부변	총획 8획

阻險(조험) 길이 막히고 험난함
阻面(조면) 오랫동안 서로 만나 보지 못하고 절교함

腫

종기 종	부수 月 육달월	총획 13획

腫氣(종기) 피부의 털구멍 따위로 균이 들어가서 생기는 염증
腫瘍(종양) 세포의 병적인 증식·증대

雕

독수리 조 새길 조	부수 隹 새 추	총획 16획

雕刻(조각) 그림·글씨·사람·짐승 등을 새기거나 빚는 일
雕版(조판) 나무에 조각·각자를 하는 일

鍾

쇠북 종 술병 종	부수 金 쇠 금	총획 17획

鍾子(종자) 간장이나 고추장 따위를 담아 상에 놓는 작은 그릇
鍾愛(종애) 애정을 한데로 모음

簇

가는 대 족	부수 竹 대 죽	총획 17획

簇出(족출) 떼를 지어 잇달아 생겨나옴
簇子(족자) 그림이나 글씨를 표구하여 만든 것. 기둥이나 벽에 걸어 늘이기도 하고 두루마리처럼 말아 두기도 함

挫

꺾을 좌	부수 扌 재방변	총획 10획

挫折(좌절) 마음과 기운이 꺾임
挫傷(좌상) 기운이 꺾이고 마음이 상함. 또는 타박·충돌 등으로 근육부를 손상하는 일

鏃

화살촉 족 화살촉 촉	부수 金 쇠 금	총획 19획

沒鏃(몰촉) 활을 쏠 때 활을 너무 당겨서 살촉이 줌을 지나 들어옴

做

지을 주	부수 亻 사람인변	총획 11획

看做(간주) 그러한 것으로 여기거나 그렇다고 침
做作(주작) 없는 사실을 꾸미어 만듦

倧

상고 신인 종	부수 亻 사람인변	총획 10획

※ 상고 신인 : 아주 오랜 옛날의 신인(神人)

呪

빌 주	부수 口 입 구	총획 8획

呪術(주술) 초자연적 존재나 신비적인 힘을 빌려 길흉을 점치고 화복을 비는 일

廚

부엌 주	부수	총획
	广 엄호	15획

廚房(주방) 음식을 차리는 방
廚人(주인) 부엌에서 일하는 사람

註

글 뜻 풀 주	부수	총획
	言 말씀 언	12획

註釋(주석) 낱말이나 문장의 뜻을 자세하게 풀이함
註譯(주역) 주를 달면서 번역함

疇

이랑 주	부수	총획
	田 밭 전	19획

範疇(범주) 사물의 개념을 분류할 때 가장 보편적이고 기본적인 유개념
疇生(주생) 같은 종류의 것이 한 곳에 모여서 생김

誅

벨 주	부수	총획
	言 말씀 언	13획

誅責(주책) 엄하게 꾸짖고 나무람

籌

살 주	부수	총획
	竹 대 죽	20획

籌劃(주획) 사정이나 형편 등을 따지고 방법을 꾀함. 또는 그 생각하는 계획
籌略(주략) 계책과 모략

週

돌 주	부수	총획
	辶 책받침	12획

週間(주간) 한 주일 동안을 단위로 세는 말
週期的(주기적) 거의 일정한 간격을 두고 같은 일이 되풀이되는 모양

紂

주임금 주	부수	총획
	糸 실 사	9획

紂王(주왕) 고대 중국 은나라의 최후의 임금

駐

머무를 주	부수	총획
	馬 말 마	15획

駐在(주재) 한곳에 머물러 있는 것

紬

명주 주	부수	총획
	糸 실 사	11획

明紬(명주) 명주실로 무늬 없이 얇게 짠 피륙
紬緞(주단) 명주와 비단 따위를 통틀어 이르는 말

胄

투구 주	부수	총획
	冂 멀경몸	9획

甲胄(갑주) 갑옷과 투구를 아울러 이르는 말
胄筵(주연) 고려 시대에 임금의 앞에서 경서를 강론하던 자리

蛛

거미 주	부수	총획
	虫 벌레 훼	12획

蛛絲(주사) 거미가 뽑아낸 거미줄

粥

죽 죽	부수	총획
	米 쌀 미	12획

粥沙鉢(죽사발) 죽을 담은 사발. 또는 매우 얻어맞거나 심하게 욕을 들은 상태
粥早飯(죽조반) 아침 먹기 전에 일찍 먹는 죽

準

준할 준	부수	총획
	冫 이수변	10획

批准(비준) 조약의 체결에 대한 당사국의 최종 적 확인·동의의 절차
准理(준리) 접수하여 처리함

埈

높을 준	부수	총획
	土 흙 토	10획

峻

높을 준 / 준엄할 준	부수	총획
	山 뫼 산	10획

峻烈(준열) 준엄하고 격렬함
峻嚴(준엄) 매우 엄격함
峻極(준극) 대단히 높음. 또는 성질이 고결함

浚

깊게 할 준	부수	총획
	氵 삼수변	10획

浚照(준조) 물이 깊고 맑음
浚井(준정) 우물 안의 흙이나 모래 따위를 깨끗이 쳐내는 일

濬

깊을 준	부수	총획
	氵 삼수변	17획

濬源(준원) 깊은 근원
濬池(준지) 깊은 못이란 뜻으로 바다를 말함

駿

준마 준	부수	총획
	馬 말 마	17획

駿良(준량) 뛰어나고 좋음
駿足(준족) 걸음이 빠른 좋은 말. 또는 뛰어난 인재

櫛

빗 즐	부수	총획
	木 나무 목	19획

巾櫛(건즐) 수건과 빗
櫛比(즐비) 많은 것이 빗살과 같이 빽빽하게 늘어섬

汁

즙 즙	부수	총획
	氵 삼수변	5획

汁液(즙액) 과실 따위에서 즙을 짜낸 액즙
羹汁(갱즙) 국의 국물
米汁(미즙) 쌀뜨물

拯

건질 증	부수	총획
	扌 재방변	9획

拯濟(증제) 건져 구제함
拯恤(증휼) 구하여 도와줌
拯米(증미) 물에서 건져 낸 젖은 쌀

甑

시루 증	부수	총획
	瓦 기와 와	17획

甑餠(증병) 시루떡

址

터 지	부수	총획
	土 흙 토	7획

址臺(지대) 담이나 집채 등 건물 아랫도리의 지면에 터전을 잡고 돌로 쌓은 부분

旨

뜻 지	부수	총획
	日 날 일	6획

趣旨(취지) 어떤 일에 담겨 있는 목적 또는 의도나 의의
要旨(요지) 말이나 글에서 핵심이 되는 뜻

DAY 11

砥 숫돌 지 | 부수: 石 돌 석 | 총획: 10획

砥平(지평) 숫돌처럼 평평함
砥鍊(지련) 갈고 단련함

趾 발 지 | 부수: 足 발 족 | 총획: 11획

基趾(기지) 건축물의 기초
趾行性(지행성) 고양이·개처럼 두 발가락 마디만을 땅에 대고 걷는 일

祉 복 지 | 부수: 示 보일 시 | 총획: 9획

福祉(복지) 건강, 안락한 환경 등이 어우러져 행복을 누릴 수 있는 상태

稙 올벼 직 | 부수: 禾 벼 화 | 총획: 13획

※ 올벼 : 일찍 익는 벼

祗 다만 지 / 공경할 지 | 부수: 示 보일 시 | 총획: 10획

祗受(지수) 임금이 내려 주는 물건을 공경하여 받음
祗候(지후) 어른을 모시어 시중듦

稷 피 직 | 부수: 禾 벼 화 | 총획: 15획

稷神(직신) 곡식을 맡아본다는 신령
宗廟社稷(종묘사직) 왕실과 나라를 통틀어 이르는 말

肢 팔다리 지 | 부수: 月 육달월 | 총획: 8획

肢勢(지세) 다리의 모양
肢端(지단) 손발의 맨 끝

晉 나아갈 진 | 부수: 日 날 일 | 총획: 10획

晉州(진주) 진주시(晉州市), 경상남도 소재

脂 기름 지 | 부수: 月 육달월 | 총획: 10획

脂肪(지방) 지방산과 글리세롤의 에스테르 중 상온에서 고체인 것

塵 티끌 진 | 부수: 土 흙 토 | 총획: 14획

塵世(진세) 티끌 많은 세상
塵念(진념) 속세의 명예와 이익을 생각하는 마음

芝 지초 지 | 부수: ++ 초두머리 | 총획: 8획

雷芝(뇌지) 연꽃, 수련과의 여러해살이 수초

津 나루 진 | 부수: 氵 삼수변 | 총획: 9획

津船(진선) 나루와 나루 사이를 오가는 나룻배
津梁(진량) 나루터에 있는 다리
松津(송진) 소나무에서 분비되는 천연수지

疹

마마 진 | 부수: 疒 병질엄 | 총획: 10획

濕疹(습진) 좁쌀알 크기의 두드러기가 내돋는 피부병
發疹(발진) 열병 따위로 인해 피부나 점막에 좁쌀만 한 종기가 돋는 일

秦

성씨 진
나라 이름 진 | 부수: 禾 벼 화 | 총획: 10획

秦始皇(진시황) 시황제

診

진찰할 진 | 부수: 言 말씀 언 | 총획: 12획

診察(진찰) 의사가 병의 유무·상태 등을 살핌
診療(진료) 진찰과 치료

賑

구휼할 진 | 부수: 貝 조개 패 | 총획: 14획

賑恤(진휼) 흉년에 곤궁한 백성을 구원하여 도와줌
賑財(진재) 재난을 구조하는 데 쓰는 재물

叱

꾸짖을 질 | 부수: 口 입 구 | 총획: 5획

叱責(질책) 꾸짖어서 나무람
叱正(질정) 꾸짖어 바로잡음

帙

책권 차례 질 | 부수: 巾 수건 건 | 총획: 8획

帙冊(질책) 한 벌이 여러 권으로 이루어진 책

窒

막힐 질 | 부수: 穴 구멍 혈 | 총획: 11획

窒息感(질식감) 숨이 꽉 막히는 듯한 느낌
窒塞(질색) 몹시 놀라거나 싫어서 기막힐 지경에 이름

膣

음도 질 | 부수: 月 육달월 | 총획: 15획

膣口(질구) 질의 맨 아래쪽 음문이 열린 부분
膣炎(질염) 질 점막에 생기는 염증

輯

모을 집 | 부수: 車 수레 거 | 총획: 16획

蒐輯(수집) 여러 가지 재료를 찾아 모아 책을 편집함
編輯(편집) 여러 가지 자료를 수집하여 책·신문 등을 엮음

澄

맑을 징 | 부수: 氵 삼수변 | 총획: 15획

澄高(징고) 달이 높이 떠서 맑음. 또는 가을 하늘처럼 높푸른 날씨
明澄(명징) 밝고 맑음 또는 그 모양

ㅊ

叉

갈래 차 | 부수: 又 또 우 | 총획: 3획

叉路(차로) 서로 엇갈려 있는 길
叉線(차선) 망원경 따위에 물체를 바르게 관측하도록 '十'자로 그은 선

箚

찌를 차
차자 차 | 부수: 竹 대 죽 | 총획: 14획

箚文(차문) 옛날의 간단한 상소문
箚記(차기) 독서하여 얻은 바를 그때그때 적어 놓은 책
※ 차자(箚子) : 상소문

遮

가릴 차 | 부수: 辶 책받침 | 총획: 15획

遮光(차광) 광선을 막아 가림
遮惡(차악) 부처가 계로 제정함에 따라 비로소 죄악이라고 인정되는 것

搾

짤 착 | 부수: 扌 재방변 | 총획: 13획

搾取(착취) 자본가나 지주가 노동자나 농민의 성과를 무상으로 취득함
搾乳(착유) 젖소·염소 따위의 젖을 짬

窄

좁을 착 | 부수: 穴 구멍 혈 | 총획: 10획

窄袖(착수) 좁은 소매
窄迫(착박) 답답할 정도로 매우 좁음

鑿

뚫을 착 | 부수: 金 쇠 금 | 총획: 28획

鑿掘(착굴) 구멍이나 굴을 파 들어감
鑿空(착공) 구멍을 뚫음. 또는 쓸데없이 빈 공론만을 함

撰

지을 찬
가릴 선 | 부수: 扌 재방변 | 총획: 15획

撰述(찬술) 어떤 분야의 책이나 글을 씀
制撰(제찬) 임금의 말씀이나 명령하는 내용을 신하가 대신하여 짓는 일

燦

빛날 찬 | 부수: 火 불 화 | 총획: 17획

燦然(찬연) 번쩍거리어 눈부시게 빛나는 모양
燦爛(찬란) 빛이 눈부시게 아름다움. 또는 훌륭하고 빛남

瓚

옥잔 찬 | 부수: 王 구슬옥변 | 총획: 23획

圭瓚(규찬) 조선 시대 제기의 하나로 종묘나 문묘 등에서 강신할 때 쓰는 술잔

竄

숨을 찬 | 부수: 穴 구멍 혈 | 총획: 18획

竄伏(찬복) 드러나지 않게 숨어있음
유 潛伏(잠복)
竄入(찬입) 도망쳐 들어감. 또는 잘못되어 뒤섞여 들어감

纂

모을 찬 | 부수: 糸 실 사 | 총획: 20획

纂修(찬수) 글이나 자료 등을 모아 정리함
纂述(찬술) 학문, 문예 등에 관한 글을 모아 저술함

纘

이을 찬 | 부수: 糸 실 사 | 총획: 25획

餐

밥 찬 | 부수: 食 밥 식 | 총획: 16획

晩餐(만찬) 손님을 청하여 함께 먹는 저녁 식사
午餐(오찬) 보통 때보다 잘 차려서 손님을 대접하는 점심 식사

饌

반찬 찬
지을 찬 | 부수: 飠 밥식변 | 총획: 21획

饌欌(찬장) 음식을 담거나 넣어 두는 그릇. 또는 장
饌用(찬용) 반찬거리를 사는 데 드는 비용. 또는 반찬거리

刹

절 찰 | 부수: 刂 선칼도방 | 총획: 8획

寺刹(사찰) 승려가 불도를 수행하여 교법을 펴는 장소
刹那(찰나) 극히 짧은 시간

擦

문지를 찰 | 부수: 扌 재방변 | 총획: 17획

摩擦(마찰) 서로 간의 입장 차이로 생기는 충돌이나 알력 유 衝突(충돌)

札

편지 찰 | 부수: 木 나무 목 | 총획: 5획

入札(입찰) 상품 매매 등의 체결 시 희망자들에게 낙찰 희망 가격을 문서로 제출하여 참여함

僭

주제넘을 참 | 부수: 亻 사람인변 | 총획: 14획

僭主(참주) 스스로 임금이라고 참칭하는 임금 유 僭稱王(참칭왕)
僭亂(참란) 분수없이 질서를 어지럽힘

懺

뉘우칠 참 | 부수: 忄 심방변 | 총획: 20획

懺悔(참회) 과거의 죄악을 깨달아 뉘우쳐 고침

斬

벨 참 | 부수: 斤 날 근 | 총획: 11획

斬刑(참형) 목을 베어 죽임. 또는 그런 형벌

站

역마을 참
우두커니 설 참 | 부수: 立 설 립 | 총획: 10획

驛站(역참) 조선 시대 관원이 숙식을 해결하도록 마련된 객사
中站(중참) 일을 하다가 중간에 쉬는 동안

讒

참소할 참 | 부수: 言 말씀 언 | 총획: 24획

讒訴(참소) 남을 해치려는 목적으로 죄가 있는 것처럼 꾸며 윗사람에게 일러바침

讖

예언 참 | 부수: 言 말씀 언 | 총획: 24획

讖緯(참위) 앞일의 길흉화복이나 예언. 또는 그러한 술수를 적은 책

倡

광대 창 | 부수: 亻 사람인변 | 총획: 10획

倡優(창우) 가면극, 판소리 등을 직업적으로 하던 사람 유 俳優(배우)

娼

창녀 창 | 부수: 女 여자 녀 | 총획: 11획

娼妓(창기) 노래 부르고 춤을 추며 몸을 파는 기생
私娼街(사창가) 창녀들이 허가를 받지 않고 사사로이 모여 몸을 파는 거리

廠

공장 창 | 부수: 广 엄호 | 총획: 15획

工廠(공창) 철물을 만드는 공장
船廠(선창) 배의 건조·개조·수리시설 유 造船所(조선소)

彰

드러날 창 | 부수: 彡 터럭 삼 | 총획: 14획

表彰(표창) 공적이나 선행을 세상에 널리 알려 칭찬함
彰顯(창현) 널리 알려서 드러냄

脹

부을 창 | 부수: 月 육달월 | 총획: 12획

膨脹(팽창) 어떤 범위나 세력 따위가 크게 발전함

敞

시원할 창 | 부수: 攵 등글월문 | 총획: 12획

敞然(창연) 시원스러움

菖

창포 창 | 부수: ⺾ 초두머리 | 총획: 12획

菖蒲(창포) 천남성과의 여러해살이풀

昶

해 길 창
트일 창 | 부수: 日 날 일 | 총획: 9획

綵

비단 채 | 부수: 糸 실 사 | 총획: 14획

綵帳(채장) 오색찬란한 휘장
綵鳳(채봉) 아름다운 봉황새

槍

창 창 | 부수: 木 나무 목 | 총획: 14획

槍兵(창병) 전투에서 창을 쓰는 병사
三枝槍(삼지창) 창의 끝이 세 갈래로 갈라진 창

蔡

성씨 채
내칠 살 | 부수: ⺾ 초두머리 | 총획: 15획

蔡萬植(채만식) 소설가. 호는 백릉(白菱). 전라북도 출신

滄

큰 바다 창 | 부수: 氵 삼수변 | 총획: 13획

滄海(창해) 넓고 큰 바다

采

풍채 채 | 부수: 釆 분별할 변 | 총획: 8획

風采(풍채) 겉으로 드러나는 사람의 모양새
喝采(갈채) 기쁜 소리로 크게 외치거나 힘껏 박수를 쳐서 칭찬함

瘡

부스럼 창 | 부수: 疒 병질엄 | 총획: 15획

瘡腫(창종) 피부에 생기는 부스럼
瘡口(창구) 부스럼 따위가 터져 생긴 구멍

柵

울타리 책 | 부수: 木 나무 목 | 총획: 9획

鐵柵(철책) 여러 개의 쇠막대기를 쭉 벌여 박아 만든 울타리
木柵(목책) 나무 말뚝을 일렬로 죽 늘어서게 박은 울타리

擲

던질 척 | 부수: 扌 재방변 | 총획: 18획

投擲(투척) 물건을 던짐

滌

씻을 척 | 부수: 氵 삼수변 | 총획: 14획

洗滌(세척) 깨끗이 물건을 씻음
滌暑(척서) 몸을 시원하게 함으로써 더위의 기운을 씻어냄

脊

등마루 척 | 부수: 月 육달월 | 총획: 10획

脊椎(척추) 척주를 이루는 낱낱의 뼈
脊髓(척수) 척추의 관 속에 들어 있는 신경 중추

陟

오를 척 | 부수: 阝 좌부변 | 총획: 10획

進陟(진척) 계획한 방향으로 일이 이루어져 감
陟方(척방) 임금이 세상을 떠남
陟罰(척벌) 상벌로 벼슬을 높이거나 낮추는 일

隻

외짝 척 | 부수: 隹 새 추 | 총획: 10획

隻身(척신) 배우자나 형제가 없이 홀몸인 사람
隻手(척수) 한쪽 손. 또는 몹시 외로움을 이름

喘

숨찰 천 | 부수: 口 입 구 | 총획: 12획

喘息(천식) 기관지에 경련이 일어나 숨이 가쁘고 기침이 나며 가래가 심한 병
餘喘(여천) 거의 죽게 된 상태에서 간신히 붙어 있는 목숨

穿

뚫을 천 | 부수: 穴 구멍 혈 | 총획: 9획

穿鑿(천착) 구멍을 뚫음. 또는 학문을 깊이 연구함
穿孔(천공) 구멍을 뚫거나 구멍이 뚫림

闡

밝힐 천 | 부수: 門 문 문 | 총획: 20획

闡揚(천양) 생각이나 주장을 널리 퍼뜨림
闡明(천명) 분명하게 사실이나 의사를 드러내서 밝힘

凸

볼록할 철 | 부수: 凵 위튼입구몸 | 총획: 5획

凸彫(철조) 평평한 면에 글자나 그림을 도드라지게 새기는 일
凸版(철판) 판면의 볼록하게 도드라진 글자나 그림에 잉크가 묻어서 인쇄되는 인쇄판

喆

밝을 철
쌍길 철 | 부수: 口 입 구 | 총획: 12획

※ 哲(밝을 철)과 동자(同字)

撤

거둘 철 | 부수: 扌 재방변 | 총획: 15획

撤回(철회) 일단 제출한 것을 다시 되돌림
撤去(철거) 건물·시설 등을 허물어뜨림

澈

맑을 철 | 부수: 氵 삼수변 | 총획: 15획

澄澈(징철) 속이 들여다보이도록 맑음

綴

엮을 철	부수	총획
	糸 실 사	14획

綴字(철자) 자음과 모음을 맞추어 만든 글자
分綴(분철) 신문이나 문서 등을 나누어서 철함

轍

바퀴 자국 철	부수	총획
	車 수레 거	19획

前轍(전철) 앞에 지나간 수레바퀴의 자국. 즉 이전에 이미 실패한 바 있는 일을 비유적으로 이르는 말
覆轍(복철) 앞서 가던 사람이 실패한 자취

僉

다 첨 여러 첨	부수	총획
	人 사람 인	13획

僉員(첨원) 여러분 ㊀ 諸位(제위)
僉議(첨의) 여러 사람이 모여 의논함

瞻

볼 첨	부수	총획
	目 눈 목	18획

瞻仰(첨앙) 우러러 봄. 또는 우러러 사모함
瞻想(첨상) 바라보며 생각함

簽

제비 첨 제첨 첨	부수	총획
	竹 대 죽	19획

題簽(제첨) 표지에 직접 쓰지 않고 다른 종이쪽지에 써서 앞표지에 붙인 책 제목

籤

제비 첨	부수	총획
	竹 대 죽	23획

抽籤(추첨) 무작위로 뽑아 어떤 일의 당락·차례 등을 결정하는 것
當籤(당첨) 제비에 뽑힘

詹

이를 첨 넉넉할 담	부수	총획
	言 말씀 언	13획

詹事(첨사) 고려시대 때 동궁에 딸린 정삼품 벼슬

帖

문서 첩 체지 체	부수	총획
	巾 수건 건	8획

手帖(수첩) 간단하게 기록할 수 있는 조그만 공책
畵帖(화첩) 그림을 모아 놓은 책

捷

빠를 첩 이길 첩	부수	총획
	扌 재방변	11획

捷報(첩보) 전쟁에서 들려오는 승전보나 보고
捷徑(첩경) 지름길 또는 빠른 방법

牒

편지 첩	부수	총획
	片 조각 편	13획

通牒(통첩) 한 나라의 태도나 정책 등을 상대국에게 문서로 전달하는 국제적인 의사 표시

疊

거듭 첩 겹쳐질 첩	부수	총획
	田 밭 전	22획

疊疊(첩첩) 쌓여 겹치는 모양
重疊(중첩) 둘 이상의 것이 거듭 겹쳐짐

諜

염탐할 첩	부수	총획
	言 말씀 언	16획

諜報(첩보) 상대방의 정보나 형편을 몰래 탐지하여 보고함

貼

붙일 첩 | 부수: 貝 조개 패 | 총획: 12획

貼付(첩부) 종이나 헝겊 등에 풀을 발라 붙임
粉貼(분첩) 분가루를 찍어 바르는 화장용 기구

菁

우거질 청 / 순무 정 | 부수: 艹 초두머리 | 총획: 12획

菁根菜(청근채) 채를 친 무를 삶아서 양념을 넣고 무친 반찬

締

맺을 체 | 부수: 糸 실 사 | 총획: 15획

締結(체결) 얽어서 묶음. 또는 계약이나 조약을 맺음
締姻(체인) 부부의 인연을 맺음

諦

살필 체 | 부수: 言 말씀 언 | 총획: 16획

諦念(체념) 도리를 깨달음. 또는 아주 단념함
諦觀(체관) 충분히 살펴 봄. 또는 샅샅이 살핌

哨

망볼 초 | 부수: 口 입 구 | 총획: 10획

哨所(초소) 보초를 서는 곳
前哨戰(전초전) 본격적인 전쟁이나 경기가 시작되기 전에 치르는 작은 싸움

椒

산초나무 초 | 부수: 木 나무 목 | 총획: 12획

山椒(산초) 산초나무 열매
太陽椒(태양초) 햇볕에 말린 고추

楚

초나라 초 / 회초리 초 | 부수: 木 나무 목 | 총획: 13획

苦楚(고초) 심한 어려움과 괴로움

樵

나무할 초 | 부수: 木 나무 목 | 총획: 16획

樵童(초동) 땔나무를 베는 일을 하는 아이

炒

볶을 초 | 부수: 火 불 화 | 총획: 8획

鷄炒(계초) 토막 낸 닭고기를 양념하여 볶은 음식
炒醬(초장) 쇠고기 가루에 다진 양념을 넣고 볶은 음식
炒麵(초면) 기름에 볶아 만든 밀국수

焦

탈 초 | 부수: 灬 연화발 | 총획: 12획

焦土(초토) 불에 타버린 땅. 또는 불타고 남은 재
焦燥(초조) 마음이 조마조마할 정도로 애가 탐
焦眉(초미) 눈썹에 불이 붙었다는 의미로 매우 급함을 나타냄

硝

화약 초 | 부수: 石 돌 석 | 총획: 12획

硝酸(초산) 무색이고 자극적인 냄새가 나는 강한 염기성 무기산의 하나
板硝子(판초자) 널빤지처럼 넓적하고 판판한 유리

礁

암초 초 | 부수: 石 돌 석 | 총획: 17획

暗礁(암초) 물속에 숨어있어 물위에 드러나지 않는 험한 바위나 산호
坐礁(좌초) 암초에 배가 걸림

蕉

파초 초 | 부수: ⺾ 초두머리 | 총획: 16획

蕉葉(초엽) 기둥이나 벽에 박아 선반 등을 받칠 수 있게 한 길쭉한 삼각형의 널조각

醋

초 초 / 잔 돌릴 작 | 부수: 酉 닭 유 | 총획: 15획

食醋(식초) 신맛이 나는 조미료
醋醬(초장) 간장에 초를 탄 양념장의 한 가지

醮

제사 지낼 초 | 부수: 酉 닭 유 | 총획: 19획

醮禮(초례) 혼인을 치르는 예식
醮祭(초제) 별을 향해 지내는 제사

鈔

좋은 쇠 초 | 부수: 金 쇠 금 | 총획: 11획

矚

부탁할 촉 | 부수: 口 입 구 | 총획: 24획

囑望(촉망) 잘되기를 기대함 유 有望(유망)
囑言(촉언) 뒷일을 부탁하기 위해 건네는 말
囑託(촉탁) 일을 부탁하여 맡기거나 부탁받아 맡은 사람

蜀

나라 이름 촉 | 부수: 虫 벌레 훼 | 총획: 13획

蜀漢(촉한) 중국 역사상에 있는 삼국의 하나
蜀魂(촉혼) 소쩍새
蜀葵花(촉규화) 접시꽃

叢

떨기 총 / 모일 총 | 부수: 又 또 우 | 총획: 18획

叢論(총론) 여러 가지 문장이나 논문·논의 등을 모아 놓은 글
叢集(총집) 무리 지어 모임

塚

무덤 총 | 부수: 土 흙 토 | 총획: 13획

塚墓(총묘) 무덤
金冠塚(금관총) 경주에 있는 신라 때의 고분
將軍塚(장군총) 중국 지린성에 있는 고구려 때의 돌무덤

寵

사랑할 총 / 현 이름 룡 | 부수: 宀 갓머리 | 총획: 19획

寵兒(총아) 많은 사람에게 특별한 사랑을 받는 사람
寵愛(총애) 남다르게 귀엽게 여겨 사랑함

摠

다 총 / 합할 총 | 부수: 扌 재방변 | 총획: 14획

軍摠(군총) 조선 시대 군영에 딸린 여러 종류의 군졸
摠律(총률) 조선 시대 때 음악을 맡아보던 벼슬

撮

모을 촬 / 사진 찍을 촬 | 부수: 扌 재방변 | 총획: 15획

撮影(촬영) 형상을 사진 또는 영화로 찍음
撮要(촬요) 요점을 골라 선택적으로 취함

崔

성씨 최 / 높을 최 | 부수: 山 뫼 산 | 총획: 11획

崔崔(최최) 산이 높고 우뚝함

椎

쇠몽치 추
등골 추

부수	총획
木 나무 목	12획

椎骨(추골) 척추동물의 척추를 형성하는 등뼈

楸

가래 추

부수	총획
木 나무 목	13획

楸板(추판) 가래나무의 널빤지
唐楸子(당추자) 호두나무의 열매
松楸(송추) 산소에 심는 나무를 통틀어 이름

樞

지도리 추
나무이름 우

부수	총획
木 나무 목	15획

中樞(중추) 사물의 중심 또는 중요한 부분
樞機卿(추기경) 가톨릭교회에서 교황 다음의 위치에 있는 성직

芻

꼴 추

부수	총획
++ 초두머리	10획

芻狗(추구) 쓸데없어진 물건을 비유. 또는 짚으로 만든 개
芻糧(추량) 말의 식량과 군대의 양식을 아울러 이르는 말

趨

달아날 추
재촉할 촉

부수	총획
走 달릴 주	17획

趨勢(추세) 일정한 방향으로 어떤 현상이 움직여 나가는 힘. 또는 형편
趨步(추보) 빠른 걸음으로 달려감

鄒

추나라 추

부수	총획
⻏ 우부방	13획

鄒魯學(추로학) 공자·맹자의 학문

酋

우두머리 추

부수	총획
酉 닭 유	9획

酋帥(추수) 씨족 사회를 통솔하며 대표하는 우두머리 ㊓ 酋長(추장)
群酋(군추) 여러 두목

錐

송곳 추

부수	총획
金 쇠 금	16획

試錐(시추) 광산 탐사, 지질 조사 등을 목적으로 땅에 깊숙이 구멍을 뚫음

錘

저울추 추

부수	총획
金 쇠 금	16획

時計錘(시계추) 태엽이 일정하게 풀리는 괘종시계에 달린 추

竺

나라이름 축
두터울 독

부수	총획
竹 대 죽	8획

天竺(천축) 예전에 '인도'를 이르던 말
竺學(축학) 불교의 학문

蹴

찰 축

부수	총획
足 발 족	19획

蹴球(축구) 공을 차서 상대편의 골대 속에 넣는 경기
一蹴(일축) 제안 따위를 단번에 거절하여 물리침

軸

굴대 축

부수	총획
車 수레 거	12획

軸索(축삭) 신경 세포에서 뻗어 나온 긴 돌기
地軸(지축) 대지의 중심에 있는 받침 축

椿

참죽나무 춘 | 부수: 木 나무 목 | 총획: 13획

椿事(춘사) 뜻밖에 겪게 된 불행한 일

翠

푸를 취 / 물총새 취 | 부수: 羽 깃 우 | 총획: 14획

翡翠色(비취색) 비취옥과 같이 곱고 짙은 초록색
翠色(취색) 남색과 파란색의 중간색

朮

차조 출 | 부수: 木 나무 목 | 총획: 5획

蒼朮(창출) 국화과에 속하며 식물의 뿌리를 말린 것
白朮(백출) 국화과에 속한 식물의 뿌리

聚

모을 취 | 부수: 耳 귀 이 | 총획: 14획

聚合(취합) 모아서 합침
聚落(취락) 인간이 공동생활을 하는 주거 집단
環聚(환취) 둥글게 모임

黜

내칠 출 | 부수: 黑 검을 흑 | 총획: 17획

黜黨(출당) 정당에서 자격을 박탈당해 내쫓겨 나옴
貶黜(폄출) 다른 사람을 헐뜯어 벼슬을 빼앗고 쫓아냄

鷲

독수리 취 | 부수: 鳥 새 조 | 총획: 23획

鷲座(취좌) 독수리자리

沖

화할 충/빌 충 / 찌를 충 | 부수: 氵 삼수변 | 총획: 7획

沖和(충화) 부드럽게 조화됨
沖天(충천) 하늘 높이 솟음
沖積(충적) 흐르는 물로 인해 토사가 운반돼 쌓임

仄

기울 측 | 부수: 人 사람 인 | 총획: 4획

仄日(측일) 해 질 무렵 비스듬히 비치는 햇빛
仄行(측행) 바로 걷지 못하고 비뚜로 걸음

衷

속마음 충 | 부수: 衣 옷 의 | 총획: 10획

衷心(충심) 속에서 진정으로 우러나는 마음
折衷(절충) 서로 다른 의견이나 생각 따위가 알맞게 조절됨

侈

사치할 치 | 부수: 亻 사람인변 | 총획: 8획

侈件(치건) 사치스러운 물건
侈傲(치오) 우쭐하고 거만한 태도
侈心(치심) 사치를 하는 마음

娶

장가들 취 | 부수: 女 여자 녀 | 총획: 11획

婚娶(혼취) 남자와 여자가 부부가 됨
유 婚姻(혼인)
娶妻(취처) 장가를 듦
娶禮(취례) 아내를 맞아들이는 예

峙

언덕 치 | 부수: 山 뫼 산 | 총획: 9획

峙積(치적) 높이 쌓음
峙立(치립) 높이 솟아서 우뚝 섬

痴

어리석을 치 | 부수: 疒 병질엄 | 총획: 13획

白痴(백치) 지능이 아주 낮고 정신이 정상적인 상태에 미치지 못하는 사람
情痴(정치) 색정에 빠져 이성을 잃은 상태

癡

어리석을 치 | 부수: 疒 병질엄 | 총획: 19획

癡心(치심) 어리석은 마음
癡情(치정) 남녀 간의 사랑에 있어서 생기는 어지러운 정

稚

어릴 치 | 부수: 禾 벼 화 | 총획: 13획

幼稚(유치) 나이가 어림. 또는 수준이 낮음
稚拙(치졸) 유치하고 졸렬함
稚木(치목) 어린 나무

穉

어릴 치 | 부수: 禾 벼 화 | 총획: 17획

穉魚(치어) 물고기 새끼
穉子(치자) 어린아이
穉心(치심) 어린이 같은 마음

緻

빽빽할 치 / 이를 치 | 부수: 糸 실 사 | 총획: 16획

緻密(치밀) 자세하고 꼼꼼함
緻巧(치교) 치밀하고 교묘함

雉

꿩 치 | 부수: 隹 새 추 | 총획: 13획

雉鷄(치계) 꿩과 닭
雉炙(치구) 저민 꿩고기를 구운 반찬

馳

달릴 치 | 부수: 馬 말 마 | 총획: 13획

馳到(치도) 달려서 목적지에 도착함
馳報(치보) 급히 달려가서 알림
馳獵(치렵) 말을 달려서 사냥함

勅

칙서 칙 / 신칙할 칙 | 부수: 力 힘 력 | 총획: 9획

勅使(칙사) 조선 시대 때 중국에서 온 사신을 이르던 말
勅命(칙명) 임금의 명령 유 勅令(칙령)

鍼

침 침 | 부수: 金 쇠 금 | 총획: 17획

鍼術(침술) 침을 놓아 병을 다스리는 의술
鍼醫(침의) 침으로 병을 다스리는 의원

秤

저울 칭 | 부수: 禾 벼 화 | 총획: 10획

秤板(칭판) 저울의 한쪽 끝에 물건을 올려놓도록 둔 접시 모양의 그릇
秤錘(칭추) 저울대 한쪽에 걸거나 저울판에 올려놓는 일정한 무게의 쇠. 또는 저울추

ㅌ

唾

침 타 | 부수: 口 입 구 | 총획: 11획

唾液(타액) 입속의 침샘에서 분비되는 소화액으로 침을 말함
唾具(타구) 가래나 침을 뱉는 그릇

惰

게으를 타 | 부수: 忄 심방변 | 총획: 12획

惰力(타력) 버릇이나 습관의 힘
惰卒(타졸) 게으름을 피우는 병졸
惰容(타용) 단정하지 않고 게으른 용모

舵

키 타 | 부수 舟 배 주 | 총획 11획

舵機(타기) 배의 키 또는 키를 움직여 배의 방향을 조종하는 기계
舵手(타수) 배의 키를 조종하는 사람

陀

비탈질 타 | 부수 阝 좌부변 | 총획 8획

陀佛(타불) 아미타불

駝

낙타 타 | 부수 馬 말 마 | 총획 15획

駝背(타배) 곱사등이
駝酪(타락) 우유
駝酪粥(타락죽) 물에 불린 쌀과 우유로 만든 죽

擢

뽑을 탁 | 부수 扌 재방변 | 총획 17획

擢拔(탁발) 사람을 뽑아 씀 ㊐ 拔擢(발탁)
擢昇(탁승) 골라 뽑아서 벼슬자리에 오르게 함

琢

다듬을 탁 | 부수 王 구슬옥변 | 총획 12획

琢器(탁기) 틀에 넣고 박아내어 쪼아서 만든 그릇
琢美(탁미) 아름답게 갈고 닦음

託

부탁할 탁 | 부수 言 말씀 언 | 총획 10획

託言(탁언) 핑계를 대며 하는 말. 또는 남에게 부탁하여 전하는 말
託兒所(탁아소) 어린아이를 맡아서 보호하는 사회적 기관

鐸

방울 탁 | 부수 金 쇠 금 | 총획 21획

鐸鈴(탁령) 방울
木鐸(목탁) 승려가 두드려 소리를 내도록 한 물건
馬鐸(마탁) 말에 다는 방울

삼킬 탄 | 부수 口 입 구 | 총획 7획

呑下(탄하) 알약이나 가루약 따위를 삼켜서 넘김
呑停(탄정) 흉년에 무리하게 환곡을 받고 벼슬아치가 사사로이 씀

탄식할 탄 | 부수 口 입 구 | 총획 14획

嘆息(탄식) 한숨을 쉬면서 한탄함
嘆聲(탄성) 탄식하는 소리. 또는 감탄하는 소리
※ 歎(탄식할 탄)과 同字(동자)

평탄할 탄
너그러울 탄 | 부수 土 흙 토 | 총획 8획

坦坦(탄탄) 평평하고 넓음
坦夷(탄이) 아무런 시름이 없이 마음이 진정되어 평탄함

灘

여울 탄 | 부수 氵 삼수변 | 총획 22획

灘聲(탄성) 여울물이 흐르는 소리

耽

즐길 탐 | 부수 耳 귀 이 | 총획 10획

耽味(탐미) 깊이 음미함
耽惑(탐혹) 어떤 사물에 빠져 마음이 미혹해짐

蕩

방탕할 탕 | 부수: ⺾ 초두머리 | 총획: 16획

放蕩(방탕) 주색잡기에 빠져 행실이 좋지 못함
蕩子(탕자) 방탕한 사내 유 蕩兒(탕아)

兌

바꿀 태 / 기쁠 태 | 부수: 儿 어진사람인발 | 총획: 7획

兌換(태환) 지폐를 서로 통하여 바꿈
兌卦(태괘) 팔괘의 하나

台

별 이름 태 / 나 이 | 부수: 口 입 구 | 총획: 5획

台臨(태림) 지체가 높은 사람이 출타함
天台宗(천태종) 불교의 종파 중 하나

汰

일 태 | 부수: 氵 삼수변 | 총획: 7획

山沙汰(산사태) 큰비나 지진으로 산중턱의 흙이 갑자기 무너지는 현상

笞

볼기 칠 태 | 부수: 竹 대 죽 | 총획: 11획

笞刑(태형) 매로 볼기를 치는 형벌
笞贖(태속) 볼기 맞는 형벌을 대신해서 관가에 바치던 돈

胎

아이 밸 태 | 부수: 月 육달월 | 총획: 9획

胎夢(태몽) 아이를 밸 징조가 담긴 꿈
胎敎(태교) 태중의 가르침
胎氣(태기) 아이를 밴 기미

苔

이끼 태 | 부수: ⺾ 초두머리 | 총획: 9획

苔餠(태병) 떠서 말린 파래
苔井(태정) 이끼가 낀 우물
苔田(태전) 김 양식을 위해 바닷가에 마련한 곳

撐

버틸 탱 | 부수: 扌 재방변 | 총획: 15획

支撐(지탱) 오래 버티거나 배겨 냄
撐柱(탱주) 물건이 쓰러지지 않게 받치어 세우는 나무

兎

토끼 토 | 부수: 儿 어진사람인발 | 총획: 8획

桶

통 통 / 되 용 | 부수: 木 나무 목 | 총획: 11획

桶兒(통아) 짧은 화살을 쏠 때에 살을 담아 어깨에 메는 가느다란 나무통
休紙桶(휴지통) 못 쓰는 물건을 버리는 통

筒

대통 통 | 부수: 竹 대 죽 | 총획: 12획

圓筒(원통) 둥근 통
貯金筒(저금통) 동전을 모아둘 수 있게 만든 통

堆

쌓을 퇴 | 부수: 土 흙 토 | 총획: 11획

堆肥(퇴비) 풀이나 가축의 배설물 따위를 썩혀서 거름을 만듦
堆積(퇴적) 자갈, 모래, 생물의 유해 등이 어떤 곳에 쌓이는 현상

腿

넓적다리 퇴 | 부수: 月 육달월 | 총획: 14획

腿節(퇴절) 넓적다리마디
腿骨(퇴골) 다리뼈

頹

무너질 퇴 | 부수: 頁 머리 혈 | 총획: 16획

頹壞(퇴괴) 퇴폐하여 파괴됨
頹屋(퇴옥) 낡아서 허물어진 가옥
頹運(퇴운) 쇠퇴한 기운

套

씌울 투
덮개 투 | 부수: 大 큰 대 | 총획: 10획

封套(봉투) 종이로 만든 주머니
外套(외투) 겉옷
常套的(상투적) 늘 해서 버릇이 된 것

妬

샘낼 투 | 부수: 女 여자 녀 | 총획: 8획

妬妻(투처) 시기가 심한 아내
妬婦(투부) 시기심이 많은 여자
妬忌(투기) 애인이 다른 여자에게 관심을 보여서 화를 내는 것

ㅍ

坡

언덕 파 | 부수: 土 흙 토 | 총획: 8획

坡州(파주) 경기도의 지명

婆

할머니 파 | 부수: 女 여자 녀 | 총획: 11획

老婆(노파) 할머니
婆心(파심) 필요 이상으로 남의 일을 걱정하는 마음 유 老婆心(노파심)

巴

꼬리 파
땅 이름 파 | 부수: 己 몸 기 | 총획: 4획

巴人(파인) 중국의 파(巴) 지방 사람이라는 뜻으로 촌뜨기를 비유함

琶

비파 파 | 부수: 王 구슬옥변 | 총획: 12획

琵琶(비파) 타원형의 몸통에 곧고 짧은 자루가 달린 현악기
鄕琵琶(향비파) 거문고·가야금과 함께 삼현(三絃) 중 하나의 악기

芭

파초 파 | 부수: ++ 초두머리 | 총획: 8획

芭蕉(파초) 파초과에 딸린 여러해살이풀
芭蕉扇(파초선) 파초의 잎 모양처럼 만든 부채

坂

언덕 판 | 부수: 土 흙 토 | 총획: 7획

坂路(판로) 비탈진 길
大陸坂(대륙판) 육지에 분포하는 거대한 암판

瓣

외씨 판 | 부수: 瓜 오이 과 | 총획: 19획

瓣壽(판수) 점치는 일을 업으로 삼는 소경

辦

힘들일 판 | 부수: 辛 매울 신 | 총획: 16획

辦中(판중) 판을 이룬 여러 사람 가운데 가장 뛰어난 사람
辦主(판주) 음식물을 제공하는 사람
辦償(판상) 빚을 갚음. 또는 끼친 손해를 갚음

DAY 12

阪
언덕 판 | 부수: 阝 좌부변 | 총획: 7획

盤阪(반판) 꾸불꾸불한 고개

稗
피 패 | 부수: 禾 벼 화 | 총획: 13획

稗飯(패반) 피로 지은 밥
稗說(패설) 가설항담·이문기담 등 세상에 떠돌아다니는 교훈적·건설적·세속적 이야기. 또는 패관소설

佩
찰 패 | 부수: 亻 사람인변 | 총획: 8획

佩劍(패검) 차는 칼. 또는 긴 칼을 참
佩恩(패은) 은혜를 입음

覇
으뜸 패
두목 패 | 부수: 襾 덮을 아 | 총획: 19획

覇氣(패기) 패권을 잡으려는 기상. 또는 패자의 늠름한 기상

唄
염불 소리 패 | 부수: 口 입 구 | 총획: 10획

梵唄(범패) 석가여래의 공덕을 찬미하는 노래
歌唄(가패) 범패를 부르며 불덕을 찬미하는 것

彭
성씨 팽
곁 방 | 부수: 彡 터럭 삼 | 총획: 12획

彭排(팽배) 조선 시대 때 오위(五衛)의 하나인 호분위(虎賁衛)에 딸린 잡종(雜種)의 군병

悖
거스를 패
우쩍 일어날 발 | 부수: 忄 심방변 | 총획: 10획

悖倫兒(패륜아) 인륜에 어긋난 행위를 하는 자
悖君(패군) 도리에 어긋나고 포악한 임금

膨
부를 팽 | 부수: 月 육달월 | 총획: 16획

膨出(팽출) 부풀어 나옴
膨化(팽화) 탄성이 있는 겔이 액체를 흡수하여 용적이 증대하는 현상

浿
강 이름 패 | 부수: 氵 삼수변 | 총획: 10획

浿水(패수) 고조선 때의 강 이름
浿江(패강) 대동강의 옛 이름

扁
작을 편
넓적할 편 | 부수: 戶 지게 호 | 총획: 9획

扁平(편평) 넓고 평평함
扁平骨(편평골) 넓적뼈
扁平足(편평족) 마당발

牌
패 패 | 부수: 片 조각편 | 총획: 12획

防牌(방패) 창, 칼, 화살 등을 막는 무기
賞牌(상패) 상으로 주는 패
位牌(위패) 죽은 사람의 위를 모시는 나무패

鞭
채찍 편 | 부수: 革 가죽 혁 | 총획: 18획

敎鞭(교편) 학생을 가르치는 일
鞭刑(편형) 매로 치는 형벌

貶

낮출 폄 | 부수: 貝 조개 패 | 총획: 12획

貶下(폄하) 가치를 깎아내림
貶坐(폄좌) 허물로 인하여 관직을 깎아 낮춤

坪

들 평 | 부수: 土 흙 토 | 총획: 8획

坪城(평성) 평지에 쌓은 성
坪數(평수) 평의 수량. 또는 평으로 따진 넓이

哺

먹일 포 | 부수: 口 입 구 | 총획: 10획

哺乳(포유) 젖을 먹여 새끼를 기름

圃

채마밭 포 | 부수: 囗 큰입구몸 | 총획: 10획

圃田(포전) 채소를 심는 밭
圃場(포장) 논밭과 채소밭
蔘圃(삼포) 인삼을 재배하는 밭

怖

두려워할 포 | 부수: 忄 심방변 | 총획: 8획

怖伏(포복) 무서워 엎드림
怖悸(포계) 두려워서 마음이 울렁거림
怖畏(포외) 두렵고 무서움

抛

던질 포 | 부수: 扌 재방변 | 총획: 7획

抛物線(포물선) 물체가 반원 모양을 그리며 날아가는 선
抛棄(포기) 하던 일을 중도에 그만두어 버림

泡

거품 포 | 부수: 氵 삼수변 | 총획: 8획

水泡(수포) 공들인 일이 헛되게 됨
氣泡(기포) 고체나 액체 내부에 기체가 들어가 거품처럼 된 것

疱

물집 포 | 부수: 疒 병질엄 | 총획: 10획

疱瘡(포창) 천연두

砲

대포 포 | 부수: 石 돌 석 | 총획: 10획

砲手(포수) 총을 사용하는 사냥꾼
發砲(발포) 총이나 대포를 쏨
砲擊(포격) 대포를 쏨

脯

포 포 / 회식할 보 | 부수: 月 육달월 | 총획: 11획

脯肉(포육) 얇게 저며서 양념하여 말린 고기
脯燭(포촉) 제사에 쓰는 포육과 초

苞

쌀 포 | 부수: 艹 초두머리 | 총획: 9획

苞葉(포엽) 꽃의 바로 아래나 그 가까이에서 봉오리를 싸서 보호하는 작은 잎

葡

포도 포 | 부수: 艹 초두머리 | 총획: 13획

葡萄(포도) 포도나무의 열매
葡萄糖(포도당) 생물 조직에서 에너지원으로 소비되는 단당류

蒲

부들 포	부수	총획
	⺿ 초두머리	14획

蒲公英(포공영) 민들레
蒲團(포단) 부들로 둥글게 틀어 만든 방석

袍

도포 포	부수	총획
	衤 옷의변	10획

袍帶(포대) 도포와 띠

褒

기릴 포 모을 부	부수	총획
	衣 옷 의	15획

褒貶(포폄) 칭찬함과 나무람
褒賞金(포상금) 칭찬하고 권장하여 상으로 주는 돈

逋

도망갈 포	부수	총획
	辶 책받침	11획

逋脫(포탈) 도망하여 면함. 또는 조세를 피하여 면함

鋪

펼 포 가게 포	부수	총획
	金 쇠 금	15획

店鋪(점포) 가게로 쓰는 집
鋪裝(포장) 길에 콘크리트나 아스팔트 등을 깔아 단단히 다져 꾸미는 일

鮑

절인 물고기 포	부수	총획
	魚 물고기 어	16획

明鮑(명포) 삶아서 말린 전복
鮑尺(포척) 물속에 들어가서 전복을 따는 사람

曝

쬘 폭 쬘 포	부수	총획
	日 날 일	19획

曝陽(폭양) 뜨겁게 내리쬐는 볕
被曝(피폭) 인체가 방사능에 노출됨

瀑

폭포 폭 소나기 포	부수	총획
	氵 삼수변	18획

瀑布(폭포) 폭포수
瀑布水(폭포수) 절벽에서 곧장 쏟아져 내리는 물줄기

杓

북두 자루 표 구기 작	부수	총획
	木 나무 목	7획

杓庭扇(표정선) 접부채의 한 가지
杓子(작자) 술이나 기름, 죽 따위를 풀 때에 쓰는 기구
※ 북두 자루 : 북두칠성의 자루 부분

瓢

바가지 표	부수	총획
	瓜 오이 과	16획

瓢壺(표호) 뒤웅박. 또는 표주박
瓢散(표산) 펄럭이며 날아 흩어짐

豹

표범 표	부수	총획
	豸 갖은돼지시변	10획

豹尾槍(표미창) 의장의 한 가지. 또는 표범의 꼬리를 단 창

稟

여쭐 품 곳집 름	부수	총획
	禾 벼 화	13획

稟告(품고) 웃어른이나 상사에게 아뢰어 여쭘
稟定(품정) 여쭈어 의논하여 결정함
稟性(품성) 타고난 성품

楓

단풍 풍	부수	총획
	木 나무 목	13획

楓人(풍인) 단풍나무의 노목에 생기는 큰 혹
楓嶽(풍악) 금강산의 가을 명칭

諷

풍자할 풍	부수	총획
	言 말씀 언	16획

諷刺劇(풍자극) 어떤 결점을 비웃으면서 폭로하고 공격하는 연극
諷喩(풍유) 슬며시 돌려 타이르거나 빗대어 말함

馮

성씨 풍 업신여길 빙	부수	총획
	馬 말 마	12획

馮夷(풍이) 하백을 달리 이르는 말

豊

풍년 풍	부수	총획
	豆 콩 두	13획

豊作(풍작) 풍년이 되어 모든 곡식이 잘됨. 또는 풍년이 든 농작
豊味(풍미) 푸지고 아름다운 맛
※ 豐(풍년 풍)의 俗字(속자)

披

헤칠 피	부수	총획
	扌 재방변	8획

披瀝(피력) 평소에 숨겨둔 생각을 모조리 털어내어 말함
披見(피견) 편지·책 따위를 헤쳐 봄. 또는 열어 봄

弼

도울 필	부수	총획
	弓 활 궁	12획

弼匡(필광) 도와서 바로잡음
弼寧(필녕) 보필하여 편하게 함
弼導(필도) 돌보아 인도함

乏

모자랄 핍	부수	총획
	丿 삐침 별	5획

缺乏(결핍) 있어야 할 것이 빠지거나 모자람
窮乏(궁핍) 살림살이가 매우 어려움

逼

핍박할 핍	부수	총획
	⻌ 책받침	13획

逼迫(핍박) 바싹 죄어서 몹시 괴롭힘
逼切(핍절) 핍진하고 간절함
逼奪(핍탈) 위협하여 빼앗음

ㅎ

廈

문간방 하 큰집 하	부수	총획
	广 엄호	13획

高廈(고하) 높고 큰 집
廣廈(광하) 크고 넓은 집

瑕

허물 하	부수	총획
	王 구슬옥변	13획

瑕貶(하폄) 헐뜯어 비방함
瑕跡(하적) 흠이 난 자리

蝦

두꺼비 하 새우 하	부수	총획
	虫 벌레 훼	15획

大蝦(대하) 새우 유 紅蝦(홍하)
蝦卵(하란) 새우의 알
蝦炙(하구) 새우구이

霞

노을 하	부수	총획
	雨 비 우	17획

霞彩(하채) 노을의 아름다운 색채
夕霞(석하) 저녁노을
雲霞(운하) 구름과 안개

虐

모질 학 | 부수: 虍 범호엄 | 총획: 9획

虐待(학대) 몹시 괴롭힘
虐殺(학살) 마구 죽임
苛虐(가학) 가혹하게 학대함

謔

희롱할 학 | 부수: 言 말씀 언 | 총획: 16획

諧謔(해학) 익살스럽고도 품위가 있는 농담
謔浪(학랑) 실없는 말로 희롱함

翰

편지 한 | 부수: 羽 깃 우 | 총획: 16획

書翰(서한) 편지 유 札翰(찰한)
篇翰(편한) 문장

閒

한가할 한 | 부수: 門 문 문 | 총획: 12획

閒暇(한가) 바쁘지 않아 틈이 있음
閒遊(한유) 한가하게 놂
空閒(공한) 하는 일 없이 한가함

轄

다스릴 할 | 부수: 車 수레 거 | 총획: 17획

管轄(관할) 일정한 권한을 가지고 통제함
分轄(분할) 나누어서 관할함
總轄(총할) 한데 묶어 관할함

函

함 함 | 부수: 凵 위튼입구몸 | 총획: 8획

郵便函(우편함) 우편물을 넣는 상자
私物函(사물함) 개인 물건을 넣는 상자
函形(함형) 함처럼 생긴 모양

涵

젖을 함 | 부수: 氵 삼수변 | 총획: 11획

包涵(포함) 널리 싸 넣음
涵養(함양) 능력, 품성 등을 기르고 닦음
유 涵育(함육)

艦

큰 배 함 | 부수: 舟 배 주 | 총획: 20획

艦隊(함대) 해군의 연합 부대
艦艇(함정) 군사용 배
軍艦(군함) 전투에 참여하는 무장된 배

銜

재갈 함 | 부수: 金 쇠 금 | 총획: 14획

名銜(명함) 성명, 직업 등을 적은 종이
職銜(직함) 벼슬, 직책, 직무 등의 이름

鹹

짤 함 | 부수: 鹵 짠땅 로 | 총획: 20획

鹹味(함미) 짠맛
鹹泉(함천) 짠물이 나오는 샘
鹹菜(함채) 소금에 절인 채소

哈

물고기 많은 모양 합 | 부수: 口 입 구 | 총획: 9획

哈爾濱(합이빈) 하얼빈. 중국 흑룡강성(黑龍江省)의 성도(省都)

盒

합 합 | 부수: 皿 그릇 명 | 총획: 11획

沙盒(사합) 사기로 만든 그릇
玉盒(옥합) 옥으로 만든 합
印朱盒(인주합) 인주를 담는 합

蛤

대합조개 합 | 부수: 虫 벌레 훼 | 총획: 12획

紅蛤(홍합) 홍합과의 조개
大蛤(대합) 백합과에 딸린 조개
蛤殼(합각) 조가비

閤

쪽문 합 | 부수: 門 문 문 | 총획: 14획

閤門(합문) 임금이 거처하는 궁전의 앞문
閤內(합내) 편지글에서 남의 가족을 높여 부르는 말

陜

땅 이름 합
좁을 협 | 부수: 阝 좌부변 | 총획: 10획

陜川(합천) 합천군(陜川郡). 경상남도 소재

亢

높을 항 | 부수: 亠 돼지해머리 | 총획: 4획

亢龍(항룡) 하늘에 오른 용. 즉 아주 높은 지위
亢進(항진) 기세 등이 높아짐
亢鼻(항비) 높은 코

杭

건널 항 | 부수: 木 나무 목 | 총획: 8획

橋杭(교항) 다리의 기초 공사에 쓰는 말뚝

沆

넓을 항 | 부수: 氵 삼수변 | 총획: 7획

肛

항문 항 | 부수: 月 육달월 | 총획: 7획

肛門(항문) 위창자관의 가장 아래쪽의 구멍
脫肛(탈항) 치질의 한 가지

咳

어린아이 웃을 해
기침 해 | 부수: 口 입 구 | 총획: 9획

咳喘(해천) 기침과 천식
咳唾(해타) 기침과 침
鎭咳(진해) 기침을 멎게 함

楷

본보기 해 | 부수: 木 나무 목 | 총획: 13획

模楷(모해) 본받을 만한 대상 유 模範(모범)
楷書(해서) 한자 서체의 하나
楷法(해법) 해서의 쓰는 법

蟹

게 해 | 부수: 虫 벌레 훼 | 총획: 19획

蟹甲(해갑) 게의 껍데기

諧

화할 해 | 부수: 言 말씀 언 | 총획: 16획

允諧(윤해) 잘 어울림
諧調(해조) 잘 조화됨
和諧(화해) 화합

骸

뼈 해 | 부수: 骨 뼈 골 | 총획: 16획

遺骸(유해) 죽은 사람의 몸
殘骸(잔해) 썩거나 타다 남은 뼈. 또는 못 쓰게 되어 남아 있는 물체

劾

꾸짖을 핵

부수: 力 힘 력 | 총획: 8획

彈劾(탄핵) 죄상을 조사하여 꾸짖음
擧劾(거핵) 허물을 들어 탄핵함
劾論(핵론) 허물을 들어 논박함

杏

살구 행

부수: 木 나무 목 | 총획: 7획

銀杏(은행) 은행나무의 열매
肉杏(육행) 살구. 또는 살구나무 열매
杏林(행림) 살구나무 수풀

珦

옥 이름 향

부수: 王 구슬옥변 | 총획: 10획

餉

건량 향

부수: 飠 밥식변 | 총획: 15획

晩餉(만향) 저녁 식사
餉穀(향곡) 군량에 쓰는 곡식
※ 건량 : 가지고 다니기 쉽게 만든 음식

饗

잔치할 향

부수: 食 밥 식 | 총획: 22획

饗宴(향연) 특별하게 베푸는 잔치
饗應(향응) 특별히 융숭하게 대접함
饗設(향설) 잔치를 베풂

墟

터 허

부수: 土 흙 토 | 총획: 15획

廢墟(폐허) 황폐한 터
郊墟(교허) 마을 근처에 있는 들과 언덕

歇

쉴 헐

부수: 欠 하품 흠 | 총획: 13획

間歇(간헐) 주기적으로 되풀이하여 일어남
歇泊(헐박) 어떤 곳에 대어 쉬고 묵음
歇價(헐가) 싼값

爀

불빛 혁

부수: 火 불 화 | 총획: 18획

※ 赫(빛날 혁)과 동자(同字)

赫

빛날 혁

부수: 赤 붉을 적 | 총획: 14획

赫業(혁업) 빛나는 업적
顯赫(현혁) 이름이 높이 드러나 빛남

焃

빛날 혁

부수: 火 불 화 | 총획: 11획

※ 赫(빛날 혁)의 俗字(속자)

俔

염탐할 현

부수: 亻 사람인변 | 총획: 9획

成俔(성현) 조선 시대 성종(成宗) 때의 문신(文臣)·학자(學者)

峴

고개 현

부수: 山 뫼 산 | 총획: 10획

馬峴(마현) 말고개. 강원 철원군, 춘천시 등지에 있는 지명

弦

활시위 현 | 부수: 弓 활 궁 | 총획: 8획

弦月(현월) 음력으로 매월 초에 뜨는 달
悲弦(비현) 처량한 거문고 소리
弦琴(현금) 거문고를 켬

炫

밝을 현 | 부수: 火 불 화 | 총획: 9획

炫煌(현황) 어지럽고 황홀함. 또는 빛이 밝음
유 眩慌(현황)

玹

옥돌 현 | 부수: 王 구슬옥변 | 총획: 9획

黃玹(황현) 구한말의 시인, 애국지사. 자는 운경(雲卿), 호는 매천(梅泉)

眩

어지러울 현 | 부수: 目 눈 목 | 총획: 10획

眩惑(현혹) 어지러워져 홀림
眩暈(현훈) 어지러움
眩亂(현란) 정신이 헷갈릴 정도로 어수선함

舷

뱃전 현 | 부수: 舟 배 주 | 총획: 11획

船舷(선현) 뱃전
舷窓(현창) 뱃전에 낸 창문
舷燈(현등) 선박의 양쪽 뱃전에 다는 등

鉉

솥귀 현 | 부수: 金 쇠 금 | 총획: 13획

鉉席(현석) 삼공(三公)의 지위

頁

머리 혈 | 부수: 頁 머리 혈 | 총획: 9획

頁巖(혈암) 층상 구조의 퇴적암

俠

의기로울 협 | 부수: 亻 사람인변 | 총획: 9획

義俠(의협) 약자를 도우려는 마음
俠客(협객) 의협심이 있는 사람
俠行(협행) 의로운 행동

夾

낄 협 | 부수: 大 큰 대 | 총획: 7획

夾室(협실) 곁방
夾路(협로) 큰 길거리에서 갈려나간 좁은 길
夾戶(협호) 본채와 떨어져 있는 집채

峽

골짜기 협 | 부수: 山 뫼 산 | 총획: 10획

峽谷(협곡) 험하고 좁은 골짜기
峽流(협류) 산 사이를 흐르는 개울

挾

낄 협 | 부수: 扌 재방변 | 총획: 10획

挾攻(협공) 양쪽으로 끼고 공격함
挾雜(협잡) 그릇된 방법으로 남을 속임
※ 夾(낄 협)과 同字(동자)

狹

좁을 협 | 부수: 犭 개사슴록변 | 총획: 10획

狹小(협소) 공간이 좁음
狹窄(협착) 자리가 몹시 좁음
偏狹(편협) 생각이 좁음

脇

위협할 협 / 겨드랑이 협 | 부수: 月 육달월 | 총획: 10획

脇杖(협장) 겨드랑이에 대고 짚는 지팡이
脇痛(협통) 갈빗대가 아픈 병
脇書(협서) 본문 옆에 따로 글을 적음

莢

꼬투리 협 | 부수: ++ 초두머리 | 총획: 11획

莢果(협과) 꼬투리로 맺히는 열매

型

모형 형 | 부수: 土 흙 토 | 총획: 9획

模型(모형) 실물을 본떠 만든 물건
㉲ 模形(모형)
典型(전형) 모범이 되는 본보기
體型(체형) 체격의 모양

瀅

물 이름 형 | 부수: 氵 삼수변 | 총획: 21획

炯

빛날 형 | 부수: 火 불 화 | 총획: 9획

炯眼(형안) 날카로운 눈매
炯炯(형형) 광채가 나면서 밝은 모양

荊

가시나무 형 | 부수: ++ 초두머리 | 총획: 10획

荊棘(형극) 나무의 가시. 또는 고난
負荊(부형) 스스로 가시나무를 짊어진다는 뜻으로 사죄함의 의미

馨

꽃다울 형 / 향기 형 | 부수: 香 향기 향 | 총획: 20획

馨香(형향) 좋은 냄새
馨氣(형기) 향기
潔馨(결형) 깨끗하고 향기로움

彗

살별 혜 | 부수: ⺕ 튼가로왈 | 총획: 11획

彗星(혜성) 살별(빛나는 꼬리를 끌고 긴 타원의 궤도를 그리며 운행하는 천체)
彗芒(혜망) 살별의 뒤에 꼬리같이 길게 끌리는 광망

鞋

신 혜 | 부수: 革 가죽 혁 | 총획: 15획

絲鞋(사혜) 비단실로 만든 신
水鞋子(수혜자) 비 올 적에 신던 무관의 장화

壕

해자 호 | 부수: 土 흙 토 | 총획: 17획

待避壕(대피호) 적의 공습 시 폭탄 파편 등을 피하기 위해 파놓은 구덩이
※ 해자(垓子) : 성 밖을 둘러싼 못

壺

병 호 | 부수: 士 선비 사 | 총획: 12획

投壺(투호) 화살을 던져 병 속에 넣는 놀이
穿帶壺(천대호) 자라병처럼 귀가 있어 차고 다닐 수 있게 만든 병

弧

활 호 | 부수: 弓 활 궁 | 총획: 8획

括弧(괄호) 문장 부호의 하나
弧形(호형) 활의 모양

扈

따를 호 파랑새 호	부수 戶 지게 호	총획 11획

跋扈(발호) 제 마음대로 날뛰며 행동하는 것
扈衛(호위) 궁궐을 경호함
桑扈(상호) 콩새

昊

하늘 호	부수 日 날 일	총획 8획

蒼昊(창호) 넓은 하늘
昊天(호천) 넓고 큰 하늘. 또는 여름 하늘

濠

해자 호 호주 호	부수 氵 삼수변	총획 17획

濠洲(호주) 오스트레일리아 대륙에 있는 영국 연방 내의 자치국

狐

여우 호	부수 犭 개사슴록변	총획 8획

九尾狐(구미호) 꼬리가 아홉 달린 여우

琥

호박 호	부수 王 구슬옥변	총획 12획

琥珀(호박) 지질 시대의 나무의 송진이 땅속에 묻혀서 굳어진 광물

瑚

산호 호	부수 王 구슬옥변	총획 13획

珊瑚(산호) 바다 밑에 산호충이 모여 나뭇가지 모양의 군체를 이룸

糊

풀칠할 호 죽 호	부수 米 쌀 미	총획 15획

模糊(모호) 말이나 태도가 흐리터분하여 분명하지 않음
糊塗(호도) 어떤 일을 얼버무려 넘김

鎬

호경 호	부수 金 쇠 금	총획 18획

鎬京(호경) 중국 섬서성 장안현 남서부에 있는 유적

酷

심할 혹	부수 酉 닭 유	총획 14획

苛酷(가혹) 매우 혹독함
酷毒(혹독) 몹시 까다롭고 심악스러움
殘酷(잔혹) 잔인하고 혹독함

渾

흐릴 혼 뒤섞일 혼	부수 氵 삼수변	총획 12획

渾沌(혼돈) 사물의 구별이 확실하지 않은 상태
渾融(혼융) 둘 이상이 섞여 완전히 융합됨

琿

아름다운 옥 혼	부수 王 구슬옥변	총획 13획

琿春(혼춘) 중국 길림성(吉林省) 남동쪽의 도시

笏

홀 홀	부수 竹 대 죽	총획 10획

笏記(홀기) 혼례나 제례 때 의식의 순서를 적은 글
※ 홀(笏) : 신하가 임금을 뵐 때 조복에 갖추어 손에 드는 물건

虹

무지개 홍	부수	총획
	虫 벌레 훼	9획

彩虹(채홍) 무지개
虹彩(홍채) 안구에 들어오는 빛의 양을 조절하는 둥근 모양의 얇은 막

幻

헛보일 환	부수	총획
	幺 작을 요	4획

幻想(환상) 현실에 없는데도 있는 것 같이 느끼는 상념
幻覺(환각) 사물이 없어도 그 사물이 있는 것처럼 느끼는 감각

樺

벚나무 화 자작나무 화	부수	총획
	木 나무 목	16획

樺燭(화촉) 자작나무 껍질로 만든 초
假樺榴(가화류) 화류빛처럼 칠한 목재

桓

굳셀 환	부수	총획
	木 나무 목	10획

桓雄(환웅) 천상을 지배하는 하늘의 임금인 환인의 아들

畵

그림 화 그을 획	부수	총획
	田 밭 전	13획

映畵(영화) 영상으로 보여주는 예술의 하나
漫畵(만화) 이야기 등을 간결하고 익살스럽게 그린 그림
※ 畫(그림 화)의 俗字(속자)

煥

불꽃 환 빛날 환	부수	총획
	火 불 화	13획

靴

신 화	부수	총획
	革 가죽 혁	13획

軍靴(군화) 군인용의 구두
運動靴(운동화) 주로 운동할 때 신기에 적합하도록 만든 신

滑

미끄러울 활 익살스러울 골	부수	총획
	氵 삼수변	13획

圓滑(원활) 일이 거침없이 잘되어 나감
滑降(활강) 가파르게 미끄러져 내림
滑稽(골계) 익살을 부리지만 그 안에 교훈을 주는 일

喚

부를 환	부수	총획
	口 입 구	12획

召喚(소환) 사법 기관이 특정의 개인을 일정한 장소로 오도록 부르는 일
喚起(환기) 생각 등을 되살려 불러일으키는 것

闊

넓을 활	부수	총획
	門 문 문	17획

闊步(활보) 활개를 치고 거드럭거리며 걷는 걸음
闊葉樹(활엽수) 잎이 넓은 나무의 종류

宦

벼슬 환	부수	총획
	宀 갓머리	9획

宦官(환관) 거세된 남자로 궁정에서 사역하는 내관 ㊌ 內侍(내시)
內宦(내환) 궁중 깊숙한 곳에서 일하는 사람

凰

봉황 황	부수	총획
	几 안석 궤	11획

鳳凰(봉황) 예로부터 중국의 전설에 등장하는 상상의 새

慌

어리둥절할 황

부수: 忄 심방변

총획: 13획

恐慌(공황) 갑자기 일어나는 심리적인 불안 상태
唐慌(당황) 놀라서 어리둥절하거나 다급하여 어찌할 바를 모름

晃

밝을 황

부수: 日 날 일

총획: 10획

晃晃(황황) 번쩍번쩍 밝게 빛나는 모양
晃然(황연) 환하게 밝은 모양

滉

깊을 황

부수: 氵 삼수변

총획: 13획

李滉(이황) (1501~1570) 학자(學者), 문신(文臣). 호는 퇴계(退溪)

煌

빛날 황

부수: 火 불 화

총획: 13획

輝煌(휘황) 광채가 눈부시게 빛남

隍

해자 황

부수: 阝 좌부변

총획: 12획

隍池(황지) 성 밖에 빙 둘러서 파 놓은 물이 없는 못
城隍堂(성황당) 마을을 지키는 혼령을 모신 집

廻

돌 회

부수: 廴 민책받침

총획: 9획

迂廻(우회) 곧바로 가지 않고 돌아감
巡廻(순회) 여러 곳을 돌아다니는 것
上廻(상회) 어떤 수량보다 많아짐

晦

그믐 회

부수: 日 날 일

총획: 11획

晦日(회일) 그믐날
晦朔(회삭) 그믐과 초하루

檜

전나무 회

부수: 木 나무 목

총획: 17획

檜皮(회피) 전나무의 껍질

淮

물 이름 회

부수: 氵 삼수변

총획: 11획

淮陽(회양) 강원도 회양군의 군청(郡廳) 소재지(所在地)

澮

봇도랑 회

부수: 氵 삼수변

총획: 16획

※ 봇도랑 : 봇물을 대거나 빼게 만든 도랑

灰

재 회

부수: 火 불 화

총획: 6획

灰色(회색) 잿빛
石灰(석회) 석회석

繪

그림 회

부수: 糸 실 사

총획: 19획

繪畫(회화) 여러 가지 선이나 색채로 평면에 형상을 그려 내는 조형 미술

膾

회 회	부수	총획
	月 육달월	17획

生鮮膾(생선회) 생선의 살을 썰어 간장이나 초고추장에 찍어 먹는 음식

喉

목구멍 후	부수	총획
	口 입 구	12획

喉頭(후두) 인두와 기관 사이의 부분
喉頭炎(후두염) 후두에 생기는 염증
喉音(후음) 목구멍소리

誨

가르칠 회	부수	총획
	言 말씀 언	14획

教誨(교회) 교도소에서 잘 가르쳐서 잘못을 뉘우치게 함
勸誨(권회) 권하여 깨우침

嗅

맡을 후	부수	총획
	口 입 구	13획

嗅覺(후각) 냄새를 맡는 감각
嗅官(후관) 후각 기관

梟

올빼미 효	부수	총획
	木 나무 목	11획

土梟(토효) 올빼미
梟勇(효용) 날래고 용맹함
梟雄(효웅) 사납고 용맹스러운 인물

朽

썩을 후	부수	총획
	木 나무 목	6획

不朽(불후) 썩어 없어지지 않음. 또는 어떤 것의 가치가 길이 전해짐
老朽(노후) 오래되고 낡아 사용하기 어려움

爻

사귈 효 가로 그을 효	부수	총획
	爻 점괘 효	4획

數爻(수효) 사물의 수
六爻(육효) 점괘의 여러 가지 획수
卦爻(괘효) 주역의 괘와 효. 또는 역괘의 여섯 개의 획

暈

무리 훈	부수	총획
	日 날 일	13획

暈輪(훈륜) 달무리·햇무리 따위의 둥근 테두리
墨暈(묵훈) 글씨나 그림에서 먹물이 약간 번진 흔적

酵

삭힐 효	부수	총획
	酉 닭 유	14획

酵母(효모) 식품 제조에 이용되는 균류
醱酵(발효) 미생물이 산소 없이 유기물을 분해하는 과정에서 이로운 물질을 만들어 내는 작용

勛

공 훈	부수	총획
	力 힘 력	12획

※ 勳(공 훈)의 古字(고자)

后

뒤 후 임금 후	부수	총획
	口 입 구	6획

皇后(황후) 황제의 정궁

勳

공 훈	부수	총획
	力 힘 력	16획

勳章(훈장) 나라에 훈공이 있는 이에게 내려주는 휘장
功勳(공훈) 사업이나 나라를 위해서 두드러지게 세운 공

熏

불길 훈 | 부수: 灬 연화발 | 총획: 14획

熏灼(훈작) 불에 태움
熏香(훈향) 태워서 향기를 내는 향료
※ 燻(연기 낄 훈)의 本字(본자)

燻

연기 낄 훈 | 부수: 火 불 화 | 총획: 18획

燻蒸(훈증) 더운 연기에 쐬어서 찜
燻製品(훈제품) 훈제하여 만든 수육이나 어육

薰

향풀 훈 | 부수: ++ 초두머리 | 총획: 18획

薰風(훈풍) 첫여름에 부는 훈훈한 바람
薰薰(훈훈) 날씨나 온도가 견디기에 알맞을 정도로 더움
芳薰(방훈) 꽃다운 향기

萱

원추리 훤 | 부수: ++ 초두머리 | 총획: 13획

萱菜(훤채) 원추리를 데쳐서 양념을 한 음식
※ 원추리 : 백합과의 여러해살이풀

卉

풀 훼 | 부수: 十 열 십 | 총획: 5획

花卉(화훼) 꽃이 피는 풀
卉服(훼복) 풀로 만든 옷
芳卉(방훼) 향기로운 풀

彙

무리 휘 / 모을 휘 | 부수: ⺕ 튼가로왈 | 총획: 13획

語彙(어휘) 낱말의 전체 ㊒ 辭彙(사휘)
庶彙(서휘) 여러 가지 종류의 물건

徽

아름다울 휘 / 표기 휘 | 부수: 彳 두인변 | 총획: 17획

徽音(휘음) 아름다운 언행에 대한 소문
徽號(휘호) 왕비가 죽은 후 시호와 함께 내리던 존호

暉

빛 휘 | 부수: 日 날 일 | 총획: 13획

朝暉(조휘) 아침의 햇빛 ㊒ 晨暉(신휘)
落暉(낙휘) 다 져가는 저녁 햇빛
旭暉(욱휘) 솟아오르는 아침 햇빛

諱

숨길 휘 / 꺼릴 휘 | 부수: 言 말씀 언 | 총획: 16획

忌諱(기휘) 꺼리어 싫어함
掩諱(엄휘) 가리어 숨김 ㊒ 掩蔽(엄폐)
諱疾(휘질) 병을 숨김

恤

불쌍할 휼 | 부수: 忄 심방변 | 총획: 9획

救恤(구휼) 빈민이나 이재민 등에게 금품을 주어 구조함
恤兵(휼병) 물품이나 금품을 보내어 전장의 병사를 위로함

匈

오랑캐 흉 | 부수: 勹 쌀포몸 | 총획: 6획

匈奴(흉노) 몽고 지방 유목 민족 중의 하나

欣

기쁠 흔 | 부수: 欠 하품 흠 | 총획: 8획

欣快(흔쾌) 마음에 기쁘고도 통쾌함
欣求(흔구) 흔쾌히 원하여 구함
欣然(흔연) 기쁘거나 반가워 기분이 좋은 모양

痕

흔적 흔 | 부수: 疒 병질엄 | 총획: 11획

痕迹(흔적) 뒤에 남은 자취나 자국
유 痕跡(흔적)
刀痕(도흔) 칼날에 베인 흔적

屹

우뚝 솟을 흘 | 부수: 山 뫼 산 | 총획: 6획

屹立(흘립) 산이 깎아 세운 듯이 높이 솟아 있음
屹乎(흘호) 우뚝하게 높이 솟은 모양

欠

하품 흠 / 이지러질 결 | 부수: 欠 하품 흠 | 총획: 4획

欠伸(흠신) 하품과 기지개
欠缺(흠결) 일정한 수효에서 부족이 생김
欠席(흠석) 나가야 할 자리에 나가지 않음

欽

공경할 흠 | 부수: 欠 하품 흠 | 총획: 12획

欽慕(흠모) 기쁜 마음으로 사모함
欽羨(흠선) 공경하고 부러워함

洽

흡족할 흡 | 부수: 氵 삼수변 | 총획: 9획

洽足(흡족) 아주 넉넉하여 조금도 모자람이 없음
未洽(미흡) 흡족하지 못함

僖

기쁠 희 | 부수: 亻 사람인변 | 총획: 14획

僖康王(희강왕) 신라(新羅) 43대 임금

姬

여자 희 | 부수: 女 여자 녀 | 총획: 9획

舞姬(무희) 춤추는 일을 업으로 삼는 여자
歌姬(가희) 여자 가수를 우아하게 이르는 말

嬉

아름다울 희 | 부수: 女 여자 녀 | 총획: 15획

嬉笑(희소) 실없이 웃음. 또는 예쁘게 웃음
嬉戲(희희) 장난하며 즐겁게 놂
嬉遊(희유) 즐겁게 놂

憙

기뻐할 희 | 부수: 心 마음 심 | 총획: 16획

朱憙(주희) 남송(南宋)의 유학자(儒學者)

熙

빛날 희 | 부수: 灬 연화발 | 총획: 14획

熙熙皞皞(희희호호) 백성의 생활이 매우 즐겁고 평화로움
熙隆(희륭) 넓고 성함

熹

빛날 희 | 부수: 灬 연화발 | 총획: 16획

朱熹(주희) 남송(南宋)의 철학자(哲學者)

犧

희생 희 | 부수: 牛 소 우 | 총획: 20획

犧牲者(희생자) 희생을 당한 사람
供犧(공희) 공양으로 바치는 희생

禧

복 희	부수	총획
	示 보일 시	17획

新禧(신희) 새해의 복
鴻禧(홍희) 큰 행운

羲

복희씨 희	부수	총획
	羊 양 양	16획

伏羲氏(복희씨) 중국 고대의 제왕

詰

꾸짖을 힐	부수	총획
	言 말씀 언	13획

詰問(힐문) 트집을 잡아 따져 물음
詰難(힐난) 힐문하여 비난함
詰責(힐책) 잘못을 따져서 꾸짖음

memo

德不孤, 必有隣.

"덕 있는 사람은 외롭지 않다. 반드시 알아줄 이웃이 있다."

– ≪논어≫, 〈이인(里仁)〉

DAY 13~14

출제 유형별 한자

합격 Tip!

반드시 출제되는 유형별 한자 모음!
특히 출제 비중이 큰 사자성어는 꼼꼼히 익히자!

- 유의자
- 동음이의어
- 동자이음자
- 반의자 · 상대자
- 반의어 · 상대어
- 혼동하기 쉬운 한자
- 사자성어

成事不說, 遂事不諫, 旣往不咎.

"이미 이루어진 일이니 말하지 않으며, 이미 끝난 일이니 충고하지 않으며,
이미 지나간 일이니 책망하지 않는 것이다."

– ≪논어≫, 〈팔일(八佾)〉

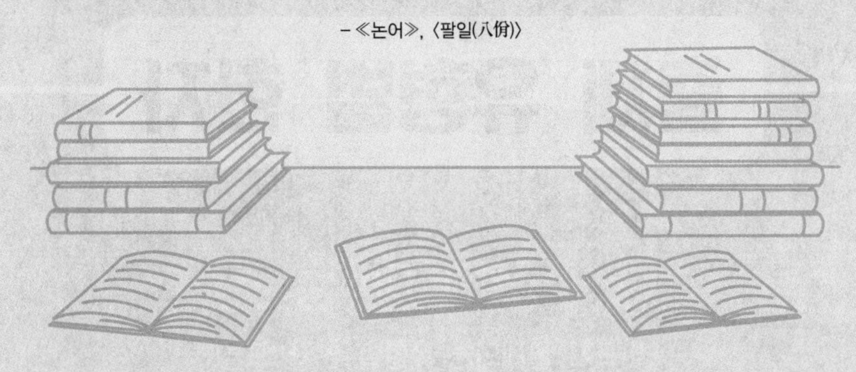

DAY 13 유의자

DAY 13
쪽지시험

DAY 13

歌	謠
노래 가	노래 요

監	視
볼 감	볼 시

堅	固
굳을 견	굳을 고

傾	斜
기울 경	비낄 사

家	屋
집 가	집 옥

疆	界
지경 강	지경 계

牽	引
끌 견	끌 인

競	爭
다툴 경	다툴 쟁

家	宅
집 가	집 택

巨	大
클 거	큰 대

謙	遜
겸손할 겸	겸손할 손

計	算
셀 계	셈 산

價	値
값 가	값 치

拒	逆
막을 거	거스릴 역

境	界
지경 경	지경 계

繼	續
이을 계	이을 속

覺	悟
깨달을 각	깨달을 오

居	住
살 거	살 주

經	過
지날 경	지날 과

契	約
맺을 계	맺을 약

艱	難
어려울 간	어려울 난

乾	燥
마를 건	마를 조

經	歷
지날 경	지날 력

孤	獨
외로울 고	홀로 독

間	隔
사이 간	사이 뜰 격

揭	揚
높이 들 게	날릴 양

警	戒
경계할 경	경계할 계

考	慮
생각할 고	생각할 려

雇	傭
품 팔 고	품 팔 용

高	尙
높을 고	높을 상

攻	擊
칠 공	칠 격

恭	敬
공경할 공	공경할 경

恐	怖
두려울 공	두려워할 포

空	虛
빌 공	빌 허

貢	獻
바칠 공	드릴 헌

過	去
지날 과	갈 거

過	失
허물 과	그르칠 실

果	實
열매 과	열매 실

灌	漑
물 댈 관	물 댈 개

貫	徹
꿰뚫을 관	뚫을 철

貫	通
꿰뚫을 관	통할 통

觀	覽
볼 관	볼 람

橋	脚
다리 교	다리 각

敎	訓
가르칠 교	가르칠 훈

購	買
살 구	살 매

區	分
구분할 구	나눌 분

具	備
갖출 구	갖출 비

救	濟
구원할 구	구제할 제

救	援
구원할 구	도울 원

群	衆
무리 군	무리 중

屈	曲
굽힐 굴	굽을 곡

屈	伏
굽힐 굴	엎드릴 복

窮	極
다할 궁	다할 극

權	勢
권세 권	권세 세

鬼	神
귀신 귀	귀신 신

歸	還
돌아갈 귀	돌아올 환

規	律
법 규	법칙 율

規	範
법 규	법 범

規	則
법 규	법칙 칙

極	端
다할 극	끝 단

極	盡
다할 극	다할 진

根	本
뿌리 근	근본 본

謹	愼
삼갈 근	삼갈 신

機	械
틀 기	기계 계

飢	餓	鍛	鍊	徒	黨	疼	痛
주릴 기	주릴 아	불릴 단	단련할 련	무리 도	무리 당	아플 동	아플 통
記	錄	斷	絶	道	路	摩	擦
기록할 기	기록할 록	끊을 단	끊을 절	길 도	길 로	문지를 마	문지를 찰
技	術	但	只	逃	亡	痲	痺
재주 기	재주 술	다만 단	다만 지	도망할 도	도망할 망	저릴 마	저릴 비
技	藝	談	話	跳	躍	彎	曲
재주 기	재주 예	말씀 담	말씀 화	뛸 도	뛸 약	굽을 만	굽을 곡
祈	禱	對	答	盜	賊	末	端
빌 기	빌 도	대답할 대	대답 답	도둑 도	도둑 적	끝 말	끝 단
懶	怠	貸	借	逃	避	勉	勵
게으를 나	게으를 태	빌릴 대	빌릴 차	달아날 도	피할 피	힘쓸 면	힘쓸 려
努	力	到	達	圖	畫	滅	亡
힘쓸 노	힘 력	이를 도	이를 달	그림 도	그림 화	멸망할 멸	망할 망
段	階	到	着	敦	篤	明	哲
층계 단	층계 계	이를 도	이를 착	도타울 돈	도타울 독	밝을 명	밝을 철
單	獨	屠	戮	憧	憬	毛	髮
홀 단	홀로 독	죽일 도	죽일 륙	동경할 동	동경할 경	터럭 모	터럭 발

模	範	排	斥	保	守	憤	慨
본뜰 모	본보기 범	밀칠 배	물리칠 척	지킬 보	지킬 수	분할 분	분개할 개

侮	蔑	飜	譯	補	佐	朋	友
업신여길 모	업신여길 멸	번역할 번	번역할 역	도울 보	도울 좌	벗 붕	벗 우

沐	浴	法	規	負	擔	崩	壞
씻을 목	목욕할 욕	법 법	법 규	질 부	멜 담	무너질 붕	무너질 괴

模	樣	法	式	附	屬	崩	潰
모양 모	모양 양	법 법	법 식	붙을 부	붙을 속	무너질 붕	무너질 궤

茂	盛	法	律	扶	助	比	較
무성할 무	성할 성	법 법	법칙 률	도울 부	도울 조	견줄 비	견줄 교

伴	侶	法	典	副	次	費	用
짝 반	짝 려	법 법	법 전	버금 부	버금 차	쓸 비	쓸 용

返	還	變	化	附	着	祕	藏
돌이킬 반	돌아올 환	변할 변	될 화	붙을 부	붙을 착	숨길 비	감출 장

配	偶	兵	卒	憤	怒	賓	客
짝 배	짝 우	병사 병	군사 졸	분할 분	성낼 노	손 빈	손 객

配	匹	報	告	墳	墓	貧	窮
짝 배	짝 필	알릴 보	알릴 고	무덤 분	무덤 묘	가난할 빈	다할 궁

詐	欺	喪	失	消	耗	崇	高
속일 사	속일 기	잃을 상	잃을 실	사라질 소	소모할 모	높을 숭	높을 고
思	考	相	互	素	朴	承	繼
생각 사	생각할 고	서로 상	서로 호	소박할 소	순박할 박	이을 승	이을 계
思	想	生	産	壽	命	施	設
생각 사	생각 상	낳을 생	낳을 산	목숨 수	목숨 명	베풀 시	베풀 설
辭	說	逝	去	樹	木	始	初
말씀 사	말씀 설	갈 서	갈 거	나무 수	나무 목	처음 시	처음 초
舍	屋	釋	放	搜	索	試	驗
집 사	집 옥	풀 석	놓을 방	찾을 수	찾을 색	시험 시	시험 험
舍	宅	選	擇	輸	送	申	告
집 사	집 택	가릴 선	가릴 택	보낼 수	보낼 송	알릴 신	알릴 고
奢	侈	說	話	授	與	身	體
사치할 사	사치할 치	말씀 설	말씀 화	줄 수	줄 여	몸 신	몸 체
社	會	省	察	收	穫	尋	訪
모일 사	모일 회	살필 성	살필 찰	거둘 수	거둘 확	찾을 심	찾을 방
想	念	洗	濯	純	潔	心	情
생각 상	생각 념	씻을 세	씻을 탁	순수할 순	깨끗할 결	마음 심	뜻 정

兒	童	硏	究	永	遠	宇	宙
아이 아	아이 동	연구할 연	연구할 구	길 영	멀 원	집 우	집 주
安	寧	連	絡	英	特	憂	患
편안 안	편안할 녕	잇닿을 연	이을 락	뛰어날 영	뛰어날 특	근심 우	근심 환
顔	面	連	續	娛	樂	運	動
낯 안	낯 면	잇닿을 연	이을 속	즐길 오	즐길 락	움직일 운	움직일 동
眼	目	硏	磨	傲	慢	運	搬
눈 안	눈 목	갈 연	갈 마	거만할 오	거만할 만	옮길 운	옮길 반
哀	悼	戀	慕	完	全	偉	大
슬플 애	슬퍼할 도	그릴 연	그릴 모	완전할 완	온전 전	클 위	큰 대
養	育	練	習	要	求	委	任
기를 양	기를 육	익힐 연	익힐 습	요긴할 요	구할 구	맡길 위	맡길 임
抑	壓	念	慮	遙	遠	幼	稚
누를 억	누를 압	생각 염	생각할 려	멀 요	멀 원	어릴 유	어릴 치
言	語	閱	覽	愚	鈍	隆	盛
말씀 언	말씀 어	볼 열	볼 람	어리석을 우	둔할 둔	성할 융	성할 성
連	繫	永	久	憂	愁	隆	昌
잇닿을 연	맬 계	길 영	오랠 구	근심 우	근심 수	성할 융	창성할 창

恩	惠
은혜 은	은혜 혜
音	聲
소리 음	소리 성
音	響
소리 음	울릴 향
議	論
의논할 의	논의할 논
衣	服
옷 의	옷 복
意	思
뜻 의	생각 사
意	志
뜻 의	뜻 지
認	識
알 인	알 식
諮	問
물을 자	물을 문

慈	愛
사랑 자	사랑 애
姿	態
모습 자	모습 태
殘	餘
남을 잔	남을 여
將	帥
장수 장	장수 수
裝	飾
꾸밀 장	꾸밀 식
障	碍
막을 장	막을 애
災	禍
재앙 재	재앙 화
財	貨
재물 재	재물 화
貯	蓄
쌓을 저	쌓을 축

戰	爭
싸움 전	다툴 쟁
戰	鬪
싸움 전	싸움 투
竊	盜
훔칠 절	도둑 도
淨	潔
깨끗할 정	깨끗할 결
停	留
머무를 정	머무를 류
精	誠
정할 정	정성 성
靜	寂
고요할 정	고요할 적
整	齊
가지런할 정	가지런할 제
停	止
머무를 정	그칠 지

切	斷
끊을 절	끊을 단
祭	祀
제사 제	제사 사
製	作
지을 제	지을 작
製	造
지을 제	지을 조
提	携
끌 제	이끌 휴
組	織
짤 조	짤 직
調	和
고를 조	화할 화
存	在
있을 존	있을 재
拙	劣
옹졸할 졸	못할 렬

終	了
마칠 종	마칠 료

終	末
마칠 종	끝 말

座	席
자리 좌	자리 석

挫	折
꺾을 좌	꺾을 절

住	居
살 주	살 거

珠	玉
구슬 주	구슬 옥

朱	紅
붉을 주	붉을 홍

俊	傑
뛰어날 준	뛰어날 걸

俊	秀
뛰어날 준	빼어날 수

中	央
가운데 중	가운데 앙

增	加
더할 증	더할 가

贈	與
줄 증	줄 여

憎	惡
미울 증	미워할 오

至	極
지극할 지	지극할 극

知	識
알 지	알 식

珍	寶
보배 진	보배 보

進	就
나아갈 진	나아갈 취

秩	序
차례 질	차례 서

疾	病
병 질	병 병

集	會
모을 집	모일 회

慚	愧
부끄러울 참	부끄러울 괴

懺	悔
뉘우칠 참	뉘우칠 회

參	與
참여할 참	더불 여

倉	庫
곳집 창	곳집 고

菜	蔬
나물 채	나물 소

處	所
곳 처	곳 소

尺	度
자 척	자 도

添	加
더할 첨	더할 가

淸	潔
깨끗할 청	깨끗할 결

淸	淨
깨끗할 청	깨끗할 정

聽	聞
들을 청	들을 문

逮	捕
잡을 체	잡을 포

招	聘
부를 초	부를 빙

總	統
거느릴 총	거느릴 통

蓄	積
모을 축	쌓을 적

衝	突
부딪칠 충	부딪칠 돌

趣	意	統	率	寒	冷	魂	魄
뜻 취	뜻 의	거느릴 통	거느릴 솔	찰 한	찰 랭	넋 혼	넋 백
層	階	鬪	爭	恒	常	婚	姻
층 층	층계 계	싸움 투	다툴 쟁	항상 항	항상 상	혼인할 혼	혼인 인
侵	犯	透	徹	解	釋	混	雜
침노할 침	범할 범	통할 투	통할 철	풀 해	풀 석	섞을 혼	섞일 잡
稱	號	把	握	許	諾	和	睦
일컬을 칭	일컬을 호	잡을 파	쥘 악	허락할 허	허락할 락	화할 화	화목할 목
打	擊	廢	棄	憲	法	確	固
칠 타	칠 격	폐할 폐	버릴 기	법 헌	법 법	굳을 확	굳을 고
墮	落	弊	害	顯	著	痕	迹
떨어질 타	떨어질 락	해질 폐	해할 해	나타날 현	나타날 저	흔적 흔	자취 적
探	索	捕	捉	形	態	休	息
찾을 탐	찾을 색	잡을 포	잡을 착	모양 형	모양 태	쉴 휴	쉴 식
怠	慢	疲	困	刑	罰	戲	弄
게으를 태	게으를 만	피곤할 피	곤할 곤	형벌 형	벌할 벌	희롱할 희	희롱할 롱
討	伐	畢	竟	峽	谷	希	望
칠 토	칠 벌	마칠 필	마침내 경	골짜기 협	골 곡	바랄 희	바랄 망

실력점검하기 01 | 유의자

[1~50] 다음 한자(漢字)와 뜻이 비슷한 한자는 어느 것입니까?

01 灌

① 濃 ② 瀾 ③ 漑
④ 淋 ⑤ 沃

02 濟

① 渡 ② 度 ③ 劑
④ 最 ⑤ 泣

03 徹

① 實 ② 透 ③ 道
④ 授 ⑤ 撤

04 獻

① 憲 ② 牽 ③ 恭
④ 貢 ⑤ 授

05 機

① 幾 ② 繼 ③ 誡
④ 棋 ⑤ 械

06 餓

① 飮 ② 飯 ③ 饑
④ 飽 ⑤ 飾

07 鍊

① 銀 ② 鍛 ③ 段
④ 練 ⑤ 煉

08 摩

① 擦 ② 察 ③ 際
④ 麻 ⑤ 磨

09 藝

① 熱 ② 妓 ③ 譽
④ 伎 ⑤ 持

10 逃

① 姚 ② 趨 ③ 邊
④ 跳 ⑤ 起

11 懶

① 熙 ② 衷 ③ 悉
④ 怠 ⑤ 忿

12 憧

① 悖 ② 憬 ③ 悌
④ 瞳 ⑤ 怖

정답 01 ③ 02 ① 03 ② 04 ④ 05 ⑤ 06 ③ 07 ② 08 ① 09 ④ 10 ② 11 ④ 12 ②

13 慨

① 憤 ② 悅 ③ 墳
④ 槪 ⑤ 努

14 潰

① 躬 ② 遺 ③ 崩
④ 泳 ⑤ 朋

15 扶

① 救 ② 拾 ③ 持
④ 拔 ⑤ 援

16 墳

① 塚 ② 場 ③ 塞
④ 壇 ⑤ 壤

17 配

① 引 ② 額 ③ 頒
④ 領 ⑤ 酒

18 戈

① 弓 ② 柔 ③ 巾
④ 矛 ⑤ 彈

19 詐

① 誣 ② 昨 ③ 調
④ 斯 ⑤ 詞

20 釋

① 譯 ② 飛 ③ 繹
④ 澤 ⑤ 飜

21 潔

① 涯 ② 純 ③ 晴
④ 酌 ⑤ 溪

22 曜

① 蘭 ② 瀾 ③ 欄
④ 闢 ⑤ 爛

23 搬

① 寞 ② 殖 ③ 按
④ 搖 ⑤ 咨

24 隆

① 峻 ② 險 ③ 降
④ 陵 ⑤ 陰

25 蔑

① 夢 ② 侮 ③ 滅
④ 劇 ⑤ 悔

26 拙

① 屈 ② 沙 ③ 抄
④ 協 ⑤ 劣

정답 13 ① 14 ③ 15 ⑤ 16 ① 17 ③ 18 ④ 19 ① 20 ③ 21 ② 22 ⑤ 23 ④ 24 ① 25 ② 26 ⑤

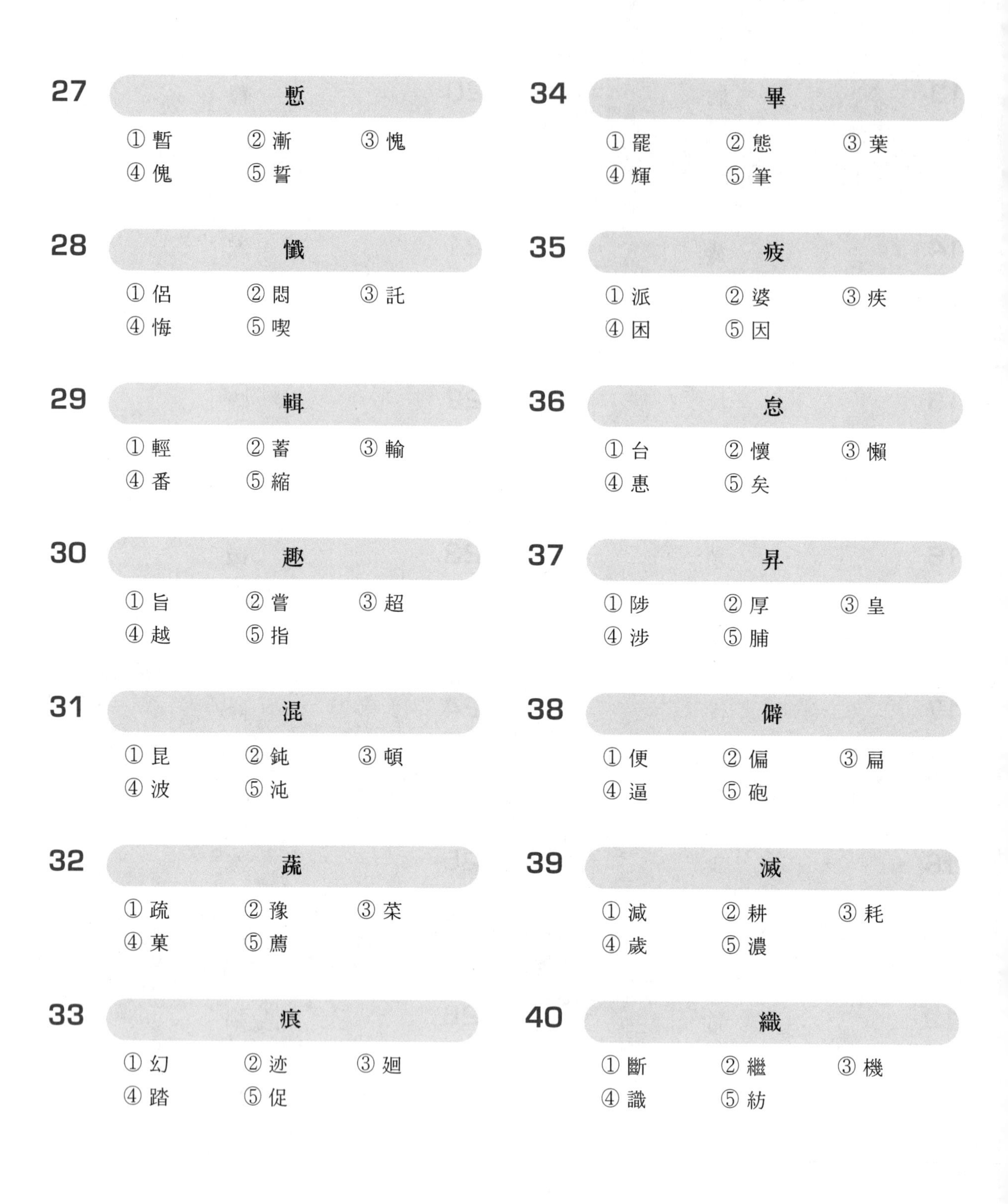

27 慙

① 暫 ② 漸 ③ 愧
④ 傀 ⑤ 晢

28 懺

① 侶 ② 悶 ③ 託
④ 悔 ⑤ 喫

29 輯

① 輕 ② 蓄 ③ 輸
④ 番 ⑤ 縮

30 趣

① 旨 ② 嘗 ③ 超
④ 越 ⑤ 指

31 混

① 昆 ② 鈍 ③ 頓
④ 波 ⑤ 沌

32 蔬

① 疏 ② 豫 ③ 菜
④ 菓 ⑤ 薦

33 痕

① 幻 ② 迹 ③ 廻
④ 踏 ⑤ 促

34 畢

① 罷 ② 態 ③ 葉
④ 輝 ⑤ 筆

35 疲

① 派 ② 婆 ③ 疾
④ 困 ⑤ 因

36 怠

① 台 ② 懷 ③ 懶
④ 惠 ⑤ 矣

37 昇

① 陟 ② 厚 ③ 皇
④ 涉 ⑤ 脯

38 僻

① 便 ② 偏 ③ 扁
④ 逼 ⑤ 砲

39 減

① 滅 ② 耕 ③ 耗
④ 歲 ⑤ 濃

40 織

① 斷 ② 繼 ③ 機
④ 識 ⑤ 紡

정답 27 ③ 28 ④ 29 ② 30 ① 31 ⑤ 32 ③ 33 ② 34 ① 35 ④ 36 ③ 37 ① 38 ② 39 ③ 40 ⑤

41 慘

① 參 ② 酷 ③ 償
④ 酌 ⑤ 慢

42 禱

① 朗 ② 網 ③ 祚
④ 祈 ⑤ 厭

43 矯

① 訂 ② 橋 ③ 頂
④ 政 ⑤ 僑

44 戮

① 屬 ② 屠 ③ 塹
④ 悼 ⑤ 誕

45 擇

① 採 ② 驛 ③ 授
④ 捨 ⑤ 彩

46 搜

① 署 ② 據 ③ 索
④ 削 ⑤ 審

47 魂

① 塊 ② 妙 ③ 魄
④ 傀 ⑤ 醜

48 硬

① 確 ② 破 ③ 研
④ 強 ⑤ 碑

49 濁

① 獨 ② 渾 ③ 洗
④ 泄 ⑤ 蜀

50 薄

① 博 ② 錢 ③ 殘
④ 潛 ⑤ 淺

정답 41 ② 42 ④ 43 ① 44 ② 45 ① 46 ③ 47 ③ 48 ① 49 ② 50 ⑤

DAY 13 동음이의어

가구	家具 살림에 쓰이는 세간 家口 집안 식구
가사	家事 집안일 歌詞 노랫말
가장	家長 집안의 어른 假裝 거짓 태도로 꾸밈
가정	家庭 집안 假定 임시로 정함
감상	感想 마음에 일어나는 생각 鑑賞 작품을 이해하고 즐김
감수	甘受 군말 없이 달게 받음 監修 책의 저술·편찬을 지도 감독함
감축	感祝 경사를 축하함 減縮 덜고 줄여서 적게 함
개명	改名 이름을 고침 開明 사람의 지혜가 열리고 문화가 발달됨
개정	改正 잘못된 것을 바르게 고침 改定 정했던 것을 다시 고쳐 정함
건조	建造 배 등을 설계해 만듦 乾燥 습기가 없음
경계	境界 지역이 갈라지는 한계 警戒 조심하게 함
경로	經路 지나가는 길 敬老 노인을 공경함
경비	經費 일을 하는 데 드는 비용 警備 경계하고 지킴
고성	古城 오래된 성 高聲 높은 소리
고소	告訴 피해자가 수사기관에 신고함 苦笑 쓴웃음
고지	告知 고하여 알림 高地 높은 땅. 이루어야 할 목표
공모	公募 공개 모집함 共謀 두 사람 이상이 일을 꾀함
공방	工房 공예품을 만드는 곳 攻防 공격과 방어
공약	公約 공중에 대한 약속 空約 헛된 약속
과실	果實 나무의 열매 過失 잘못이나 실수

과정
- 過程 일이 되어가는 경로
- 課程 학습해야 할 과목의 내용·분량

교감
- 校監 교무를 감독하는 직책
- 交感 접촉하여 감응함

교단
- 校壇 강의 때 올라서는 단
- 教團 종교 단체

구명
- 救命 사람의 목숨을 구함
- 究明 사물의 본질을 연구하여 밝힘

구조
- 救助 사람을 도와서 구원함
- 構造 전체를 이루고 있는 관계

구호
- 口號 집회에서 주장 등을 간결하게 표현한 문구
- 救護 어려운 사람을 보호함

극단
- 劇團 연극을 전문으로 공연하는 단체. 연극단
- 極端 맨 끝

급수
- 給水 물을 공급함
- 級數 우열의 등급

기구
- 器具 도구, 기계 등의 총칭
- 機構 어떤 목적을 위해 구성한 조직

농담
- 弄談 실없이 놀리거나 장난으로 하는 말
- 濃淡 짙고 옅은 정도

단정
- 端正 얌전하고 깔끔함
- 斷定 분명히 결정함

단지
- 但只 다만
- 團地 주택·공장 등이 있는 일정 구역

답사
- 踏査 현장에 가서 보고 조사함
- 答辭 축사, 송사 등에 대답하는 말

도로
- 道路 길
- 徒勞 보람 없이 애씀

독도
- 獨島 울릉군에 있는 섬
- 讀圖 지도나 도면을 보고 해독함

동정
- 動靜 상황이 전개되는 상태
- 同情 남의 불행을 위로함

동지
- 冬至 24절기의 하나
- 同志 목적, 뜻이 같은 사람

맹아
- 萌芽 새로 돋아 나오는 싹. 또는 사물의 시초
- 盲啞 앞을 보지 못하는 사람과 말을 하지 못하는 사람

면직
- 免職 직무에서 물러나게 함
- 綿織 무명실로 짠 직물

모사
- 模寫 사물을 똑같이 본뜸
- 謀士 계책을 잘 세우는 사람

발전
- 發展 세력 따위가 뻗음
- 發電 전기를 일으킴

방문
- 訪問 남을 찾아 봄
- 房門 방으로 드나드는 문

보고
- 報告 결과나 내용을 알림
- 寶庫 귀중한 것을 보관하는 곳

부양
- 扶養 생활 능력이 없는 사람을 돌봄
- 浮揚 가라앉은 것이 떠오름

부인	婦人 아내 否認 옳다고 인정하지 않음
비명	悲鳴 다급할 때 지르는 소리 碑銘 비석에 새긴 글
비보	飛報 급한 통지 悲報 슬픈 소식
비행	非行 도리에 어긋나는 행위 飛行 하늘을 날아다님
사면	赦免 형벌을 면제함 斜面 경사진 면
사수	死守 목숨을 걸고 지킴 射手 총, 활 등을 쏘는 사람
사찰	寺刹 절 査察 조사하여 살핌
상가	商街 상점이 늘어선 거리 喪家 초상집
선약	先約 먼저 한 약속 仙藥 효력이 좋은 약
선창	先唱 맨 먼저 주창함 船窓 배의 창문
성대	盛大 아주 성하고 큼 聲帶 소리를 내는 신체기관
소재	所在 있는 곳 素材 예술 작품의 바탕이 되는 재료
속성	速成 빨리 이룸 屬性 사물이 가지고 있는 특징
수석	水石 물과 돌로 이루어진 자연의 경치 首席 맨 윗자리
수습	修習 학업·실무 등을 배워 익힘 收拾 어수선한 사태를 바로잡음
수신	受信 통신을 받음 修身 마음과 행실을 닦음
순종	純種 딴 계통과 섞이지 않은 순수한 종 順從 고분고분 따름
시상	施賞 상을 주는 일 詩想 시인(詩人)의 착상이나 구상
시인	是認 그러하다고 인정함 詩人 시를 짓는 사람
식수	食水 먹는 물 植樹 나무를 심음
신부	新婦 새색시 神父 성직자
신축	伸縮 늘이고 줄임 新築 새로 건축함
실례	失禮 예의에 어긋남 實例 구체적인 실제 예
실명	實名 실제 이름 失明 시력을 잃음

실수	失手 잘못을 저지름 實數 유리수와 무리수
실정	失政 정치를 잘못함 實情 실제의 사정
안전	安全 편안하여 위험이 없음 眼前 눈앞
역설	力說 힘주어 말함 逆說 어떤 주의나 주장에 반대되는 이론이나 말
운수	運輸 화물, 여객 등을 나름 運數 이미 정해진 천운
유서	遺書 유언하는 글 由緖 예로부터 전해 내려오는 내력
응시	凝視 눈길을 주어 한동안 바라봄 應試 시험에 응함
의거	依據 어떤 사실에 근거함 義擧 정의를 위해 거사함
이성	異性 성별이 다름 理性 논리적인 마음의 작용
이해	利害 이익과 손해 理解 사리를 분별하여 앎
인상	引上 값을 올림 印象 대상이 주는 느낌
장관	壯觀 볼 만한 경관 長官 행정 각부의 책임자

재고	再考 다시 한번 생각함 在庫 창고에 있음
재단	財團 재단 법인 裁斷 옷감을 본에 맞춰 마름
재화	災禍 재앙과 화난(禍難) 財貨 재물
전경	全景 전체의 경치 戰警 전투경찰
전시	展示 물품을 늘어놓음 戰時 전쟁을 하고 있는 때
절감	切感 절실히 느낌 節減 아껴서 줄임
정당	政黨 정치적인 단체 正當 바르고 마땅함
정원	定員 정해진 인원 庭園 뜰
정전	停電 전력이 끊김 停戰 전투를 중지함
제약	制約 어떤 조건을 붙여 제한함 製藥 약을 제조함
조리	條理 앞뒤가 들어맞음 調理 음식을 만듦
조선	造船 배를 지어 만듦 朝鮮 우리나라의 옛 이름

조화	調和 서로 잘 어울림 造花 만든 꽃
지급	支給 돈을 내어줌 至急 매우 급함
지도	指導 가르쳐 이끎 地圖 지구 표면을 일정 비율로 줄여 기호로 그린 그림
지원	支援 편들어서 도움 志願 뜻하여 바람
지성	知性 생각·판단하는 능력 至誠 지극한 정성
직선	直線 곧은 선 直選 직접 선거
직장	直腸 곧은 창자 職場 일하는 곳
처형	妻兄 아내의 언니 處刑 형벌에 처함
청결	淸潔 맑고 깨끗함 聽決 송사를 듣고 판결을 내림
청탁	淸濁 맑음과 흐림 請託 청하여 부탁함
초대	初代 어떤 계통의 최초의 사람. 또는 그 사람의 시대 招待 남을 불러 대접함
최고	最高 가장 높음 最古 가장 오래됨

축전	祝典 축하하는 의식 祝電 축하 전보
탄성	彈性 물체가 다시 본래 상태로 되돌아가는 성질 歎聲 탄식하는 소리
탈취	奪取 남의 것을 억지로 빼앗음 脫臭 냄새를 없앰
통화	通貨 화폐 通話 말을 주고받음
파문	波紋 수면에 이는 물결 破門 사제의 의리를 끊고 문하에서 내쫓음
표지	表紙 책의 겉장 標識 표시나 특징
필적	匹敵 능력·세력이 서로 맞섬 筆跡 글씨의 모양이나 솜씨
향수	鄕愁 고향을 그리워하는 마음 香水 향기 나는 물
환부	患部 병이나 상처가 난 자리 還付 돈, 물건 등을 도로 돌려줌
해독	解讀 풀이하여 읽음 解毒 독을 풀어 없앰
회유	回遊 돌아다니며 유람함 懷柔 어루만져 달램
회의	會議 여럿이 모여 의논하는 모임 懷疑 마음속에 품은 의심

가공	
加工	원자재나 반제품에 손을 대 새로운 제품을 만듦
可恐	두려워할 만함
架空	사실이 아니고 거짓이나 상상으로 꾸며 냄

감사	
感謝	고맙게 여김
監査	감독하고 검사함
監司	관찰사

경기	
景氣	매매·거래에 따른 경제활동 상태
競技	일정한 규칙에서 기량이나 기술을 겨룸
驚起	깜짝 놀라 일어남

경사	
慶事	축하할 기쁜 일
傾斜	비스듬히 기울어짐
京師	서울

고수	
固守	굳게 지킴
高手	수가 높은 사람
苦愁	시름하며 고생함

공포	
公布	널리 알림
空砲	헛총. 실탄을 재지 않은 총
恐怖	무서움과 두려움

교정	
矯正	버릇·결점을 바로잡음
校庭	학교 운동장
校正	교정지와 원고를 대조하여 오탈자를 바르게 고침

근간	
近刊	최근에 출판된 간행물
近間	요사이
根幹	뿌리와 줄기. 사물의 중심

기사	
記事	사실을 적음
技師	전문 지식이 필요한 기술 업무를 맡아보는 사람
技士	기술 자격 등급의 하나

기원	
紀元	연대를 계산하는 데에 기준이 되는 해
起源	사물이 생긴 근원
祈願	바라는 일이 이루어지기를 빎

대기	
大氣	지구를 둘러싼 기체
待機	기회가 오기를 기다림. 명령을 기다림
大器	큰 그릇

동상	
銅賞	3등상
銅像	구리로 만든 사람의 형상
凍傷	추위로 살이 얼어서 상하는 일

보도	
步道	사람이 다니는 길
報道	새 소식을 널리 알림
補導	잘 도와서 좋은 데로 인도함

부상	
負傷	상처를 입음
副賞	덧붙여서 주는 상
浮上	물 위로 떠오르는 것. 어떤 현상이 관심 대상이 됨

사고	
思考	생각함
事故	뜻밖에 일어난 사건
四顧	사방을 둘러봄. 부근

사유	
私有	개인의 소유
思惟	생각함
事由	일의 까닭

사정	
事情	일의 형편이나 까닭
私情	개인적인 정
査定	조사하거나 심사하여 결정함

상설	
常設	언제든지 이용할 수 있는 시설을 갖춤
霜雪	서리와 눈
詳說	자세하게 설명함

수도	首都 한 나라의 정부가 있는 도시 水道 뱃길. 상하수도 修道 도를 닦음
수면	睡眠 잠 獸面 짐승의 얼굴 水面 물의 겉을 이루는 면
시선	視線 눈이 가는 방향 施善 좋은 일을 베풂 詩選 시를 모은 책
연기	延期 정한 때를 뒤로 미룸 煙氣 물건이 탈 때 일어나는 기체 演技 배우의 연극, 노래, 춤 등의 재주
우수	憂愁 근심 優秀 특별히 빼어남 雨水 24절기의 하나
유치	誘致 꾀어서 데려옴. 행사나 사업 따위를 이끌어 들임 留置 남의 물건을 맡아 둠 幼稚 수준이 낮음
의사	義士 의리·지조를 굳게 지키는 사람 醫師 병을 진찰·치료하는 사람 意思 마음먹은 생각
의식	衣食 옷과 음식 意識 자신이나 사물에 대한 인식 儀式 행사를 치르는 일정한 법식
이상	理想 생각할 수 있는 가장 완전한 상태 以上 위치, 수 등이 어느 기준보다 위 異常 정상이 아닌 상태
인정	人情 남을 동정하는 마음 仁政 어진 정치 認定 확실히 그렇다고 여김
장수	長壽 오래 삶 將帥 군사를 거느린 우두머리 藏守 물건을 간직하여 지킴
전례	前例 이미 있었던 사례 典例 전거(典據)가 되는 선례 典禮 일정한 의식
전원	全員 전체 인원 田園 시골 電源 전력을 공급하는 근원
정수	淨水 깨끗한 물 整數 자연수, 자연수의 음수 및 영을 통틀어 이르는 말 精髓 사물의 중심이 되는 요소
제재	制裁 일정한 규칙의 위반에 대해 제한함 題材 예술, 학술 등의 주제가 되는 재료 製材 베어 낸 나무로 재목을 만듦
조정	朝廷 나라의 정치를 의논·집행하던 곳 調整 고르지 못한 것을 알맞게 조절하여 정돈함 調停 분쟁을 화해시킴. 중재
지각	遲刻 정해진 시각에 늦음 知覺 느끼어 앎 地殼 지구의 바깥쪽 부분
현상	現象 눈앞에 보이는 사물의 형상 및 상태 現狀 현재의 상태. 지금의 형편 懸賞 상금을 걸고 찾거나 모집함

고사	
故事	유래가 있는 옛날의 일
古史	옛 역사
固辭	굳이 사양함
考査	시험

인도	
人道	사람이 다니는 길
引導	이끌어 가르침
引渡	물건, 권리 등을 넘겨줌
印度	인디아

사기	
史記	역사를 기록한 책
詐欺	남을 속임
沙器	사기그릇
士氣	군사의 기세

전기	
傳記	사람의 일대를 기록한 것
轉機	사물이 바뀌는 기회
電氣	물체의 마찰에서 일어나는 현상
前期	앞의 시기

상고	
尙古	옛날의 문물, 제도 등을 귀하게 여김
詳考	상세하게 참고함
喪故	사람이 죽은 사고
上告	판결의 재심사를 상급 법원에 신청하는 일

제도	
制度	제정된 법규
製圖	도면을 그림
諸島	모든 섬
帝都	황제가 있는 도성

수상	
手相	손금
受賞	상을 받음
水上	물 위
首相	내각의 우두머리

진정	
眞情	진실한 마음
眞正	참으로
鎭靜	시끄러운 상태를 조용하게 가라앉힘
陳情	사정을 진술함

양식	
洋式	서양의 양식
樣式	일정한 서식
糧食	먹을거리, 식량
養殖	해산물을 기르는 일

호기	
豪氣	씩씩한 기상
好機	좋은 기회
好期	좋은 시기
好奇	새롭고 기이한 것을 좋아함

실력점검하기 02 | 동음이의어

[1~50] 다음 한자(漢字)와 음(音)이 같은 한자는 어느 것입니까?

01 請託

① 鈍濁 ② 請求 ③ 招請
④ 付託 ⑤ 淸濁

02 加擊

① 價値 ② 家計 ③ 價格
④ 假設 ⑤ 追擊

03 鎭靜

① 眞情 ② 申請 ③ 鎭壓
④ 寂定 ⑤ 振動

04 波紋

① 波動 ② 指紋 ③ 破腫
④ 破門 ⑤ 罷免

05 射手

① 身手 ② 錯覺 ③ 束手
④ 射殺 ⑤ 詐數

06 弔喪

① 孤寂 ② 爪傷 ③ 罪弟
④ 鳥獸 ⑤ 初喪

07 鋪裝

① 逮捕 ② 捕手 ③ 抱腹
④ 捕將 ⑤ 裝飾

08 驅逐

① 驅出 ② 丘陵 ③ 構築
④ 軌跡 ⑤ 騷擾

09 驛傳

① 飜覆 ② 餘滴 ③ 疫疾
④ 拒逆 ⑤ 逆轉

10 歎聲

① 彈性 ② 單聲 ③ 炭素
④ 歎息 ⑤ 誕生

11 垂楊

① 供養 ② 修養 ③ 多樣
④ 遂行 ⑤ 垂裳

12 維持

① 儒林 ② 惟獨 ③ 遺志
④ 獨特 ⑤ 堅持

정답 01 ⑤ 02 ③ 03 ① 04 ④ 05 ⑤ 06 ② 07 ④ 08 ③ 09 ⑤ 10 ① 11 ② 12 ③

13 匹敵

① 四柱　② 匹婦　③ 事跡
④ 筆跡　⑤ 無敵

14 炊事

① 取捨　② 禍事　③ 聚集
④ 炊煙　⑤ 吸煙

15 聲援

① 報答　② 聲優　③ 聖業
④ 缺員　⑤ 成員

16 透析

① 隕石　② 分析　③ 投石
④ 碑石　⑤ 磁石

17 勳章

① 訓音　② 訓長　③ 勳舊
④ 氣量　⑤ 擴張

18 紡織

① 組織　② 紡績　③ 垂直
④ 方直　⑤ 傍觀

19 養殖

① 良識　② 拂拭　③ 養育
④ 增殖　⑤ 裝置

20 叛徒

① 伴奏　② 叛逆　③ 暴徒
④ 起案　⑤ 半島

21 冠禮

① 觀望　② 條例　③ 慣例
④ 冠歲　⑤ 管轄

22 懷疑

① 懷柔　② 會意　③ 凝意
④ 悔恨　⑤ 威儀

23 補修

① 報酬　② 報償　③ 履修
④ 補給　⑤ 補充

24 詳述

① 詳細　② 常備　③ 洋擾
④ 商術　⑤ 記述

25 修繕

① 修鍊　② 垂線　③ 搜索
④ 獨善　⑤ 修飾

26 膠着

① 膠漆　② 矯託　③ 交錯
④ 沈着　⑤ 交叉

정답 13 ④ 14 ① 15 ⑤ 16 ③ 17 ② 18 ④ 19 ① 20 ⑤ 21 ③ 22 ② 23 ① 24 ④ 25 ② 26 ③

27 顧慮

① 督勵 ② 秀麗 ③ 鼓舞
④ 考慮 ⑤ 苦思

28 老熟

① 露宿 ② 老鍊 ③ 老眼
④ 親熟 ⑤ 純熟

29 輔導

① 指導 ② 傳導 ③ 轉嫁
④ 引渡 ⑤ 報道

30 透寫

① 鬪士 ② 投棄 ③ 實寫
④ 描寫 ⑤ 透徹

31 款待

① 官職 ② 招待 ③ 管帶
④ 款項 ⑤ 關係

32 港口

① 航路 ② 恒久 ③ 恒常
④ 巷間 ⑤ 黃口

33 災禍

① 災殃 ② 再計 ③ 鑄貨
④ 財貨 ⑤ 造化

34 赦免

① 斜面 ② 顔面 ③ 赤面
④ 赦罪 ⑤ 斜線

35 始價

① 詩篇 ② 實價 ③ 寫像
④ 始祖 ⑤ 媤家

36 優秀

① 友誼 ② 俊秀 ③ 優劣
④ 偶數 ⑤ 擇偶

37 騎手

① 騎士 ② 基礎 ③ 旣遂
④ 選手 ⑤ 期約

38 幼稚

① 遊離 ② 乳齒 ③ 純粹
④ 流暢 ⑤ 幼蟲

39 稀少

① 僅少 ② 獻納 ③ 微笑
④ 喜笑 ⑤ 稀薄

40 曉星

① 孝誠 ② 燒成 ③ 戴星
④ 晨星 ⑤ 精誠

정답 27 ④ 28 ① 29 ⑤ 30 ① 31 ③ 32 ② 33 ④ 34 ① 35 ⑤ 36 ④ 37 ③ 38 ② 39 ④ 40 ①

41 奪取

① 奪還 ② 脫臭 ③ 脫稅
④ 香臭 ⑤ 情趣

42 鳥獸

① 助手 ② 島嶼 ③ 禽獸
④ 四獸 ⑤ 身首

43 拱手

① 共有 ② 公募 ③ 握手
④ 攻守 ⑤ 保守

44 不渡

① 附圖 ② 歪曲 ③ 佛道
④ 干涉 ⑤ 不法

45 騷音

① 知音 ② 米飮 ③ 小飮
④ 所有 ⑤ 素質

46 煙氣

① 煙霧 ② 演技 ③ 初期
④ 登記 ⑤ 濕氣

47 埋葬

① 每番 ② 安葬 ③ 憲章
④ 墳墓 ⑤ 埋藏

48 衆智

① 衆寡 ② 銳智 ③ 中止
④ 中央 ⑤ 支持

49 榜文

① 訪問 ② 跋文 ③ 放恣
④ 窓門 ⑤ 防共

50 固陋

① 高麗 ② 固鹽 ③ 孤獨
④ 孤陋 ⑤ 鄙陋

정답 41 ② 42 ① 43 ④ 44 ① 45 ③ 46 ② 47 ⑤ 48 ③ 49 ① 50 ④

DAY 13 동자이음자

한자	음·뜻	예
降	강 내리다 항 항복하다	예 昇降(승강) 예 降伏(항복)
車	거 수레 차 수레	예 車馬(거마) 예 車庫(차고)
乾	건 하늘, 마르다 간 마르다	예 乾坤(건곤) 예 乾木水生(간목수생)
見	견 보다 현 뵙다	예 見聞(견문) 예 謁見(알현)
更	경 고치다, 시각 갱 다시	예 更張(경장) 예 更新(갱신)
串	곶 땅이름 관 꿰다	예 長山串(장산곶) 예 串之島(관지도)
廓	곽 둘레 확 크다	예 輪廓(윤곽) 예 廓大(확대)
金	김 성씨, 땅이름 금 쇠, 금	예 金浦(김포) 예 金庫(금고)
茶	다 차 차 차	예 茶亭(다정) 예 紅茶(홍차)
丹	단 붉다 란 꽃이름	예 一片丹心(일편단심) 예 牡丹(모란)
糖	당 엿 탕 사탕	예 糖分(당분) 예 雪糖(설탕)
宅	댁 댁 택 집	예 宅內(댁내) 예 住宅(주택)
度	도 법도 탁 헤아리다	예 程度(정도) 예 度地(탁지)
讀	독 읽다 두 구절	예 讀書(독서) 예 吏讀(이두)
洞	동 동네, 구멍 통 꿰뚫다, 밝다	예 洞里(동리) 예 洞察(통찰)
復	복 회복하다 부 다시	예 復歸(복귀) 예 復活(부활)
北	북 북녘 배 달아나다	예 南北(남북) 예 敗北(패배)
殺	살 죽이다, 감하다 쇄 빠르다	예 殺害(살해) 예 殺到(쇄도)
塞	새 변방 색 막다, 막히다	예 塞翁之馬(새옹지마) 예 語塞(어색)
索	색 찾다 삭 삭막하다	예 索引(색인) 예 索莫(삭막)

한자	음 뜻	예
誓	서 맹세하다 세 맹세하다	예 誓約(서약) 예 盟誓(맹세)
省	성 살피다 생 덜다	예 省墓(성묘) 예 省略(생략)
率	솔 거느리다 률 비율	예 引率(인솔) 예 效率(효율)
衰	쇠 쇠하다 최 상복	예 衰退(쇠퇴) 예 衰服(최복)
帥	수 장수 솔 거느리다	예 元帥(원수) 예 帥先(솔선)
數	수 수, 셈하다 삭 자주	예 數學(수학) 예 頻數(빈삭)
宿	수 별 숙 자다	예 星宿(성수) 예 露宿(노숙)
拾	습 줍다 십 열	예 拾得(습득) 예 參拾(삼십)
食	식 먹다 사 밥	예 飮食(음식) 예 簞食(단사)
識	식 알다 지 기록하다	예 認識(인식) 예 標識(표지)
什	십 열 사람 집 세간	예 什長(십장) 예 什器(집기)
惡	악 악하다 오 미워하다	예 善惡(선악) 예 憎惡(증오)
於	어 어조사 오 감탄사	예 於焉間(어언간) 예 於乎(오호)
葉	엽 잎사귀 섭 성씨	예 葉書(엽서) 예 葉氏(섭씨)
易	이 쉽다 역 바꾸다	예 難易度(난이도) 예 貿易(무역)
咽	열 목메다 인 목구멍	예 嗚咽(오열) 예 咽喉(인후)
炙	자 굽다 적 굽다	예 膾炙(회자) 예 散炙(산적)
狀	장 문서 상 모양	예 賞狀(상장) 예 狀況(상황)
著	저 나타나다, 짓다 착 붙다	예 著述(저술) 예 附著(부착)
籍	적 문서 자 온화하다	예 符籍(부적) 예 蘊籍(온자)
切	절 끊다, 간절하다 체 온통	예 親切(친절) 예 一切(일체)
則	즉 곧 칙 법칙	예 然則(연즉) 예 規則(규칙)
辰	진 별, 용 신 때	예 甲辰(갑진) 예 生辰(생신)
徵	징 부르다 치 음률 이름	예 徵兵(징병) 예 徵音(치음)

參	참 참여하다 삼 석	예 參與(참여) 예 參拾(삼십)

拓	척 넓히다 탁 박다	예 開拓(개척) 예 拓本(탁본)

衰	최 상옷 쇠 쇠하다	예 衰麻(최마) 예 衰軀(쇠구)

推	추 밀다 퇴 밀다	예 推仰(추앙) 예 推敲(퇴고)

沈	침 잠기다 심 성씨	예 沈沒(침몰) 예 沈氏(심씨)

龜	구 거북, 땅이름 귀 거북, 본받다 균 터지다	예 龜尾(구미) 예 龜鑑(귀감) 예 龜裂(균열)

樂	악 음악 락 즐겁다 요 좋아하다	예 音樂(음악) 예 娛樂(오락) 예 樂山(요산)

便	편 편하다 변 똥오줌	예 便利(편리) 예 小便(소변)

暴	포 사납다 폭 사납다, 드러내다	예 暴惡(포악) 예 暴露(폭로)

行	행 다니다 항 항렬	예 行人(행인) 예 行列(항렬)

畫	화 그림 획 긋다	예 畫家(화가) 예 企畫(기획)

滑	활 미끄러지다 골 익살스럽다	예 滑走路(활주로) 예 滑稽(골계)

說	설 말씀 열 기쁘다 세 달래다	예 說明(설명) 예 說喜(열희) 예 遊說(유세)

刺	자 찌르다 척 찌르다 라 수라	예 刺客(자객) 예 刺殺(척살) 예 水刺(수라)

실력점검하기 03 | 동자이음자

[1~30] 다음 괄호 속 한자(漢字)의 음(音)이 다르게 발음되는 것은?

01 ① (樂)觀 ② (樂)園 ③ (樂)天 ④ (樂)勝 ⑤ 聲(樂)

02 ① 逆(說) ② 却(說) ③ 遊(說) ④ (說)得 ⑤ 解(說)

03 ① (龜)鑑 ② (龜)占 ③ (龜)甲 ④ (龜)裂 ⑤ (龜)船

04 ① (洞)察 ② (洞)窟 ③ (洞)觀 ④ (洞)燭 ⑤ (洞)泄

05 ① (復)舊 ② (復)讐 ③ (復)興 ④ (復)歸 ⑤ (復)職

06 ① 堅(塞) ② 窮(塞) ③ 閉(塞) ④ 氣(塞) ⑤ 窒(塞)

07 ① (頓)絕 ② 勞(頓) ③ 整(頓) ④ 查(頓) ⑤ 斗(頓)

08 ① 嗚(咽) ② (咽)喉 ③ 聲(咽) ④ 硬(咽) ⑤ 哀(咽)

09 ① 製(糖) ② (糖)分 ③ (糖)尿 ④ 沙(糖) ⑤ (糖)菓

10 ① (率)先 ② 確(率) ③ 倍(率) ④ 換(率) ⑤ 效(率)

11 ① 邪(惡) ② (惡)魔 ③ 羞(惡) ④ (惡)黨 ⑤ 醜(惡)

12 ① 暗(殺) ② 減(殺) ③ (殺)伐 ④ 盜(殺) ⑤ 抹(殺)

13 ① 巡(更) ② (更)紙 ③ (更)生 ④ (更)發 ⑤ (更)定

14 ① (滑)走 ② (滑)動 ③ 圓(滑) ④ 潤(滑) ⑤ (滑)稽

정답 01 ⑤ 02 ③ 03 ④ 04 ② 05 ③ 06 ① 07 ⑤ 08 ② 09 ④ 10 ① 11 ③ 12 ② 13 ① 14 ⑤

15 ① 改(易) ② 便(易) ③ 貿(易) ④ (易)名 ⑤ 變(易)

16 ① 欽(羨) ② (羨)慕 ③ (羨)望 ④ (羨)餘 ⑤ 健(羨)

17 ① (食)怯 ② (食)貪 ③ 簞(食) ④ 偏(食) ⑤ 斷(食)

18 ① 一(切) ② (切)迫 ③ (切)親 ④ 哀(切) ⑤ (切)削

19 ① (推)戴 ② (推)尋 ③ (推)薦 ④ 類(推) ⑤ (推)敲

20 ① (度)地 ② 頻(度) ③ 薦(度) ④ 程(度) ⑤ 緯(度)

21 ① (若)干 ② 假(若) ③ 般(若) ④ 萬(若) ⑤ 自(若)

22 ① 組(暴) ② 行(暴) ③ (暴)騰 ④ (暴)徒 ⑤ (暴)走

23 ① (省)悟 ② (省)察 ③ 歸(省) ④ 冠(省) ⑤ (省)墓

24 ① 購(讀) ② 講(讀) ③ (讀)破 ④ 精(讀) ⑤ 吏(讀)

25 ① 斬(衰) ② (衰)殘 ③ 老(衰) ④ (衰)頹 ⑤ 盛(衰)

26 ① 諷(刺) ② (刺)傷 ③ 亂(刺) ④ (刺)殺 ⑤ (刺)客

27 ① 拍(車) ② (車)駕 ③ 電(車) ④ 汽(車) ⑤ (車)輛

28 ① (參)照 ② (參)觀 ③ (參)拾 ④ (參)禪 ⑤ (參)酌

29 ① (否)塞 ② 安(否) ③ (否)認 ④ (否)決 ⑤ 與(否)

30 ① (沸)騰 ② (沸)點 ③ (沸)石 ④ 鼎(沸) ⑤ 泡(沸)

정답 15 ② 16 ④ 17 ③ 18 ① 19 ⑤ 20 ① 21 ③ 22 ② 23 ④ 24 ⑤ 25 ① 26 ④ 27 ② 28 ③ 29 ① 30 ③

DAY 13 반의자 · 상대자

加	減
더할 가	덜 감

乾	濕
마를 건	젖을 습

曲	直
굽을 곡	곧을 직

近	遠
가까울 근	멀 원

可	否
옳을 가	아닐 부

輕	重
가벼울 경	무거울 중

功	過
공 공	허물 과

勤	怠
부지런할 근	게으를 태

甘	苦
달 감	쓸 고

慶	弔
경사 경	조상할 조

公	私
공평할 공	사사로울 사

及	落
미칠 급	떨어질 락

江	山
강 강	뫼 산

經	緯
날 경	씨줄 위

攻	守
칠 공	지킬 수

起	伏
일어날 기	엎드릴 복

强	弱
강할 강	약할 약

京	鄕
서울 경	시골 향

攻	防
칠 공	막을 방

起	寢
일어날 기	잠잘 침

開	閉
열 개	닫을 폐

苦	樂
괴로울 고	즐거울 락

官	民
벼슬 관	백성 민

吉	凶
길할 길	흉할 흉

去	來
갈 거	올 래

高	低
높을 고	낮을 저

君	臣
임금 군	신하 신

難	易
어려울 난	쉬울 이

乾	坤
하늘 건	땅 곤

姑	婦
시어미 고	며느리 부

倦	勤
게으를 권	부지런할 근

南	北
남녘 남	북녘 북

內	外	曇	晴	冷	熱	美	醜
안 내	바깥 외	흐릴 담	갤 청	찰 랭	더울 열	아름다울 미	추할 추
來	往	當	否	冷	溫	夫	妻
올 내	갈 왕	마땅 당	아닐 부	찰 랭	따뜻할 온	지아비 부	아내 처
勞	使	大	小	斂	散	班	常
일할 노	부릴 사	큰 대	작을 소	거둘 렴	흩을 산	나눌 반	항상 상
老	少	東	西	輓	推	發	着
늙을 노	젊을 소	동녘 동	서녘 서	끌 만	밀 추	필 발	붙을 착
濃	淡	冬	夏	賣	買	方	圓
짙을 농	맑을 담	겨울 동	여름 하	팔 매	살 매	모 방	둥글 원
多	少	同	異	明	暗	本	末
많을 다	적을 소	같을 동	다를 이	밝을 명	어두울 암	근본 본	끝 말
斷	續	動	靜	問	答	俯	仰
끊을 단	이을 속	움직일 동	고요할 정	물을 문	답할 답	구부릴 부	우러를 앙
單	複	得	失	文	武	浮	沈
홑 단	겹칠 복	얻을 득	잃을 실	글월 문	굳셀 무	뜰 부	잠길 침
旦	夕	登	降	物	心	逢	別
아침 단	저녁 석	오를 등	내릴 강	물건 물	마음 심	만날 봉	이별할 별

貧	富	先	後	需	給	始	末
가난할 빈	넉넉할 부	먼저 선	뒤 후	쓸 수	줄 급	처음 시	끝 말
氷	炭	善	惡	手	足	始	終
얼음 빙	숯 탄	착할 선	악할 악	손 수	발 족	처음 시	마칠 종
死	生	盛	衰	收	支	新	舊
죽을 사	살 생	성할 성	쇠할 쇠	거둘 수	지탱할 지	새 신	옛 구
師	弟	成	敗	授	受	伸	縮
스승 사	제자 제	이룰 성	패할 패	줄 수	받을 수	펼 신	줄일 축
山	海	宵	晝	順	逆	心	身
뫼 산	바다 해	밤 소	낮 주	순할 순	거스를 역	마음 심	몸 신
山	川	損	益	昇	降	深	淺
뫼 산	내 천	덜 손	더할 익	오를 승	내릴 강	깊을 심	얕을 천
山	河	送	迎	勝	負	安	危
뫼 산	물 하	보낼 송	맞을 영	이길 승	질 부	편안 안	위태로울 위
上	下	首	尾	勝	敗	愛	惡
위 상	아래 하	머리 수	꼬리 미	이길 승	패할 패	사랑 애	미워할 오
賞	罰	水	火	是	非	愛	憎
상줄 상	벌줄 벌	물 수	불 화	옳을 시	아닐 비	사랑 애	미워할 증

한자	훈음	한자	훈음
哀	슬플 애	歡	기뻐할 환
往	갈 왕	復	돌아올 복
利	이로울 이	害	해할 해
將	장수 장	卒	군사 졸
抑	누를 억	揚	떨칠 양
優	뛰어날 우	劣	못할 열
因	인할 인	果	결과 과
將	장수 장	兵	군사 병
言	말씀 언	行	다닐 행
遠	멀 원	近	가까울 근
自	스스로 자	他	다를 타
前	앞 전	後	뒤 후
與	여당 여	野	야당 야
有	있을 유	無	없을 무
任	맡길 임	免	면할 면
田	밭 전	畓	논 답
捐	버릴 연	取	가질 취
恩	은혜 은	怨	원망할 원
姉	손위 누이 자	妹	손아래 누이 매
正	바를 정	誤	그르칠 오
榮	영화 영	辱	욕될 욕
隱	숨을 은	現	나타날 현
雌	암컷 자	雄	수컷 웅
朝	아침 조	夕	저녁 석
玉	구슬 옥	石	돌 석
陰	그늘 음	陽	볕 양
昨	어제 작	今	이제 금
朝	조정 조	野	민간 야
凹	오목할 요	凸	볼록할 철
離	떠날 이	合	합할 합
長	어른 장	幼	어릴 유
早	이를 조	晩	늦을 만
緩	느릴 완	急	급할 급
異	다를 이	同	한가지 동
長	길 장	短	짧을 단
存	있을 존	亡	망할 망

存	廢	眞	假	初	終	表	裏
있을 존	폐할 폐	참 진	거짓 가	처음 초	마칠 종	겉 표	속 리
尊	卑	眞	僞	出	入	彼	此
높을 존	낮을 비	참 진	거짓 위	날 출	들 입	저 피	이 차
縱	橫	進	退	出	納	寒	暖
세로 종	가로 횡	나아갈 진	물러날 퇴	날 출	들일 납	찰 한	따뜻할 난
左	右	集	配	出	缺	寒	暑
왼 좌	오른 우	모을 집	나눌 배	날 출	이지러질 결	찰 한	더울 서
晝	夜	集	散	出	沒	閑	忙
낮 주	밤 야	모을 집	흩을 산	날 출	빠질 몰	한가할 한	바쁠 망
主	客	天	地	取	捨	玄	素
주인 주	손님 객	하늘 천	땅 지	취할 취	버릴 사	검을 현	흴 소
主	從	添	削	呑	吐	海	陸
주인 주	따를 종	더할 첨	깎을 삭	삼킬 탄	토할 토	바다 해	뭍 륙
衆	寡	晴	雨	貶	褒	好	惡
무리 중	적을 과	갤 청	비 우	낮출 폄	기릴 포	좋아할 호	미워할 오
增	減	淸	濁	豐	凶	呼	應
더할 증	덜 감	맑을 청	흐릴 탁	풍년 풍	흉할 흉	부를 호	응할 응

呼	吸
부를 호	마실 흡

昏	明
어두울 혼	밝을 명

虛	實
빌 허	열매 실

兄	弟
형 형	아우 제

膾	炙
회 회	구울 자

禍	福
재화 화	복 복

狹	廣
좁을 협	넓을 광

厚	薄
두터울 후	엷을 박

실력점검하기 04 | 반의자 · 상대자

[1~50] 다음 한자(漢字)와 뜻이 반대(反對)이거나 상대(相對)되는 한자는 어느 것입니까?

01 開

① 間 ② 聞 ③ 閉
④ 簡 ⑤ 問

02 輕

① 經 ② 動 ③ 擊
④ 軍 ⑤ 重

03 速

① 遲 ② 運 ③ 道
④ 通 ⑤ 過

04 爭

① 話 ② 淨 ③ 協
④ 精 ⑤ 歷

05 連

① 導 ② 承 ③ 踏
④ 缺 ⑤ 絕

06 敗

① 克 ② 服 ③ 販
④ 宗 ⑤ 資

07 迎

① 然 ② 遣 ③ 達
④ 遠 ⑤ 進

08 卑

① 鬼 ② 車 ③ 尊
④ 西 ⑤ 京

09 還

① 往 ② 住 ③ 注
④ 遠 ⑤ 返

10 恨

① 感 ② 懷 ③ 思
④ 恭 ⑤ 恩

11 假

① 暇 ② 愼 ③ 現
④ 眞 ⑤ 直

12 個

① 固 ② 獨 ③ 總
④ 無 ⑤ 統

정답 01 ③ 02 ⑤ 03 ① 04 ③ 05 ⑤ 06 ① 07 ② 08 ③ 09 ① 10 ⑤ 11 ④ 12 ③

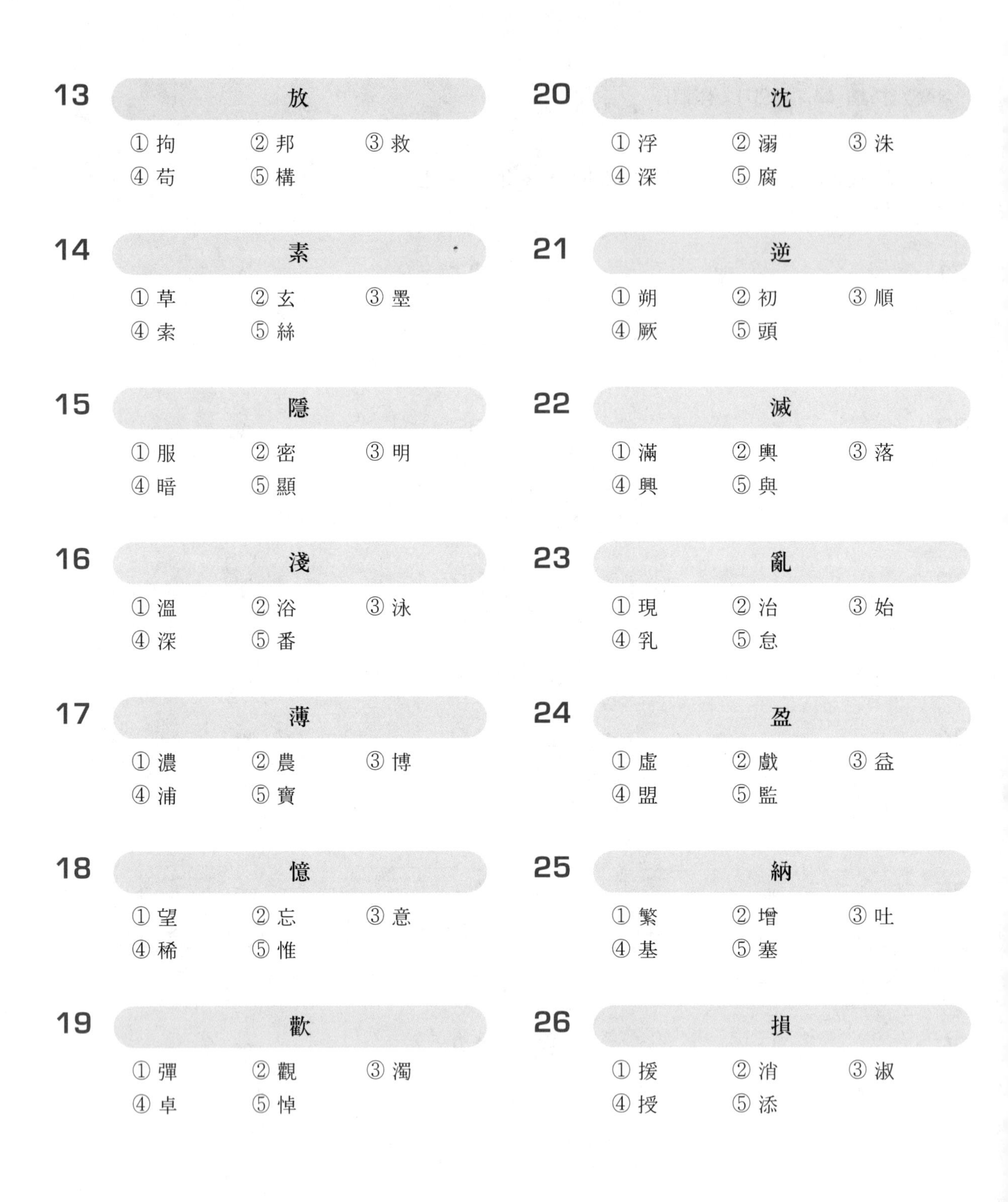

13 放

① 拘 ② 邦 ③ 救
④ 苟 ⑤ 構

14 素

① 草 ② 玄 ③ 墨
④ 索 ⑤ 絲

15 隱

① 服 ② 密 ③ 明
④ 暗 ⑤ 顯

16 淺

① 溫 ② 浴 ③ 泳
④ 深 ⑤ 番

17 薄

① 濃 ② 農 ③ 博
④ 浦 ⑤ 寶

18 憶

① 望 ② 忘 ③ 意
④ 稀 ⑤ 惟

19 歡

① 彈 ② 觀 ③ 濁
④ 卓 ⑤ 悼

20 沈

① 浮 ② 溺 ③ 洙
④ 深 ⑤ 腐

21 逆

① 朔 ② 初 ③ 順
④ 厥 ⑤ 頭

22 滅

① 滿 ② 輿 ③ 落
④ 興 ⑤ 與

23 亂

① 現 ② 治 ③ 始
④ 乳 ⑤ 怠

24 盈

① 虛 ② 戲 ③ 益
④ 盟 ⑤ 監

25 納

① 繁 ② 增 ③ 吐
④ 基 ⑤ 塞

26 損

① 援 ② 消 ③ 淑
④ 授 ⑤ 添

정답 13 ① 14 ② 15 ⑤ 16 ④ 17 ① 18 ② 19 ⑤ 20 ① 21 ③ 22 ④ 23 ② 24 ① 25 ③ 26 ⑤

27 諸

① 語　② 否　③ 斥
④ 絡　⑤ 構

28 權

① 經　② 純　③ 勸
④ 緞　⑤ 槿

29 飢

① 飮　② 飯　③ 飽
④ 飾　⑤ 飼

30 辱

① 營　② 辰　③ 煩
④ 晨　⑤ 榮

31 低

① 氏　② 峻　③ 底
④ 民　⑤ 郵

32 穩

① 康　② 種　③ 季
④ 危　⑤ 稱

33 雅

① 俗　② 欲　③ 雜
④ 叔　⑤ 邪

34 他

① 地　② 池　③ 苦
④ 我　⑤ 若

35 鈍

① 敦　② 鏡　③ 銳
④ 設　⑤ 悅

36 漫

① 慢　② 蓄　③ 速
④ 蕃　⑤ 浸

37 近

① 退　② 進　③ 逮
④ 遙　⑤ 達

38 收

① 支　② 持　③ 反
④ 宿　⑤ 取

39 析

① 終　② 栢　③ 綜
④ 粉　⑤ 桐

40 壽

① 祈　② 夭　③ 吉
④ 潔　⑤ 賣

정답 27 ② 28 ① 29 ③ 30 ⑤ 31 ② 32 ④ 33 ① 34 ⑤ 35 ③ 36 ② 37 ④ 38 ① 39 ③ 40 ②

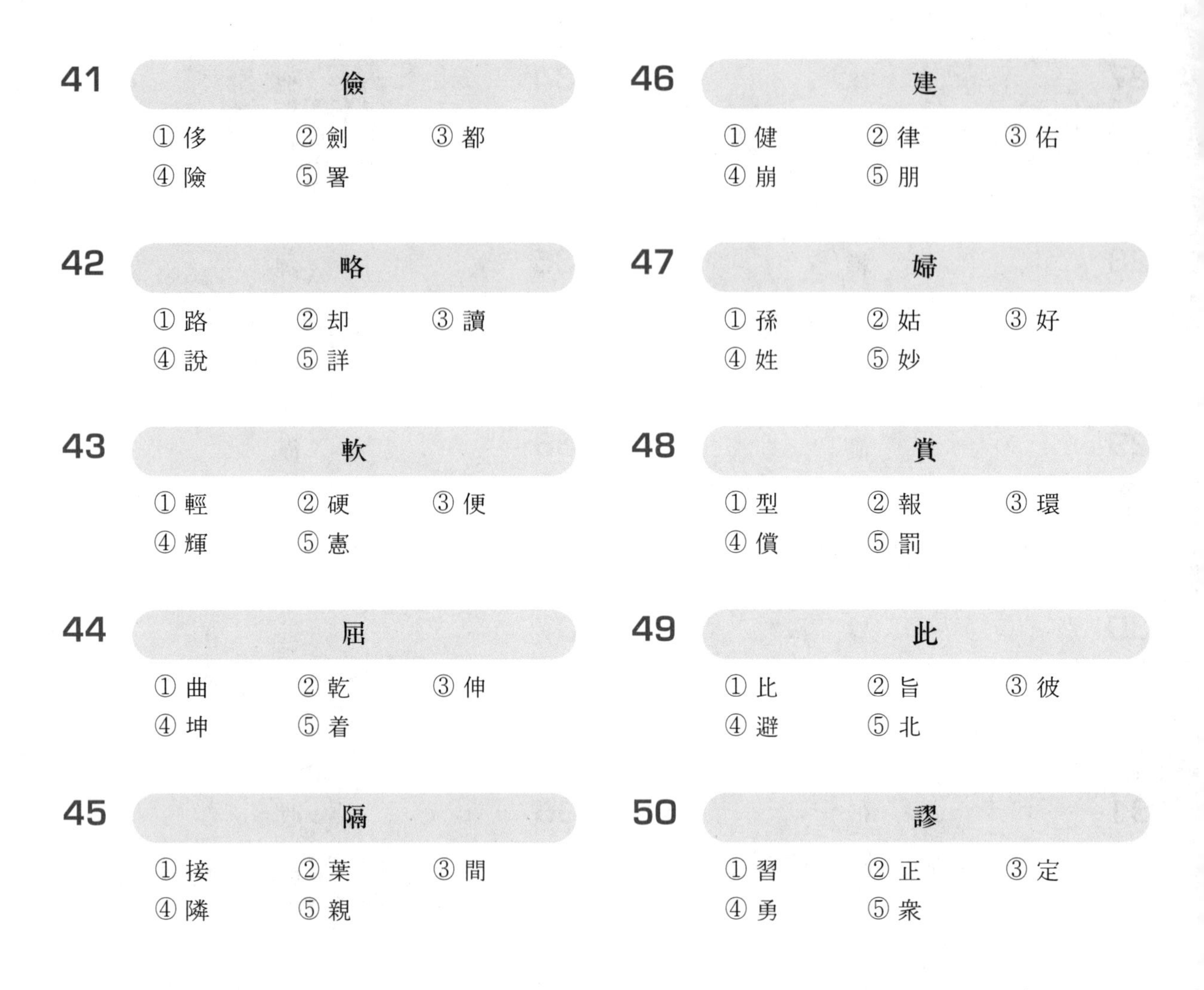

41 儉

① 侈　② 劍　③ 都
④ 險　⑤ 署

42 略

① 路　② 却　③ 讀
④ 說　⑤ 詳

43 軟

① 輕　② 硬　③ 便
④ 輝　⑤ 憲

44 屈

① 曲　② 乾　③ 伸
④ 坤　⑤ 着

45 隔

① 接　② 葉　③ 間
④ 隣　⑤ 親

46 建

① 健　② 律　③ 佑
④ 崩　⑤ 朋

47 婦

① 孫　② 姑　③ 好
④ 姓　⑤ 妙

48 賞

① 型　② 報　③ 環
④ 償　⑤ 罰

49 此

① 比　② 旨　③ 彼
④ 避　⑤ 北

50 謬

① 習　② 正　③ 定
④ 勇　⑤ 衆

정답 41 ① 42 ⑤ 43 ② 44 ③ 45 ① 46 ④ 47 ② 48 ⑤ 49 ③ 50 ②

DAY 13 반의어 · 상대어

可決	否決	減少	增加	客體	主體
가결	부결	감소	증가	객체	주체
架空	實在	感情	理性	巨大	微少
가공	실재	감정	이성	거대	미소
假象	實在	剛健	柔弱	巨富	極貧
가상	실재	강건	유약	거부	극빈
加熱	冷却	强硬	柔和	拒絶	承諾
가열	냉각	강경	유화	거절	승낙
却下	接受	開放	閉鎖	建設	破壞
각하	접수	개방	폐쇄	건설	파괴
干涉	放任	個別	全體	乾燥	濕潤
간섭	방임	개별	전체	건조	습윤
間歇	綿延	客觀	主觀	傑作	拙作
간헐	면연	객관	주관	걸작	졸작

儉約	浪費
검약	낭비
缺乏	豐富
결핍	풍부
謙遜	傲慢
겸손	오만
輕減	加重
경감	가중
經度	緯度
경도	위도
輕蔑	尊敬
경멸	존경
輕薄	愼重
경박	신중
輕率	鎭重
경솔	진중
輕視	重視
경시	중시

高潔	低俗
고결	저속
高雅	卑俗
고아	비속
固定	流動
고정	유동
高調	低調
고조	저조
困難	容易
곤란	용이
供給	需要
공급	수요
共鳴	反駁
공명	반박
空想	現實
공상	현실
公的	私的
공적	사적

空虛	充實
공허	충실
過去	未來
과거	미래
過激	穩健
과격	온건
寡默	弄舌
과묵	농설
官尊	民卑
관존	민비
灌木	喬木
관목	교목
光明	暗黑
광명	암흑
廣義	狹義
광의	협의
驕慢	謙遜
교만	겸손

拘束	釋放
구속	석방

歸納	演繹
귀납	연역

飢餓	飽食
기아	포식

求心	遠心
구심	원심

勤勉	懶怠
근면	나태

緊密	疏遠
긴밀	소원

具體	抽象
구체	추상

勤勉	怠慢
근면	태만

緊張	弛緩
긴장	이완

舊派	新派
구파	신파

僅少	過多
근소	과다

吉兆	凶兆
길조	흉조

國內	國外
국내	국외

急性	慢性
급성	만성

懦弱	强勇
나약	강용

君子	小人
군자	소인

急行	緩行
급행	완행

樂觀	悲觀
낙관	비관

屈服	抵抗
굴복	저항

肯定	否定
긍정	부정

落第	及第
낙제	급제

屈辱	雪辱
굴욕	설욕

旣決	未決
기결	미결

樂天	厭世
낙천	염세

權利	義務
권리	의무

奇拔	平凡
기발	평범

暖流	寒流
난류	한류

濫讀	精讀
남독	정독
濫用	節約
남용	절약
朗讀	默讀
낭독	묵독
來生	前生
내생	전생
內容	形式
내용	형식
內包	外延
내포	외연
老鍊	未熟
노련	미숙
訥辯	能辯
눌변	능변
能動	被動
능동	피동

凌蔑	崇仰
능멸	숭앙
短點	長點
단점	장점
單式	複式
단식	복식
多元	一元
다원	일원
單一	複合
단일	복합
短縮	延長
단축	연장
唐慌	沈着
당황	침착
貸邊	借邊
대변	차변
大乘	小乘
대승	소승

對話	獨白
대화	독백
都心	郊外
도심	교외
獨創	模倣
독창	모방
動機	結果
동기	결과
冬眠	夏眠
동면	하면
杜絶	連絡
두절	연락
登場	退場
등장	퇴장
漠然	確然
막연	확연
滿足	不滿
만족	불만

한자	읽기	한자	읽기
忘却	망각	記憶	기억
埋沒	매몰	發掘	발굴
滅亡	멸망	興起	흥기
名譽	명예	恥辱	치욕
明轉	명전	暗轉	암전
矛盾	모순	合理	합리
母音	모음	子音	자음
模糊	모호	分明	분명
無能	무능	有能	유능
無形	무형	有形	유형
文語	문어	口語	구어
文明	문명	未開	미개
物質	물질	精神	정신
未備	미비	完備	완비
敏感	민감	鈍感	둔감
敏速	민속	遲鈍	지둔
密接	밀접	疏遠	소원
密集	밀집	散在	산재
博學	박학	薄學	박학
反對	반대	贊成	찬성
反目	반목	和睦	화목
反抗	반항	服從	복종
發達	발달	退步	퇴보
發生	발생	消滅	소멸
跋文	발문	序文	서문
放心	방심	操心	조심
背恩	배은	報恩	보은

白髮	紅顔
백발	홍안

繁榮	衰退
번영	쇠퇴

凡人	超人
범인	초인

別居	同居
별거	동거

別館	本館
별관	본관

保守	革新
보수	혁신

普遍	特殊
보편	특수

複雜	單純
복잡	단순

本業	副業
본업	부업

富貴	貧賤
부귀	빈천

富裕	貧窮
부유	빈궁

不實	充實
부실	충실

敷衍	省略
부연	생략

否認	是認
부인	시인

否定	肯定
부정	긍정

分擔	全擔
분담	전담

分離	統合
분리	통합

分析	綜合
분석	종합

紛爭	和解
분쟁	화해

不運	幸運
불운	행운

卑怯	勇敢
비겁	용감

悲劇	喜劇
비극	희극

卑近	高遠
비근	고원

非番	當番
비번	당번

非凡	平凡
비범	평범

悲哀	歡喜
비애	환희

卑語	敬語
비어	경어

悲運	幸運
비운	행운

常例	特例
상례	특례

善意	惡意
선의	악의

卑稱	尊稱
비칭	존칭

喪失	獲得
상실	획득

先天	後天
선천	후천

奢侈	儉素
사치	검소

詳述	略述
상술	약술

成功	失敗
성공	실패

社會	個人
사회	개인

生家	養家
생가	양가

成熟	未熟
성숙	미숙

死後	生前
사후	생전

生食	火食
생식	화식

所得	損失
소득	손실

削減	添加
삭감	첨가

生花	造花
생화	조화

騷亂	靜肅
소란	정숙

散文	韻文
산문	운문

抒情	敍事
서정	서사

消費	生産
소비	생산

殺害	被殺
살해	피살

碩學	淺學
석학	천학

衰退	隆興
쇠퇴	융흥

相剋	相生
상극	상생

先輩	後輩
선배	후배

守勢	攻勢
수세	공세

需要	供給
수요	공급
淑女	紳士
숙녀	신사
熟達	未熟
숙달	미숙
純粹	不純
순수	불순
順坦	險難
순탄	험난
順行	逆行
순행	역행
勝利	敗北
승리	패배
新語	死語
신어	사어
信義	疑心
신의	의심

失意	得意
실의	득의
實質	形式
실질	형식
安全	危險
안전	위험
野蠻	文明
야만	문명
暗示	明示
암시	명시
愛護	虐待
애호	학대
語幹	語尾
어간	어미
逆境	順境
역경	순경
連作	輪作
연작	윤작

連敗	連勝
연패	연승
永劫	刹那
영겁	찰나
榮轉	左遷
영전	좌천
靈魂	肉身
영혼	육신
銳敏	愚鈍
예민	우둔
誤報	眞相
오보	진상
愚昧	賢明
우매	현명
優勢	劣勢
우세	열세
偶然	必然
우연	필연

優秀	劣等	陰氣	陽氣	自動	手動
우 수	열 등	음 기	양 기	자 동	수 동
憂鬱	明朗	依他	自立	諮問	決議
우 울	명 랑	의 타	자 립	자 문	결 의
原告	被告	異端	正統	自律	他律
원 고	피 고	이 단	정 통	자 율	타 율
原因	結果	裏面	表面	自意	他意
원 인	결 과	이 면	표 면	자 의	타 의
原型	模型	理想	現實	子正	正午
원 형	모 형	이 상	현 실	자 정	정 오
偉人	凡人	利益	損失	長篇	短篇
위 인	범 인	이 익	손 실	장 편	단 편
遊星	恒星	人爲	自然	低俗	高尙
유 성	항 성	인 위	자 연	저 속	고 상
柔軟	硬直	立體	平面	嫡子	庶子
유 연	경 직	입 체	평 면	적 자	서 자
恩惠	怨恨	入港	出港	積極	消極
은 혜	원 한	입 항	출 항	적 극	소 극

敵對	友好	漸進	急進	增進	減退
적 대	우 호	점 진	급 진	증 진	감 퇴
傳統	革新	正常	異常	直系	傍系
전 통	혁 신	정 상	이 상	직 계	방 계
前半	後半	整頓	亂雜	直接	間接
전 반	후 반	정 돈	난 잡	직 접	간 접
前進	後進	精密	粗雜	直線	曲線
전 진	후 진	정 밀	조 잡	직 선	곡 선
秩序	混亂	正直	詐欺	眞實	虛僞
질 서	혼 란	정 직	사 기	진 실	허 위
絶對	相對	定着	漂流	質疑	應答
절 대	상 대	정 착	표 류	질 의	응 답
絶望	希望	弔客	賀客	進步	退步
절 망	희 망	조 객	하 객	진 보	퇴 보
正當	不當	縱景	橫景	斬新	陳腐
정 당	부 당	종 경	횡 경	참 신	진 부
集合	解散	知的	情的	淺學	碩學
집 합	해 산	지 적	정 적	천 학	석 학

創造	模倣	親近	疏遠	敗戰	勝戰
창조	모방	친근	소원	패전	승전
天然	人造	快樂	苦痛	敗北	勝利
천연	인조	쾌락	고통	패배	승리
初聲	終聲	妥當	不當	暴露	隱蔽
초성	종성	타당	부당	폭로	은폐
體言	用言	快勝	慘敗	豐饒	貧困
체언	용언	쾌승	참패	풍요	빈곤
遞增	遞減	卓越	平凡	彼岸	此岸
체증	체감	탁월	평범	피안	차안
縮小	擴大	誕生	死亡	虐待	優待
축소	확대	탄생	사망	학대	우대
聰明	愚鈍	濁音	淸音	合法	違法
총명	우둔	탁음	청음	합법	위법
稚拙	洗練	退化	進化	諧調	亂調
치졸	세련	퇴화	진화	해조	난조
恥辱	名譽	膨脹	收縮	幸福	不幸
치욕	명예	팽창	수축	행복	불행

許多	稀少
허다	희소

好轉	逆轉
호전	역전

荒野	沃土
황야	옥토

現役	退役
현역	퇴역

好評	惡評
호평	악평

厚待	薄待
후대	박대

兄弟	姉妹
형제	자매

好況	不況
호황	불황

실력점검하기 05 | 반의어 · 상대어

[1~50] 다음 한자(漢字)와 뜻이 반대(反對)이거나 상대(相對)되는 한자어는 어느 것입니까?

01 漠然

① 確然 ② 漠漠 ③ 確實
④ 投宿 ⑤ 索莫

02 閉鎖

① 閉幕 ② 兼備 ③ 開放
④ 閉塞 ⑤ 開發

03 特殊

① 特色 ② 抵當 ③ 特技
④ 階段 ⑤ 普遍

04 勇敢

① 根據 ② 卑怯 ③ 容恕
④ 卑劣 ⑤ 果敢

05 珠算

① 暗算 ② 計算 ③ 眞珠
④ 豫算 ⑤ 精算

06 慘敗

① 參與 ② 場所 ③ 快勝
④ 蒼空 ⑤ 勝負

07 持續

① 間歇 ② 間或 ③ 維持
④ 堅持 ⑤ 干涉

08 捷徑

① 直徑 ② 排除 ③ 經線
④ 迂路 ⑤ 逃路

09 恩惠

① 餘恨 ② 恩德 ③ 恨歎
④ 恩澤 ⑤ 怨恨

10 庸人

① 初入 ② 超人 ③ 犯人
④ 私人 ⑤ 公人

11 沈着

① 唐慌 ② 唐突 ③ 執着
④ 整理 ⑤ 沈沒

12 記憶

① 妄想 ② 奇跡 ③ 忘却
④ 茫然 ⑤ 哀惜

정답 01 ① 02 ③ 03 ⑤ 04 ② 05 ① 06 ③ 07 ① 08 ④ 09 ⑤ 10 ② 11 ① 12 ③

13 附加

① 加算 ② 加減 ③ 阿附
④ 尖端 ⑤ 添加

14 羞恥

① 羞惡 ② 榮光 ③ 恥辱
④ 恥事 ⑤ 慾求

15 咀呪

① 祝願 ② 抵抗 ③ 祝祭
④ 冥福 ⑤ 薄福

16 傲慢

① 謙卑 ② 傲氣 ③ 驕慢
④ 謙讓 ⑤ 誤謬

17 破壞

① 健康 ② 建設 ③ 破鏡
④ 賠償 ⑤ 壞死

18 上昇

① 上空 ② 下層 ③ 下待
④ 下手 ⑤ 下降

19 釋放

① 拘束 ② 解釋 ③ 封鎖
④ 放役 ⑤ 放送

20 險難

① 順理 ② 逆行 ③ 順坦
④ 冒險 ⑤ 論難

21 稱讚

① 指摘 ② 詰難 ③ 詰朝
④ 稱訟 ⑤ 禮讚

22 貫徹

① 貫通 ② 平凡 ③ 透徹
④ 挫折 ⑤ 夭折

23 下落

① 昂騰 ② 激昂 ③ 停喪
④ 引受 ⑤ 殃禍

24 埋沒

① 發見 ② 埋葬 ③ 沒落
④ 狀態 ⑤ 發掘

25 統一

① 分擔 ② 分裂 ③ 統制
④ 古墳 ⑤ 分析

26 共鳴

① 反省 ② 悲鳴 ③ 反駁
④ 共感 ⑤ 攻駁

정답 13 ⑤ 14 ② 15 ① 16 ④ 17 ② 18 ⑤ 19 ① 20 ③ 21 ② 22 ④ 23 ① 24 ⑤ 25 ② 26 ③

27 厄運

① 運搬 ② 吉運 ③ 災厄
④ 幸福 ⑤ 吉凶

28 中止

① 續行 ② 熟眠 ③ 豐富
④ 中間 ⑤ 速斷

29 洗練

① 洗滌 ② 洗心 ③ 幼稚
④ 稚拙 ⑤ 洗濯

30 義務

① 債務 ② 任務 ③ 權利
④ 棄權 ⑤ 權威

31 放任

① 背任 ② 放送 ③ 倣似
④ 涉外 ⑤ 干涉

32 複雜

① 簡單 ② 亂雜 ③ 單獨
④ 淸潔 ⑤ 簡潔

33 虐待

① 忽待 ② 處遇 ③ 優待
④ 屈辱 ⑤ 驅使

34 轉瞬

① 永劫 ② 永遠 ③ 回轉
④ 轉換 ⑤ 永眠

35 極樂

① 至極 ② 地震 ③ 地獄
④ 罔極 ⑤ 天使

36 異端

① 異色 ② 端緖 ③ 師團
④ 正統 ⑤ 精誠

37 興奮

① 安靜 ② 安寧 ③ 興趣
④ 交流 ⑤ 忌避

38 長壽

① 短點 ② 夭折 ③ 九折
④ 長短 ⑤ 絶妙

39 濫罰

① 濫賞 ② 閱覽 ③ 鑑察
④ 褒賞 ⑤ 受賞

40 秩序

① 矛盾 ② 昏迷 ③ 混沌
④ 直視 ⑤ 序列

정답 27 ② 28 ① 29 ④ 30 ③ 31 ⑤ 32 ① 33 ③ 34 ① 35 ③ 36 ④ 37 ① 38 ② 39 ① 40 ③

41 精巧

① 粗惡 ② 正常 ③ 憎惡
④ 害惡 ⑤ 技巧

42 敵對

① 無敵 ② 定着 ③ 敵軍
④ 朋友 ⑤ 友好

43 美聞

① 美容 ② 醜聞 ③ 美談
④ 所聞 ⑤ 抱負

44 隷屬

① 所屬 ② 同僚 ③ 讀者
④ 獨立 ⑤ 獨身

45 紛爭

① 紛失 ② 鬪爭 ③ 和解
④ 和合 ⑤ 物議

46 遠隔

① 近接 ② 側近 ③ 近處
④ 遠近 ⑤ 隔阻

47 濃厚

① 稀貴 ② 濃度 ③ 農事
④ 厚薄 ⑤ 稀薄

48 鈍濁

① 鈍器 ② 混濁 ③ 銳敏
④ 銳利 ⑤ 清濁

49 崩落

① 爆發 ② 暴騰 ③ 極甚
④ 暴亡 ⑤ 信用

50 高尙

① 卑俗 ② 高齡 ③ 崇尙
④ 卑屈 ⑤ 卑劣

정답 41 ① 42 ⑤ 43 ② 44 ④ 45 ③ 46 ① 47 ⑤ 48 ④ 49 ② 50 ①

DAY 14 혼동하기 쉬운 한자

DAY 14
쪽지시험

DAY 14

한자	뜻	예
干	방패 간	예 干城(간성)
于	어조사 우	예 于先(우선)
刊	새길 간	예 刊行(간행)
肝	간 간	예 肝炎(간염)
減	덜 감	예 減少(감소)
滅	멸망할 멸	예 滅亡(멸망)
腔	속 빌 강	예 腹腔(복강)
控	당길 공	예 控除(공제)
慨	슬퍼할 개	예 慨嘆(개탄)
概	대개 개	예 概念(개념)
坑	구덩이 갱	예 坑道(갱도)
抗	겨룰 항	예 抵抗(저항)
件	물건 건	예 要件(요건)
伴	짝 반	예 同伴(동반)
建	세울 건	예 建築(건축)
健	건강할 건	예 健康(건강)
堅	굳을 견	예 堅實(견실)
竪	세울 수	예 竪立(수립)

한자	뜻	예
決	결단할 결	예 決定(결정)
快	쾌할 쾌	예 豪快(호쾌)
境	경계 경	예 境地(경지)
鏡	거울 경	예 鏡戒(경계)
更	고칠 경	예 變更(변경)
吏	벼슬 리	예 吏房(이방)
競	다툴 경	예 競爭(경쟁)
兢	삼갈 긍	예 兢戒(긍계)
季	계절 계	예 季節(계절)
秀	빼어날 수	예 優秀(우수)
階	섬돌/층계 계	예 階段(계단)
陸	뭍 륙	예 陸地(육지)
枯	마를 고	예 枯木(고목)
姑	시어머니 고	예 姑婦(고부)
苦	쓸 고	예 苦難(고난)
若	만약 약	예 萬若(만약)
孤	외로울 고	예 孤獨(고독)
狐	여우 호	예 白狐(백호)

한자	뜻과 음	예
困	곤할 곤	예 疲困(피곤)
因	인할 인	예 因緣(인연)
攻	칠 공	예 攻擊(공격)
巧	공교할 교	예 技巧(기교)
科	과정 과	예 科目(과목)
料	헤아릴 료	예 料量(요량)
瓜	오이 과	예 木瓜(목과)
爪	손톱 조	예 爪牙(조아)
壞	무너질 괴	예 破壞(파괴)
壤	흙덩이 양	예 土壤(토양)
拘	잡을 구	예 拘束(구속)
抱	안을 포	예 抱擁(포옹)
勸	권할 권	예 勸善(권선)
權	권세 권	예 權利(권리)
鬼	귀신 귀	예 鬼神(귀신)
蒐	모을 수	예 蒐集(수집)
貴	귀할 귀	예 富貴(부귀)
責	꾸짖을 책	예 責望(책망)
斤	근 근	예 斤量(근량)
斥	물리칠 척	예 排斥(배척)
僅	겨우 근	예 僅少(근소)
謹	삼갈 근	예 謹愼(근신)

한자	뜻과 음	예
肯	즐길 긍	예 肯定(긍정)
背	등/배반할 배	예 背信(배신)
奇	기이할 기	예 奇人(기인)
寄	부칠 기	예 寄附(기부)
棄	버릴 기	예 棄兒(기아)
葉	잎 엽	예 落葉(낙엽)
難	어려울 난	예 困難(곤란)
離	떠날 리	예 離別(이별)
納	들일 납	예 納入(납입)
紛	어지러울 분	예 紛爭(분쟁)
奴	종 노	예 奴隷(노예)
如	같을 여	예 如一(여일)
怒	성낼 노	예 怒氣(노기)
努	힘쓸 노	예 努力(노력)
端	단정할 단	예 端正(단정)
瑞	상서로울 서	예 瑞光(서광)
貸	빌릴 대	예 轉貸(전대)
賃	품삯 임	예 賃金(임금)
代	대신할 대	예 代用(대용)
伐	칠 벌	예 討伐(토벌)
待	기다릴 대	예 期待(기대)
侍	모실 시	예 侍女(시녀)

한자	뜻과 음	예
戴	일 대	예 負戴(부대)
載	실을 재	예 積載(적재)
徒	걸어다닐 도	예 徒步(도보)
徙	옮길 사	예 移徙(이사)
都	도읍 도	예 首都(수도)
部	나눌 부	예 部分(부분)
蹈	밟을 도	예 舞蹈(무도)
踏	밟을 답	예 踏襲(답습)
憧	동경할 동	예 憧憬(동경)
潼	물 이름 동	예 碧潼(벽동)
卵	알 란	예 鷄卵(계란)
卯	토끼 묘	예 卯時(묘시)
剌	발랄할 랄	예 潑剌(발랄)
刺	찌를 자	예 刺戟(자극)
憐	불쌍히 여길 련	예 憐憫(연민)
隣	이웃 린	예 隣近(인근)
輪	바퀴 륜	예 輪廻(윤회)
輸	실어낼 수	예 輸出(수출)
栗	밤 률	예 栗木(율목)
粟	조 속	예 粟豆(속두)
理	다스릴 리	예 倫理(윤리)
埋	묻을 매	예 埋葬(매장)
裏	속 리	예 表裏(표리)
囊	주머니 낭	예 行囊(행낭)
慢	거만할 만	예 傲慢(오만)
漫	흩어질 만	예 散漫(산만)
眠	잘 면	예 睡眠(수면)
眼	눈 안	예 眼目(안목)
免	면할 면	예 免除(면제)
兎	토끼 토	예 兎皮(토피)
鳴	울 명	예 悲鳴(비명)
嗚	슬플 오	예 嗚咽(오열)
侮	업신여길 모	예 侮辱(모욕)
悔	뉘우칠 회	예 後悔(후회)
母	어미 모	예 母情(모정)
貫	꿸 관	예 貫徹(관철)
沐	목욕할 목	예 沐浴(목욕)
休	쉴 휴	예 休息(휴식)
微	작을 미	예 微笑(미소)
徵	부를 징	예 徵集(징집)
拍	칠 박	예 拍手(박수)
栢	잣나무 백	예 冬栢(동백)
薄	엷을 박	예 薄明(박명)
簿	장부 부	예 帳簿(장부)

迫	핍박할 박	예 逼迫(핍박)
追	쫓을 추	예 追憶(추억)

飯	밥 반	예 白飯(백반)
飮	마실 음	예 飮料(음료)

倣	본뜰 방	예 模倣(모방)
做	지을 주	예 看做(간주)

番	차례 번	예 番號(번호)
審	살필 심	예 審査(심사)

罰	벌할 벌	예 罰金(벌금)
罪	죄 죄	예 犯罪(범죄)

壁	벽 벽	예 土壁(토벽)
璧	구슬 벽	예 完璧(완벽)

變	변할 변	예 變化(변화)
戀	그릴 련	예 戀愛(연애)

奉	받들 봉	예 奉養(봉양)
奏	아뢸 주	예 演奏(연주)

否	아닐 부	예 否便(부편)
歪	기울 왜	예 歪力(왜력)

奮	떨칠 분	예 興奮(흥분)
奪	빼앗을 탈	예 奪取(탈취)

貧	가난할 빈	예 貧弱(빈약)
貪	탐할 탐	예 貪慾(탐욕)

氷	얼음 빙	예 解氷(해빙)
永	길 영	예 永久(영구)

士	선비 사	예 紳士(신사)
土	흙 토	예 土地(토지)

使	부릴 사	예 使用(사용)
便	편할 편	예 簡便(간편)

仕	벼슬 사	예 奉仕(봉사)
任	맡길 임	예 任務(임무)

捨	버릴 사	예 取捨(취사)
拾	주울 습	예 拾得(습득)

師	스승 사	예 恩師(은사)
帥	장수 수	예 將帥(장수)

思	생각할 사	예 思想(사상)
惠	은혜 혜	예 恩惠(은혜)

社	모일 사	예 會社(회사)
祀	제사 사	예 祭祀(제사)

撒	뿌릴 살	예 撒布(살포)
徹	통할 철	예 貫徹(관철)

狀	형상 상	예 狀態(상태)
壯	장할 장	예 健壯(건장)

象	코끼리 상	예 象牙(상아)
衆	무리 중	예 衆生(중생)

한자	뜻·음	예
璽	옥새 새	예 玉璽(옥새)
爾	너 이	예 爾來(이래)
塞	변방 새	예 要塞(요새)
寒	찰 한	예 寒食(한식)
牲	희생 생	예 犧牲(희생)
姓	성씨 성	예 姓氏(성씨)
棲	깃들일 서	예 棲息(서식)
捷	이길 첩	예 大捷(대첩)
恕	용서할 서	예 容恕(용서)
怒	성낼 노	예 怒氣(노기)
析	쪼갤 석	예 分析(분석)
折	꺾을 절	예 折枝(절지)
晳	밝을 석	예 明晳(명석)
哲	밝을 철	예 哲學(철학)
惜	아낄 석	예 惜別(석별)
借	빌릴 차	예 借用(차용)
宣	베풀 선	예 宣傳(선전)
宜	마땅 의	예 便宜(편의)
旋	돌 선	예 旋律(선율)
施	베풀 시	예 實施(실시)
雪	눈 설	예 殘雪(잔설)
雲	구름 운	예 雲霧(운무)
涉	건널 섭	예 干涉(간섭)
陟	오를 척	예 進陟(진척)
俗	속될 속	예 俗世(속세)
裕	넉넉할 유	예 餘裕(여유)
損	덜 손	예 缺損(결손)
捐	버릴 연	예 捐命(연명)
誦	외울 송	예 誦唱(송창)
桶	통 통	예 桶兒(통아)
粹	순수할 수	예 精粹(정수)
碎	부술 쇄	예 粉碎(분쇄)
遂	드디어 수	예 完遂(완수)
逐	쫓을 축	예 驅逐(구축)
授	줄 수	예 授受(수수)
援	구원할 원	예 救援(구원)
須	반드시 수	예 必須(필수)
順	순할 순	예 順從(순종)
淑	맑을 숙	예 淑女(숙녀)
涉	건널 섭	예 干涉(간섭)
術	재주 술	예 技術(기술)
述	펼 술	예 敍述(서술)
乘	탈 승	예 乘船(승선)
承	이을 승	예 繼承(계승)

한자	뜻·음	예
伸	펼 신	예 伸張(신장)
仲	버금 중	예 仲秋節(중추절)

한자	뜻·음	예
深	깊을 심	예 夜深(야심)
探	찾을 탐	예 探究(탐구)

한자	뜻·음	예
雅	우아할 아	예 優雅(우아)
稚	어릴 치	예 幼稚(유치)

한자	뜻·음	예
謁	아뢸 알	예 謁見(알현)
揭	들 게	예 揭示(게시)

한자	뜻·음	예
仰	우러를 앙	예 信仰(신앙)
抑	누를 억	예 抑制(억제)

한자	뜻·음	예
厄	재앙 액	예 厄運(액운)
危	위태할 위	예 危險(위험)

한자	뜻·음	예
億	억 억	예 億丈(억장)
憶	생각할 억	예 記憶(기억)

한자	뜻·음	예
與	줄 여	예 授與(수여)
興	일어날 흥	예 興亡(흥망)

한자	뜻·음	예
延	끌 연	예 延期(연기)
廷	조정 정	예 朝廷(조정)

한자	뜻·음	예
沿	좇을 연	예 沿革(연혁)
治	다스릴 치	예 政治(정치)

한자	뜻·음	예
鹽	소금 염	예 鹽田(염전)
監	볼 감	예 監督(감독)

한자	뜻·음	예
營	경영할 영	예 經營(경영)
螢	반딧불 형	예 螢光(형광)

한자	뜻·음	예
譽	명예 예	예 名譽(명예)
擧	들 거	예 擧事(거사)

한자	뜻·음	예
汚	더러울 오	예 汚染(오염)
汗	땀 한	예 汗蒸(한증)

한자	뜻·음	예
瓦	기와 와	예 瓦解(와해)
互	서로 호	예 相互(상호)

한자	뜻·음	예
浴	목욕할 욕	예 浴室(욕실)
沿	좇을 연	예 沿海(연해)

한자	뜻·음	예
郵	우편 우	예 郵便(우편)
睡	졸음 수	예 睡眠(수면)

한자	뜻·음	예
宇	집 우	예 宇宙(우주)
字	글자 자	예 文字(문자)

한자	뜻·음	예
熊	곰 웅	예 熊膽(웅담)
態	모습 태	예 世態(세태)

한자	뜻·음	예
園	동산 원	예 庭園(정원)
圍	에워쌀 위	예 周圍(주위)

한자	뜻·음	예
威	위엄 위	예 威力(위력)
咸	다 함	예 咸集(함집)

한자	뜻·음	예
幼	어릴 유	예 幼年(유년)
幻	헛보일 환	예 幻想(환상)

한자	뜻과 음	예
遺	남길 유	예 遺物(유물)
遣	보낼 견	예 派遣(파견)
凝	엉길 응	예 凝結(응결)
疑	의심할 의	예 疑心(의심)
剩	남을 잉	예 剩餘(잉여)
乘	탈 승	예 乘車(승차)
姿	모양 자	예 姿態(자태)
恣	방자할 자	예 放恣(방자)
丈	어른 장	예 方丈(방장)
太	클 태	예 太極(태극)
杖	지팡이 장	예 短杖(단장)
枚	낱 매	예 枚數(매수)
齋	재계할 재	예 齋戒(재계)
齊	같을 제	예 一齊(일제)
籍	서적 적	예 戶籍(호적)
藉	깔 자	예 憑藉(빙자)
齊	가지런할 제	예 齊一(제일)
濟	건널/도울 제	예 經濟(경제)
帝	임금 제	예 帝王(제왕)
常	항상 상	예 常識(상식)
早	일찍 조	예 早起(조기)
旱	가물 한	예 旱害(한해)
照	비출 조	예 照明(조명)
熙	빛날 희	예 熙笑(희소)
兆	조짐 조	예 前兆(전조)
北	북녘 북	예 北極(북극)
潮	조수 조	예 潮流(조류)
湖	호수 호	예 湖水(호수)
措	둘 조	예 措置(조치)
借	빌릴 차	예 借款(차관)
佐	도울 좌	예 補佐(보좌)
佑	도울 우	예 天佑(천우)
株	그루/주식 주	예 株價(주가)
殊	다를 수	예 特殊(특수)
住	살 주	예 住宅(주택)
往	갈 왕	예 往來(왕래)
汁	즙 즙	예 果汁(과즙)
什	열 사람 십	예 什長(십장)
陳	늘어놓을 진	예 陳列(진열)
陣	진칠 진	예 陣營(진영)
捉	잡을 착	예 捕捉(포착)
促	재촉할 촉	예 督促(독촉)
責	꾸짖을 책	예 責望(책망)
青	푸를 청	예 青史(청사)

締	맺을 체	예 締交(체교)
諦	살필 체	예 諦念(체념)

澤	못 택	예 潤澤(윤택)
擇	가릴 택	예 採擇(채택)

觸	닿을 촉	예 接觸(접촉)
燭	촛불 촉	예 華燭(화촉)

牌	패 패	예 牌子(패자)
稗	피 패	예 稗史(패사)

總	다 총	예 總選(총선)
聰	귀 밝을 총	예 聰明(총명)

爆	터질 폭	예 爆發(폭발)
瀑	폭포 폭	예 瀑布(폭포)

追	따를 추	예 追究(추구)
退	물러날 퇴	예 進退(진퇴)

恨	한 한	예 怨恨(원한)
限	한정할 한	예 限界(한계)

蓄	모을 축	예 貯蓄(저축)
畜	기를 축	예 家畜(가축)

肛	항문 항	예 肛門(항문)
肝	간 간	예 肝腸(간장)

充	가득할 충	예 充滿(충만)
允	허락할 윤	예 允許(윤허)

核	씨 핵	예 核心(핵심)
該	갖출/마땅 해	예 該當(해당)

衝	부딪칠 충	예 衝突(충돌)
衡	저울 형	예 均衡(균형)

還	돌아올 환	예 還甲(환갑)
環	고리 환	예 環境(환경)

側	곁 측	예 側近(측근)
測	헤아릴 측	예 測量(측량)

侯	제후 후	예 諸侯(제후)
候	기후 후	예 徵候(징후)

舵	키 타	예 舵器(타기)
駝	낙타 타	예 駱駝(낙타)

悔	뉘우칠 회	예 悔改(회개)
梅	매화나무 매	예 梅花(매화)

坦	평탄할 탄	예 平坦(평탄)
但	다만 단	예 但只(단지)

欠	하품 흠	예 欠乏(흠핍)
欽	공경할 흠	예 欽仰(흠앙)

湯	끓일 탕	예 湯藥(탕약)
渴	목마를 갈	예 渴症(갈증)

羲	복희씨 희	예 羲和(희화)
義	옳을 의	예 義人(의인)

鋼	강철 강	예 鋼鐵(강철)
綱	벼리 강	예 綱領(강령)
網	그물 망	예 魚網(어망)

卷	책 권	예 卷數(권수)
券	문서 권	예 券面(권면)
拳	주먹 권	예 拳銃(권총)

鬼	귀신 귀	예 鬼神(귀신)
塊	덩어리 괴	예 塊土(괴토)
愧	부끄러울 괴	예 慙愧(참괴)

領	거느릴 령	예 首領(수령)
頒	나눌 반	예 頒布(반포)
頌	칭송할 송	예 頌歌(송가)

戊	천간 무	예 戊午(무오)
茂	무성할 무	예 茂林(무림)
戌	개 술	예 甲戌年(갑술년)

博	넓을 박	예 博士(박사)
傅	스승 부	예 師傅(사부)
傳	전할 전	예 傳受(전수)

辨	분별할 변	예 辨別(변별)
辯	말씀 변	예 辯論(변론)
辦	힘쓸 판	예 辦公費(판공비)

査	조사할 사	예 調査(조사)
香	향기 향	예 香味(향미)
杳	아득할 묘	예 杳然(묘연)

書	글 서	예 書房(서방)
晝	낮 주	예 晝夜(주야)
畫	그림 화	예 畫家(화가)

衰	쇠할 쇠	예 衰退(쇠퇴)
衷	속마음 충	예 衷心(충심)
哀	슬플 애	예 哀惜(애석)

膝	무릎 슬	예 膝下(슬하)
勝	이길 승	예 勝利(승리)
騰	오를 등	예 騰落(등락)

識	알 식	예 識見(식견)
織	짤 직	예 織物(직물)
職	직분 직	예 職位(직위)

失	잃을 실	예 失敗(실패)
矢	화살 시	예 嚆矢(효시)
夭	일찍 죽을 요	예 夭折(요절)

緣	인연 연	예 因緣(인연)
綠	푸를 록	예 草綠(초록)
錄	기록할 록	예 記錄(기록)

玉	구슬 옥	예 珠玉(주옥)
王	임금 왕	예 帝王(제왕)
壬	북방 임	예 壬辰(임진)

遙	멀 요	예 遙遠(요원)
謠	노래 요	예 歌謠(가요)
搖	흔들 요	예 搖動(요동)

한자	훈음	예
姙	아이 밸 임	예 姙娠(임신)
誕	낳을 탄	예 誕妄(탄망)
任	맡길 임	예 任事(임사)
暫	잠시 잠	예 暫時(잠시)
漸	점점 점	예 漸次(점차)
斬	벨 참	예 斬首(참수)
栽	심을 재	예 栽培(재배)
裁	마를 재	예 裁斷(재단)
載	실을 재	예 載籍(재적)
亭	정자 정	예 亭子(정자)
享	누릴 향	예 享樂(향락)
亨	형통할 형	예 亨通(형통)
摘	딸 적	예 摘出(적출)
滴	물방울 적	예 滴下(적하)
適	맞을 적	예 適任(적임)
推	밀 추	예 推薦(추천)
堆	흙무더기 퇴	예 堆肥(퇴비)
椎	쇠몽둥이/등골 추	예 脊椎(척추)
浸	잠길/적실 침	예 浸透(침투)
沈	잠길 침	예 沈默(침묵)
沒	빠질 몰	예 沒入(몰입)
胎	아이 밸 태	예 胎中(태중)
始	비로소 시	예 始作(시작)
治	다스릴 치	예 治下(치하)

한자	훈음	예
巴	꼬리 파	예 巴人(파인)
肥	살찔 비	예 肥厚(비후)
把	잡을 파	예 把守(파수)
編	엮을 편	예 改編(개편)
遍	두루 편	예 普遍(보편)
偏	치우칠 편	예 偏食(편식)
弊	폐단 폐	예 弊端(폐단)
幣	화폐 폐	예 幣物(폐물)
蔽	가릴 폐	예 隱蔽(은폐)
眩	어지러울 현	예 眩亂(현란)
炫	밝을 현	예 炫煌(현황)
弦	시위 현	예 弦樂(현악)
夾	낄 협	예 夾刀(협도)
峽	골짜기 협	예 峽村(협촌)
來	올 래	예 來年(내년)
護	보호할 호	예 保護(보호)
穫	거둘 확	예 收穫(수확)
獲	얻을 획	예 獲得(획득)
渾	흐릴 혼	예 渾儀(혼의)
軍	군사 군	예 軍丁(군정)
揮	휘두를 휘	예 揮劍(휘검)
晃	밝을 황	예 晃然(황연)
滉	깊을 황	예 李滉(이황)
煌	빛날 황	예 輝煌(휘황)

한자	뜻·음	예
薰	향풀 훈	예 薰氣(훈기)
熏	불길 훈	예 熏香(훈향)
勳	공 훈	예 勳章(훈장)

한자	뜻·음	예
吸	마실 흡	예 呼吸(호흡)
吹	불 취	예 鼓吹(고취)
次	버금 차	예 次席(차석)

한자	뜻·음	예
儉	검소할 검	예 儉素(검소)
險	험할 험	예 險難(험난)
檢	검사할 검	예 點檢(점검)
劍	칼 검	예 劍客(검객)

한자	뜻·음	예
末	끝 말	예 末路(말로)
未	아닐 미	예 未來(미래)
昧	어두울 매	예 三昧(삼매)
味	맛 미	예 味覺(미각)

한자	뜻·음	예
漠	사막 막	예 沙漠(사막)
模	법 모	예 模範(모범)
幕	장막 막	예 天幕(천막)
墓	무덤 묘	예 墓地(묘지)
募	모을 모	예 募集(모집)
慕	사모할 모	예 思慕(사모)
暮	저물 모	예 日暮(일모)

한자	뜻·음	예
惟	생각할 유	예 思惟(사유)
維	벼리/유지할 유	예 維持(유지)
推	밀 추	예 推進(추진)
唯	오직 유	예 唯一(유일)
誰	누구 수	예 誰何(수하)
稚	어릴 치	예 稚拙(치졸)
堆	쌓을 퇴	예 堆積(퇴적)

실력점검하기 06 | 혼동하기 쉬운 한자

[1~40] 다음 단어들의 '□'에 공통으로 들어갈 알맞은 한자(漢字)는 어느 것입니까?

01 □憶, □載, □述

① 言 ② 思 ③ 般
④ 無 ⑤ 記

02 □立, □城, □列

① 羅 ② 擧 ③ 自
④ 獨 ⑤ 行

03 □權, □等, □尺

① 起 ② 越 ③ 差
④ 度 ⑤ 平

04 □問, □議, □考

① 物 ② 言 ③ 解
④ 諮 ⑤ 龜

05 弊□, 損□, 侵□

① 閉 ② 惡 ③ 傷
④ 沒 ⑤ 害

06 □通, 金□, □液

① 交 ② 鏡 ③ 融
④ 銀 ⑤ 溶

07 □訴, 氣□, 壓□

① 承 ② 降 ③ 運
④ 略 ⑤ 勝

08 □悔, 靈□, □謝

① 感 ② 後 ③ 滅
④ 盛 ⑤ 魂

09 □旋, □歌, □陳

① 民 ② 回 ③ 唱
④ 凱 ⑤ 企

10 □固, □强, □昧

① 元 ② 玩 ③ 頑
④ 愛 ⑤ 仰

11 □息, □逸, 慰□

① 安 ② 宴 ③ 勞
④ 隱 ⑤ 案

12 廣□, □步, □葉

① 活 ② 枯 ③ 闊
④ 野 ⑤ 散

정답 01 ⑤ 02 ① 03 ② 04 ④ 05 ④ 06 ③ 07 ⑤ 08 ① 09 ④ 10 ③ 11 ① 12 ③

13 □載, □示, □揚

① 展 ② 止 ③ 誇
④ 塔 ⑤ 揭

14 未□, □足, □然

① 合 ② 洽 ③ 吸
④ 充 ⑤ 確

15 □骨, 遺□, 殘□

① 骸 ② 體 ③ 滑
④ 災 ⑤ 產

16 公□, □藝, 樂□

① 遠 ② 技 ③ 水
④ 園 ⑤ 薦

17 □拜, □謝, □頭

① 歲 ② 年 ③ 厚
④ 告 ⑤ 叩

18 圓□, □空, □降

① 滿 ② 滑 ③ 架
④ 臨 ⑤ 活

19 □護, □蔽, □襲

① 掩 ② 指 ③ 隱
④ 模 ⑤ 嚴

20 押□, 餘□, □律

① 飮 ② 法 ③ 韻
④ 暇 ⑤ 送

21 □白, □癖, 純□

① 潔 ② 決 ③ 疲
④ 蒼 ⑤ 粹

22 □數, □度, □繁

① 緯 ② 運 ③ 多
④ 頻 ⑤ 變

23 □慮, □鬱, □愁

① 優 ② 配 ③ 憂
④ 鄕 ⑤ 抑

24 □留, 連□, □累

① 繫 ② 結 ③ 保
④ 續 ⑤ 練

25 □帛, 紙□, □物

① 表 ② 魂 ③ 匣
④ 幣 ⑤ 見

26 □覺, □影, □滅

① 觸 ② 幼 ③ 撮
④ 消 ⑤ 幻

정답 13 ⑤ 14 ② 15 ① 16 ④ 17 ⑤ 18 ② 19 ① 20 ③ 21 ① 22 ④ 23 ③ 24 ① 25 ④ 26 ⑤

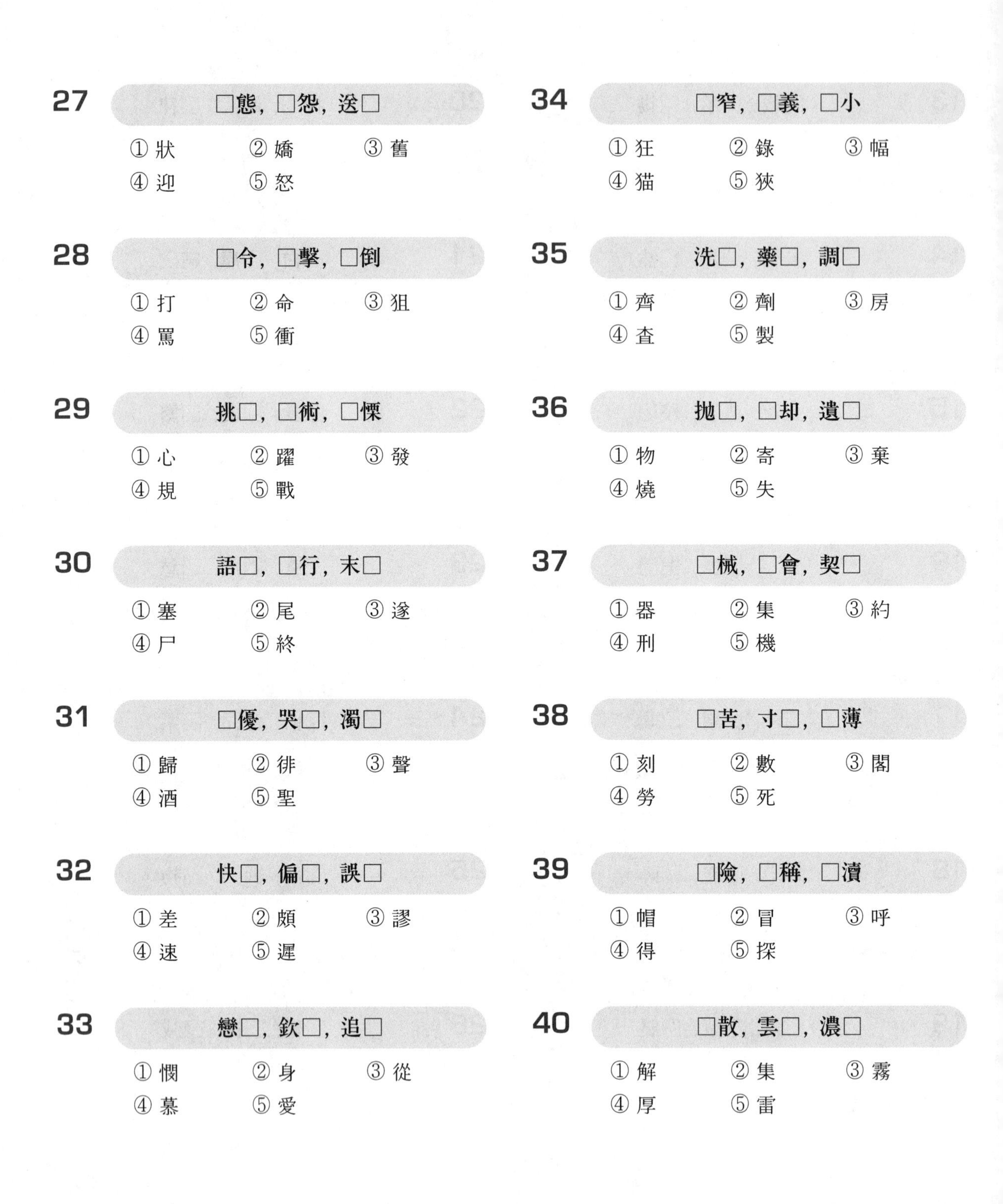

27 □態, □怨, 送□

① 狀 ② 嬌 ③ 舊
④ 迎 ⑤ 怒

28 □令, □擊, □倒

① 打 ② 命 ③ 狙
④ 罵 ⑤ 衝

29 挑□, □術, □慄

① 心 ② 躍 ③ 發
④ 規 ⑤ 戰

30 語□, □行, 末□

① 塞 ② 尾 ③ 遂
④ 尸 ⑤ 終

31 □優, 哭□, 濁□

① 歸 ② 徘 ③ 聲
④ 酒 ⑤ 聖

32 快□, 偏□, 誤□

① 差 ② 頗 ③ 謬
④ 速 ⑤ 遲

33 戀□, 欽□, 追□

① 慣 ② 身 ③ 從
④ 慕 ⑤ 愛

34 □窄, □義, □小

① 狂 ② 錄 ③ 幅
④ 猫 ⑤ 狹

35 洗□, 藥□, 調□

① 齊 ② 劑 ③ 房
④ 査 ⑤ 製

36 抛□, □却, 遺□

① 物 ② 寄 ③ 棄
④ 燒 ⑤ 失

37 □械, □會, 契□

① 器 ② 集 ③ 約
④ 刑 ⑤ 機

38 □苦, 寸□, □薄

① 刻 ② 數 ③ 閣
④ 勞 ⑤ 死

39 □險, □稱, □瀆

① 帽 ② 冒 ③ 呼
④ 得 ⑤ 探

40 □散, 雲□, 濃□

① 解 ② 集 ③ 霧
④ 厚 ⑤ 雷

정답 27 ③ 28 ① 29 ⑤ 30 ② 31 ③ 32 ① 33 ④ 34 ⑤ 35 ② 36 ③ 37 ⑤ 38 ① 39 ② 40 ③

DAY 14 사자성어

★은 빈출 사자성어입니다.
★ 개수가 많을수록 중요도가 높으니, 시험 전 최종 점검에 활용해 보세요!

呵呵大笑 가가대소
소리를 크게 내어 웃음
㊌ 박장대소(拍掌大笑)

家家戶戶 가가호호
각 집과 각 호(戶). 즉, 집집마다

街談巷說 가담항설
길거리에 떠도는 소문. 세상의 풍문
㊌ 가담항어(街談巷語)

★ **苛斂誅求** 가렴주구
세금 같은 것을 가혹하게 거두어들이고 물건을 강제로 청구하여 국민을 못 살게 구는 일

佳人薄命 가인박명
아름다운 여자는 기박(奇薄)한 운명을 타고남

刻苦勉勵 각고면려
몹시 애쓰고 힘씀

刻骨難忘 각골난망
뼛속에 새겨 두고 잊지 않는다는 뜻으로, 남에게 입은 은혜가 마음속 깊이 새겨져 잊히지 아니함

刻骨銘心 각골명심
뼛속에 새기고 마음속에 새긴다는 뜻으로, 마음속 깊이 새겨서 잊지 않음

刻骨痛恨 각골통한
뼈에 사무쳐 마음속 깊이 맺힌 원한
㊌ 각골지통(刻骨之痛)

★★ **角者無齒** 각자무치
뿔이 있는 놈은 이가 없다는 뜻으로, 한 사람이 모든 복을 겸하지는 못함

刻舟求劍 각주구검
강물에 칼을 떨어뜨리게 되자 배에 칼이 떨어진 곳을 새겨 놓고 나중에 칼을 찾았다는 고사에서 유래. 어리석고 융통성이 없는 것을 비유

艱難辛苦 간난신고
몹시 힘이 들고 쓰라린 고통이나 갖은 고초(苦楚)를 다 겪음

한자성어	뜻
肝腦塗地 간뇌도지	참살(慘殺)을 당하여 간(肝)과 뇌(腦)가 땅바닥에 으깨어진다는 뜻으로, 국사(國事)에 목숨을 돌보지 않고 힘을 다함
★ 肝膽相照 간담상조	마음과 마음을 서로 비춰볼 정도로 서로 마음을 터놓고 사귀는 것. 간담(肝膽)은 간과 쓸개로 마음을 말함
渴而穿井 갈이천정	목이 말라야 우물을 판다는 뜻으로, 자기가 급해야 서둘러서 일을 함 유 임갈굴정(臨渴掘井)
感慨無量 감개무량	마음에서 느끼는 감동이나 느낌이 끝이 없음
甘言利說 감언이설	남의 비위에 맞도록 꾸민 달콤한 말과 이로운 조건을 붙여 꾀는 말
感之德之 감지덕지	감사하게 여기고 덕으로 여긴다는 뜻으로, 대단히 고맙게 여기는 것을 말함
★ 甘呑苦吐 감탄고토	달면 삼키고 쓰면 뱉는다는 뜻으로, 사리(事理)의 옳고 그름을 따지지 않고 자기 비위에 맞으면 좋아하고, 맞지 않으면 싫어한다는 말
甲男乙女 갑남을녀	갑(甲)이란 남자와 을(乙)이란 여자의 뜻으로, 평범한 사람을 말함 유 선남선녀(善男善女), 장삼이사(張三李四), 필부필부(匹夫匹婦)
剛木水生 강목수생	마른 나무에서 물을 내게 한다는 뜻으로, 아무 것도 없는 사람에게 없는 것을 내놓으라고 강요함 유 乾木水生(건목수생, 간목수생)
康衢煙月 강구연월	번화한 거리의 안개 낀 흐릿한 달이란 뜻으로, 태평한 시대의 평화로운 풍경을 말함
剛柔兼全 강유겸전	굳셈과 부드러움을 모두 갖춤. 즉, 성품이 굳세면서도 부드러움
江湖煙波 강호연파	강이나 호수 위에 안개처럼 보얗게 이는 잔물결. 곧, 대자연(大自然)의 풍경(風景)
改過遷善 개과천선	허물을 고치고 착하게 변함 유 개과자신(改過自新)
蓋棺事定 개관사정	관(棺)의 뚜껑을 덮고서야 일이 정해짐. 사람이 죽은 뒤에야 비로소 그 사람이 살아 있었을 때의 가치를 알 수 있음

한자	독음	뜻
改善匡正	개선광정	좋도록 고치고 바로잡음
去者日疎	거자일소	서로 멀리 떨어져 있으면 사이가 멀어짐
蓋世之才	개세지재	세상을 뒤덮을 만한 재주. 또는 그러한 재주를 가진 사람 유 발산개세(拔山蓋世)
去者必返	거자필반	떠난 자는 반드시 돌아옴 반 회자정리(會者定離)
客反爲主	객반위주	손이 도리어 주인이 됨 유 주객전도(主客顚倒)
★ 乾坤一擲	건곤일척	흥망성패(興亡成敗)를 걸고 단판싸움을 함
★★ 去頭截尾	거두절미	머리와 꼬리를 잘라버린다는 뜻으로, 앞뒤의 잔사설을 빼놓고 요점(要點)만을 말함
★ 格物致知	격물치지	사물의 이치를 연구하여 자기의 지식을 확고하게 함
車水馬龍	거수마룡	거마(車馬)의 왕래가 흐르는 물이나 길게 늘어진 용처럼 끊임없이 많음
隔世之感	격세지감	세대(世代)를 거른 듯한 느낌. 즉, 다른 세대가 된 듯 몹시 달라진 느낌
居安思危	거안사위	편안할 때 위태로움을 생각함 유 유비무환(有備無患)
擊壤之歌	격양지가	땅을 두드리며 부르는 노래. 매우 살기 좋은 시절
擧案齊眉	거안제미	밥상을 들어 눈썹과 나란히 하여 놓았다는 고사에서 유래한 말로, 아내가 남편을 깍듯이 공경함
牽强附會	견강부회	이치에 맞지 않는 것을 억지로 끌어다 붙임

★ 見利忘義
견리망의
이익을 보면 의리(義理)를 잊음
반 견리사의(見利思義)

犬猿之間
견원지간
개와 원숭이의 사이처럼 대단히 사이가 나쁜 관계

★★★ 見利思義
견리사의
눈앞에 이익(利益)을 보거든 먼저 그것을 취함이 의리(義理)에 합당(合當)한지를 생각하라는 말

見危授命
견위수명
나라가 위급함을 보면 목숨을 바침
유 견위치명(見危致命)

犬馬之勞
견마지로
개나 말의 하찮은 수고라는 뜻으로, 임금이나 나라에 충성을 다하려는 노력을 낮추어 이르는 말

堅忍不拔
견인불발
굳게 참고 버티어 마음을 빼앗기지 아니함

犬馬之誠
견마지성
임금이나 나라에 바치는 정성. 자기의 정성을 낮추어 일컫는 말

犬兎之爭
견토지쟁
빠른 개가 날쌘 토끼를 잡다가 둘 다 죽자 나무꾼이 개와 토끼를 모두 얻었음. 제삼자가 이익을 보는 것을 말함

見蚊拔劍
견문발검
모기를 보고 칼을 뺀다는 뜻으로, 조그만 일에 허둥지둥 덤비는 것을 말함

★ 結者解之
결자해지
맺은 사람이 풀어야 한다는 뜻으로, 자기가 저지른 일은 스스로 해결해야 한다는 말

見物生心
견물생심
물건을 보면 갖고 싶은 욕심이 생김을 이르는 말

★★★ 結草報恩
결초보은
죽어서라도 은혜를 갚음

堅如金石
견여금석
굳기가 쇠나 돌과 같다는 말

謙讓之德
겸양지덕
겸손하고 사양하는 미덕

兼人之勇	
겸인지용	몇 사람을 당해낼 만한 용기

敬天勤民	
경천근민	하늘을 공경하고 백성을 다스리기에 부지런함

輕擧妄動	
경거망동	경솔하고 망령(妄靈)된 행동

驚天動地	
경천동지	하늘을 놀라게 하고 땅을 뒤흔든다는 뜻으로, 세상을 몹시 놀라게 함

傾國之色	
경국지색	한 나라의 형세를 기울어지게 할 만한 뛰어나게 아름다운 미인

敬天愛人	
경천애인	하늘을 공경하고 사람을 사랑함

耕當問奴	
경당문노	농사는 마땅히 머슴에게 물어야 한다는 뜻으로, 모르는 일은 잘 아는 사람에게 물어야 한다는 말

經天緯地	
경천위지	하늘을 날로 하고 땅을 씨로 한다는 뜻으로, 온 천하를 경륜(經綸)하여 다스림

經世濟民	
경세제민	세상을 다스리고 백성을 구제함

繼繼承承	
계계승승	자자손손이 대를 이어 감

敬而遠之	
경이원지	존경하면서도 가까이하지는 않음. 경원(敬遠 : 겉으로는 존경하는 체하면서 실제로는 가까이하지 않는다는 뜻도 있음)

鷄口牛後	
계구우후	닭의 주둥이와 소의 꼬리라는 뜻으로, 큰 단체의 꼴찌보다는 작은 단체의 우두머리가 되는 것이 오히려 나음

鏡中美人	
경중미인	거울 속의 미인이란 뜻으로, 실속이 없는 일을 가리킴

★★ 鷄卵有骨	
계란유골	달걀에도 뼈가 있다는 뜻으로, 복이 없는 사람은 아무리 좋은 기회를 만나도 덕을 보지 못함

鷄鳴狗盜 계명구도
비굴하게 남을 속이는 하찮은 재주. 또는 그런 재주를 가진 사람을 이르는 말

膏粱珍味 고량진미
기름진 고기와 좋은 곡식으로 만든 음식이란 뜻으로 아주 맛있는 음식

股肱之臣 고굉지신
임금이 가장 믿고 중히 여기는 신하. 고굉(股肱 : 다리와 팔)

孤立無依 고립무의
고립되어 의지할 데가 없음
㊜ 무원고립(無援孤立)

★
孤軍奮鬪 고군분투
외로운 군력(軍力)으로 분발하여 싸운다는 뜻으로, 홀로 여럿을 상대로 하여 싸움

鼓腹擊壤 고복격양
한 노인이 배를 두드리고 땅을 치면서 요임금의 덕을 찬양하고 태평을 즐긴 고사에서 유래한 말. 태평세월(太平歲月)을 의미함

★★
高談峻論 고담준론
고상(高尙)하고 준엄(峻嚴)한 담론(談論)

孤城落日 고성낙일
외딴 성에서 해마저 지려 한다는 뜻으로, 도움이 없는 고립된 상태를 말함

高臺廣室 고대광실
높은 대(臺)와 넓은 집이란 뜻으로, 굉장히 크고 좋은 집을 말함

姑息之計 고식지계
제 아내와 자식만을 위한 계책이란 뜻으로, 당장의 편안함만을 꾀하는 일시적인 방편

苦肉之策 고육지책
자기 몸을 상해가면서까지 꾸며 내는 계책. 어려운 상태에서 벗어나기 위해 어쩔 수 없이 꾸며 내는 계책
㊜ 고육지계(苦肉之計)

★★
高屋建瓴 고옥건령
높은 지붕 위에서 물을 담은 독을 기울여 쏟으면 그 내리쏟는 물살은 무엇으로도 막기 힘들다는 뜻으로, 기세가 왕성함을 이르는 말

★★★
孤立無援 고립무원
고립(孤立)되어 구원(救援)받을 데가 없음

★★
孤掌難鳴 고장난명
외손뼉은 울리지 않는다는 뜻으로, 혼자만의 힘으로는 어떤 일을 하기가 어렵다는 것을 비유함

★★
苦盡甘來
고진감래
괴로움이 다하면 즐거움이 온다는 말

公明正大
공명정대
공명하고 정대함. 떳떳함

曲學阿世
곡학아세
학문을 왜곡하여 세속에 아부함

★
空前絶後
공전절후
비교(比較)할 만한 것이 이전(以前)에도 없고 이후(以後)에도 없음

汨沒無暇
골몰무가
한 가지 일에 빠져 조금도 틈이 없음

空中樓閣
공중누각
공중의 누각이라는 뜻으로, 근거없는 가공의 사물

★★
骨肉相爭
골육상쟁
뼈와 살이 서로 싸운다는 말로, 동족이나 친족끼리 서로 싸우는 것을 비유함
유 골육상잔(骨肉相殘), 골육상전(骨肉相戰)

過恭非禮
과공비례
지나치게 공손한 것은 예가 아니라는 뜻으로, 지나친 공손은 도리어 실례가 된다는 말

公卿大夫
공경대부
공경(公卿 : 三公과 九卿)이나 대부(大夫)의 지위에 있는 사람들. 벼슬이 높은 사람들

誇大妄想
과대망상
턱없이 과장하여 그것을 믿는 망령된 생각

共倒同亡
공도동망
같이 넘어지고 함께 망함. 운명을 같이함

★★
過猶不及
과유불급
정도를 지나침은 미치지 못한 것과 같음
유 과여불급(過如不及)

★★
空理空論
공리공론
헛된 이치(理致)와 논의(論議)란 뜻으로, 사실(事實)에 맞지 않은 이론(理論)과 실제(實際)와 동떨어진 논의(論議)

瓜田李下
과전이하
오이밭에서는 신을 고쳐 신지 않고, 오얏나무 밑에서는 갓을 고쳐 쓰지 않음. 의심받을 일은 하지 말라는 비유

한자	음	뜻
管鮑之交	관포지교	춘추 시대 제(齊)나라의 관중(管仲)과 포숙(鮑叔)이 매우 사이좋게 교제하였다는 고사에서, 친구 사이의 매우 다정하고 허물없는 교제를 말함
刮目相對	괄목상대	눈을 비비고 서로 대한다는 말로, 남의 학식이나 재주가 갑자기 크는 것을 보고 그에 대한 인식을 새롭게 함
光明正大	광명정대	언행이 떳떳하고 정당함
光陰如流	광음여류	세월의 흐름이 흐르는 물과 같이 빠름 유 광음유수(光陰流水)
曠日持久	광일지구	헛되이 날을 보내며 오래 버팀
矯角殺牛	교각살우	소의 뿔을 바로잡으려다 소를 죽임. 작은 일로 인해 큰일을 그르침. 결점이나 흠을 고치려다가 수단이 지나쳐서 일을 그르치는 것을 비유함
巧言令色	교언영색	남의 환심을 사려고 아첨하는 교묘한 말과 보기 좋게 꾸미는 얼굴빛
教外別傳	교외별전	선종(禪宗)에서 경전(經典) 등의 문자나 말에 의하지 않고 석존(釋尊)의 오도(悟道)를 마음에서 마음으로 전하는 것
★膠柱鼓瑟	교주고슬	비파나 거문고의 기러기발을 아교로 붙여 놓으면 음조를 바꾸지 못하여 한 가지 소리밖에 내지 못하듯이, 고지식하여 융통성이 전혀 없음
教學相長	교학상장	남을 가르치는 일과 스승에게서 배우는 일이 서로 도와서 자기의 학문을 길러 줌
救世濟民	구세제민	세상을 구하고 민생을 구제함
九曲肝腸	구곡간장	굽이굽이 사무친 마음속
救國干城	구국간성	나라를 구원하는 방패와 성이란 뜻으로, 나라를 구하여 지키는 믿음직한 군인이나 인물을 비유함
狗尾續貂	구미속초	담비의 꼬리가 모자라 개의 꼬리로 잇는다는 뜻으로, 훌륭한 것 위에 보잘것없는 것이 잇따름

한자	독음	뜻
口腹之計	구복지계	먹고 살아가는 방법
口蜜腹劍	구밀복검	입으로는 달콤한 소리를 하면서 마음속에 칼을 품음. 겉으로는 친절한 듯하나 속으로는 해칠 생각을 품는 것을 말함
★ 九死一生	구사일생	거의 죽을 뻔하다가 겨우 살아남. 대단히 위태로움
★ 口尙乳臭	구상유취	입에서 아직 젖내가 난다는 뜻으로, 언행이 매우 유치함
★★ 口耳之學	구이지학	남에게 들은 것을 그대로 남에게 전할 정도(程度)밖에 되지 않는 천박(淺薄)한 학문(學問)
九回之腸	구회지장	장이 뒤틀릴 정도로 괴롭고 고통스러움. 뒤틀려 꼬부라진 모양
★★★★ 九牛一毛	구우일모	여러 마리의 소의 털 가운데서 한 가닥의 털. 곧, 아주 큰 물건 속에 있는 아주 작은 물건
九折羊腸	구절양장	아홉 번 꺾인 양의 창자란 뜻에서, 꼬불꼬불하고 험한 산길을 말함
國泰民安	국태민안	나라는 태평하고 백성은 평안함
群鷄一鶴	군계일학	많은 닭 가운데의 한 마리의 학. 많은 평범한 사람들 중의 뛰어난 인물 유 계군일학(鷄群一鶴), 계군고학(鷄群孤鶴)
軍令泰山	군령태산	군대의 명령은 태산같이 무거움
君臣有義	군신유의	오륜(五倫)의 하나로, 임금과 신하에게는 의(義)가 있어야 한다는 말
群雄割據	군웅할거	많은 영웅들이 각지에 자리 잡고 서로 세력을 다툼
君爲臣綱	군위신강	삼강(三綱)의 하나로, 임금은 신하의 모범이 되어야 한다는 말

사자성어	뜻
★★ 君子三樂 (군자삼락)	맹자가 말한 군자의 세 가지 즐거움. 부모가 살아 계시고 형제가 무고한 것, 하늘에 부끄러울 것이 없고 천하의 뛰어난 인재를 얻어 교육하는 것
屈而不伸 (굴이불신)	굽히고는 펴지 아니함
窮餘之策 (궁여지책)	매우 궁(窮)한 나머지 짜낸 계책 유 궁여일책(窮餘一策)
權謀術數 (권모술수)	사람을 속이는 임기응변(臨機應變)의 모략과 수단
權不十年 (권불십년)	아무리 높은 권세도 십 년을 가지 못한다는 말
勸善懲惡 (권선징악)	착한 일을 권장하고 악한 일을 징계함
★ 捲土重來 (권토중래)	흙먼지를 날리며 다시 온다는 뜻으로, 한 번 패한 자가 힘을 돌이켜 전력을 다하여 다시 쳐들어옴
貴鵠賤鷄 (귀곡천계)	따오기를 귀하게 여기고 닭을 천하게 여김. 즉 먼 데 있는 것을 귀하게 여기고 가까운 데 있는 것을 천하게 여김
橘化爲枳 (귤화위지)	회남(淮南)의 귤이 회북(淮北)으로 가면 변하여 탱자가 된다는 뜻으로, 사람도 경우・처지에 따라 그 기질이 변함
貴耳賤目 (귀이천목)	귀를 귀하게 여기고 눈을 천하게 여김. 먼 곳에 있는 것을 귀하게 여기고, 가까운 것을 천하게 여김
極惡無道 (극악무도)	아주 악하고 도리에 완전히 어긋나 있음
克己復禮 (극기복례)	자기의 사욕을 극복하고 예(禮)를 회복함
★ 近墨者黑 (근묵자흑)	먹을 가까이하는 사람은 검어진다는 뜻으로, 나쁜 사람을 가까이하면 그 버릇에 물들기 쉽다는 말 유 근주자적(近朱者赤)
近朱者赤 (근주자적)	붉은색을 가까이하는 사람은 붉어지게 됨 유 근묵자흑(近墨者黑)

★★

金科玉條
금과옥조
금옥(金玉)과 같이 몹시 귀중한 법칙이나 규정

錦繡江山
금수강산
비단 위에 수(繡)를 놓은 듯 아름다운 산천(山川). 우리나라 강산의 아름다움을 일컫는 말

金蘭之契
금란지계
친구 사이의 매우 두터운 정을 이르는 말
유 관포지교(管鮑之交)

琴瑟之樂
금슬지락
부부 사이가 좋은 것. 금슬(琴瑟)은 거문고와 비파로, 부부 또는 부부 사이를 말함

錦上添花
금상첨화
비단 위에다 꽃을 얹는다는 뜻으로, 좋은 일이 겹침
반 설상가상(雪上加霜)

今始初聞
금시초문
이제야 비로소 처음으로 들음

金石盟約
금석맹약
쇠나 돌 같은 굳은 약속(約束)
유 금석지계(金石之契)

錦衣夜行
금의야행
비단옷을 입고 밤에 다닌다는 뜻으로, 아무 보람이 없는 행동을 비유함

今昔之感
금석지감
지금과 옛적을 비교하여 생각할 때 그 차이가 심함을 보고 느끼는 감정
유 격세지감(隔世之感)

錦衣玉食
금의옥식
비단옷, 옥과 같이 흰 쌀밥이란 뜻으로, 사치스런 의식(衣食)을 가리킴
유 호의호식(好衣好食)
반 악의악식(惡衣惡食)

金石之交
금석지교
쇠나 돌처럼 굳고 변함없는 교제
유 금석지계(金石之契)

錦衣還鄉
금의환향
비단옷을 입고 고향으로 돌아온다는 뜻으로, 출세를 하여 고향에 돌아옴

金城湯池
금성탕지
쇠로 만든 성과 그 둘레에 파 놓은 뜨거운 물로 가득 찬 못. 방어 시설이 잘되어 있는 성을 말함

金枝玉葉
금지옥엽
금으로 된 가지와 옥으로 된 잎사귀라는 뜻으로, 임금의 자손이나 집안, 혹은 귀여운 자손을 비유함

한자	음	뜻
氣高萬丈	기고만장	기격(氣格)의 높이가 만 발이나 된다는 뜻으로, 기운이 펄펄 나는 모양을 말함
起死回生	기사회생	사경(死境)에서 일어나 되살아남. 곧, 중병(重病)으로 죽을 뻔하다가 도로 회복되어 살아남
奇想天外	기상천외	보통으로는 생각할 수 없는 기발한 생각이나 그런 모양
起承轉結	기승전결	한시에서 시구를 구성하는 방법. 글을 짜임새 있게 짓는 형식
奇巖怪石	기암괴석	기이한 바위와 괴이한 돌
杞人之憂	기인지우	기(杞)나라 사람이 하늘이 무너져 내리지 않을까 걱정했다는 고사에서 유래한 말로, 장래의 일에 대한 쓸데없는 걱정을 말함
幾至死境	기지사경	거의 죽을 지경에 이름
氣盡脈盡	기진맥진	기운(氣運)과 정력(精力)이 다함
其臭如蘭	기취여란	매우 가까운 친구 사이
騎虎之勢	기호지세	범을 타고 달리는 듯한 기세라는 뜻으로, 중도에서 그만둘 수 없는 형세를 나타내는 말
吉凶禍福	길흉화복	길흉(吉凶)과 화복(禍福)
落落長松	낙락장송	가지가 축축 길게 늘어지고 키가 큰 소나무
落木寒天	낙목한천	낙엽 진 나무와 차가운 하늘. 곧, 추운 겨울철을 말함
落花流水	낙화유수	떨어지는 꽃과 흐르는 물. 가는 봄의 경치, 또는 영락(零落)한 상황을 말함. 남녀 사이에 서로 그리는 정이 있다는 비유로도 쓰임

難攻不落
난공불락
공격하기가 어려워 함락(陷落)되지 않음

★
囊中之錐
낭중지추
주머니 속에 든 송곳은 끝이 뾰족하여 밖으로 나옴. 뛰어난 재주를 가진 사람은 숨기려 해도 저절로 드러난다는 뜻

亂臣賊子
난신적자
난신(나라를 어지럽히는 신하)과 적자[임금이나 부모에게 不忠不孝(불충불효)한 사람]

囊中取物
낭중취물
주머니 속에 지닌 물건을 꺼낸다는 뜻으로, 아주 쉬운 일이나 손쉽게 얻을 수 있는 일을 비유하는 말

★★★★
難兄難弟
난형난제
누가 형인지 누가 아우인지 분간하기 어렵다는 뜻으로, 두 사물의 낫고 못함을 분간하기 어려울 때를 비유하는 말

內憂外患
내우외환
나라 안팎의 근심 걱정

南柯一夢
남가일몽
남쪽 가지에서의 꿈이란 뜻으로, 덧없는 꿈이나 한때의 헛된 부귀영화를 이르는 말

內柔外剛
내유외강
사실은 마음이 약한데도 외부에는 강하게 나타남
반 내강외유(內剛外柔)

★
南橘北枳
남귤북지
남쪽 땅의 귤나무를 북쪽에 옮겨 심으면 탱자 나무로 변한다는 뜻으로, 사람도 그 처해 있는 곳에 따라 선하게도 되고 악하게도 됨을 이르는 말

怒氣衝天
노기충천
성난 기색(氣色)이 하늘을 찌를 정도라는 뜻으로, 잔뜩 성이 나 있음을 말함

★
南男北女
남남북녀
예전부터 우리나라에서 남쪽 지방(地方)은 남자(男子)가 잘나고, 북쪽 지방(地方)은 여자(女子)가 곱다는 뜻으로 일러 내려오는 말

路柳墻花
노류장화
누구나 꺾을 수 있는 길가의 버들과 담 밑의 꽃으로, 창부(娼婦)를 가리키는 말

男負女戴
남부여대
남자는 등에 지고 여자는 머리에 인다는 뜻. 가난한 사람들이 떠돌아다니면서 사는 것

勞心焦思
노심초사
마음으로 애를 쓰며 속을 태움

綠楊芳草 녹양방초	푸른 버들과 아름다운 풀

多岐亡羊 다기망양	달아난 양(羊)을 찾으려 할 때에 길이 여러 갈래여서 끝내 양을 잃었다는 것에서 유래한 말. 방침(方針)이 많아서 도리어 갈 바를 모름

綠衣紅裳 녹의홍상	연두 저고리에 다홍 치마. 젊은 여자의 곱게 치장한 복색(服色)

★★★★★ 多多益善 다다익선	많을수록 더욱 좋음

論功行賞 논공행상	세운 공을 논정(論定)하여 상을 줌

★★ 多才多能 다재다능	재능이 많다는 말

弄假成眞 농가성진	장난삼아 한 것이 참으로 한 것 같이 됨

斷機之敎 단기지교	학문을 중도에서 그만두는 것은 짜던 베의 날을 끊는 것과 같다는 가르침 ㊌ 단기지계(斷機之戒), 맹모단기(孟母斷機)

雷聲霹靂 뇌성벽력	천둥소리와 벼락을 아울러 이르는 말

★ 單刀直入 단도직입	한칼로 바로 적진에 쳐들어간다는 뜻으로, 문장 등에서 요점을 바로 말하여 들어감

累卵之勢 누란지세	달걀을 포개어 놓은 것과 같은 몹시 위태로운 형세를 말함 ㊌ 누란지위(累卵之危), 위여누란(危如累卵)

簞食瓢飮 단사표음	대바구니의 밥과 표주박의 물이란 뜻으로, 변변치 못한 음식, 소박한 생활을 비유하는 말

能小能大 능소능대	작은 일에도 능하고 큰일에도 능하다는 뜻으로, 모든 일에 두루 능함

堂狗風月 당구풍월	당구삼년(堂狗三年)에 폐풍월(吠風月). 즉, 서당 개 삼 년에 풍월을 짓는다는 속담

한자	음	뜻
螳螂拒轍	당랑거철	사마귀가 팔을 벌리고 수레바퀴를 막는다는 뜻으로, 제 분수도 모르고 강적에게 반항함
大義名分	대의명분	정당한 명분
當然之事	당연지사	당연한 일
大慈大悲	대자대비	불교 용어로, 넓고 커서 끝이 없는 자비를 말함
大驚失色	대경실색	크게 놀라서 얼굴빛을 잃음
徒勞無益	도로무익	한갓 애만 쓰고 이로움이 없음
大器晩成	대기만성	큰 솥이나 큰 종 같은 것을 주조(鑄造)하는 데는 시간이 오래 걸리듯이 크게 될 사람은 늦게 이루어진다는 말
道聽塗說	도청도설	길에서 듣고 길에서 말한다는 뜻으로, 길거리에 떠돌아다니는 뜬소문
大同小異	대동소이	다른 점보다는 같은 점이 많음 유 오십보백보(五十步百步)
塗炭之苦	도탄지고	진흙탕에 빠지고 숯불에 타는 듯한 고생
大聲痛哭	대성통곡	큰 목소리로 슬피 욺 유 방성대곡(放聲大哭)
獨不將軍	독불장군	혼자서는 장군이 못 된다는 뜻으로, 남과 협조해야 한다는 말. 제 생각대로 혼자서 처리하는 사람, 혹은 따돌림을 받는 사람을 말함
大義滅親	대의멸친	대의를 위해서는 부모와 형제도 돌아보지 않음 유 멸사봉공(滅私奉公)
讀書三到	독서삼도	책을 읽는 데에는 눈으로 보고, 입으로 읽고, 마음으로 깨우쳐야 한다는 말

讀書三昧 독서삼매	오직 책 읽기에만 골몰하는 일
★★★★★ 東問西答 동문서답	동쪽에서 묻는데 서쪽에서 대답한다는 뜻으로, 묻는 말에 대하여 아주 딴판의 소리로 대답함
獨也青青 독야청청	홀로 푸름. 혼탁한 세상에서 홀로 높은 절개를 드러내고 있음을 말함
同病相憐 동병상련	같은 병을 앓는 사람끼리 서로 가엾게 여긴다는 뜻으로, 처지가 비슷한 사람끼리 서로 동정함 반 동상이몽(同床異夢)
同價紅裳 동가홍상	같은 값이면 다홍치마. 같은 조건이면 좀 더 나은 것을 선택함
★★ 東奔西走 동분서주	사방으로 이리저리 바삐 돌아다님
同苦同樂 동고동락	같이 고생하고 같이 즐김. 괴로움과 즐거움을 함께함
同床異夢 동상이몽	같은 잠자리에서 다른 꿈을 꾼다는 뜻으로, 같은 처지에 있으면서도 목표가 저마다 다름 반 동병상련(同病相憐)
同工異曲 동공이곡	재주는 같으나 취미가 다름. 곧 모두 기교는 훌륭하나 그 내용이 다르다는 말 유 동공이체(同工異體)
★ 凍足放尿 동족방뇨	언 발에 오줌 누기라는 뜻. 잠시의 효력이 있을 뿐, 마침내는 더 나쁘게 될 일을 함. 고식지계(姑息之計)를 비웃는 말
東頭西尾 동두서미	제사를 지내면서 제수(祭需)를 진설(陳設)할 때, 생선의 경우는 머리를 동쪽으로 놓고 꼬리를 서쪽으로 놓는 것을 말함
杜門不出 두문불출	문을 닫고 나오지 않는다는 뜻으로, 세상과의 인연을 끊고 은거함
棟梁之材 동량지재	마룻대와 들보가 될 만한 재목이라는 뜻에서, 한 집이나 한 나라를 맡아 다스릴 만한 훌륭한 인재를 말함
得失相半 득실상반	얻고 잃는 것이 서로 반이라는 뜻으로, 이로움과 해로움이 서로 마찬가지임

登高自卑 등고자비	높은 곳에 올라가려면 낮은 곳에서부터 오름. 일을 하는 데는 반드시 순서를 밟아야 함. 지위가 높아질수록 스스로를 낮춘다는 뜻도 있음
燈下不明 등하불명	등잔 밑이 어둡다는 뜻으로, 가까이 있는 것을 모름
★★★★★ 燈火可親 등화가친	가을밤은 서늘하여 등불을 가까이하여 글 읽기에 좋다는 말
馬脚露出 마각노출	말의 다리가 드러남. 숨기려던 정체가 드러남
★ 馬耳東風 마이동풍	봄바람이 말의 귀에 스쳐도 아무 감각이 없듯이, 남의 말을 귀담아 듣지 아니하고 지나쳐 흘려버림 ㊌ 우이독경(牛耳讀經)
莫上莫下 막상막하	위도 없고 아래도 없다는 뜻으로, 우열의 차가 없다는 말
莫逆之友 막역지우	서로의 뜻을 거스르지 않는 친한 벗

萬頃蒼波 만경창파	한없이 넓고 푸른 바다. 만경(萬頃)은 '만 이랑', 창파(蒼波)는 '푸른 파도'라는 뜻
萬古不滅 만고불멸	오랜 세월을 두고 사라지지 않음
萬古不變 만고불변	오랜 세월을 두고 변하지 않음
萬古常青 만고상청	오랜 세월 동안 언제나 푸름
萬古風霜 만고풍상	오랫동안 겪어 온 갖가지 고생 풍상(風霜 : 바람과 서리로서 세상의 어려움)
萬事休矣 만사휴의	모든 일이 끝났다는 뜻으로, 모든 일이 전혀 가망이 없음
萬壽無疆 만수무강	오래 살아 끝이 없다는 뜻으로, 장수를 기원하는 말

한자	음	뜻
萬里長天	만리장천	아득히 높고 먼 하늘
萬事太平	만사태평	어리석어서 모든 일에 아무 걱정이 없이 지냄을 비웃는 말
晩時之歎	만시지탄	때늦은 한탄이라는 뜻으로, 기회를 놓친 것이 원통하여 탄식하는 것을 말함
★ 滿身瘡痍	만신창이	온몸이 상처(傷處)투성이라는 뜻으로, 아주 형편(形便)없이 엉망임을 형용(形容)해 이르는 말
滿場一致	만장일치	모든 사람의 의견이 같음
晩秋佳景	만추가경	늦가을의 아름다운 경치
亡命圖生	망명도생	망명(亡命)하여 삶을 꾀함
罔極之恩	망극지은	다함이 없는 임금이나 부모의 큰 은혜
★ 忘年之交	망년지교	나이 차이를 잊고 허물없이 서로 사귐 유 망년교(忘年交), 망년지우(忘年之友), 망년우(忘年友)
亡羊補牢	망양보뢰	양을 잃고 우리를 고친다는 말로, 속담 중 '소 잃고 외양간 고친다'와 같은 뜻
★★ 亡羊之歎	망양지탄	갈림길에서 양을 잃고 탄식한다는 뜻으로 학문의 길이 여러 갈래로 나눠져 있어 진리를 찾기 어려움
茫然自失	망연자실	정신을 잃고 어리둥절한 모양
望雲之情	망운지정	구름을 바라보며 그리워한다는 뜻으로, 타향에서 고향에 계신 부모를 그리워함
妄自尊大	망자존대	아주 건방지게 자기만 잘났다고 뽐내며 남을 업신여김

麥秀之嘆 맥수지탄
무성하게 자라는 보리를 보고 탄식한다는 뜻으로, 고국의 멸망에 대한 탄식을 말함

命在頃刻 명재경각
목숨이 경각(頃刻 : 아주 짧은 시간)에 있다는 뜻으로, 거의 죽게 되거나 거의 숨이 넘어갈 지경에 이름

★★ **孟母三遷** 맹모삼천
맹자의 어머니가 맹자를 제대로 교육하기 위하여 집을 세 번이나 옮겼다는 뜻으로, 교육에는 주위 환경이 중요하다는 가르침

目不識丁 목불식정
속담 '낫 놓고 기역 자도 모른다.'는 말과 같음
유 일자무식(一字無識)

★ **面從腹背** 면종복배
앞에서는 복종하고 마음속으로는 배반한다는 뜻으로, 겉으로는 복종하면서 속으로는 배반하는 것을 말함
유 양봉음위(陽奉陰違)

目不忍見 목불인견
차마 눈으로 볼 수 없을 정도로 참혹하거나 딱한 상황

滅私奉公 멸사봉공
사적(私的)인 것을 버리고 공적(公的)인 것을 위하여 힘써 일함

無不通知 무불통지
환히 통하여 알지 못하는 것이 없음

★★ **明鏡止水** 명경지수
맑은 거울과 조용한 물이란 뜻으로, 고요하고 잔잔한 마음을 비유함

武陵桃源 무릉도원
속세를 떠난 별천지(別天地). 도연명(陶淵明)의 도화원기(桃花源記)에서 유래한 말

名實相符 명실상부
이름과 실상(實相)이 서로 부합함

無所不知 무소부지
모르는 것이 없음

★★ **明若觀火** 명약관화
밝기가 불을 보는 것과 같다는 뜻으로, 어떤 사실이 불을 보듯이 환함

無所不爲 무소불위
못하는 것이 없음. 흔히 권세를 마음대로 부리는 사람, 또는 그러한 경우에 쓰는 말

한자성어	뜻
無爲徒食 (무위도식)	아무 하는 일이 없이 먹기만 함. 게으르거나 능력이 없는 사람을 이르는 말
無障無碍 (무장무애)	아무런 장애가 없음
★ 無知蒙昧 (무지몽매)	아는 것이 없이 어리석음
刎頸之交 (문경지교)	목이 달아나는 한이 있어도 마음이 변치 않을 만큼 친한 교제. 생사를 함께 하는 친한 사이
文房四友 (문방사우)	종이·붓·먹·벼루의 네 문방구(文房具)
★★★ 聞一知十 (문일지십)	하나를 들으면 열을 안다는 뜻으로, 아주 총명함
門前乞食 (문전걸식)	문 앞에서 음식을 구걸한다는 뜻으로, 이집 저집 돌아다니며 빌어먹는 것을 말함
★★★ 門前成市 (문전성시)	권세를 드날리거나 부자가 되어 집의 문 앞이 방문객으로 저자(市)를 이루다시피 한다는 말 ㊌ 문정약시(門庭若市)
★ 勿失好機 (물실호기)	좋은 기회를 놓치지 않음
★★ 物我一體 (물아일체)	바깥 사물과 나, 객관(客觀)과 주관(主觀), 또는 물질계(物質界)와 정신계(精神界)가 어울려 한 몸으로 이루어진 그것
物外閑人 (물외한인)	세상 물정의 번잡함을 벗어나 한가하게 지내는 사람
美辭麗句 (미사여구)	좋은 말과 화려한 글귀
美風良俗 (미풍양속)	아름답고 좋은 풍속
★ 博覽强記 (박람강기)	동서고금(東西古今)의 서적(書籍)을 널리 읽고, 그 내용(內容)을 잘 기억(記憶)하고 있음

★★★ 博而不精 박이부정
널리 알지만 능숙하거나 정밀하지 못함

博學多識 박학다식
배워서 얻은 지식이 넓고 아는 것이 많음

拍掌大笑 박장대소
손뼉을 치면서 크게 웃음

班門弄斧 반문농부
반수(춘추 시대 노나라의 이름난 장인)의 문 앞에서 도끼를 놀린다는 뜻으로, 실력도 없으면서 잘난 척함

伴食宰相 반식재상
자리만 차지하고 있는 무능한 재상(대신)을 비꼬아 이르는 말

★ 斑衣之戱 반의지희
때때옷을 입고 하는 놀이라는 뜻으로, 늙어서도 부모를 효양(孝養)함을 이르는 말. 부모를 위로하려고 색동 저고리를 입고 기어가 보임

★ 反哺之孝 반포지효
까마귀 새끼가 자란 뒤에 늙은 어미에게 먹이를 물어다 주는 효성(孝誠)이라는 뜻으로, 자식이 자라서 부모를 봉양(奉養)함

拔本塞源 발본색원
근본을 뽑고 근원을 막아 버린다는 뜻으로, 근본적인 차원에서 그 폐단을 없애 버림

★★ 發憤忘食 발분망식
무엇을 이루려고 끼니조차 잊고 분발하여 노력함

傍若無人 방약무인
곁에 사람이 없는 것 같이 여긴다는 뜻으로, 주위의 다른 사람을 전혀 의식하지 않고 제멋대로 마구 행동함

方底圓蓋 방저원개
네모난 바닥에 둥근 뚜껑이란 뜻으로, 사물이 서로 맞지 않음

方寸已亂 방촌이란
마음이 이미 혼란스러워졌다는 말로, 마음이 흔들린 상태에서는 어떠한 일도 계속할 수 없음

杯盤狼藉 배반낭자
술잔과 접시가 마치 이리에게 깔렸던 풀처럼 어지럽게 흩어져 있음. 술을 마시고 한창 노는 모양이나 술자리가 파할 때의 모습

背水之陣 배수지진
(물러설 수 없도록) 물을 등지고 적을 치는 전법의 하나. 목숨을 걸고 싸우는 경우를 비유

한자	독음	뜻
杯中蛇影	배중사영	술잔 속에 비친 뱀의 그림자란 뜻으로, 쓸데없는 의심을 품고 스스로 고민함을 비유
栢舟之操	백주지조	백주(栢舟)라는 시에서 유래된 것으로, 남편을 일찍 잃은 아내가 굳은 절개를 지키는 것을 비유한 말
白駒過隙	백구과극	흰 망아지가 빨리 달리는 것을 문틈으로 본다는 뜻으로, 인생과 세월의 덧없고 짧음을 이르는 말
★★★★★ 白面書生	백면서생	오로지 글만 읽고 세상일에 경험이 없는 젊은이를 이르는 말
★★★ 百年河淸	백년하청	중국의 황하(黃河)가 항상 흐려 맑을 때가 없다는 말로, 아무리 세월이 가도 일이 해결될 희망이 없음을 비유
白手乾達	백수건달	아무 것도 없이 난봉을 부리고 돌아다니는 사람
白頭如新	백두여신	머리가 파뿌리처럼 되기까지 교제하더라도 서로 마음이 안 통하면 새로 사귀기 시작한 사람과 같다는 말
伯牙絶絃	백아절현	백아(伯牙)가 친구의 죽음을 슬퍼하여 거문고 줄을 끊었다는 고사에서 유래한 말로, 참다운 벗의 죽음을 슬퍼함을 이르는 말
伯樂一顧	백락일고	백락이 한번 돌아본다는 말로, 현명한 사람 또한 그 사람을 알아주는 자를 만나야 출세할 수 있음을 비유
百戰百勝	백전백승	백 번 싸워 백 번 이긴다는 뜻으로, 싸울 때마다 반드시 이긴다는 말
白龍魚服	백룡어복	흰 용이 물고기의 옷을 입는다는 말로, 신분이 높은 사람이 서민의 차림으로 다니다 위태로운 지경에 빠지게 됨을 비유
伯仲之勢	백중지세	우열의 차이가 없이 엇비슷함
百里負米	백리부미	백리나 떨어진 먼 곳으로 쌀을 진다는 말로, 가난하게 살면서도 효성이 지극하여 갖은 고생을 하며 부모의 봉양을 잘하는 것을 비유
百八煩惱	백팔번뇌	불교에서 나온 말로 인간의 과거, 현재, 미래에 걸친 108가지 번뇌를 뜻함

사자성어	뜻
兵家常事 병가상사	전쟁에서 이기고 지는 일은 흔히 있는 일이므로 실패해도 낙심하지 말라는 뜻
兵死之也 병사지야	전쟁에서 사람은 죽는다는 말로, 전쟁은 목숨을 던질 각오를 하고 해야 된다는 뜻
報怨以德 보원이덕	원수에게 덕으로 보답하라는 말
覆車之戒 복차지계	앞의 수레가 넘어져 엎어지는 것을 보고 뒷수레는 미리 경계하여 엎어지지 않도록 함. 앞사람을 거울삼아 실패하지 말라는 뜻
★★ 富貴在天 부귀재천	부귀(富貴)는 하늘이 부여(附與)하는 것이라 사람의 힘으로는 어찌할 수 없음을 이르는 말
婦言是用 부언시용	여자의 말을 무조건 옳게 쓴다는 뜻으로, 줏대 없이 여자의 말을 잘 듣는 것을 비유
夫唱婦隨 부창부수	남편이 주장하고 아내가 이에 따름. 가정에서의 부부 화합의 도리를 이르는 말
附和雷同 부화뇌동	우렛소리에 맞춰 함께 한다는 뜻으로, 자신의 뚜렷한 소신 없이 남이 하는 대로 따라감
北山之感 북산지감	북산의 감개함이라는 말로, 나랏일로 인해 부모님을 제대로 봉양하지 못하는 것을 비유
焚書坑儒 분서갱유	중국 진시황이 민간의 서적을 불사르고 유생을 구덩이에 묻어 죽인 일
釜中之魚 부중지어	솥 안의 물고기. 눈앞에 닥칠 위험도 모른 채 쾌락에 빠져 있는 사람을 이르는 말
不俱戴天 불구대천	하늘을 같이 이지 못한다는 뜻으로, 이 세상에서 같이 살 수 없을 만큼 큰 원한을 비유하여 이르는 말
不老長生 불로장생	늙지 않고 오래 삶
★ 不問曲直 불문곡직	굽음과 곧음을 묻지 않는다는 뜻으로, 옳고 그름을 가리지 않고 함부로 일을 처리(處理)함

不飛不鳴 불비불명
날지도 않고 울지도 않는다는 말로, 큰 일을 하기 위해 오랫동안 조용히 때를 기다린다는 뜻

★ **不遠千里** 불원천리
천 리 길도 멀다 하지 않는다는 뜻으로, 먼 길인데도 개의치 않고 열심히 달려감을 이르는 말

鵬程萬里 붕정만리
붕새가 날아갈 길이 만 리라는 뜻으로, 머나먼 노정, 또는 사람의 매우 양양한 장래를 비유적으로 이르는 말

誹謗之木 비방지목
헐뜯고 나무란다는 뜻으로, 백성들이 임금에게 고통을 호소하고 소원을 고하는 나무 기둥. 즉 백성의 마음을 파악해서 올바른 정치를 하는 것

非一非再 비일비재
같은 일이 한두 번이 아니고 많음

比肩繼踵 비견계종
어깨가 맞닿고 다리가 부딪칠 정도로 많은 사람으로 북적거리고 있는 모양을 이름. 또는 뒤이어 연달아 끊어진 곳이 없음

悲憤慷慨 비분강개
슬프고 분한 마음이 가득함

牝鷄之晨 빈계지신
암탉이 새벽을 알린다. 즉, 여자가 남편을 업신여겨 집안일을 자기 마음대로 처리함을 비유

貧者一燈 빈자일등
가난하더라도 정성을 다해 부처님에게 바친 등불 하나가 만 개의 등불보다 공덕이 크다는 뜻으로, 참다운 마음과 정성이 소중함

氷炭不容 빙탄불용
서로 용납할 수 없는 얼음과 숯. 두 사물이 서로 화합할 수 없음

四顧無親 사고무친
사방을 둘러보아도 친한 사람이 없음. 의지할 사람이 없음

★ **四面楚歌** 사면초가
사방이 다 적에게 둘러싸인 경우와 도움이 없이 고립된 상태를 이르는 말

事半功倍 사반공배
일은 반(半)만 하고도 공은 배(倍)나 된다는 뜻으로, 들인 힘은 적고 성과는 많음

四分五裂 사분오열
이리저리 아무렇게나 나눠지고 찢어짐. 천하가 매우 어지러움

死灰復燃
사회부연
다 탄 재에 다시 불이 붙었다는 뜻으로, 세력을 잃었던 사람이 다시 세력을 잡음

事不如意
사불여의
일이 뜻대로 되지 않음

沙上樓閣
사상누각
모래 위의 누각이라는 뜻으로, 오래 유지되지 못할 일이나 실현 불가능한 일

四書三經
사서삼경
유교의 경전인 사서(논어, 맹자, 중용, 대학)와 삼경(시경, 서경, 주역)을 말함

★
四通五達
사통오달
길이나 교통망·통신망 등이 사방으로 막힘없이 통함
유 사통팔달(四通八達)

事必歸正
사필귀정
모든 일은 결국에 가서는 반드시 정리(正理)로 돌아감

山窮水盡
산궁수진
산이 막히고 물줄기가 끊어짐. 막다른 경우
유 산진수궁(山盡水窮)

山紫水明
산자수명
산은 자줏빛이고 물은 맑다는 뜻으로, 산수(山水)의 경치가 매우 아름다움
유 산명수려(山明水麗)

★★★★
山戰水戰
산전수전
산에서 싸우고 물에서 싸웠다는 뜻으로, 세상일에 경험이 많음

山海珍味
산해진미
산과 바다에서 나는 재료로 만든 맛 좋은 음식

★★★★★
殺身成仁
살신성인
목숨을 바쳐 인(仁)을 이룸

三綱五倫
삼강오륜
삼강(군위신강, 부위부강, 부위자강)과 오륜(군신유의, 부자유친, 부부유별, 장유유서, 붕우유신)

★
三顧草廬
삼고초려
인재를 맞기 위해 참을성 있게 힘쓰는 것을 말함

★
森羅萬象
삼라만상
우주(宇宙) 안에 있는 온갖 사물(事物)과 현상(現象)

★★ 三旬九食 삼순구식
한 달에 아홉 끼를 먹을 정도로 매우 가난한 생활을 말함. 삼순(三旬)은 30일로 한 달, 구식(九食)은 아홉 끼를 뜻함

★★★ 三人成虎 삼인성호
세 사람이면 없던 호랑이도 만든다는 뜻으로, 거짓말이라도 여러 사람이 말하면 사실로 믿기 쉽다는 말

三日遊街 삼일유가
과거(科擧)에 급제(及第)한 사람이 사흘 동안 온 거리를 돌아다니는 것을 말함

★★ 三日天下 삼일천하
사흘간의 천하라는 뜻으로, 권세(權勢)의 허무(虛無)를 일컫는 말

三從之道 삼종지도
여자는 어렸을 때는 아버지를 따르고, 시집을 가서는 남편을 따르고, 남편이 죽으면 아들을 따라야 한다는 유교의 규범

三尺童子 삼척동자
키가 석 자에 불과한 자그만 어린아이. 무식한 사람을 비유하는 말로도 쓰임

三遷之敎 삼천지교
맹자의 어머니가 아들의 교육을 위해 거처를 세 번 옮겼다는 말로, 생활환경이 교육에 있어 중요함을 말함

★★ 喪家之狗 상가지구
초상집의 개라는 뜻으로, 별 대접(待接)을 받지 못하는 사람을 이르는 말. 여위고 지친 수척한 사람

傷弓之鳥 상궁지조
한 번 놀란 사람이 조그만 일에도 겁을 내어 위축됨을 비유하는 말

上漏下濕 상루하습
위에서는 비가 새고 아래에서는 습기가 차오름. 가난한 집을 비유하는 말

★★ 桑田碧海 상전벽해
뽕나무 밭이 변하여 푸른 바다가 되었다는 뜻으로, 세상일의 변천이 심함을 비유하는 말

上通下達 상통하달
아랫사람이 윗사람에게 의사를 통함

塞翁得失 새옹득실
한때의 이로움이 장래의 해가 되기도 하고, 이와 반대의 경우도 있다는 말로, 새옹지마(塞翁之馬)에서 유래
㊌ 새옹화복(塞翁禍福)

★ 塞翁之馬 새옹지마
인생의 길흉화복(吉凶禍福)이란 항상 바뀌어 예측할 수 없다는 말

生者必滅 생자필멸	생명이 있는 것은 반드시 죽음. 세상만사의 덧없음
★ 席藁待罪 석고대죄	거적을 깔고 엎드려 벌(罰) 주기를 기다린다는 뜻으로, 죄과(罪過)에 대한 처분(處分)을 기다림
先見之明 선견지명	앞일을 미리 내다보는 밝은 지혜
★★ 先公後私 선공후사	공사(公事)를 먼저 하고 사사(私事)를 뒤로 미룸
善男善女 선남선녀	선량한 남녀. 즉, 보통 사람 유 갑남을녀(甲男乙女), 장삼이사(張三李四), 초동급부(樵童汲婦), 필부필부(匹夫匹婦)
仙風道骨 선풍도골	신선(神仙)의 풍채와 도인(道人)의 골격이란 뜻으로, 남달리 뛰어나게 고아(高雅)한 풍모(風貌)를 말함
舌芒於劍 설망어검	혀가 칼보다 날카롭다는 뜻으로, 매서운 변설(辯舌)을 이르는 말 유 설망우검(舌芒于劍)

雪膚花容 설부화용	눈 같은 살결과 꽃 같은 얼굴. 미인을 말함
★★ 雪上加霜 설상가상	눈 위에 서리가 덮인다는 뜻으로, 불행한 일이 거듭하여 겹침을 비유함. 엎친 데 덮친 격
說往說來 설왕설래	말만 오고간다는 뜻으로, 서로 자신의 주장을 내세우며 옥신각신하는 것을 말함 유 언왕설래(言往說來)
誠心誠意 성심성의	참되고 성실한 마음과 뜻
盛者必衰 성자필쇠	불교 용어로, 세상 일은 무상하여 한번 성한 것은 반드시 쇠하기 마련이라는 말
世俗五戒 세속오계	화랑의 다섯 가지 계율. 사군이충, 사친이효, 교우이신, 임전무퇴, 살생유택
歲寒三友 세한삼우	추운 겨울의 세 벗. 소나무, 대나무, 매화나무

小食大失 (소탐대실)
작은 것을 탐하다가 큰 것을 잃음

★★★★ **手不釋卷** (수불석권)
손에서 책을 놓지 않는다는 뜻으로, 늘 책을 가까이하여 학문(學問)을 열심히 함

束手無策 (속수무책)
손을 묶어 놓아 방책이 없다는 뜻으로, 손을 묶은 듯이 꼼짝할 수 없음

首鼠兩端 (수서양단)
수서(首鼠)는 구멍에서 머리만 내밀고 엿보는 쥐를 말함. 머뭇거리며 진퇴(進退)·거취(去就)를 결정짓지 못하는 상태

送舊迎新 (송구영신)
묵은 해를 보내고 새 해를 맞음. 송영(送迎)

袖手傍觀 (수수방관)
팔짱을 끼고 곁에서 보고만 있다는 뜻으로, 직접 간여하지 않고 그대로 버려둠

★★ **松茂栢悅** (송무백열)
소나무가 무성하면 잣나무가 기뻐한다는 뜻으로 남이 잘되는 것을 기뻐함을 비유하여 이르는 말

修身齊家 (수신제가)
자신의 몸을 닦고 집안을 바로잡음

首丘初心 (수구초심)
여우가 죽을 때 머리를 자기 살던 굴로 향한다는 뜻으로, 고향을 그리워하는 마음
㊒ 首邱(수구)

★★★★★ **水魚之交** (수어지교)
물과 고기의 사이처럼 떨어질 수 없는 특별한 친분
㊒ 수어지친(水魚之親)

首尾一貫 (수미일관)
처음부터 끝까지 변함없이 일을 해나감
㊒ 시종일관(始終一貫)

水滴穿石 (수적천석)
물방울이 돌을 뚫는다는 말. 아무리 하찮은 것일지라도 이를 계속하면 결국 어떤 성과를 얻게 됨

壽福康寧 (수복강녕)
장수하고 행복하며 건강하고 평안함

守株待兎 (수주대토)
농부가 토끼가 그루터기에 부딪쳐 죽은 것을 잡은 후, 그곳만 지키고 있었다는 데서 유래. 한 가지 일에 매달려 변화와 발전을 모르는 사람

壽則多辱 수즉다욕	오래 살면 욕되는 일이 많다는 말
宿虎衝鼻 숙호충비	잠자는 범의 코를 찌른다는 뜻으로, 불리함을 자초한다는 말
脣亡齒寒 순망치한	입술이 없으면 이가 시리다는 뜻으로, 가까운 사람 가운데 한 사람이 없으면 다른 사람도 위험하게 됨
脣齒之勢 순치지세	입술과 이와 같이 서로 의지하고 돕는 형세
乘勝長驅 승승장구	싸움에서 이긴 기세를 타고 계속 적을 몰아침
是是非非 시시비비	옳은 것을 옳다고 하고, 그른 것을 그르다고 함. 즉, 옳고 그름을 가리어 밝힘. 잘잘못이란 뜻도 있음
★ 尸位素餐 시위소찬	재덕(才德)이나 공적(功績)도 없이 높은 자리에 앉아 녹만 받는다는 뜻으로, 자기(自己) 직책(職責)을 다하지 않음을 이르는 말

始終如一 시종여일	처음부터 끝까지 한결같아서 변함이 없음 유 종시여일(終始如一)
始終一貫 시종일관	처음부터 끝까지 한결같이 관철함 유 종시일관(終始一貫)
食少事煩 식소사번	먹을 것은 적고 할 일은 많음
★★ 識字憂患 식자우환	글자를 아는 것이 도리어 근심이 됨
信賞必罰 신상필벌	상을 줄 만한 사람에게는 반드시 상을 주고, 벌을 줄 만한 사람에게는 반드시 벌을 줌. 상벌(賞罰)을 공정하고 엄중히 하는 일
身言書判 신언서판	인물을 선택하는 네 가지 조건으로, 신수·말씨·글씨·판단력을 말함
信之無疑 신지무의	믿어 의심함이 없음

神人共怒
신인공노

신과 사람이 함께 노한다는 뜻으로, 누구나 분노할 만큼 도저히 용납될 수 없음
㊒ 천인공노(天人共怒)

神出鬼沒
신출귀몰

귀신과 같이 홀연히 나타났다가 홀연히 사라짐. 자유자재로 출몰하여 그 변화를 쉽게 헤아릴 수 없음

身土不二
신토불이

몸과 땅은 둘이 아니라는 뜻으로, 사람의 몸은 자신이 사는 땅에서 자란 농산물을 먹어야 체질에 맞음

實事求是
실사구시

실제의 일에서 진리를 추구한다는 뜻으로, 사실에 의거하여 진리를 탐구하는 것을 말함

深思熟考
심사숙고

깊이 생각하고 곰곰이 생각함

深山幽谷
심산유곡

깊은 산의 으슥한 골짜기

心心相印
심심상인

마음이 서로 도장을 찍은 듯 말이 없어도 마음과 마음이 서로 통하는 것을 말함
㊒ 이심전심(以心傳心), 불립문자(不立文字)

十伐之木
십벌지목

열 번 찍어서 안 넘어가는 나무가 없음

十匙一飯
십시일반

열 사람이 한 술씩 보태면 한 사람 먹을 분량이 된다는 뜻으로, 여러 사람이 힘을 합하면 한 사람을 구제하기는 쉽다는 말

★★
十中八九
십중팔구

열이면 그 가운데 여덟이나 아홉은 그러함
㊒ 십상팔구(十常八九)

★
阿鼻叫喚
아비규환

불교에서 말하는 아비지옥. 뜻하지 않은 사고가 발생하여 많은 사람이 괴로움을 당하여 울부짖는 참상

★★★★
我田引水
아전인수

자기 논에 물 대기. 자신에게만 이롭게 되도록 생각하거나 행동함
㊖ 역지사지(易地思之)

阿修羅場
아수라장

불교에서 아수라왕이 제석천과 싸운 마당을 뜻하는데, 싸움 등으로 큰 혼란에 빠진 곳을 비유함

惡木不陰
악목불음

나쁜 나무에는 그늘이 생기지 않는다는 말로, 덕망이 없는 사람에게는 바랄 것이 없다는 말

★★★
眼高手卑
안고수비

눈은 높으나 손은 낮다는 뜻으로, 눈은 높으나 실력(實力)은 따라서 미치지 못함. 이상(理想)만 높고 실천(實踐)이 따르지 못함

★★
藥房甘草
약방감초

무슨 일이나 빠짐없이 끼임. 또는 반드시 끼어야 할 사물(事物)

安分知足
안분지족

자기 분수에 만족함

良禽擇木
양금택목

현명한 새는 좋은 나무를 가려서 둥지를 친다는 뜻으로, 현명한 사람은 자기 재능을 키워 줄 훌륭한 사람을 가려서 섬김

★★★★★
安貧樂道
안빈낙도

가난한 생활을 하면서도 편안한 마음으로 도를 즐겁게 지킴

羊頭狗肉
양두구육

양 머리를 걸어놓고 개고기를 판다는 뜻으로, 겉과 속이 일치하지 않음

眼中之釘
안중지정

눈에 박힌 못이라는 뜻으로, 나에게 해를 끼치는 사람 또는 몹시 싫거나 미워서 항상 눈에 거슬리는 사람(눈엣가시)을 비유

梁上君子
양상군자

대들보 위의 군자라는 뜻으로, 집안에 들어온 도둑을 비유함

★★★★
眼下無人
안하무인

눈 아래에 사람이 없다는 뜻으로, 사람됨이 교만(驕慢)하여 남을 업신여김을 이르는 말

★★
良藥苦口
양약고구

효험이 좋은 약은 입에 쓰다는 뜻으로, 충언은 귀에는 거슬리나 자신에게 이롭다는 말

暗中摸索
암중모색

어둠 속에서 손으로 더듬어 찾는다는 뜻으로, 어림짐작으로 찾는다(혹은 추측한다)는 말

養虎遺患
양호유환

호랑이를 길러서 근심을 남긴다는 뜻으로, 스스로 화를 자초한다는 말

殃及池魚
앙급지어

재앙이 연못 속 고기에 미친다는 뜻으로, 이유 없이 재앙을 당하는 것을 비유하는 말

★★
漁父之利
어부지리

두 사람이 이해관계로 다투는 사이에 엉뚱한 딴 사람이 이득을 보는 경우를 일컬음

성어	뜻
★★★★★ 言中有骨 (언중유골)	말 속에 뼈가 있다는 뜻으로, 예사(例事)로운 표현(表現) 속에 만만치 않은 뜻이 들어 있음
吾鼻三尺 (오비삼척)	내 코가 석자. 내 사정이 급하기 때문에 남의 사정을 돌볼 겨를이 없음
★ 言行一致 (언행일치)	말과 행동(行動)이 같음. 말한 대로 행동(行動)함
吳越同舟 (오월동주)	오나라 사람과 월나라 사람이 한 배에 타고 있다는 뜻으로, 어려운 상황에서는 원수라도 협력하게 됨
掩耳盜鐘 (엄이도종)	자기만 듣지 않으면 남도 듣지 못한다고 생각하는 어리석은 행동. 또는 얕은 수로 남을 속이려 함
烏有先生 (오유선생)	상식적으로는 도저히 있을 수 없는 사람. 있는 것처럼 꾸며 만든 인물
餘桃之罪 (여도지죄)	같은 행동이라도 사랑을 받을 때와 미움을 받을 때 상대방에게 각각 다르게 받아들여질 수 있음
烏合之卒 (오합지졸)	질서 없이 어중이떠중이가 모인 군중을 뜻함. 또는 제각기 보잘것없는 수많은 사람
緣木求魚 (연목구어)	나무에 올라가서 물고기를 구함. 목적이나 수단이 일치하지 않아 성공이 불가능함. 또는 허술한 계책으로 큰일을 도모함
屋上架屋 (옥상가옥)	지붕 위에 집을 세운다는 뜻으로, 쓸데없이 중복하여 볼품없게 만듦
烏飛梨落 (오비이락)	까마귀 날자 배 떨어진다. 아무 관계도 없는 일이 공교롭게도 때가 같아 억울하게 의심을 받게 됨
玉石俱焚 (옥석구분)	옥과 돌이 함께 불탄다는 뜻으로, 선악의 구분 없이 함께 멸망함
五里霧中 (오리무중)	오 리나 되는 짙은 안개 속에 있다는 뜻으로, 무슨 일에 대해 알 길이 없음
玉石混淆 (옥석혼효)	옥과 돌이 함께 뒤섞여 있다는 뜻으로, 선과 악, 좋은 것과 나쁜 것이 함께 섞여 있음

屋下架屋	지붕 밑에 또 지붕을 만든다는 뜻으로, 독창성 없이 전 시대인의 것을 모방만 함을 경계하여 이르는 말
옥하가옥	

要領不得	사물의 중요한 부분을 잡을 수 없다는 뜻으로, 말이나 글의 요령을 잡을 수 없음
요령부득	

★★★★ 溫故知新	옛것을 익히고 그것으로 미루어 새것을 안다는 뜻
온고지신	

燎原之火	들판의 불길 같은 엄청난 기세 유 파죽지세(破竹之勢)
요원지화	

蝸角之爭	달팽이의 더듬이 위에서 싸운다는 뜻으로, 매우 하찮은 일로 다투는 것. 또는 좁은 범위 안에서 싸우는 일
와각지쟁	

欲速不達	빨리하고자 하면 도달하지 못한다는 뜻으로, 어떤 일을 급하게 하면 도리어 이루지 못함
욕속부달	

★★ 臥薪嘗膽	섶에 눕고 쓸개를 맛본다는 뜻으로, 원수를 갚기 위해 괴로움과 어려움을 참고 견딤
와신상담	

龍頭蛇尾	용의 머리에 뱀의 꼬리라는 말로, 시작은 거창했지만 결국엔 보잘것없음
용두사미	

玩物喪志	쓸데없는 물건을 가지고 노는 데 정신이 팔려 소중한 뜻을 잃는 것을 말함
완물상지	

愚公移山	남들이 어리석게 여겨도 한 가지 일을 소신있게 하면 언젠가는 목적을 달성할 수 있음
우공이산	

★★ 外柔內剛	겉으로 보기에는 부드러우나 속은 꿋꿋하고 강(强)함
외유내강	

★★ 牛刀割鷄	소 잡는 칼로 닭을 잡는다는 뜻으로, 작은 일을 하면서 동작이 지나치게 큼을 비유
우도할계	

遼東之豕	요동의 돼지라는 뜻으로, 견문이 좁고 오만한 탓에 하찮은 공을 득의양양하여 자랑함을 비유
요동지시	

遇事生風	원래는 젊은이들이 기개 있게 일을 처리함을 뜻하였으나, 지금은 무슨 일마다 시비를 일으키기 좋아한다는 뜻으로도 쓰임
우사생풍	

한자성어	뜻
★★★ 右往左往 (우왕좌왕)	이리저리 왔다 갔다 하며 일이나 나아가는 방향을 종잡지 못함
羽翼已成 (우익이성)	깃과 날개가 이미 자랐다는 말로 성숙해졌다는 뜻
羽化登仙 (우화등선)	땅에 발을 붙이고 살게 되어 있는 사람이 날개가 돋친 듯 날아 올라가 신선이 된다는 뜻. 일종의 이상, 동경이라 할 수 있음
旭日昇天 (욱일승천)	아침 해가 떠오른다는 뜻으로, 떠오르는 아침 해처럼 세력(勢力)이 성대(盛大)해짐을 이르는 말
運用之妙 (운용지묘)	송(宋)나라의 용장 악비(岳飛)가 말한 '그때그때 변하는 상황에 따라 활용하고 대처하는 것은 사람의 마음에 달린 것이다'에서 유래한 말
遠交近攻 (원교근공)	먼 나라와 친교를 맺고 가까운 나라를 공략하는 정책
怨入骨髓 (원입골수)	원한이 뼈에 사무친다는 뜻으로, 원한이 마음속 깊이 맺혀 잊을 수 없다는 말
★ 遠禍召福 (원화소복)	화를 멀리하고 복을 불러들임
月下氷人 (월하빙인)	월하노인(月下老人)과 빙상인(氷上人)이 합쳐진 말로, 결혼 중매인을 뜻함
★★ 韋編三絶 (위편삼절)	독서를 열심히 함. 한 책을 되풀이하여 숙독함
有教無類 (유교무류)	가르침에는 차별이 없음. 배우고자 하는 사람에게는 누구에게나 배움의 문이 개방되어 있음
柔能制剛 (유능제강)	어떤 상황에 대처할 때 강한 힘으로 억누르는 것이 이기는 것 같지만 부드러움으로 대응하는 것에 당할 수는 없다는 뜻
有備無患 (유비무환)	준비가 있으면 근심할 것이 없음
孺子可教 (유자가교)	젊은이는 가르칠 만하다는 뜻으로, 열심히 공부하려는 아이를 칭찬하는 말

有口無言	
유구무언	입은 있으나 말이 없다는 뜻으로, 변명할 말이 없음

應對如流	
응대여류	물 흐르듯 응대한다는 뜻으로, 언변이 능수능란하다는 의미

★★ 類類相從	
유유상종	사물(事物)은 같은 무리끼리 따르고, 같은 사람은 서로 찾아 모인다는 뜻

應接不暇	
응접불가	아름다운 경치가 계속 나타나 인사할 틈도 없다는 뜻으로, 여유가 없을 만큼 매우 바쁜 상황을 비유

有志竟成	
유지경성	굳건한 뜻이 있으면 반드시 이루어낸다는 말

疑心暗鬼	
의심암귀	마음속에 의심이 생기면 갖가지 무서운 망상이 잇달아 일어나 불안해짐. 선입관은 판단을 빗나가게 함

有名無實	
유명무실	이름만 그럴듯하고 실속은 없음

以管窺天	
이관규천	대롱 구멍으로 하늘을 엿봄. 좁은 소견으로 사물을 살펴 보았자 그 전체의 모습을 파악할 수 없음

遺臭萬年	
유취만년	냄새가 만 년을 간다는 뜻으로, 더러운 이름을 후세에 오래도록 남김

移木之信	
이목지신	위정자가 나무 옮기기로 백성들을 믿게 한다는 뜻으로, 남을 속이지 아니한 것을 밝힘. 또는 약속을 실행함을 의미

陰德陽報	
음덕양보	사람이 보지 않는 곳에서 좋은 일을 베풀 경우에 나중에라도 반드시 그 일이 드러나서 보답을 받게 됨

以心傳心	
이심전심	말이나 글로 전하지 않고 마음에서 마음으로 전한다는 말로, 마음과 마음이 서로 통한다는 뜻

★ 泣斬馬謖	
읍참마속	눈물을 머금고 마속의 목을 벤다는 뜻으로, 사랑하는 신하를 법(法)대로 처단하여 질서를 바로잡음을 이르는 말

泥田鬪狗	
이전투구	진흙탕에서 싸우는 개. 이익을 차지하기 위하여 몰골사납게 싸우는 경우

한자성어	뜻
理判事判 (이판사판)	뾰족한 방법이 없어 막다른 상황에 이름
以暴易暴 (이포역포)	횡포한 사람으로써 횡포한 사람을 바꾼다는 뜻으로, 나쁜 사람을 바꾼다면서 또 다른 나쁜 사람을 들어앉힘
益者三友 (익자삼우)	사귀어 자기에게 유익한 세 부류의 벗이라는 뜻으로, 정직한 사람, 친구의 도리를 지키는 사람, 지식이 있는 사람을 이르는 말
人生朝露 (인생조로)	인생은 아침 이슬과 같이 덧없음
一家之言 (일가지언)	학자들 가운데 누가 보아도 깜짝 놀랄 정도로 독자적인 학문체계를 이룬 사람의 말이나 글 또는 논리
一刻千金 (일각천금)	매우 짧은 시간도 천금과 같은 큰 가치가 있음
★★★★★ 一擧兩得 (일거양득)	한 가지 일을 하여 두 가지 이익을 얻음
一網打盡 (일망타진)	한꺼번에 모조리 잡음
★★ 一面之交 (일면지교)	한 번 서로 인사를 한 정도(程度)로 아는 친분(親分)
一鳴驚人 (일명경인)	평소에 묵묵히 있던 사람이 갑자기 사람을 놀라게 할 만한 일을 해냄
日暮途遠 (일모도원)	날은 저물고 갈 길은 멀다는 뜻으로, 나이가 늙어서도 할 일이 많음
一觸卽發 (일촉즉발)	한 번 건드리기만 해도 폭발할 것 같이 몹시 아슬아슬하고 위급한 상태
一以貫之 (일이관지)	하나의 이치로써 모든 일을 꿰뚫음
一瀉千里 (일사천리)	강물이 빨리 흘러가 단번에 천 리를 간다는 뜻으로, 일이 거침없이 신속하게 진행됨

사자성어	뜻
★★ 一日三省 (일일삼성)	하루의 일 세 가지를 살핀다는 뜻으로, 하루에 세 번씩 자신(自身)의 행동(行動)을 반성(反省)함
一字千金 (일자천금)	글자 하나의 값이 천금의 가치가 있다는 말. 심금을 울릴 정도로 아주 훌륭한 글씨나 문장
一場春夢 (일장춘몽)	한바탕의 봄꿈처럼 헛된 영화(榮華)나 덧없는 일
一針見血 (일침견혈)	한 번에 침을 놓아 피를 봄. 일의 본질을 파악하여 한 번에 정곡을 찌름
日就月將 (일취월장)	날마다 달마다 성장(成長)하고 발전(發展)한다는 뜻으로, 학업(學業)이 날이 가고 달이 갈수록 진보(進步)함을 이름
一敗塗地 (일패도지)	단 한 번 싸움에 패하여 전사자의 으깨진 간과 뇌가 흙과 범벅이 되어 땅을 도배한다는 뜻으로, 여지없이 패하여 재기 불능이 된 상태
★ 一攫千金 (일확천금)	한꺼번에 많은 돈을 얻는다는 뜻으로, 노력(努力)함이 없이 벼락부자(-富者)가 되는 것
自暴自棄 (자포자기)	절망 상태에 빠져서 자신을 버리고 돌보지 않음
自畫自讚 (자화자찬)	자기가 그린 그림을 스스로 칭찬한다는 뜻으로, 자기가 한 일을 스스로 자랑함
★★★ 作心三日 (작심삼일)	마음먹은 지 삼일(三日)이 못 간다는 뜻으로, 결심(決心)이 얼마 되지 않아 흐지부지 된다는 말
★★ 張三李四 (장삼이사)	장 씨의 셋째 아들과 이 씨의 넷째 아들이란 뜻으로, 성명(姓名)이나 신분(身分)이 뚜렷하지 못한 평범(平凡)한 사람들
低首下心 (저수하심)	머리를 낮게 하고 마음을 아래로 향하게 한다는 뜻으로, 남에게 머리 숙여 복종하는 것을 말함
前車可鑑 (전거가감)	앞 수레가 엎어진 것을 보고 뒷 수레가 엎어지지 않도록 경계한다는 말로, 과거의 실패를 거울삼아 이를 경계해야 함
積小成大 (적소성대)	작은 것도 쌓이면 크게 됨

★★
赤手空拳
적수공권
맨손과 맨주먹이란 뜻으로, 곧 아무것도 가진 것이 없음

★★★
切磋琢磨
절차탁마
옥, 돌, 상아 따위를 자르고 쪼아 갈고 닦아서 빛낸다는 뜻으로, 학문·덕행을 갈고 닦음

★★★★
電光石火
전광석화
번갯불이나 부싯돌의 불이 번쩍이는 것처럼 극히 짧은 시간, 아주 신속한 동작, 일이 매우 빠른 것을 가리킴

★
切齒腐心
절치부심
이를 갈고 마음을 썩힌다는 뜻으로, 대단히 분(憤)하게 여기고 마음을 썩임

★
戰戰兢兢
전전긍긍
벌벌 떨며 매우 두려워함

漸入佳境
점입가경
경치나 문장·사건이 갈수록 재미있게 전개됨

★
輾轉反側
전전반측
누워서 이리저리 뒤척거리며 잠을 못 이룸

井中之蛙
정중지와
우물 안 개구리. 견문이 좁아서 넓은 세상의 사정을 모름
유 정저지와(井底之蛙)

前車覆轍
전차복철
앞 수레의 엎어진 바퀴 자국이란 뜻으로, 앞사람의 실패나 실패의 전례를 거울삼아 주의하라는 교훈

糟糠之妻
조강지처
술지게미나 쌀겨와 같은 험한 음식을 함께 먹은 아내. 가난할 때부터 함께 고생해 온 아내를 의미

前虎後狼
전호후랑
앞문의 호랑이를 막으니 뒷문의 이리가 나온다는 말로, 하나의 재난을 피하자 또 다른 재난이 나타나는 것을 비유

★★★
朝令暮改
조령모개
아침에 영을 내리고 저녁에 고친다는 말로, 일관성 없는 정책을 빗대어 쓰는 말

★★★★
轉禍爲福
전화위복
화(禍)가 바뀌어 오히려 복이 됨

朝名市利
조명시리
명성은 조정에서 다투고 이익은 시장에서 다투라는 뜻으로, 무슨 일이든 적당한 장소에서 행하라는 말

★ 朝變夕改
조변석개
아침, 저녁으로 뜯어고친다는 뜻으로, 계획(計劃)이나 결정(決定) 따위를 자주 바꾸는 것을 이름

晝耕夜讀
주경야독
낮에는 농사짓고, 밤에는 글을 읽는다는 뜻으로, 어려운 상황 속에서도 꿋꿋이 공부함

★ 朝三暮四
조삼모사
간사한 꾀로 남을 속여 희롱함을 이르는 말. 눈앞에 당장 나타나는 차이만을 알고 그 결과가 같음을 모름

走馬加鞭
주마가편
달리는 말에 채찍질한다는 속담의 한역. 형편이나 힘이 한창 좋을 때에 더욱 힘을 더한다는 말. 힘껏 하는데도 자꾸 더 하라고 격려함

朝雲暮雨
조운모우
아침에는 구름, 저녁에는 비라는 뜻으로, 남녀의 언약(言約)이 굳은 것. 또는 남녀의 정교(情交)

酒池肉林
주지육림
술로 연못을 이루고 고기로 숲을 이룬다는 뜻으로, 지극히 호사스럽고 방탕한 술잔치를 이르는 말

鳥足之血
조족지혈
새 발의 피. 매우 적은 분량

★★ 竹馬故友
죽마고우
어릴 때 대나무 말을 타고 함께 놀던 친구라는 뜻으로, 어렸을 때 친하게 사귄 사이를 의미

終南捷徑
종남첩경
종남산(終南山)이 지름길이라는 뜻으로, 쉽게 출세하거나 목적을 달성할 수 있는 지름길을 이르는 말

晝夜不息
주야불식
낮이나 밤이나 쉬지 않음. 매우 열심히 함

★★ 坐不安席
좌불안석
자리에 편안히 앉지 못한다는 뜻으로, 마음에 불안(不安)이나 근심 등(等)이 있어 한자리에 오래 앉아 있지 못함

衆寡不敵
중과부적
적은 수가 많은 수를 대적하지 못함

★★ 左之右之
좌지우지
왼쪽으로 돌렸다 오른쪽으로 돌렸다 한다는 뜻으로, 사람이 어떤 일이나 대상(對象)을 제 마음대로 처리(處理)하거나 다루는 것

★★ 衆口難防
중구난방
많은 사람이 마구 떠들어대는 소리는 막기가 어려움. 여러 사람이 마구 지껄이는 것을 이르는 말

★★ **走馬看山** (주마간산)
말을 타고 달리며 산천을 구경한다는 뜻으로, 자세히 살피지 아니하고 대충 보고 지나감

中原逐鹿 (중원축록)
넓은 들판에서 사슴을 쫓는다는 뜻으로, 제위(帝位)를 다툼. 정권을 다툼. 어떤 지위를 얻기 위해 서로 경쟁함

衆醉獨醒 (중취독성)
세상의 모든 사람이 불의와 부정을 저지르고 있지만 혼자 깨끗한 삶을 산다는 뜻

曾參殺人 (증삼살인)
터무니없는 말이라도 여러 사람이 되풀이하면 믿지 않을 수 없음

指鹿爲馬 (지록위마)
사슴을 가리켜 말이라고 함. 모순된 것을 끝까지 우겨서 남을 속이려고 함

紙上談兵 (지상담병)
종이 위에서 병법을 말한다는 뜻으로, 이론에만 밝을 뿐 실제적인 지식은 없는 경우에 사용

池魚之殃 (지어지앙)
화(禍)가 엉뚱한 곳에 미침. 상관없는 일의 재난에 휩쓸림

至楚北行 (지초북행)
초나라에 이르려고 하면서 북쪽으로 간다는 말로, 생각과 행동이 상반되는 것. 혹은 방향이 틀린 것을 뜻하는 말

此日彼日 (차일피일)
이날 저 날 하고 자꾸 미루기만 함

車載斗量 (차재두량)
수레에 싣고 말로 잰다는 뜻으로, 아주 흔하거나 쓸모없는 평범한 것이 많이 있음
유 車載斗量(거재두량)

忠言逆耳 (충언역이)
충고하는 말은 귀에 거슬린다는 뜻으로, 정성스럽고 바른 말은 듣기 싫어함

創業守成 (창업수성)
일을 시작하기는 쉬우나 이룬 것을 지키기는 어렵다는 말

滄海一粟 (창해일속)
푸른 바다 속에 있는 좁쌀 한 톨이라는 뜻. 크고 넓은 것 가운데에 있는 아주 작고 보잘 것 없는 것을 의미

★ **天高馬肥** (천고마비)
하늘이 높고 말이 살찐다는 뜻으로, 하늘이 맑고 곡식이 무르익는 가을을 이르는 말

사자성어	뜻
天道是非 천도시비	세상의 불공정을 한탄하고 하늘의 정당성을 의심하는 말
★ 千慮一失 천려일실	지혜로운 사람이라도 많은 생각을 하다 보면 하나쯤은 실책이 있을 수 있다는 말
千慮一得 천려일득	어리석은 사람이라도 많은 생각을 하면 한 가지쯤은 좋은 것이 나올 수 있음
★ 天佑神助 천우신조	하늘이 돕고 신이 도움
★★ 千載一遇 천재일우	천 년에 한 번 온 기회. 좀처럼 만나기 어려운 기회
★ 天眞爛漫 천진난만	천진함이 넘친다는 뜻으로, 조금도 꾸밈없이 아주 순진(純眞)하고 참됨
青雲之志 청운지지	푸른 구름의 뜻을 품음. 높은 지위에 오르려는 욕망을 비유
天衣無縫 천의무봉	천사의 옷은 꿰맨 흔적이 없다는 뜻으로, 시나 문장 등이 매우 자연스러워 일부러 꾸민 데가 없음. 또는 완전무결함
青天白日 청천백일	맑게 갠 대낮. 원죄가 판명되어 무죄가 되는 일을 뜻함
青天霹靂 청천벽력	맑은 하늘에서 치는 날벼락이라는 뜻으로, 뜻밖에 갑자기 일어난 큰 사고를 이르는 말
青出於藍 청출어람	쪽에서 나온 푸른 물감이 쪽보다 푸르다는 뜻으로, 제자가 스승보다 나음
焦眉之急 초미지급	눈썹에 불이 붙은 급한 상태. 아주 화급한 상태
★★★★★ 寸鐵殺人 촌철살인	한 치의 쇠로 사람을 죽임. 간단한 말로 사람을 감동시킴. 또는 사물의 급소를 찌름
秋高馬肥 추고마비	가을 하늘이 높으니 말은 살찐다는 뜻으로, 당나라의 초기 시인 두심언의 시에 나옴

★★
推己及人
추기급인
자신의 처지를 미루어 다른 사람의 형편을 헤아린다는 뜻

七縱七擒
칠종칠금
일곱 번 놓아주고 일곱 번 사로잡음. 곧 마음대로 잡고 놓아 주는 자유자재로운 전술의 비상한 재주를 일컫는 말

★★★
追遠報本
추원보본
조상의 덕을 추모(追慕)하여 제사를 지내고, 자기의 태어난 근본을 잊지 않고 은혜를 갚음

沈魚落雁
침어낙안
여인이 너무 아름다워 물고기가 잠기고 기러기가 떨어진다는 뜻으로, 미인을 형용하는 말

春秋筆法
춘추필법
공정한 태도로 준엄하게 비판하는 기술방식

快刀亂麻
쾌도난마
어지럽게 뒤얽힌 삼의 가닥을 잘 드는 칼로 베어 버린다는 뜻으로, 무질서한 상황을 통쾌하게 풀어 놓는 것을 말함

草綠同色
초록동색
풀빛과 녹색은 같은 색이라는 뜻으로, 모양과 처지가 비슷하거나 인연이 있는 것끼리는 같은 편임을 비유
유 유유상종(類類相從)

★★
他山之石
타산지석
다른 산에서 난 나쁜 돌도 자기의 구슬을 가는 데에 소용이 된다는 뜻으로, 남의 하찮은 언행일지라도 배울 것이 있다는 뜻

天壤之差
천양지차
하늘과 땅 차이. 매우 큰 차이

卓上空論
탁상공론
탁자 위에서만 펼치는 헛된 논리. 실천성이 없는 허황된 이론

癡人說夢
치인설몽
어리석은 사람이 꿈 이야기를 한다는 뜻으로, 허황된 말을 지껄임. 또는 어리석은 일

貪官汚吏
탐관오리
탐관(탐욕스런 관리)과 오리(더러운 관리). 탐욕이 많고 청렴하지 못한 관리

七步之才
칠보지재
일곱 걸음을 옮기는 사이에 시를 지을 수 있는 재주라는 뜻으로, 뛰어난 글재주를 이름

泰山北斗
태산북두
태산과 북두성이란 뜻에서, 남에게 존경을 받는 뛰어난 인물을 말함. 태두(泰斗), 산두(山斗)

한자	독음	뜻
兎死狗烹	토사구팽	토끼를 잡고 나면 사냥개는 삶아먹는다는 뜻으로, 필요할 때는 이용하고 이용 가치가 떨어졌을 때는 홀대하거나 제거하는 것을 말함
★ 兎死狐悲	토사호비	토끼가 죽자 여우가 슬퍼한다는 뜻으로, 같은 무리의 불행을 슬퍼함의 비유 유 호사토읍(狐死兎泣)
吐哺握髮	토포악발	위정자가 민심을 수렴하고 정무에 힘쓰느라 잠시도 편안함이 없음. 또는 훌륭한 인재를 잃지 않으려고 애쓰는 것을 비유
破顔大笑	파안대소	얼굴에 매우 즐거운 표정을 지어 크게 한바탕 웃음
破釜沈船	파부침선	밥 짓는 가마솥을 부수고 돌아갈 배도 가라앉힌다는 뜻으로, 결사의 각오로 싸움터에 나서거나 최후의 결단을 내림을 비유하는 말
★ 破竹之勢	파죽지세	적을 거침없이 물리치고 쳐들어가는 당당한 기세
平地風波	평지풍파	고요한 땅에 바람과 물결을 일으킨다는 뜻으로, 공연한 일을 만들어서 뜻밖의 분쟁이나 시끄러운 사건을 일으킴
抱腹絶倒	포복절도	배를 안고 넘어질 정도로 몹시 웃음
飽食暖衣	포식난의	배불리 먹고 따뜻하게 입음
暴虎馮河	포호빙하	맨손으로 범에게 덤비고 걸어서 황하를 건넌다는 뜻으로, 죽음을 두려워하지 않는 무모한 용기를 비유함
表裏不同	표리부동	겉과 속이 다름
豹死留皮	표사유피	표범은 죽어서 가죽을 남긴다는 뜻으로, 사람은 죽어서 이름을 남겨야 함
★★ 風前燈火	풍전등화	바람 앞의 등불이란 뜻으로, 매우 위급한 상황
風樹之嘆	풍수지탄	바람과 나무의 탄식이란 뜻으로, 효도를 다하지 못한 자식의 슬픔을 의미

한자	음	뜻
皮骨相接	피골상접	살가죽과 뼈가 맞붙을 정도로 몹시 마름
匹夫之勇	필부지용	하찮은 남자의 용기라는 뜻으로, 소인이 깊은 생각 없이 혈기만 믿고 용기를 함부로 부리는 것을 말함
★ 夏爐冬扇	하로동선	여름의 화로와 겨울의 부채. 격이나 철에 맞지 않거나 쓸데없는 사물을 비유하는 말
下石上臺	하석상대	아랫돌을 빼서 윗돌 괴고 윗돌 빼서 아랫돌 괸다. 임시변통으로 이리저리 둘러맞춤
★★ 鶴首苦待	학수고대	학의 목처럼 목을 길게 늘여 몹시 기다림
漢江投石	한강투석	한강에 돌 던지기. 지나치게 미미하여 전혀 효과가 없음
邯鄲之夢	한단지몽	인생과 영화의 덧없음(노생이 한단이란 곳에서 잠을 잤는데, 부귀영화를 누리는 꿈을 꾸었지만 깨어 보니 밥을 짓는 동안이었다는 데에서 유래)
★ 邯鄲之步	한단지보	한단(邯鄲)에서 걸음걸이를 배운다는 뜻으로, 제 분수를 잊고 무턱대고 남을 흉내내다가 이것저것 다 잃음을 비유하여 이르는 말
汗牛充棟	한우충동	수레에 실으면 소가 땀을 흘릴 정도이고 방 안에 쌓으면 들보에 닿을 정도란 뜻으로, 책이 매우 많음
咸興差使	함흥차사	함흥은 지명으로, 함흥에 갔던 어긋난 사신이란 뜻임. 한 번 간 사람이 돌아오지 않거나 소식이 없음을 일컫는 말
★ 合縱連橫	합종연횡	공수(攻守) 동맹의 뜻
亢龍有悔	항룡유회	절정에 이른 용은 자칫 후회하기 쉬움. 영달을 다한 자는 더 이상 오를 수 있는 길도 없으며, 쇠퇴할 염려가 있으므로 삼가라는 말
恒産恒心	항산항심	재산이 있어야 마음의 여유가 생김
偕老同穴	해로동혈	살아서는 함께 늙고 죽어서는 같은 무덤에 묻힘. 생사를 같이 하는 부부의 사랑의 맹세

★ 解語花 해어화
'말을 아는 꽃'이라는 뜻으로, '미녀(美女)'를 일컫는 말. 또는 '기생(妓生)'을 달리 이르는 말

虛張聲勢 허장성세
헛되이 목소리의 기세만 높인다는 뜻으로, 실력이 없으면서도 허세로만 떠벌림

海翁好鷗 해옹호구
바닷가 갈매기를 좋아하는 바닷가 노인. 야심이나 위험을 알아차리면 누구라도 가까이 하지 않음

狐假虎威 호가호위
여우가 호랑이의 위엄을 빌린다는 뜻으로, 남의 권세를 빌려 위세를 부림

行雲流水 행운유수
떠가는 구름과 흐르는 물이란 뜻으로, 어떤 것에도 구애됨이 없이 사물에 따라 순응함. 또는, 일정한 형체 없이 늘 변함

呼兄呼弟 호형호제
서로를 형, 아우라 부른다는 뜻으로, 가까운 친구 사이를 일컬음

行不由徑 행불유경
지름길이나 뒤안길을 가지 않고 큰길을 걷는다는 뜻으로, 정정당당히 일함

虎視眈眈 호시탐탐
날카로운 눈빛으로 형세를 바라보며 기회를 노린다는 뜻으로, 어떤 일에 대비하여 방심하지 않는 모습을 말함

★ 懸頭刺股 현두자고
상투를 천장에 달아매고, 송곳으로 허벅다리를 찔러서 잠을 깨운다는 뜻으로, 학업(學業)에 매우 힘씀을 이르는 말

浩然之氣 호연지기
하늘과 땅 사이의 가득 찬 원기. 자유롭고 유쾌한 마음. 공명정대하여 조금도 부끄러움이 없는 용기

螢雪之功 형설지공
갖은 고생을 하며 부지런히 학문을 닦아서 이룬 공

胡蝶之夢 호접지몽
장자가 나비가 되어 날아다닌 꿈으로, 물아(物我)의 구별을 잊음. 또는 인생의 덧없음을 비유

★★ 螢窓雪案 형창설안
반딧불이 비치는 창과 눈에 비치는 책상(冊床)이라는 뜻으로, 어려운 가운데서도 학문(學問)에 힘씀을 비유한 말

★ 魂飛魄散 혼비백산
넋이 날아가고 넋이 흩어진다는 뜻으로, 몹시 놀라 어찌할 바를 모름

和光同塵	빛을 감추고 속세의 티끌과 같이한다는 뜻으로, 자기의 재능을 감추고 속세의 사람들과 어울려 동화함을 이르는 말
화광동진	

畫龍點睛	용을 그려 넣고 마지막으로 눈을 그려 넣음. 가장 긴요한 부분을 끝내어 완성시킴
화룡점정	

畫蛇添足	뱀에 발을 덧붙여 그림. 쓸데없는 군일을 하다가 도리어 실패함 유 상상안상(牀上安牀)
화사첨족	

★★★ 花朝月夕	'꽃이 핀 아침과 달 밝은 저녁'이란 뜻으로, '경치가 가장 좋은 때'를 이르는 말. 또는 음력 2월 보름과 8월 보름 밤. 봄과 가을
화조월석	

昏定晨省	자식이 부모님께 아침, 저녁으로 잠자리를 보살펴드림
혼정신성	

和氏之璧	화씨가 발견한 구슬이라는 뜻으로, 천하의 귀중한 보배를 일컬음. 뛰어난 인재를 비유하는 말
화씨지벽	

畫虎類狗	서툰 솜씨로 어려운 일을 하려다 도리어 잘못되는 것을 이르는 말. 결과가 목적과 어긋남
화호유구	

換骨奪胎	타인의 글의 형식을 모방하면서 변화시켜 원래 것보다 더 뛰어나게 함. 전보다 나아져서 딴 사람처럼 됨
환골탈태	

紅爐點雪	화로 위에 눈을 조금 뿌렸다는 뜻으로, 큰일을 함에 있어 작은 힘으로는 아무런 도움이 되지 않음
홍로점설	

朽木糞牆	썩은 나무는 조각할 수 없고, 썩은 벽은 칠할 수 없다는 말로, 의지가 썩은 사람은 가르칠 수 없음
후목분장	

後生可畏	젊은 후배들은 선배들의 가르침을 배워 어떤 훌륭한 인물이 될지 모르기 때문에 가히 두렵다는 말
후생가외	

胸有成竹	대나무를 그리기 전에 마음속에 이미 완성된 대나무 그림이 있음. 일을 시작하기 전에 어떻게 처리할지 이미 계산되어 있음
흉유성죽	

換腐作新	낡은 것을 바꾸어 새것으로 만듦
환부작신	

會者定離	만남이 있으면 반드시 헤어짐이 있음
회자정리	

실력점검하기 07 | 사자성어

[1~20] 다음 성어(成語)에서 '□'에 들어갈 알맞은 한자(漢字)는 어느 것입니까?

01 街談□說

① 巷 ② 共 ③ 港 ④ 恭 ⑤ 供

02 漁父之□

① 列 ② 里 ③ 利 ④ 李 ⑤ 理

03 衆口□防

① 通 ② 四 ③ 歎 ④ 難 ⑤ 亂

04 千□一失

① 考 ② 番 ③ 號 ④ 處 ⑤ 慮

05 燈下□明

① 非 ② 光 ③ 商 ④ 不 ⑤ 無

06 天人共□

① 怒 ② 勞 ③ 公 ④ 忙 ⑤ 努

07 □者無敵

① 仁 ② 獨 ③ 角 ④ 商 ⑤ 敵

08 犬猿□間

① 也 ② 未 ③ 易 ④ 之 ⑤ 御

09 勸上□木

① 謠 ② 鋼 ③ 斬 ④ 相 ⑤ 搖

10 醉生□死

① 苦 ② 夢 ③ 命 ④ 蒙 ⑤ 滅

11 厚□無恥

① 顔 ② 面 ③ 彩 ④ 容 ⑤ 薄

12 □謀術數

① 深 ② 講 ③ 勸 ④ 觀 ⑤ 權

정답 01 ① 02 ③ 03 ④ 04 ⑤ 05 ④ 06 ① 07 ③ 08 ④ 09 ⑤ 10 ② 11 ① 12 ⑤

13 養虎□患

① 疾 ② 遺 ③ 惡
④ 皮 ⑤ 蹟

14 □入佳境

① 新 ② 出 ③ 轉
④ 漸 ⑤ 斬

15 首□兩端

① 鼠 ② 虎 ③ 龍
④ 熊 ⑤ 鷄

16 □子不器

① 讀 ② 孫 ③ 孝
④ 富 ⑤ 君

17 群盲□象

① 撫 ② 無 ③ 優
④ 墨 ⑤ 想

18 暴虎馮□

① 漢 ② 流 ③ 河
④ 池 ⑤ 洙

19 泥□鬪狗

① 田 ② 野 ③ 地
④ 苗 ⑤ 畓

20 □秀之嘆

① 穀 ② 米 ③ 麥
④ 萌 ⑤ 錦

[21~30] 다음 성어(成語)의 뜻풀이로 적절한 것은 어느 것입니까?

21 格物致知

① 쓸데없음
② 모든 방면
③ 신세를 한탄함
④ 굳고 단단하게 사귐
⑤ 사물의 이치를 확실히 앎

22 犬馬之勞

① 서로 도와줌
② 열은 열로써 다스림
③ 어처구니가 없어 할 말이 없음
④ 임금 앞에서 자신의 노력을 낮춤
⑤ 스스로 힘들게 하는 것을 자초함

23 存亡之秋

① 존속과 멸망
② 인생의 길흉화복
③ 깊게 사무친 원수
④ 교묘하게 남을 속임
⑤ 도둑을 완곡하게 이르는 말

정답 13 ② 14 ④ 15 ① 16 ⑤ 17 ① 18 ③ 19 ① 20 ③ 21 ⑤ 22 ④ 23 ①

24 反哺之孝

① 태평한 세월을 즐김
② 험한 산길에서 길을 잃음
③ 어버이의 은혜를 갚은 효성
④ 우정이 두터운 사이의 교제
⑤ 참고 견뎌서 마음이 흔들리지 않음

25 南柯一夢

① 꿈과 같이 헛된 한때의 부귀영화
② 현실과 꿈의 구별이 안 되는 것
③ 사실보다 작거나 약하게 평가함
④ 길흉과 화복을 아울러 이르는 말
⑤ 고지식하고 융통성이 없어 답답함

26 走馬加鞭

① 난관에도 굽히지 않음
② 달리는 말에 채찍질하기
③ 산수의 자연을 즐기고 좋아함
④ 오늘 내일 하며 자꾸 기한을 늦춤
⑤ 인재를 맞아들이기 위하여 참을성 있게 노력함

27 如履薄氷

① 임금을 섬김
② 사람이 매우 많음
③ 싸울 때마다 이김
④ 몹시 위험하여 조심함
⑤ 두 사물의 낫고 못함을 정함

28 凌遲處斬

① 마음을 태우며 애써 생각함
② 새들이 모인 것처럼 질서가 없음
③ 어려운 처지에 있는 사람끼리 친함
④ 누가 낫다고 할 수 없을 정도로 비슷함
⑤ 죄인의 머리와 팔다리를 각각 베어 죽임

29 袖手傍觀

① 늘 책을 가까이함
② 어려운 가운데서도 학문에 힘씀
③ 관여하지 않고 그대로 내버려 둠
④ 원인이 있으면 반드시 결과가 있음
⑤ 곤란한 지경에 빠져서 움직일 수가 없음

30 焚書坑儒

① 권세가 오래가지 못함
② 죽어도 잊지 못하는 은혜
③ 마음에 사무치도록 아주 큰 원한
④ 물질의 많고 적음보다 정성이 중요함
⑤ 책을 불태우고 선비를 산 채로 묻어 죽임

[31~50] 다음의 뜻을 가장 잘 나타낸 성어(成語)는 어느 것입니까?

31 모순된 것을 끝까지 우겨서 남을 속이려고 함

① 人面獸心　② 指鹿爲馬
③ 虛禮虛飾　④ 氣高萬丈
⑤ 大明天地

정답 24 ③ 25 ① 26 ② 27 ④ 28 ⑤ 29 ③ 30 ⑤ 31 ②

32

아침저녁으로 뜯어고침

① 一朝一夕 ② 花朝月夕
③ 朝三暮四 ④ 朝名市利
⑤ 朝變夕改

33

여러 갈래로 나누어짐

① 一波萬波 ② 四分五裂
③ 權不十年 ④ 三遷之敎
⑤ 一刀兩斷

34

의지할 만한 사람이 아무도 없음

① 四顧無親 ② 一罰百戒
③ 落木寒天 ④ 坐井觀天
⑤ 日暮途遠

35

싸움에 이긴 형세를 타고 계속 몰아침

① 怒發大發 ② 望雲之情
③ 二律背反 ④ 乘勝長驅
⑤ 日就月將

36

작은 일에 큰 도구를 사용함

① 一絲不亂 ② 三顧草廬
③ 牛刀割鷄 ④ 博而不精
⑤ 矯角殺牛

37

멀리 있는 친구를 그리워함

① 春樹暮雲 ② 大義滅親
③ 針小棒大 ④ 北窓三友
⑤ 我田引水

38

하는 일 없이 국가의 녹을 축내는 정치인

① 武陵桃源 ② 進退兩難
③ 尸位素餐 ④ 大義名分
⑤ 爪牙之士

39

손쉽게 얻을 수 있음

① 肝膽相照 ② 一擧兩得
③ 日暮途遠 ④ 迂餘曲折
⑤ 囊中取物

40

사람들의 환영을 받는 저작물이나 책

① 好事多魔 ② 天無二日
③ 富貴榮華 ④ 洛陽紙貴
⑤ 紙筆硯墨

41

아주 약한 것으로 강한 것에 대항하려는 어리석음

① 天佑神助 ② 以卵擊石
③ 寸鐵殺人 ④ 各個擊破
⑤ 以熱治熱

42

때에 맞지 않아 쓸모없이 된 사물

① 冬扇夏爐 ② 暴虐無道
③ 切磋琢磨 ④ 隱忍自重
⑤ 嚴冬雪寒

43

할 일은 많지만 시간이 없음

① 疊疊山中 ② 自繩自縛
③ 後生可畏 ④ 日暮途遠
⑤ 班門弄斧

정답 32 ⑤ 33 ② 34 ① 35 ④ 36 ③ 37 ① 38 ③ 39 ⑤ 40 ④ 41 ② 42 ① 43 ④

44 앞뒤의 사설은 빼고 요점만 말함

① 恒茶飯事 ② 赤手空拳
③ 破顔大笑 ④ 咸興差使
⑤ 去頭截尾

45 집집마다 깨우쳐 알아듣게 말함

① 家諭戶說 ② 百家爭鳴
③ 隔世之感 ④ 三從之道
⑤ 修身齊家

46 실수를 인정하지 않고 억지를 부리는 태도

① 下石上臺 ② 漱石沈流
③ 勿失好機 ④ 非禮勿視
⑤ 龍頭蛇尾

47 벼슬이 없는 가난한 선비

① 信賞必罰 ② 徙木之信
③ 布衣寒士 ④ 磨斧作針
⑤ 目不忍見

48 멀리 온 자식이 고향에 계신 부모를 생각함

① 孟母斷機 ② 金枝玉葉
③ 不恥下問 ④ 白雲孤飛
⑤ 桑田碧海

49 간절하게 인재를 구하려고 애씀

① 握髮吐哺 ② 難攻不落
③ 十顚九倒 ④ 明若觀火
⑤ 吟風弄月

50 조건이 갖추어지면 자연스럽게 일이 이루어 짐

① 不立文字 ② 城狐社鼠
③ 水到渠成 ④ 破竹之勢
⑤ 人海戰術

정답 44 ⑤ 45 ① 46 ② 47 ③ 48 ④ 49 ① 50 ③

不患人之不己知, 患其無能也.

“남이 나를 알아주지 않음을 걱정하지 말고, 내가 능력이 없음을 걱정하라.”

– ≪논어≫, 〈학이(學而)〉

상공회의소 한자 2급

최신 기출 동형 모의고사

- 제1회 모의고사
- 제2회 모의고사
- 정답 및 해설

質勝文則野, 文勝質則史, 文質彬彬, 然後君子.

"바탕이 형식을 이기면 투박하고, 형식이 바탕을 이기면 겉치레에 흐른다.
바탕과 형식이 잘 어우러져야 비로소 군자다."

– ≪논어≫, 〈옹야(雍也)〉

국가공인 자격검정

제1회 상공회의소 한자 시험 [2급] 문제지

형별	A형	제한 시간	80분	수험번호	성 명

※ 다음 중 가장 알맞은 것을 고르시오.

〈제1영역〉 한자(漢字)

[1~11] 다음 한자(漢字)의 음(音)은 무엇입니까?

01 矜

① 긍 ② 능 ③ 릉 ④ 등 ⑤ 증

02 磬

① 석 ② 경 ③ 강 ④ 공 ⑤ 격

03 捺

① 달 ② 날 ③ 살 ④ 찰 ⑤ 발

04 柿

① 시 ② 니 ③ 지 ④ 기 ⑤ 소

05 湜

① 식 ② 잡 ③ 유 ④ 묘 ⑤ 여

06 址

① 타 ② 지 ③ 기 ④ 무 ⑤ 묘

07 軸

① 측 ② 유 ③ 직 ④ 축 ⑤ 피

08 唾

① 타 ② 피 ③ 구 ④ 혈 ⑤ 다

09 覲

① 광 ② 곤 ③ 간 ④ 관 ⑤ 근

10 妖

① 옥 ② 요 ③ 간 ④ 려 ⑤ 교

11 鷲

① 무 ② 취 ③ 조 ④ 쥐 ⑤ 수

[12~18] 다음 음(音)을 가진 한자는 무엇입니까?

12 범

① 乏 ② 泛 ③ 廚 ④ 卨 ⑤ 贖

13 설

① 率 ② 挿 ③ 屑 ④ 輯 ⑤ 饉

14 진

① 秦 ② 娠 ③ 穗 ④ 薩 ⑤ 覇

15 등

① 穩 ② 槿 ③ 耗 ④ 藤 ⑤ 懲

16 수

① 諧 ② 鰻 ③ 髮 ④ 悉 ⑤ 鬚

17 산

① 塡 ② 酸 ③ 脊 ④ 陞 ⑤ 迂

18 앙

① 甕 ② 釀 ③ 昂 ④ 郵 ⑤ 芋

[19~25] 다음 한자(漢字)와 음(音)이 같은 한자는 어느 것입니까?

19 弛

① 頤 ② 刺 ③ 佾 ④ 奄 ⑤ 寵

20 毓

① 粟 ② 棠 ③ 堉 ④ 誣 ⑤ 蝸

21 后

① 噴 ② 賃 ③ 叩 ④ 鐸 ⑤ 嗅

22 駿

① 沖 ② 驛 ③ 濬 ④ 騈 ⑤ 聰

23 苔

① 稱 ② 撑 ③ 熾 ④ 峙 ⑤ 兌

24 腺

① 抽 ② 喘 ③ 羨 ④ 陝 ⑤ 殮

25 鋤

① 俎 ② 鼠 ③ 裸 ④ 措 ⑤ 嘲

[26~36] 다음 한자(漢字)의 뜻은 무엇입니까?

26 耗 : ① 줄이다 ② 성하다 ③ 채우다 ④ 늘리다 ⑤ 끼우다

27 桶 : ① 끌다 ② 표시 ③ 통 ④ 끝 ⑤ 줄

28 鈿 : ① 모자 ② 비녀 ③ 바늘 ④ 거울 ⑤ 보물

29 臂 : ① 팔 ② 다리 ③ 가슴 ④ 허파 ⑤ 창자

30 熊 : ① 표범 ② 여우 ③ 사자 ④ 노루 ⑤ 곰

31 薑 : ① 감자 ② 대추 ③ 인삼 ④ 생강 ⑤ 버섯

32 撰 : ① 짓다 ② 막다 ③ 빼다 ④ 돌보다 ⑤ 버리다

33 丕 : ① 작다 ② 크다 ③ 치다 ④ 아니다 ⑤ 찌르다

34 甑 : ① 술병 ② 술잔 ③ 쟁반 ④ 시루 ⑤ 기와

35 函 : ① 상자 ② 창고 ③ 움집 ④ 부엌 ⑤ 안방

36 蛾 : ① 참새 ② 나비 ③ 나방 ④ 개구리 ⑤ 기러기

[37~43] 다음의 뜻을 가진 한자(漢字)는 무엇입니까?

37 근심

① 膜 ② 詔 ③ 罹 ④ 仄 ⑤ 疹

38 치다

① 撞 ② 升 ③ 踊 ④ 劤 ⑤ 沌

39 퉁소

① 庠 ② 壺 ③ 弦 ④ 算 ⑤ 簫

40 쏟다

① 汰 ② 洗 ③ 溟 ④ 瀉 ⑤ 波

41 가마

① 渭 ② 輿 ③ 脣 ④ 宏 ⑤ 膝

42 하늘

① 瞑 ② 謨 ③ 珀 ④ 昊 ⑤ 墓

43 부수다

① 碎 ② 矮 ③ 諭 ④ 堉 ⑤ 椽

[44~50] 다음 한자(漢字)와 뜻이 비슷한 한자는 어느 것입니까?

44 魯

① 魄 ② 魁 ③ 魏 ④ 趨 ⑤ 黜

45 朽

① 腐 ② 崑 ③ 餠 ④ 嬪 ⑤ 兌

46 蓮

① 焦 ② 芳 ③ 芬 ④ 芙 ⑤ 沮

47 萌

① 毓 ② 薛 ③ 芽 ④ 昧 ⑤ 蔡

48 裙

① 裳 ② 鱗 ③ 服 ④ 朗 ⑤ 裸

49 燧

① 蕉 ② 靴 ③ 黔 ④ 烽 ⑤ 箔

50 胚

① 凌 ② 姙 ③ 肺 ④ 脹 ⑤ 娘

〈제2영역〉 어휘(語彙)

[51~52] 다음 한자어(漢字語)와 그 새김의 방식이 같은 한자어는 어느 것입니까?

〈보기〉 年少 : ① 高山 ② 下車
③ 往來 ④ 日出
⑤ 讀書
'年少'처럼 그 새김의 방식이 '주어와 서술어의 관계'로 짜여진 한자어는 '日出(해가 뜨다)'이다. 따라서 정답 ④를 골라 답란에 표기하면 된다.

51 **梗塞** : ① 恐龍 ② 播種
③ 極難 ④ 碩鼠
⑤ 騷擾

52 **恐龍** : ① 播種 ② 鍛鍊
③ 鴻恩 ④ 麒麟
⑤ 貢獻

[53~54] 다음 한자어(漢字語)의 음은 무엇입니까?

53 **沸騰** : ① 비등 ② 비상
③ 비판 ④ 비교
⑤ 비통

54 **竄匿** : ① 치열 ② 찬양
③ 찬성 ④ 찬반
⑤ 찬닉

[55~56] 다음 음(音)을 가진 한자어(漢字語)는 무엇입니까?

55 **희생** : ① 犧尊 ② 換腸
③ 犧牲 ④ 活潑
⑤ 披瀝

56 **밀랍** : ① 駱駝 ② 呪罵
③ 涅槃 ④ 蜜蠟
⑤ 遲鈍

[57~59] 다음 한자(漢字)와 음(音)이 같은 한자는 어느 것입니까?

57 **釣艇** : ① 調整 ② 鉤勒
③ 釣竿 ④ 組織
⑤ 棗栗

58 **輕霞** : ① 輕率 ② 痙攣
③ 狩獵 ④ 沈澱
⑤ 慶賀

59 **瑤顔** : ① 凹凸 ② 妖魅
③ 曜魄 ④ 邀安
⑤ 堯舜

[60] 다음 괄호 속 한자(漢字)의 음(音)이 다르게 발음되는 것은?

60 ① (識)別 ② 標(識)
③ 博(識) ④ (識)見
⑤ (識)慮

[61~62] 다음 한자어(漢字語)의 뜻풀이로 가장 적절한 것은 어느 것입니까?

61 陳腐

① 새롭지 못함
② 속도가 빠름
③ 소화가 잘됨
④ 너그럽지 못함
⑤ 순서 없이 늘어놓음

62 唾棄

① 분리수거를 아주 잘함
② 불쌍해서 돌봐주려고 함
③ 부정부패를 저지른 관리
④ 업신여기는 것을 참지 못함
⑤ 아주 업신여기어 돌보지 않음

[63~64] 다음의 뜻에 맞는 한자어(漢字語)는 어느 것입니까?

63 억울한 평판

① 壽命　② 鄙陋
③ 陋名　④ 陋醜
⑤ 陋巷

64 여럿 중에 불필요한 것을 줄여 없앰

① 淘汰　② 陶胎
③ 削磨　④ 寤寐
⑤ 燦爛

[65~70] 다음 단어들의 '□'에 공통으로 들어갈 알맞은 한자(漢字)는 어느 것입니까?

65 投□, □紗, □巾

① 罔　② 網　③ 茫　④ 寮　⑤ 幕

66 肝□, 落□, □力

① 腸　② 腹　③ 臟　④ 膨　⑤ 膽

67 □琢, □塑, □像

① 注　② 消　③ 噴　④ 彫　⑤ 順

68 唐□, 激□, □破

① 突　② 沃　③ 盜　④ 睡　⑤ 察

69 蔓□, 敷□, 廣□

① 切　② 設　③ 畝　④ 衍　⑤ 擾

70 □降, 貶□, □仙

① 神　② 謫　③ 下　④ 斥　⑤ 霜

[71~75] 다음 한자어(漢字語)와 뜻이 반대(反對)이거나 상대(相對)되는 한자어는 어느 것입니까?

71 欽慕 : ① 純粹　② 輕蔑
③ 招聘　④ 永訣
⑤ 混沌

72 妖艶 : ① 荒唐　② 玄默
③ 貞淑　④ 淨潔
⑤ 抄啓

73 **隱蔽** : ① 依賴 ② 閨房
③ 誤謬 ④ 洗濯
⑤ 暴露

74 **未洽** : ① 滿足 ② 康寧
③ 合黨 ④ 雄渾
⑤ 缺如

75 **粗雜** : ① 良好 ② 訥言
③ 僭稱 ④ 精密
⑤ 纖弱

[76~80] 다음 성어(成語)에서 '□'에 들어갈 알맞은 한자(漢字)는 어느 것입니까?

76 **日□途遠**
① 幕 ② 暮 ③ 莫 ④ 漠 ⑤ 寞

77 **□雲不雨**
① 密 ② 溥 ③ 湄 ④ 蜜 ⑤ 悽

78 **暮雲春□**
① 姜 ② 森 ③ 植 ④ 樹 ⑤ 林

79 **種瓜得□**
① 稻 ② 爪 ③ 瓜 ④ 失 ⑤ 孤

80 **宋□之人**
① 襄 ② 楊 ③ 壤 ④ 攘 ⑤ 陽

[81~85] 다음 성어(成語)의 뜻풀이로 적절한 것은 어느 것입니까?

81 **道聽塗說**
① 뜬금없는 이야기
② 근거 없는 소문을 믿음
③ 여러 소리가 들리는 거리
④ 길거리에서 나누는 이야기
⑤ 근거 없이 거리에 떠도는 소문

82 **雲泥之差**
① 진흙탕 싸움
② 서로 차이가 많이 남
③ 서로 차이가 나서 싸움
④ 비가 쏟아질 것 같은 날씨
⑤ 서로 도와주며 최선을 다함

83 **桂玉之艱**
① 물가가 비싸서 살기가 힘듦
② 물가가 비싼 도시로 이사 감
③ 물가가 비싼 도시에서 장사함
④ 물가가 비싼 도시에서 고학함
⑤ 물가가 비싸도 절약하여 생활함

84 **尸位素餐**
① 실속만 챙기려고 함
② 직책을 다하지 않음
③ 직책에 최선을 다함
④ 자기 자리를 깨끗하게 함
⑤ 출세하기 위해 열심히 노력함

85 一狐之腋

① 아주 값이 비싼 물건
② 값이 저렴하지만 좋은 물건
③ 여우 털로 만든 질 좋은 옷
④ 여우처럼 의리가 있어야 함
⑤ 예의범절을 지키려고 노력함

[86~90] 다음의 뜻을 가장 잘 나타낸 성어(成語)는 어느 것입니까?

86 **오직 마음과 마음으로 전함**

① 一心同體 ② 教外別傳
③ 難行苦行 ④ 徒費心力
⑤ 遼東之豕

87 **사람의 일이 서로 어긋남**

① 毛羽未成 ② 志不可滿
③ 白雲孤飛 ④ 燕雁代飛
⑤ 膠漆之交

88 **화근을 미리 방지함**

① 曲突徙薪 ② 禳禍求福
③ 首鼠兩端 ④ 汗牛充棟
⑤ 徒費脣舌

89 **아주 무식함**

① 魚質龍文 ② 漁父之利
③ 握髮吐哺 ④ 布衣寒士
⑤ 魚魯不辨

90 **태평한 세상의 평화로운 풍경**

① 康哉之歌 ② 蓋棺事定
③ 康衢煙月 ④ 肝膽相照
⑤ 抱炭希涼

〈제3영역〉 독해(讀解)

[91~97] 다음 문장에서 밑줄 친 한자어(漢字語)의 음(音)은 무엇입니까?

91 **불우한 이웃을 도운 행위를 거짓 선행으로 <u>罵倒</u>를 하는 것은 옳지 않다.**

① 매도 ② 괴도
③ 마도 ④ 매수
⑤ 매치

92 **그는 회의에서 <u>斬新</u>한 아이디어를 냈다.**

① 참고 ② 찬성
③ 참신 ④ 심신
⑤ 참심

93 **그는 나이가 어린 국왕이 등극하자 <u>僭濫</u>한 역심을 품었다.**

① 참독 ② 참수
③ 찬성 ④ 참람
⑤ 잠람

94 **나는 총 30권의 백과사전 <u>全帙</u>을 구입했다.**

① 전집 ② 전질
③ 전체 ④ 전부
⑤ 전매

95 이 부서에서 회사의 모든 업무를 總括하고 있다.

① 총론 ② 총평
③ 책임 ④ 총계
⑤ 총괄

96 이 소설은 사실에 바탕을 둔 충실한 描寫를 하고 있다.

① 묘사 ② 묘미
③ 묘책 ④ 묘기
⑤ 묘만

97 죽은 친구의 幻影을 본 듯 섬뜩했다.

① 환자 ② 환영
③ 환상 ④ 유영
⑤ 환경

[98~102] 다음 문장에서 밑줄 친 한자어(漢字語)의 뜻풀이로 가장 적절한 것은 어느 것입니까?

98 경제 상황이 안 좋아 정부 사업을 緊縮해야 한다.

① 길게 늘어뜨림
② 수출입을 많이 함
③ 물물 교환을 자주 함
④ 재정의 기초를 다스리기 위해 노력함
⑤ 재정의 기초를 다지기 위하여 지출을 줄임

99 왕권 강화를 위해 閥閱 세력을 견제해야 한다는 상소가 올라왔다.

① 나라를 위해 공을 쌓음
② 나라를 위해 목숨을 바침
③ 나라에 공이 많고 벼슬 경력이 없음
④ 나라에 공이 많고 벼슬 경력이 적음
⑤ 나라에 공이 많고 벼슬 경력이 많음

100 현실과 이상은 언제나 乖離가 있기 마련이다.

① 서로 함께함
② 서로 거리가 가까움
③ 서로 거리가 아주 멂
④ 서로 어그러져 동떨어짐
⑤ 서로 가까울수록 자주 싸움

101 임금은 이순신에게 충무(忠武)라는 諡號를 내려 그의 넋을 위로하였다.

① 큰 벼슬을 많이 지낸 집안
② 업적이 많은 신하에게 주는 상금
③ 업적이 많은 신하가 높은 위치에 이름
④ 임금이 업적 많은 신하를 살뜰히 챙김
⑤ 업적이 많은 신하가 죽은 뒤 지어 주는 이름

102 그는 참모들의 輔弼을 받았다.

① 봉사정신이 투철함
② 윗사람의 일을 도움
③ 아랫사람 일을 도와줌
④ 서로 도와주려고 노력함
⑤ 서로 보살피고 격려해줌

[103~107] 다음 문장에서 빈칸에 들어갈 가장 적절한 한자어(漢字語)는 어느 것입니까?

103 임금 협상에서 노사 간에 □□이 빚어졌다.

① 摩擦 ② 魔術
③ 魔力 ④ 戰爭
⑤ 魔法

104 그의 쾌유를 위해 신에게 □□를 드렸다.

① 期約 ② 幾微
③ 祈禱 ④ 企圖
⑤ 機密

105 □□은 표면이 건조해지는 것을 막는 구실을 한다.

① 粘膜 ② 粘液
③ 點水 ④ 粘塊
⑤ 沈水

106 도박에 대한 □□으로 패가망신 했다.

① 耽溺 ② 破滅
③ 耽讀 ④ 耽美
⑤ 沈着

107 사또의 명에 따라 죄인을 □□로 압송했다.

① 上官 ② 下官
③ 無官 ④ 官舍
⑤ 官衙

[108~112] 다음 문장에서 밑줄 친 한자어(漢字語)의 한자표기(漢字表記)가 바르지 않은 것은 어느 것입니까?

108 ① <u>品位</u>를 ② <u>重要</u>하게 생각하고 ③ <u>保守的</u>인 ④ <u>價値觀</u>을 가진 사람들은 옷차림에 ⑤ <u>神境</u>을 쓴다.

109 다른 사람과 올바른 ① <u>關係</u>를 맺기 위해서는 타인에 대해 ② <u>綜合的</u>으로 ③ <u>認識</u>하여 그들을 ④ <u>異解</u>하려는 ⑤ <u>寬容</u>의 자세가 필요하다.

110 대통령 ① <u>當選人</u>은 금융 정책을 통해 ② <u>庶民</u>을 ③ <u>救劑</u>하고 학자금도 ④ <u>大幅</u> ⑤ <u>減額</u>할 것을 약속했다.

111 바이러스 ① <u>浸透</u>로 몸이 ② <u>毁損</u>되는 것을 ③ <u>專門家</u>를 ④ <u>憑藉</u>하여 ⑤ <u>非亂</u>하지 마라.

112 사회에 ① <u>蔓延</u>한 ① <u>學閥</u>의식은 ③ <u>前近代性</u>의 ④ <u>殘載</u>로 이는 ⑤ <u>撤廢</u>해야 할 대상이다.

[113~120] 다음 문장에서 밑줄 친 단어(單語)를 한자(漢字)로 바르게 쓴 것은 어느 것입니까?

113 형제들이 유산 문제로 분쟁했다.

① 鬪爭　② 戰爭
③ 爭奪　④ 奮武
⑤ 紛爭

114 그는 중도 포기를 선언했다.

① 泡起　② 抛棄
③ 抱氣　④ 砲技
⑤ 砲機

115 오랫동안 출혈되면 생명이 위독하다.

① 讀劇　② 危殆
③ 危險　④ 危篤
⑤ 危機

116 긴 협상 끝에 두 회사 간의 계약 체결이 이루어졌다.

① 締結　② 約束
③ 締交　④ 締約
⑤ 結締

117 그는 이번 달 세금 공제의 혜택을 받았다.

① 公同　② 共謀
③ 公式　④ 控除
⑤ 控辭

118 그는 이번 회의에 모든 사람들이 놀랄 만한 괴안을 들고 나왔다.

① 魁奇　② 怪案
③ 戒責　④ 掛圖
⑤ 乖愎

119 그의 말은 모순이 있어 이해하기 어려웠다.

① 矛順　② 矛盾
③ 毛順　④ 模盾
⑤ 母純

120 상인들을 협박하여 금품을 갈취하다.

① 碣値　② 渴望
③ 葛藤　④ 渴取
⑤ 喝取

[121~125] 다음 문장에서 밑줄 친 단어(單語)나 어구(語句)의 뜻을 가장 잘 나타낸 한자(漢字) 또는 한자어(漢字語)는 어느 것입니까?

121 소수의 의견을 대다수의 의견으로 여기고 있다.

① 看做　② 間或
③ 諫死　④ 贊成
⑤ 參與

122 그는 침착하고 사리에 밝은 사람이다.

① 無視　② 冷徹
③ 理性　④ 徹底
⑤ 重視

123 그녀와 <u>오랫동안 소식이 단절</u>됐다.

① 激昻 ② 格式
③ 格調 ④ 隔阻
⑤ 隔差

124 내용이 어려워서 <u>설명을 덧붙여 자세히 말했다</u>.

① 附加 ② 補充
③ 敷衍 ④ 副審
⑤ 附隨

125 그녀의 얼굴에는 흥건한 <u>눈물 자국</u>이 있었다.

① 缺漏 ② 痕損
③ 水痕 ④ 淚痕
⑤ 澄汰

[126~130] 다음 글을 읽고 물음에 답하시오.

> 지구의 물이 계속 줄고 있다. 세계 곳곳에서는 물 ㉠ <u>갈등</u>과 분쟁이 ㉡ <u>심화</u>되고 있다. 2015년 세계경제포럼에 따르면 물 문제는 인류가 직면한 10대 위기 중 가장 영향력이 클 것으로 평가된다. 물을 어떻게 활용하고 ㉢ <u>관리</u>하느냐에 따라 미래가 결정된다고 할 ㉣ <u>程度</u>로 물 관리의 중요성이 대두되고 있다. 한국은 심각한 '물 스트레스 국가'다. 지형학적으로 하천 ㉤ <u>경사</u>가 급하고, 기상학적으로는 강우가 여름철에 집중되는 등 수자원 이용에 유리한 조건이 아니다. 연평균 강수량은 1,274mm로 세계 평균 807mm에 비해 1.6 ㉥ <u>배</u> 많지만, 인구밀도가 높아 1인당 연간 강수총량(2,660m^3)과 이용 가능한 수자원량(1,553m^3)은 세계 평균인 1만 6,427m^3과 8,372m^3에 비해 1/6 수준에 不過하다.
>
> 〈환경일보 사설, "과학 기술로 스마트 물 관리"〉

126 ㉠ '갈등'과 ㉡ '심화'의 한자표기로 바른 것은?

① 竭藤 – 心華 ② 葛藤 – 心花
③ 葛藤 – 心慮 ④ 竭藤 – 深刻
⑤ 葛藤 – 深化

127 ㉢ '관리'를 한자로 쓸 때 '관'자와 같은 한자를 사용한 것은?

① 長官 ② 冠詞
③ 旅館 ④ 管轄
⑤ 灌水

128 ㉣ '程度'의 '度'자와 발음이 다르게 나는 것은?

① 度矩 ② 態度
③ 度地 ④ 度脫
⑤ 頻度

129 ㉤ '경사'의 한자 표기가 바른 것은?

① 傾斜 ② 敬思
③ 傾瀉 ④ 慶事
⑤ 經絲

130 ㉥ '배'를 한자로 쓸 때 '배'자의 부수로 바른 것은?

① 人 ② 土
③ 酉 ④ 阝
⑤ 木

국가공인 자격검정

제2회 상공회의소 한자 시험 [2급] 문제지

형별	A형	제한 시간	80분	수험번호	성 명

※ 다음 중 가장 알맞은 것을 고르시오.

〈제1영역〉 한자(漢字)

[1~11] 다음 한자(漢字)의 음(音)은 무엇입니까?

01 羌

① 양 ② 농 ③ 강 ④ 옹 ⑤ 황

02 覡

① 강 ② 견 ③ 무 ④ 격 ⑤ 수

03 楞

① 방 ② 면 ③ 릉 ④ 두 ⑤ 창

04 阻

① 차 ② 초 ③ 조 ④ 추 ⑤ 준

05 彬

① 삼 ② 림 ③ 방 ④ 빈 ⑤ 삭

06 妖

① 옥 ② 요 ③ 교 ④ 려 ⑤ 간

07 泌

① 비 ② 빈 ③ 시 ④ 치 ⑤ 피

08 覇

① 파 ② 륵 ③ 피 ④ 혁 ⑤ 패

09 頒

① 반 ② 불 ③ 빈 ④ 척 ⑤ 석

10 芴

① 순 ② 물 ③ 문 ④ 몰 ⑤ 흘

11 攪

① 교 ② 도 ③ 탁 ④ 각 ⑤ 도

[12~18] 다음 음(音)을 가진 한자는 무엇입니까?

12 추

① 岑 ② 綴 ③ 鋪 ④ 釉 ⑤ 芻

13 뢰

① 臘 ② 贖 ③ 儡 ④ 矮 ⑤ 腔

14 척

① 脊 ② 囑 ③ 霽 ④ 貼 ⑤ 陞

15 고

① 肝 ② 串 ③ 槿 ④ 股 ⑤ 历

16 박

① 秏 ② 駁 ③ 遮 ④ 愍 ⑤ 阜

17 앙

① 甕 ② 孃 ③ 秧 ④ 佑 ⑤ 迂

18 문

① 吻 ② 曼 ③ 畝 ④ 娩 ⑤ 隻

[19~25] 다음 한자(漢字)와 음(音)이 같은 한자는 어느 것입니까?

19 坑

① 亢 ② 痰 ③ 兎 ④ 羹 ⑤ 寵

20 撫

① 柴 ② 崔 ③ 矛 ④ 誣 ⑤ 槃

21 准

① 沖 ② 昱 ③ 濬 ④ 騈 ⑤ 聰

22 腺

① 抽 ② 喘 ③ 殮 ④ 陜 ⑤ 羨

23 兜

① 杜 ② 臼 ③ 煉 ④ 濃 ⑤ 喆

24 襟

① 棉 ② 衾 ③ 拈 ④ 奧 ⑤ 膽

25 站

① 慘 ② 灣 ③ 闡 ④ 攀 ⑤ 靖

[26~36] 다음 한자(漢字)의 뜻은 무엇입니까?

26 膏 : ① 기름 ② 위장 ③ 살찌다 ④ 팔다리 ⑤ 바라다

27 塡 : ① 진흙 ② 견디다 ③ 메우다 ④ 부리다 ⑤ 지키다

28 款 : ① 용서 ② 정성 ③ 도장 ④ 울타리 ⑤ 새기다

29 璽 : ① 너 ② 주석 ③ 도장 ④ 고리 ⑤ 적다

30 駝 : ① 참새 ② 나귀 ③ 솔개 ④ 노루 ⑤ 낙타

31 剩 : ① 작다 ② 남다 ③ 느리다 ④ 보내다 ⑤ 찌르다

32 娠 : ① 낳다 ② 비녀 ③ 기르다 ④ 임신하다 ⑤ 시집가다

33 諱 : ① 꺼리다 ② 채우다
③ 버리다 ④ 꾸짖다
⑤ 돌보다

34 筋 : ① 허리 ② 겨드랑이
③ 어깨 ④ 힘줄
⑤ 팔다리

35 頸 : ① 혀 ② 목
③ 뼈 ④ 가슴
⑤ 팔뚝

36 粥 : ① 국 ② 떡
③ 죽 ④ 밀가루
⑤ 반찬

[37~43] 다음의 뜻을 가진 한자(漢字)는 무엇입니까?

37 돕다
① 糞 ② 詔 ③ 弼 ④ 稷 ⑤ 疹

38 힘줄
① 腱 ② 腿 ③ 腸 ④ 腎 ⑤ 膜

39 곳집
① 掩 ② 型 ③ 庾 ④ 鳶 ⑤ 憧

40 적삼
① 衫 ② 裨 ③ 袴 ④ 衿 ⑤ 裙

41 공장
① 瓶 ② 柄 ③ 掩 ④ 廠 ⑤ 匣

42 상자
① 笞 ② 柱 ③ 箱 ④ 綴 ⑤ 箭

43 밟다
① 趺 ② 圖 ③ 頑 ④ 蹈 ⑤ 舞

[44~50] 다음 한자(漢字)와 뜻이 비슷한 한자는 어느 것입니까?

44 穿
① 荒 ② 饗 ③ 鑿 ④ 昊 ⑤ 札

45 徙
① 遷 ② 穢 ③ 鱗 ④ 褓 ⑤ 艾

46 姙
① 妖 ② 仍 ③ 歪 ④ 胎 ⑤ 腎

47 閼
① 沮 ② 瑪 ③ 控 ④ 躬 ⑤ 蚕

48 倦
① 槿 ② 懶 ③ 兌 ④ 朗 ⑤ 芙

49 叢
① 沖 ② 鈺 ③ 帛 ④ 聚 ⑤ 秘

50 溢
① 汶 ② 澹 ③ 瀨 ④ 濫 ⑤ 箔

〈제2영역〉 어휘(語彙)

[51~52] 다음 한자어(漢字語)와 그 새김의 방식이 같은 한자어는 어느 것입니까?

〈보기〉 年少 : ① 高山 ② 下車
③ 往來 ④ 日出
⑤ 讀書
'年少'처럼 그 새김의 방식이 '주어와 서술어의 관계'로 짜여진 한자어는 '日出(해가 뜨다)'이다. 따라서 정답 ④를 골라 답란에 표기하면 된다.

51 **彈琴** : ① 恐龍 ② 遮陽
③ 鴻恩 ④ 碩鼠
⑤ 猛獸

52 **舊殼** : ① 恥事 ② 堪耐
③ 贖罪 ④ 讀書
⑤ 噴霧

[53~54] 다음 한자어(漢字語)의 음은 무엇입니까?

53 **薔薇** : ① 장미 ② 색미
③ 장철 ④ 색철
⑤ 새장

54 **稚拙** : ① 치밀 ② 치사
③ 치졸 ④ 치유
⑤ 치열

[55~56] 다음 음(音)을 가진 한자어(漢字語)는 무엇입니까?

55 **극구** : ① 間隙 ② 近國
③ 根接 ④ 憂極
⑤ 隙駒

56 **소탕** : ① 纖細 ② 召集
③ 掃蕩 ④ 清掃
⑤ 疏遠

[57~59] 다음 한자(漢字)와 음(音)이 같은 한자는 어느 것입니까?

57 **抱擁** : ① 瓢壺 ② 饟饔
③ 怖慄 ④ 褒寵
⑤ 圃翁

58 **齒列** : ① 治熱 ② 鍼灸
③ 稚拙 ④ 煙烈
⑤ 疱疾

59 **叩門** : ① 昂揚 ② 憐憫
③ 艷聞 ④ 諮問
⑤ 拷問

[60] 다음 괄호 속 한자(漢字)의 음(音)이 다르게 발음되는 것은?

60 ① (滑)稽 ② (滑)車
③ (滑)降 ④ (滑)走
⑤ 潤(滑)

[61~62] 다음 한자어(漢字語)의 뜻풀이로 가장 적절한 것은 어느 것입니까?

61 **腐蝕**

① 썩어서 문드러짐
② 도와서 성공함
③ 구부려서 감춤
④ 너그럽지 못함
⑤ 이상하고 신비함

62 **水栓**

① 상수도
② 손떨림
③ 수도꼭지
④ 수상 경기
⑤ 수력 발전소

[63~64] 다음의 뜻에 맞는 한자어(漢字語)는 어느 것입니까?

63 **벼를 거두어 들임**

① 醜手 ② 稻苗
③ 穫和 ④ 稻隸
⑤ 穫稻

64 **아주 친밀한 관계**

① 親戚 ② 密接
③ 膠着 ④ 膠漆
⑤ 膠泥

[65~70] 다음 단어들의 '□'에 공통으로 들어갈 알맞은 한자(漢字)는 어느 것입니까?

65 **旅□, □居, □話**

① 萬 ② 寓 ③ 惠 ④ 寮 ⑤ 寞

66 **衝□, □發, □然**

① 突 ② 窒 ③ 窓 ④ 空 ⑤ 穹

67 **□射, □霧, □火**

① 注 ② 消 ③ 噴 ④ 忿 ⑤ 掌

68 **落□, 防□, □土**

① 諜 ② 沃 ③ 賑 ④ 塵 ⑤ 札

69 **沃□, 墓□, 田□**

① 留 ② 畸 ③ 畝 ④ 畔 ⑤ 畓

70 **□路, 仕□, □厄**

① 爵 ② 宦 ③ 卿 ④ 儒 ⑤ 籍

[71~75] 다음 한자어(漢字語)와 뜻이 반대(反對)이거나 상대(相對)되는 한자어는 어느 것입니까?

71 **矮小** : ① 一蹴 ② 健壯
③ 誇示 ④ 綿延
⑤ 浪漫

72 **醜雜** : ① 醜惡 ② 純粹
③ 休德 ④ 嚴酷
⑤ 美談

73 **冒瀆** : ① 模倣 ② 暴露
③ 尊貴 ④ 尊重
⑤ 諧謔

74 **銳利** : ① 罔極 ② 鈍濁
③ 敏捷 ④ 荒唐
⑤ 靜淑

75 **柔軟** : ① 剛健 ② 良好
③ 僭稱 ④ 纖弱
⑤ 垢面

[76~80] 다음 성어(成語)에서 '□'에 들어갈 알맞은 한자(漢字)는 어느 것입니까?

76 **五里□中**
① 巫 ② 舞 ③ 霧 ④ 茂 ⑤ 務

77 **雪□花容**
① 傅 ② 膚 ③ 孚 ④ 剖 ⑤ 溥

78 **萬壽無□**
① 姜 ② 羌 ③ 疆 ④ 綱 ⑤ 薑

79 **大巧□拙**
① 若 ② 弱 ③ 約 ④ 掠 ⑤ 藥

80 **□木之信**
① 捷 ② 徒 ③ 徑 ④ 徙 ⑤ 彷

[81~85] 다음 성어(成語)의 뜻풀이로 적절한 것은 어느 것입니까?

81 **羊頭狗肉**
① 맛이 좋은 고기
② 품질이 좋은 고기
③ 어진 임금과 충성스런 신하
④ 양 머리 고기를 먹을 만큼 힘든 상황
⑤ 겉보기만 그럴 듯하고 속은 변변치 않음

82 **肝膽相照**
① 싸운 후 서로 화해함
② 친한 친구와 이웃이 됨
③ 서로 마음을 터놓고 사귐
④ 서로 도와주며 최선을 다함
⑤ 서로 애틋한 마음으로 사랑함

83 **磨斧作針**
① 노력하면 이룰 수 있음
② 가지고 있는 책이 많음
③ 남이 하는 행동을 따라함
④ 어떠한 상황을 간절히 기다림
⑤ 어려운 여건에도 열심히 생활함

84 **勿失好機**
① 좋은 기회를 놓치지 않음
② 앞날이 매우 까마득함
③ 실력도 없으면서 잘난 척함
④ 출세하기 위해 열심히 노력함
⑤ 좋지 못한 물건을 남을 속여서 팜

85　非禮勿視

① 예로써 존경을 나타냄
② 예절과 의리가 있어야 함
③ 예의범절을 지키려고 노력함
④ 예의에 어긋나는 일에 대해 반성함
⑤ 예의에 어긋나는 일은 보지도 말아야 함

[86~90] 다음의 뜻을 가장 잘 나타낸 성어(成語)는 어느 것입니까?

86　값이 아주 비싼 물건

① 一狐之腋　② 美辭麗句
③ 沙上樓閣　④ 笑裏藏刀
⑤ 虛張聲勢

87　우물 안의 개구리

① 畫中之餠　② 井底之蛙
③ 密雲不雨　④ 雨後竹筍
⑤ 好事多魔

88　어떤 일이든 알맞은 곳에서 해야 함

① 生口不網　② 虛心坦懷
③ 朝名市利　④ 泥田鬪狗
⑤ 三顧草廬

89　벼슬이 없는 가난한 선비

① 錦衣還鄕　② 山中豪傑
③ 首鼠兩端　④ 布衣寒士
⑤ 瓦釜雷鳴

90　책이 매우 많음

① 汗牛充棟　② 花朝月夕
③ 戰戰兢兢　④ 臥薪嘗膽
⑤ 道聽塗說

〈제3영역〉 독해(讀解)

[91~97] 다음 문장에서 밑줄 친 한자어(漢字語)의 음(音)은 무엇입니까?

91　여러 약재를 농축하여 津液을 만들었다.

① 진액　② 잔액
③ 액즙　④ 과즙
⑤ 육즙

92　조명이 켜지자 舞臺에 배우들이 등장했다.

① 연극　② 장소
③ 무대　④ 등대
⑤ 대각

93　나는 당당하지 못한 경기를 羞恥로 생각했다.

① 수심　② 수지
③ 악화　④ 수치
⑤ 염치

94　나는 敏捷하게 몸을 피해 건물 안에 숨었다.

① 영리　② 민첩
③ 민감　④ 용감
⑤ 활발

95 나는 언니의 옷을 修繕해서 입었다.

① 수선 ② 수습
③ 수정 ④ 보수
⑤ 편집

96 그는 부모님과 의견이 맞지 않아 자주 摩擦이 생긴다.

① 상심 ② 갈등
③ 불행 ④ 마찰
⑤ 농염

97 예전에 駱駝 고기를 먹어 본 적 있다.

① 마필 ② 하마
③ 명마 ④ 타조
⑤ 낙타

[98~102] 다음 문장에서 밑줄 친 한자어(漢字語)의 뜻풀이로 가장 적절한 것은 어느 것입니까?

98 그 친구와는 隔阻하여 이제는 서먹해졌다.

① 점점 멀어져서 서로 슬퍼함
② 멀리 떨어져 있어도 사이가 좋음
③ 멀리 떨어져 있어서 서로 잘 통함
④ 멀리 떨어져 있어 가까이하고 싶음
⑤ 멀리 떨어져 있어 서로 통하지 못함

99 우리 둘은 같은 範疇에 속한다.

① 특별한 단체에 가입
② 같은 목적을 위한 조직
③ 서로 본받아 배울 만한 대상
④ 동일한 성질을 가진 부류나 범위
⑤ 일부러 법을 어기는 말이나 행동을 함

100 그는 늦은 밤이 되어서야 診療가 끝났다.

① 일터에서 근무를 마치고 돌아옴
② 직장 같은 곳에서 맡아서 하는 일
③ 병을 진찰하기 위해 손목을 짚어 봄
④ 의사가 환자를 진찰하고 치료하는 일
⑤ 의사가 여러 가지 방법으로 환자의 병을 고침

101 나는 그의 결단성을 도리어 欽慕하였다.

① 두려움
② 괴로움
③ 답답하고 분함
④ 기쁜 마음으로 축하함
⑤ 기쁜 마음으로 공경하며 사모함

102 그들은 적군에게 捕虜로 붙잡혔다.

① 포수
② 그물
③ 동물
④ 수많은 적
⑤ 사로잡은 적

[103~107] 다음 문장에서 빈칸에 들어갈 가장 적절한 한자어(漢字語)는 어느 것입니까?

103 우리 할머니는 올해로 연세가 □□이시다.

① 白手　② 白壽
③ 伯嫂　④ 百獸
⑤ 白叟

104 어두운 곳에서 밝은 곳으로 가면 □□이 작아진다.

① 瞳孔　② 紫銅
③ 重瞳　④ 孔明
⑤ 毛孔

105 우리는 교지를 짜임새 있게 □□하였다.

① 便紙　② 編輯
③ 繼續　④ 偏執
⑤ 特輯

106 그들은 무력으로 정권을 □□하였다.

① 主掌　② 把握
③ 長惡　④ 掌握
⑤ 掌樂

107 여름에는 □□이 있는 모자를 써야 한다.

① 遮陽　② 陽傘
③ 雨傘　④ 遮斷
⑤ 陽地

[108~112] 다음 문장에서 밑줄 친 한자어(漢字語)의 한자표기(漢字表記)가 바르지 않은 것은 어느 것입니까?

108 오늘의 ① 運勢 : 66년생은 ② 膳物을 받거나 ③ 愉快한 시간을 보내고, 78년생은 기분 좋은 ④ 肢出을 하고, 90년생은 ⑤ 衝動 소비를 자제해야 함.

109 ① 最初로 커피 ② 苗木을 ③ 搬入한 나라는 네덜란드이며, 주로 ④ 植民趾에서 커피를 ⑤ 栽培했다.

110 나날이 ① 亂暴해지고 있는 학교폭력을 ② 遮斷하기 위한 ③ 特端의 ④ 對策이 마침내 ⑤ 施行되었다.

111 ① 志操는 ② 純一한 ③ 精神을 지키기 위한 불타는 ④ 信念이요 눈물겨운 ⑤ 情誠이다.

112 이 ① 作品 속 그림을 보면 ② 游泳하는 물고기의 ③ 紋樣에서 삶의 ④ 餘裕와 ⑤ 豐耀가 나타난다.

[113~120] 다음 문장에서 밑줄 친 단어(單語)를 한자(漢字)로 바르게 쓴 것은 어느 것입니까?

113 오늘따라 바람이 굉장하다.

① 宏壯 ② 肝腸
③ 缺字 ④ 諫子
⑤ 轟音

114 시부모에게 폐백을 드리다.

① 敗北 ② 幣帛
③ 廢妃 ④ 幣栢
⑤ 肺帛

115 갑자기 종기가 나 며칠을 고생했다.

① 宗器 ② 淨機
③ 腫氣 ④ 弔旗
⑤ 鐘街

116 동생의 지독한 구취가 나의 후각을 자극했다.

① 嗅覺 ② 後覺
③ 後刻 ④ 後脚
⑤ 嗅感

117 자식을 먼저 보낸 부모들은 애끓는 슬픔을 참지 못하고 오열하였다.

① 汚咽 ② 汚裂
③ 嗚咽 ④ 嗚裂
⑤ 奧咽

118 시골이 고향인 사람들은 명절 연휴를 맞아 귀성 준비로 바빴다.

① 歸城 ② 歸省
③ 貴城 ④ 貴省
⑤ 貴誠

119 최근에 일어난 두 사건의 맥락을 알아야 한다.

① 脈落 ② 麥絡
③ 脈絡 ④ 脈洛
⑤ 脈惡

120 기자는 주머니에서 수첩을 꺼냈다.

① 受牒 ② 手帖
③ 酬接 ④ 手捷
⑤ 收帖

[121~125] 다음 문장에서 밑줄 친 단어(單語)나 어구(語句)의 뜻을 가장 잘 나타낸 한자(漢字) 또는 한자어(漢字語)는 어느 것입니까?

121 증거 수집이 문제 해결의 중요한 부분이 될 것이다.

① 侮辱 ② 拔本
③ 判別 ④ 關鍵
⑤ 覆審

122 지금 우리 사회는 도덕성이 상실되어 인명을 가볍게 여기는 풍조가 만연해 있다.

① 無視 ② 輕視
③ 經視 ④ 輕示
⑤ 重視

123 대도시의 주차난을 해결하여 없애 버리기 위하여 노력하고 있다.

① 解消 ② 理解
③ 消救 ④ 消火
⑤ 解産

124 천장에서 물방울이 뚝뚝 떨어졌다.

① 水賊 ② 水滴
③ 水丸 ④ 雨水
⑤ 洪水

125 그들은 강을 사이에 두고 서로 맞서서 버티고 있었다.

① 對峙 ② 對策
③ 對應 ④ 對處
⑤ 對置

[126~130] 다음 글을 읽고 물음에 답하시오.

> 흑백 논리는 문제를 해결할 때 선·악, 참·거짓, 찬성·반대와 같은 양자 중의 하나를 선택해야 하는 문제로 ㉠ 양극화시켜서 중간 입장을 ㉡ 許容하지 않는 사고방식이다. 예를 들면, "시장 경제를 비판하는 사람은 공산주의자이다."라든지, "㉢ 타협하는 것은 ㉣ 屈服하는 것이나 마찬가지이다."와 같이 신축적인 사고를 ㉤ 차단하는 주장은 흑백 논리의 예이다.

126 ㉠ '양극화'의 한자 표기가 바른 것은?

① 陽極和 ② 兩極花
③ 兩極化 ④ 陽極貨
⑤ 兩極畵

127 ㉡의 독음이 바른 것은?

① 허용 ② 허락
③ 허가 ④ 허기
⑤ 허다

128 ㉢ '타협'의 한자 표기가 바른 것은?

① 妥脅 ② 妥峽
③ 妥協 ④ 他協
⑤ 打協

129 ㉣ '屈服'의 뜻과 반대(反對)이거나 상대(相對)되는 한자어는?

① 服從 ② 低項
③ 不滿 ④ 抵抗
⑤ 制止

130 ㉤ '차단'의 한자 표기가 바른 것은?

① 差短 ② 遮單
③ 遮段 ④ 差斷
⑤ 遮斷

국가공인 자격검정

제1회 상공회의소 한자 시험 [2급] 정답 및 해설

〈제1영역〉 한자(漢字)

1	①	2	②	3	②	4	①	5	①
6	②	7	④	8	①	9	⑤	10	②
11	②	12	②	13	③	14	①	15	④
16	⑤	17	②	18	③	19	①	20	③
21	⑤	22	③	23	⑤	24	③	25	②
26	①	27	③	28	②	29	①	30	⑤
31	④	32	①	33	②	34	④	35	①
36	③	37	③	38	①	39	⑤	40	④
41	②	42	④	43	①	44	②	45	①
46	④	47	③	48	①	49	④	50	②

01 풀이 矜 자랑할 긍

02 풀이 磬 경쇠 경

03 풀이 捺 누를 날

04 풀이 柿 감나무 시

05 풀이 湜 물 맑을 식

06 풀이 址 터 지

07 풀이 軸 굴대 축

08 풀이 唾 침 타

09 풀이 覲 뵐 근

10 풀이 妖 요사할 요

11 풀이 鷲 독수리 취

12 풀이 泛 – 뜰 범
① 乏 – 모자랄 핍
③ 廚 – 부엌 주
④ 卨 – 사람 이름 설
⑤ 贖 – 속죄할 속

13 풀이 屑 – 가루 설
① 率 – 거느릴 솔
② 揷 – 꽂을 삽
④ 輯 – 모을 집
⑤ 饉 – 주릴 근

14 풀이 秦 – 성씨 진
② 娠 – 아이 밸 신
③ 穗 – 이삭 수
④ 薩 – 보살 살
⑤ 覇 – 으뜸 패

15 풀이 藤 – 등나무 등
① 穩 – 편안할 온
② 槿 – 무궁화 근
③ 耗 – 소모할 모
⑤ 懲 – 징계할 징

16 풀이 鬚 – 수염 수
① 諧 – 화할 해
② 鰻 – 뱀장어 만
③ 髮 – 터럭 발
④ 悉 – 다 실

17 풀이 酸 – 실 산
① 塡 – 메울 전/진정할 진
③ 脊 – 등마루 척
④ 陞 – 오를 승
⑤ 迂 – 에돌 우

18 풀이 昻 – 밝을 앙
① 甕 – 독 옹
② 釀 – 술 빚을 양
④ 郵 – 우편 우
⑤ 芋 – 토란 우/클 후

19 풀이 弛 – 늦출 이
① 頤 – 턱 이
② 刺 – 찌를 자
③ 佾 – 춤 줄 일
④ 奄 – 문득 엄
⑤ 寵 – 사랑할 총

20 풀이 毓 – 기를 육
① 粟 – 조 속
② 棠 – 아가위 당
③ 堉 – 기름진 땅 육
④ 誣 – 속일 무
⑤ 蝸 – 달팽이 와

21 풀이 后 – 뒤/임금 후
① 噴 – 뿜을 분
② 賃 – 품삯 임
③ 叩 – 두드릴 고
④ 鐸 – 방울 탁
⑤ 嗅 – 맡을 후

22 풀이 駿 – 준마 준
① 沖 – 화할 충
② 驛 – 역 역
③ 濬 – 깊을 준
④ 駢 – 나란히 할 병
⑤ 聰 – 귀 밝을 총

23 풀이 苔 – 이끼 태
① 稱 – 칭찬할/일컬을 칭
② 撑 – 버틸 탱
③ 熾 – 성할 치
④ 峙 – 언덕 치
⑤ 兌 – 바꿀/기쁠 태

24 풀이 腺 – 샘 선
① 抽 – 뽑을 추
② 喘 – 숨찰 천
③ 羨 – 부러워할 선
④ 陝 – 땅 이름 섬
⑤ 殮 – 염할 렴(염)

25 풀이 鋤 – 호미 서
① 俎 – 도마 조
② 鼠 – 쥐 서
③ 裸 – 벗을 라(나)
④ 措 – 둘 조
⑤ 嘲 – 비웃을 조

26 풀이 耗 – 소모할 모
② 성하다 – 盛(성할 성), 殷(성할 은)
③ 채우다 – 充(채울 충)
④ 늘리다 – 增(더할 증), 擴(넓힐 확)
⑤ 끼우다 – 嵌(산골짜기 감)

27 풀이 桶 - 통 통
① 끌 - 牽(끌 견), 引(끌 인), 提 (끌 제), 拉(끌 랍)
② 표 - 表(겉 표), 標(표할 표), 票(표 표)
④ 끝 - 端(끝 단), 末(끝 말)
⑤ 줄 - 線(줄 선)

28 풀이 鈿 - 비녀 전
① 모자 - 帽(모자 모)
③ 바늘 - 針(바늘 침)
④ 거울 - 鑑(거울 감), 鏡(거울 경)
⑤ 보물 - 寶(보배 보), 財(재물 재)

29 풀이 臂 - 팔 비
② 다리 - 脚(다리 각)
③ 가슴 - 胸(가슴 흉), 膺(가슴 응)
④ 허파 - 肺(허파 폐)
⑤ 창자 - 腸(창자 장)

30 풀이 熊 - 곰 웅
① 표범 - 豹(표범 표)
② 여우 - 狐(여우 호)
③ 사자 - 獅(사자 사)
④ 노루 - 獐(노루 장)

31 풀이 薑 - 생강 강
① 감자 - 薯(감자 서)
② 대추 - 棗(대추 조)
③ 인삼 - 蔘(삼 삼)
⑤ 버섯 - 菌(버섯 균)

32 풀이 撰 - 지을 찬
② 막다 - 距(막을 거), 防(막을 방), 抵(막을 저), 障(막을 장)
③ 빼다 - 抽(뽑을 추)
④ 돌보다 - 眷(돌볼 권)
⑤ 버리다 - 棄(버릴 기), 捨(버릴 사), 捐(버릴 연), 廢(폐할 폐)

33 풀이 丕 - 클 비
① 작다 - 小(작을 소), 微(작을 미)
③ 치다 - 擊(칠 격), 伐(칠 벌), 打(칠 타)
④ 아니다 - 未(아닐 미), 不(아닐 불), 非(아닐 비), 否(아닐 불), 弗(아닐 불)
⑤ 찌르다 - 刺(찌를 자), 衝(찌를 충), 沖(찌를 충)

34 풀이 甑 - 시루 증
① 술병 - 鍾(술병 종)
② 술잔 - 杯(잔 배)
③ 쟁반 - 槃(쟁반 반)
⑤ 기와 - 瓦(기와 와)

35 풀이 函 - 함 함
② 창고 - 庫(창고 고), 倉(창고 창)
③ 움집 - 窩(움집 와)
④ 부엌 - 廚(부엌 주)
⑤ 안방 - 閨(안방 규)

36 풀이 蛾 - 나방 아
① 참새 - 雀(참새 작)
② 나비 - 蝶(나비 접)
④ 개구리 - 蛙(개구리 와)
⑤ 기러기 - 雁(기러기 안), 鴻(기러기 홍)

37 풀이
① 膜 – 꺼풀 막
② 詔 – 조서 조
③ 罹 – 걸릴 리(이)
④ 仄 – 기울 측
⑤ 疹 – 마마 진

38 풀이
① 撞 – 칠 당
② 升 – 되 승
③ 踊 – 뛸 용
④ 劤 – 힘 근
⑤ 沌 – 엉길 돈

39 풀이
① 庠 – 학교 상
② 壺 – 병 호
③ 弦 – 활시위 현
④ 算 – 셈 산
⑤ 簫 – 퉁소 소

40 풀이
① 汰 – 일 태
② 洗 – 씻을 세
③ 溟 – 바다 명
④ 瀉 – 쏟을 사
⑤ 波 – 물결 파

41 풀이
① 渭 – 물 이름 위
② 輿 – 수레/가마 여
③ 脣 – 입술 순
④ 宏 – 클 굉
⑤ 膝 – 무릎 슬

42 풀이
① 暝 – 저물 명
② 謨 – 꾀 모
③ 珀 – 호박 박
④ 昊 – 하늘 호
⑤ 墓 – 무덤 묘

43 풀이
① 碎 – 부술 쇄
② 矮 – 난쟁이 왜
③ 諭 – 타이를 유
④ 堉 – 기름진 땅 육
⑤ 椽 – 서까래 연

44 풀이 酋 – 우두머리 추
① 魄 – 넋 백
② 魁 – 괴수 괴
③ 魏 – 나라 이름 위
④ 趨 – 달아날 추
⑤ 黜 – 내칠 출

45 풀이 朽 – 썩을 후
① 腐 – 썩을 부
② 崑 – 산 이름 곤
③ 餠 – 떡 병
④ 嬪 – 아내 빈
⑤ 兌 – 바꿀/기쁠 태

46 풀이 蓮 – 연꽃 련
① 焦 – 탈 초
② 芳 – 꽃다울 방
③ 芬 – 향기 분
④ 芙 – 연꽃 부
⑤ 沮 – 막을 저

47 풀이 萠 – 움 맹
① 毓 – 기를 육
② 薛 – 성씨 설
③ 芽 – 싹 아
④ 昧 – 어두울 매
⑤ 蔡 – 성씨 채

48 풀이 裙 – 치마 군
① 裳 – 치마 상
② 鱗 – 비늘 린
③ 服 – 옷 복
④ 朗 – 밝을 랑
⑤ 褓 – 포대기 보

49 풀이 燧 – 부싯돌 수
① 蕉 – 파초 초
② 靴 – 신 화
③ 黔 – 검을 검
④ 烽 – 봉화 봉
⑤ 箔 – 발 박

50 풀이 胚 – 아이 밸 배
① 凌 – 업신여길 릉
② 姙 – 아이 밸 임
③ 肺 – 허파 폐
④ 脹 – 부을 창
⑤ 娘 – 아가씨 랑(낭)

〈제2영역〉 어휘(語彙)

51	⑤	52	③	53	①	54	⑤	55	③
56	④	57	①	58	⑤	59	④	60	②
61	①	62	⑤	63	③	64	①	65	②
66	⑤	67	④	68	①	69	④	70	②
71	②	72	③	73	⑤	74	①	75	④
76	②	77	①	78	④	79	③	80	①
81	⑤	82	②	83	④	84	②	85	①
86	②	87	④	88	①	89	⑤	90	③

51 풀이 유사 관계
梗 막힐 경, 塞 막힐 색: 소통되지 못하고 막힘.
騷 떠들 소, 擾 시끄러울 요: 여러 사람이 떠들썩하게 들고 일어남.

52 풀이 수식 관계
恐 두려울 공, 龍 용 룡: 백악기 말에 멸종된 대형 파충류.
鴻 기러기 홍, 恩 은혜 은: 넓고 큰 은혜.

53 풀이 沸 끓을 비, 騰 오를 등
액체가 끓어 오름. 물 끓듯 떠들썩하여짐.

54 풀이 竄 숨을 찬, 匿 숨길 닉
도망쳐 숨어 버림.

55 풀이 희생: 犧 희생 희, 牲 희생 생
① 犧 희생 희, 尊 높을 존
② 換 바꿀 환, 腸 창자 장
④ 活 살 활, 潑 물 뿌릴 발
⑤ 披 헤칠 피, 瀝 스밀 력

56 **풀이** 밀랍: 蜜 꿀 밀, 蠟 밀 랍
① 駱 낙타 낙, 駝 낙타 타
② 呪 빌 주, 罵 꾸짖을 매
③ 涅 개흙 열, 槃 쟁반 반
⑤ 遲 더딜 지, 鈍 둔할 둔

57 **풀이** 釣 낚을 조, 艇 배 정
① 調 고를 조, 整 가지런할 정
② 鉤 갈고리 구, 勒 굴레 륵
③ 釣 낚을 조, 竿 낚싯대 간
④ 組 짤 조, 織 짤 직
⑤ 棗 대추 조, 栗 밤 율

58 **풀이** 輕 가벼울 경, 霞 노을 하
① 輕 가벼울 경, 率 거느릴 솔
② 痙 경련 경, 攣 걸릴 련
③ 狩 사냥할 수, 獵 사냥 렵
④ 沈 잠길 침, 澱 앙금 전
⑤ 慶 경사 경, 賀 하례할 하

59 **풀이** 瑤 아름다운 옥 요, 顔 얼굴 안
① 凹 오목할 요, 凸 볼록할 철
② 妖 요사할 요, 魅 매혹할 매
③ 曜 빛날 요, 魄 넋 백
④ 邀 맞을 요, 安 편안 안
⑤ 堯 요임금 요, 舜 순임금 순

60 **풀이**
① 識 알 식, 別 나눌 별
② 標 표할 표, 識 적을 지
③ 博 넓을 박, 識 알 식
④ 識 알 식, 見 볼 견
⑤ 識 알 식, 慮 생각할 려

61 **풀이** 陳腐(진부): 陳 베풀 진, 腐 썩을 부

62 **풀이** 唾棄(타기): 唾 침 타, 棄 버릴 기

63 **풀이** 陋 더러울 누, 名 이름 명
① 壽 목숨 수, 命 목숨 명: 생물이 살아 있는 연한.
② 鄙 더러울 비, 陋 더러울 루: 행동이나 성질이 더럽고 추저분함.
④ 陋 더러울 누, 醜 추할 추: 더럽고 못났음.
⑤ 陋 더러울 누, 巷 거리 항: 누추하고 좁은 거리.

64 **풀이** 淘 쌀 일 도, 汰 일 태
② 陶 질그릇 도, 胎 아이 밸 태: 도자기의 본바탕이 가지고 있는, 빨아들이는 성질.
③ 削 깎을 삭, 磨 갈 마: 풍화나 침식 작용에 의하여 산이 깎이는 일.
④ 寤 잠 깰 오, 寐 잘 매: 깨어 있을 때나 자고 있을 때.
⑤ 燦 빛날 찬, 爛 빛날 란: 빛이 눈부시게 아름다움.

65 **풀이** 投網(투망), 網紗(망사), 網巾(망포)
① 罔 그물 망
② 網 그물 망
③ 茫 아득할 망
④ 寮 동관 료
⑤ 幕 장막 막

66 **풀이** 肝膽(간담), 落膽(낙담), 膽力(담력)
① 腸 창자 장
② 腹 배 복
③ 臟 오장 장
④ 膨 부를 팽
⑤ 膽 쓸개 담

67 풀이 彫琢(조탁), 彫塑(조소), 彫像(조상)
① 注 부을 주
② 消 사라질 소
③ 噴 뿜을 분
④ 彫 새길 조
⑤ 順 순할 순

68 풀이 唐突(당돌), 激突(격돌), 突破(돌파)
① 突 갑자기 돌
② 沃 기름질 옥
③ 盜 도둑 도
④ 睡 졸음 수
⑤ 察 살필 찰

69 풀이 蔓衍(만연), 敷衍(부연), 廣衍(광연)
① 切 끊을 절
② 設 베풀 설
③ 畝 이랑 무/이랑 묘
④ 衍 넓을 연
⑤ 擾 시끄러울 요

70 풀이 謫降(적강), 貶謫(폄적), 謫仙(적선)
① 神 귀신 신
② 謫 귀양 갈 적
③ 下 아래 하
④ 斥 물리칠 척
⑤ 霜 서리 상

71 풀이 欽慕(흠모) ↔ 輕蔑(경멸)
① 純粹(순수) ↔ 醜雜(추잡)
⑤ 混沌(혼돈) ↔ 秩序(질서)

72 풀이 妖艷(요염) ↔ 貞淑(정숙)
① 荒唐(황당) ↔ 眞實(진실)
④ 淨潔(정결) ↔ 不潔(불결)

73 풀이 隱蔽(은폐) ↔ 暴露(폭로)

74 풀이 未洽(미흡) ↔ 滿足(만족)
⑤ 缺如(결여) ↔ 完全(완전), 充分(충분)

75 풀이 粗雜(조잡) ↔ 精密(정밀)
① 良好(양호) ↔ 不良(불량)
⑤ 纖弱(섬약) ↔ 强靭(강인)

76 풀이 日暮途遠(일모도원) – 늙고 쇠약한데 앞으로 해야 할 일은 많음을 이르는 말.
日 날/해 일, 暮 저물 모,
途 길 도, 遠 멀 원

77 풀이 密雲不雨(밀운불우) – 어떤 일의 징조만 있고 그 일은 이루어지지 않음을 이르는 말.
密(빽빽할 밀), 雲(구름 운),
不(아닐 불), 雨(비 우)

78 풀이 暮雲春樹(모운춘수) – 먼 곳에 있는 친구를 생각하는 정이 간절함을 이름.
暮(저물 모), 雲(구름 운),
春(봄 춘), 樹(나무 수)

79 풀이 種瓜得瓜(종과득과) – 원인이 있으면 반드시 그 원인에 따른 결과가 있음을 이르는 말.
種(씨 종), 瓜(오이 과),
得(얻을 득), 瓜(오이 과)

80 풀이 宋襄之仁(송양지인) – 쓸데없이 베푸는 인정을 이르는 말.
宋(송나라 송), 襄(도울 양),
之(갈 지), 仁(어질 인)

81 풀이 道(길 도), 聽(들을 청),
塗(길 도), 說(말씀 설)

82 풀이 雲(구름 운), 泥(진흙 니),
之(갈 지), 差(다를 차)

83 풀이 桂(계수나무 계), 玉(구슬 옥), 之(갈 지), 艱(어려울 간)

84 풀이 尸(주검 시), 位(자리 위), 素(본디 소), 餐(밥 찬)

85 풀이 一(한 일), 狐(여우 호), 之(갈 지), 腋(겨드랑이 액)

86 풀이
① 一心同體(일심동체) – 마음을 하나로 합쳐서 한마음 한몸이 됨을 이르는 말.
② 敎外別傳(교외별전) – 마음과 마음으로 뜻을 전함.
③ 難行苦行(난행고행) – 마음과 몸이 고된 것을 참고 해나가는 수행, 난행과 고행.
④ 徒費心力(도비심력) – 마음과 힘을 기울여 애를 쓰나 아무런 보람이 없음. 부질없는 일에 애를 씀.
⑤ 遼東之豕(요동지시) – 견문이 얕고 좁은 사람을 비유하는 말.

87 풀이
① 毛羽未成(모우미성) – 사람이 성숙되지 못하고 아직 어림을 이르는 말.
② 志不可滿(지불가만) – 바라는 바를 남김없이 만족시켜서는 아니 됨을 이르는 말.
③ 白雲孤飛(백운고비) – 타향에서 고향에 계신 부모님을 그리워함.
④ 燕雁代飛(연안대비) – 사람의 일이 서로 어긋남.
⑤ 膠漆之交(교칠지교) – 서로 떨어지지 않고 마음이 변하지 않는 두터운 우정을 이르는 말.

88 풀이
① 曲突徙薪(곡돌사신) – 화근을 미리 방지하라는 말.
② 禳禍求福(양화구복) – 재앙을 물리치고 복을 구함.
③ 首鼠兩端(수서양단) – 머뭇거리며 진퇴나 거취를 정하지 못하는 상태를 이르는 말.
④ 汗牛充棟(한우충동) – 책이 많은 것을 비유한 말.
⑤ 徒費脣舌(도비순설) – 헛되이 입술과 혀만 수고롭게 함. 말은 많이 하나 보람이 없음.

89 풀이
① 魚質龍文(어질용문) – 옳은 듯하나 실제는 대단히 틀림을 이르는 말.
② 漁父之利(어부지리) – 두 사람이 이해관계로 서로 싸우는 사이에 엉뚱한 사람이 애쓰지 않고 가로챈 이익을 이르는 말.
③ 握髮吐哺(악발토포) – 민심을 잡고 국가 행정에 관계되는 사무를 보살피기에 잠시도 편안함이 없음을 이르는 말.
④ 布衣寒士(포의한사) – 벼슬이 없는 가난한 선비를 이르는 말.
⑤ 魚魯不辨(어로불변) – 아주 무식함을 비유적으로 이르는 말.

90 풀이
① 康哉之歌(강재지가) – 온 천하가 태평함을 칭송한 노래.
② 蓋棺事定(개관사정) – 사람이 죽은 후에야 비로소 그 사람에 대한 평가가 제대로 됨을 이르는 말.
③ 康衢煙月(강구연월) – 태평한 세상의 평화로운 풍경.

④ 肝膽相照(간담상조) – 서로가 마음속을 툭 털어놓고 숨김없이 친하게 사귄다는 뜻.

⑤ 抱炭希涼(포탄희량) – 하는 일과 바라는 일이 일치하지 아니함을 이르는 말.

〈제3영역〉 독해(讀解)

91	①	92	③	93	④	94	②	95	⑤
96	①	97	②	98	⑤	99	⑤	100	④
101	⑤	102	②	103	①	104	③	105	②
106	①	107	⑤	108	⑤	109	④	110	③
111	⑤	112	④	113	⑤	114	②	115	④
116	①	117	④	118	②	119	②	120	⑤
121	①	122	②	123	④	124	③	125	④
126	⑤	127	④	128	③	129	①	130	①

91 **풀이** 罵 꾸짖을 매, 倒 넘어질 도

92 **풀이** 斬 벨 참, 新 새 신

93 **풀이** 僭 주제넘을 참, 濫 넘칠 람

94 **풀이** 全 온전할 전, 帙 책권 차례 질

95 **풀이** 總 모두 총, 括 묶을 괄

96 **풀이** 描 그릴 묘, 寫 베낄 사

97 **풀이** 幻 헛보일 환, 影 그림자 영

98 **풀이** 緊 긴할 긴, 縮 줄일 축

99 **풀이** 閥 문벌 벌, 閱 볼 열

100 **풀이** 乖 어그러질 괴, 離 떠날 리

101 **풀이** 諡 시호 시, 號 이름 호

102 **풀이** 輔 도울 보, 弼 도울 필

103 **풀이**

① 摩擦(마찰) – 이해나 의견이 서로 다른 사람이나 집단이 충돌함.

② 魔術(마술) – 재빠른 손놀림이나 여러 가지 장치, 속임수 등을 써서 불가사의한 일을 하여 보임. 또는 그런 술법이나 구경거리.

③ 魔力(마력) – 사람을 현혹하는, 원인을 알 수 없는 이상한 힘.

④ 戰爭(전쟁) – 국가와 국가, 또는 교전 단체 사이에 무력을 사용하여 싸움.

⑤ 魔法(마법) – 마력으로 불가사의한 일을 행하는 술법.

104 **풀이**

① 期約(기약) – 때를 정하여 약속함.

② 幾微(기미) – 앞일이나 상황에 대하여 느낌으로 알아차릴 수 있게 하는 어떤 현상이나 상태.

③ 祈禱(기도) – 인간보다 능력이 뛰어나다고 생각하는 어떠한 절대적 존재에게 빎. 또는 그런 의식.

④ 企圖(기도) – 어떤 일을 이루려고 꾀함. 또는 그런 계획이나 행동.

⑤ 機密(기밀) – 외부에 드러내서는 안 될 중요한 비밀.

105 풀이

① 粘膜(점막) – 소화기・기도・비뇨 생식도 등의 내면을 싸고 있는 부드럽고 끈끈한 막을 통틀어 일컬음.

② 粘液(점액) – 끈끈한 성질이 있는 액체.

③ 點水(점수) – 물을 방울방울 떨어뜨려 부음.

④ 粘塊(점괴) – 끈끈하게 엉김. 또는 그런 덩어리.

⑤ 沈水(침수) – 물에 잠김.

106 풀이

① 耽溺(탐닉) – 어떤 일을 몹시 즐겨서 거기에 빠짐.

② 破滅(파멸) – 파괴되어 없어짐.

③ 耽讀(탐독) – 어떤 글이나 책 등을 열중하여 읽음.

④ 耽美(탐미) – 아름다움을 추구하여 거기에 빠지거나 깊이 즐김.

⑤ 沈着(침착) – 행동이 들뜨지 아니하고 차분함.

107 풀이

① 上官(상관) – 직책상 자기보다 더 높은 자리에 있는 사람.

② 下官(하관) – 직위가 낮은 벼슬아치.

③ 無官(무관) – 벼슬이 없음.

④ 官舍(관사) – 관청에서 관리에게 빌려주어 살도록 지은 집.

⑤ 官衙(관아) – 예전에, 벼슬아치들이 모여 나랏일을 처리하던 곳.

108 풀이 神 귀신 신, 經 지날 경

109 풀이 理 다스릴 리(이), 解 풀 해

110 풀이 救 구원할 구, 濟 건널 제

111 풀이 非 아닐 비, 難 어려울 난

112 풀이 殘 잔인할 잔, 滓 찌꺼기 재

113 풀이 紛 어지러울 분, 爭 다툴 쟁

114 풀이 抛 던질 포, 棄 버릴 기

115 풀이 危 위태할 위, 篤 도타울 독

116 풀이 締 맺을 체, 結 맺을 결

117 풀이 控 당길 공, 除 덜 제

118 풀이 怪 괴이할 괴, 案 책상/생각 안

119 풀이 矛 창 모, 盾 방패 순

120 풀이 喝 꾸짖을 갈, 取 가질 취

121 풀이

② 間或(간혹) – 어쩌다가 한 번씩.

③ 諫死(간사) – 죽음을 무릅쓰고 간함. 또는 죽음으로써 간함.

④ 贊成(찬성) – 어떤 행동이나 견해, 제안 등이 옳거나 좋다고 판단하여 수긍함.

⑤ 參與(참여) – 어떤 일에 끼어들어 관계함.

122 풀이

① 無視(무시) – 사람을 깔보거나 업신여김.

③ 理性(이성) – 개념적으로 사유하는 능력을 감각적 능력에 상대하여 이르는 말.

④ 徹底(철저) – 속속들이 꿰뚫어 미치어 부족함이나 빈틈이 없음.

⑤ 重視(중시) – 가볍게 여길 수 없을 만큼 매우 크고 중요하게 여김.

123 풀이

① 激昂(격앙) – 기운이나 감정 등이 격렬히 일어나 높아짐.

② 格式(격식) – 격에 맞는 일정한 방식.

③ 格調(격조) – 문예 작품 등에서, 격식과 운치에 어울리는 가락. 사람의 품격과 취향.

⑤ 隔差(격차) – 빈부, 임금, 기술 수준 등이 서로 벌어져 다른 정도.

124 풀이

① 附加(부가) – 주된 것에 덧붙임.

② 補充(보충) – 부족한 것을 보태어 채움.

④ 副審(부심) – 운동 경기에서 주심을 보좌하는 심판.

⑤ 附隨(부수) – 주된 것이나 기본적인 것에 붙어서 따름. 또는 그러한 것에 붙어 따르게 함.

125 풀이

① 缺漏(결루) – 여럿 가운데 함께 들어 있던 것이 빠져서 없어짐.

② 痕損(흔손) – 상처가 있던 자국.

③ 水痕(수흔) – 물이 묻은 자국.

⑤ 澄水(징수) – 맑고 깨끗한 물.

126 풀이

葛藤(칡 갈, 등나무 등) – 개인이나 집단 사이에 목표나 이해관계가 달라 서로 적대시하거나 충돌함.

深化(깊을 심, 될 화) – 정도나 경지가 점점 깊어짐. 또는 깊어지게 함.

127 풀이 管理(대롱 관, 다스릴 리)

① 長官(길 장, 벼슬 관)

② 冠詞(갓 관, 말 사)

③ 旅館(나그네 여, 집 관)

④ 管轄(대롱 관, 다스릴 할)

⑤ 灌水(물 댈 관, 물 수)

128 풀이 程度(한도 정, 법도 도)

① 度矩(법도 도, 모날 구)

② 態度(모습 태, 법도 도)

③ 度地(헤아릴 탁, 땅 지)

④ 度脫(법도 도, 벗을 탈)

⑤ 頻度(자주 빈, 법도 도)

129 풀이

傾斜(기울 경, 비낄 사) – 비스듬히 기울어짐. 또는 그런 상태나 정도.

130 풀이

倍(곱 배)

부수 – 人(사람 인), 亻(사람 인 변)

국가공인 자격검정
제2회 상공회의소 한자 시험 [2급] 정답 및 해설

〈제1영역〉 한자(漢字)

1	③	2	④	3	③	4	③	5	④
6	②	7	①	8	⑤	9	①	10	⑤
11	①	12	⑤	13	③	14	①	15	④
16	②	17	③	18	①	19	④	20	④
21	③	22	⑤	23	①	24	②	25	①
26	①	27	③	28	②	29	③	30	⑤
31	②	32	④	33	①	34	④	35	②
36	③	37	③	38	①	39	③	40	①
41	④	42	③	43	④	44	③	45	①
46	④	47	①	48	②	49	④	50	④

01 풀이 羌 오랑캐 강

02 풀이 覡 박수 격

03 풀이 楞 네모질 릉(능)

04 풀이 阻 막힐 조

05 풀이 彬 빛날 빈

06 풀이 妖 요사할 요

07 풀이 泌 분비할 비

08 풀이 覇 으뜸 패

09 풀이 頒 나눌 반

10 풀이 笏 홀 홀

11 풀이 攪 흔들 교

12 풀이 芻 – 꼴 추
① 岑 – 봉우리 잠
② 綴 – 엮을 철
③ 鋪 – 펼/가게 포
④ 釉 – 광택 유

13 풀이 儡 – 꼭두각시 뢰
① 臘 – 섣달 랍
② 贖 – 속죄할 속
④ 矮 – 난쟁이 왜
⑤ 腔 – 속 빌 강

14 풀이 脊 – 등마루 척
② 囑 – 부탁할 촉
③ 霽 – 비 갤 제
④ 貼 – 붙일 첩
⑤ 陞 – 오를 승

15 풀이 股 – 넓적다리 고
① 肝 – 간 간
② 串 – 땅 이름 곶
③ 槿 – 무궁화 근
⑤ 劤 – 힘 근

16 풀이 駁 – 논박할 박
① 耗 – 소모할 모
③ 遮 – 가릴 차
④ 愍 – 민망할/근심할 민
⑤ 阜 – 언덕 부

17 풀이 秧 – 모 앙
① 甕 – 독 옹
② 孃 – 아가씨 양
④ 佑 – 도울 우
⑤ 迂 – 에돌 우

18 풀이 吻 – 입술 문
② 曼 – 길게 끌 만
③ 畝 – 이랑 무/이랑 묘
④ 娩 – 낳을 만
⑤ 隻 – 외짝 척

19 풀이 坑 – 구덩이 갱
① 亢 – 높을 항
② 痰 – 가래 담
③ 兎 – 토끼 토
④ 羹 – 국 갱
⑤ 寵 – 사랑할 총

20 풀이 撫 – 어루만질 무
① 柴 – 섶 시
② 崔 – 성씨/높을 최
③ 矛 – 창 모
④ 誣 – 속일 무
⑤ 槃 – 쟁반 반

21 풀이 准 – 준할 준
① 沖 – 화할 충
② 昱 – 햇빛 밝을 욱
③ 濬 – 깊을 준
④ 騈 – 나란히 할 병
⑤ 聰 – 귀 밝을 총

22 풀이 腺 – 샘 선
① 抽 – 뽑을 추
② 喘 – 숨찰 천
③ 殮 – 염할 렴(염)
④ 陜 – 땅 이름 섬
⑤ 羨 – 부러워할 선

23 풀이 兜 – 투구 두
① 杜 – 막을 두
② 臼 – 절구 구
③ 煉 – 달굴 련(연)
④ 濃 – 짙을 농
⑤ 喆 – 밝을/쌍길 철

24 풀이 襟 – 옷깃 금
① 棉 – 목화 면
② 衾 – 이불 금
③ 拈 – 집을 념
④ 奧 – 깊을 오
⑤ 膽 – 쓸개 담

25 풀이 站 – 역마을 참
① 慘 – 참혹할 참
② 灣 – 물굽이 만
③ 闡 – 밝힐 천
④ 攀 – 더위잡을 반
⑤ 靖 – 편안할 정

26 풀이 膏 – 기름 고
② 위장 – 胃(위장 위)
③ 살찌다 – 肥(살찔 비)
④ 팔다리 – 肢(팔다리 지)
⑤ 바라다 – 冀(바랄 기), 望(바랄 망), 希(바랄 희)

27 풀이 塡 – 메울 전
① 진흙 – 泥(진흙 니)
② 견디다 – 堪(견딜 감), 耐(견딜 내)
④ 부리다 – 使(부릴 사), 役(부릴 역)
⑤ 지키다 – 守(지킬 수), 衛(지킬 위), 保(지킬 보)

28 풀이 款 – 정성 관
① 용서 – 赦(용서할 사), 恕(용서할 서)
③ 도장 – 印(도장 인)
④ 울타리 – 籬(울타리 리), 藩(울타리 번), 柵(울타리 책)
⑤ 새기다 – 刻(새길 각), 刊(새길 간), 銘(새길 명), 彫(새길 조)

29 풀이 璽 – 옥새 새
① 너 – 汝(너 여), 爾(너 이)
② 주석 – 錫(주석 석)
④ 고리 – 環(고리 환)
⑤ 적다 – 寡(적을 과), 少(적을 소)

30 풀이 駝 – 낙타 타
① 참새 – 雀(참새 작)
② 당나귀 – 驢(당나귀 려)
③ 솔개 – 鳶(솔개 연)
④ 노루 – 獐(노루 장)

31 풀이 剩 – 남을 잉
① 작다 – 微(작을 미), 小(작을 소), 扁(작을 편)
③ 느리다 – 緩(느릴 완)
④ 보내다 – 遣(보낼 견), 送(보낼 송), 輸(보낼 수)
⑤ 찌르다 – 刺(찌를 자), 衝(찌를 충)

32 풀이 娠 – 아이 밸 신
① 낳다 – 娩(낳을 만), 産(낳을 산), 誕(낳을 탄)
② 비녀 – 簪(비녀 잠), 鈿(비녀 전)
③ 기르다 – 毓(기를 육)
⑤ 시집가다 – 嫁(시집갈 가)

33 풀이 諱 – 꺼릴 휘
② 채우다 – 充(채울 충)
③ 버리다 – 棄(버릴 기), 捨(버릴 사), 捐(버릴 연), 廢(폐할 폐)
④ 꾸짖다 – 喝(꾸짖을 갈)
⑤ 돌보다 – 眷(돌볼 권)

34 풀이 筋 – 힘줄 근
① 허리 – 腰(허리 요)
② 겨드랑이 – 脇(겨드랑이 협)
③ 어깨 – 肩(어깨 견)
⑤ 팔다리 – 肢(팔다리 지)

35 풀이 頸 – 목 경
① 혀 – 舌(혀 설)
③ 뼈 – 骨(뼈 골), 骸(뼈 해)
④ 가슴 – 膺(가슴 응), 胸(가슴 흉)
⑤ 팔뚝 – 腕(팔뚝 완)

36 풀이 粥 – 죽 죽
① 국 – 羹(국 갱)
② 떡 – 餠(떡 병)
④ 밀가루 – 麵(밀가루 면)
⑤ 반찬 – 膳(반찬 선), 饌(반찬 찬)

37 풀이
① 奠 - 정할/제사 전
② 詔 - 조서 조
③ 弼 - 도울 필
④ 稷 - 피 직
⑤ 疹 - 마마 진

38 풀이
① 腱 - 힘줄 건
② 腿 - 넓적다리 퇴
③ 腸 - 창자 장
④ 腎 - 콩팥 신
⑤ 膜 - 꺼풀/막 막

39 풀이
① 掩 - 가릴 엄
② 型 - 모형 형
③ 庾 - 곳집 유
④ 鳶 - 솔개 연
⑤ 憧 - 동경할 동

40 풀이
① 衫 - 적삼 삼
② 裨 - 도울 비
③ 袴 - 바지 고
④ 衿 - 옷깃 금
⑤ 裙 - 치마 군

41 풀이
① 甁 - 병 병
② 柄 - 자루 병
③ 掩 - 가릴 엄
④ 廠 - 공장 창
⑤ 匣 - 갑 갑

42 풀이
① 笞 - 볼기 칠 태
② 柱 - 기둥 주
③ 箱 - 상자 상
④ 綴 - 엮을 철
⑤ 箭 - 화살 전

43 풀이
① 趺 - 책상다리 할 부
② 圖 - 그림 도
③ 頑 - 완고할 완
④ 蹈 - 밟을 도
⑤ 舞 - 춤출 무

44 풀이 穿 - 뚫을 천
① 荒 - 거칠 황
② 饗 - 잔치할 향
③ 鑿 - 뚫을 착
④ 昊 - 하늘 호
⑤ 札 - 편지 찰

45 풀이 徙 - 옮길 사
① 遷 - 옮길 천
② 穢 - 더러울 예
③ 鱗 - 비늘 린
④ 褓 - 포대기 보
⑤ 艾 - 쑥 애

46 풀이 姙 - 아이 밸 임
① 妖 - 요사할 요
② 仍 - 인할 잉
③ 歪 - 기울 왜/기울 외
④ 胎 - 아이 밸 태
⑤ 腎 - 콩팥 신

47 풀이 閼 – 가로막을 알
① 沮 – 막을 저
② 瑪 – 마노 마
③ 控 – 당길 공
④ 躬 – 몸 궁
⑤ 蛋 – 새알 단

48 풀이 倦 – 게으를 권
① 槿 – 무궁화 근
② 懶 – 게으를 라
③ 兌 – 바꿀/기쁠 태
④ 朗 – 밝을 랑
⑤ 芙 – 연꽃 부

49 풀이 叢 – 모일 총
① 沖 – 화할 충
② 鈺 – 보배 옥
③ 帛 – 비단 백
④ 聚 – 모을 취
⑤ 秘 – 숨길 비

50 풀이 溢 – 넘칠 일
① 汶 – 물 이름 문
② 澹 – 맑을 담
③ 瀨 – 여울 뢰
④ 濫 – 넘칠 람
⑤ 箔 – 발 박

〈제2영역〉 어휘(語彙)

51	②	52	①	53	①	54	③	55	⑤
56	③	57	⑤	58	①	59	⑤	60	①
61	①	62	③	63	⑤	64	④	65	②
66	①	67	③	68	④	69	⑤	70	②
71	②	72	②	73	④	74	②	75	①
76	③	77	②	78	③	79	①	80	④
81	⑤	82	③	83	①	84	①	85	⑤
86	①	87	②	88	③	89	④	90	①

51 풀이 술목 관계
彈 탄알 탄, 琴 거문고 금: 거문고를 타다.
遮 가릴 차, 陽 볕 양: 볕을 가리다.

52 풀이 수식 관계
舊 옛 구, 殼 껍질 각: 옛 껍질, 옛 제도
恥 부끄러울 치, 事 일 사: 부끄러운 일.

53 풀이 薔 장미 장, 薇 장미 미
장미과 장미속의 관목을 통틀어 이르는 말.

54 풀이 稚 어릴 치, 拙 옹졸할 졸
유치하고 졸렬함.

55 풀이 극구: 隙 틈 극, 駒 망아지 구
① 間 사이 간, 隙 틈 극
② 近 가까운 근, 國 나라 국
③ 根 뿌리 근, 接 이을 접
④ 憂 근심 우, 極 다할/극진할 극

56 풀이 소탕: 掃 쓸 소, 蕩 방탕할 탕
① 纖 가늘 섬, 細 가늘 세
② 召 부를 소, 集 모을 집
④ 淸 맑을 청, 掃 쓸 소
⑤ 疏 소통할 소, 遠 멀 원

57 풀이 抱 안을 포, 擁 낄 옹
① 瓢 바가지 표, 壺 병 호
② 釀 술 빚을 양, 甕 독 옹
③ 怖 두려워할 포, 慄 떨릴 률(율)
④ 褒 기릴 포, 寵 사랑할 총
⑤ 圃 채마밭 포, 翁 늙은이 옹

58 풀이 齒 – 이 치, 列 – 줄 렬(열)
① 治 다스릴 치, 熱 더울 열
② 鍼 침 침, 灸 뜸 구
③ 稚 어릴 치, 拙 옹졸할 졸
④ 煙 연기 연, 烈 매울 렬(열)
⑤ 疱 물집 포, 疾 병 질

59 풀이 叩 두드릴 고, 門 문 문
① 昻 밝을 앙, 揚 날릴 양
② 憐 불쌍히 여길 련(연), 憫 근심할 민
③ 艶 고울 염, 聞 들을 문
④ 諮 물을 자, 問 물을 문
⑤ 拷 칠 고, 問 물을 문

60 풀이
① 滑 익살스러울 골, 稽 머무를 계
② 滑 미끄러울 활, 車 수레 차
③ 滑 미끄러울 활, 降 내릴 강
④ 滑 미끄러울 활, 走 달릴 주
⑤ 潤 윤택할/젖을 윤, 滑 미끄러울 활

61 풀이 腐蝕(부식): 腐 썩을 부, 蝕 좀먹을 식

62 풀이 水栓(수전): 水 물 수, 栓 마개 전

63 풀이 穫 거둘 확, 稻 벼 도
① 醜 추할 추, 手 손 수: 흉한 손. 더러운 손
② 稻 벼 도, 苗 모 묘: 벼의 모, 볏모

64 풀이 膠 아교 교, 漆 옻 칠
① 親 친할 친, 戚 친척 척: 친족과 외척을 아울러 이르는 말.
② 密 빽빽할 밀, 接 이을 접: 빈틈없이 가깝게 맞닿음.
③ 膠 아교 교, 着 붙을 착: 아주 단단히 달라붙음. 어떤 상태가 굳어 조금도 변동이나 진전이 없이 머묾.
⑤ 膠 아교 교, 泥 진흙 니: 회나 시멘트에 모래를 섞고 물로 갠 것.

65 풀이 旅寓(여우), 寓居(우거), 寓話(우화)
① 萬 일만 만
② 寓 부칠 우
③ 惠 은혜 혜
④ 寮 동관 료
⑤ 寞 고요할 막

66 풀이 衝突(충돌), 突發(돌발), 突然(돌연)
① 突 갑자기 돌
② 窒 막힐 질
③ 窓 창 창
④ 空 빌 공
⑤ 穹 하늘 궁

67 풀이 噴射(분사), 噴霧(분무), 噴火(분화)
① 注 부을 주
② 消 사라질 소
③ 噴 뿜을 분
④ 忿 성낼 분
⑤ 掌 손바닥 장

68 풀이 落塵(낙진), 防塵(방진), 塵土(진토)
① 諜 염탐할 첩
② 沃 기름질 옥
③ 賑 구휼할 진
④ 塵 티끌 진
⑤ 札 편지 찰

69 풀이 沃畓(옥답), 墓畓(묘답), 田畓(전답)
① 留 머무를 류(유)
② 畸 뙈기밭/불구 기
③ 畝 이랑 무/이랑 묘
④ 畔 밭두둑 반
⑤ 畓 논 답

70 풀이 宦路(환로), 仕宦(사환), 宦厄(환액)
① 爵 벼슬 작
② 宦 벼슬 환
③ 卿 벼슬 경
④ 儒 선비 유
⑤ 籍 문서 적

71 풀이 矮小(왜소) ↔ 健壯(건장)

72 풀이 醜雜(추잡) ↔ 純粹(순수)
① 醜惡(추악) ↔ 純潔(순결)
③ 休德(휴덕) ↔ 惡德(악덕)
④ 嚴酷(엄혹) ↔ 仁慈(인자)

73 풀이 冒瀆(모독) ↔ 尊重(존중)
① 模倣(모방) ↔ 創造(창조), 獨創(독창)
③ 尊貴(존귀) ↔ 微賤(미천)

74 풀이 銳利(예리) ↔ 鈍濁(둔탁)
③ 敏捷(민첩) ↔ 遲鈍(지둔)
④ 荒唐(황당) ↔ 眞實(진실)

75 풀이 柔軟(유연) ↔ 剛健(강건)
② 良好(양호) ↔ 不良(불량)
④ 纖弱(섬약) ↔ 强靭(강인)

76 풀이 五里霧中(오리무중) – 오 리나 되는 짙은 안개 속에 있다는 뜻으로, 무슨 일에 대하여 방향이나 갈피를 잡을 수 없음을 이르는 말.
五 다섯 오, 里 마을 리,
霧 안개 무, 中 가운데 중

77 풀이 雪膚花容(설부화용) – 눈처럼 흰 살갗과 꽃처럼 고운 얼굴이라는 뜻으로, 미인의 용모를 이르는 말.
雪 눈 설, 膚 살갗 부, 花 꽃 화, 容 얼굴 용

78 풀이 萬壽無疆(만수무강) – 아무런 탈 없이 아주 오래 삶.
萬 일만 만, 壽 목숨 수,
無 없을 무, 疆 지경 강

79 풀이 大巧若拙(대교약졸) – 매우 공교한 솜씨는 서투른 것같이 보인다는 뜻으로, 진정으로 총명한 사람은 뽐내거나 과장하지 아니하므로 도리어 어리석은 것처럼 보인다는 말.
大 큰 대, 巧 공교할 교,
若 같을 약, 拙 옹졸할 졸

80 풀이 徙木之信(사목지신) – 나라를 다스리는 사람은 백성을 속이지 않는다는 데서, 백성에 대한 신임을 밝히는 일을 이르는 말.
徙 옮길 사, 木 나무 목,
之 갈 지, 信 믿을 신

81 풀이 羊 양 양, 頭 머리 두,
狗 개 구, 肉 고기 육

82 **풀이** 肝 간 간, 膽 쓸개 담,
相 서로 상, 照 비칠 조

83 **풀이** 磨 갈 마, 斧 도끼 부,
作 지을 작, 針 바늘 침

84 **풀이** 勿 말 물, 失 잃을 실,
好 좋을 호, 機 틀 기

85 **풀이** 非 아닐 비, 禮 예도 례,
勿 말 물, 視 볼 시

86 **풀이**

① 一狐之腋(일호지액) – 한 마리 여우의 겨드랑이 밑에 난 희고 아름다운 털이라는 뜻으로, 아주 값이 비싼 물건을 이르는 말.

② 美辭麗句(미사여구) – 아름다운 말로 듣기 좋게 꾸민 글귀.

③ 沙上樓閣(사상누각) – 모래 위에 세운 누각이라는 뜻으로, 기초가 튼튼하지 못하여 오래 견디지 못할 일이나 물건을 이르는 말.

④ 笑裏藏刀(소리장도) – 웃는 마음속에 칼이 있다는 뜻으로, 겉으로는 웃고 있으나 마음속에는 해칠 마음을 품고 있음을 이르는 말.

⑤ 虛張聲勢(허장성세) – 실속은 없으면서 큰소리치거나 허세를 부림.

87 **풀이**

① 畫中之餠(화중지병) – 그림의 떡.

② 井底之蛙(정저지와) – 우물 안의 개구리라는 뜻으로, 궁벽한 곳에서만 살아서 넓은 세상의 형편을 모르는 사람을 비유적으로 이르는 말.

③ 密雲不雨(밀운불우) – 어떤 일의 징조만 있고 그 일은 이루어지지 않음을 이르는 말.

④ 雨後竹筍(우후죽순) – 비가 온 뒤에 여기저기 솟는 죽순이라는 뜻으로, 어떤 일이 한때에 많이 생겨남을 비유적으로 이르는 말.

⑤ 好事多魔(호사다마) – 좋은 일에는 흔히 방해되는 일이 많음. 또는 그런 일이 많이 생김.

88 **풀이**

① 生口不網(생구불망) – 산 입에 거미줄을 치지는 아니한다는 뜻으로, 아무리 곤궁하여도 그럭저럭 먹고살 수 있음을 이르는 말.

② 虛心坦懷(허심탄회) – 품은 생각을 터놓고 말할 만큼 아무 거리낌이 없고 솔직함.

③ 朝名市利(조명시리) –명예는 조정에서 다투고 이익은 시장에서 다투라는 뜻으로, 무슨 일이든 알맞은 곳에서 하여야 함을 이르는 말.

④ 泥田鬪狗(이전투구) – 진흙탕에서 싸우는 개라는 뜻으로, 자기의 이익을 위하여 비열하게 다툼을 비유적으로 이르는 말.

⑤ 三顧草廬(삼고초려) – 인재를 맞아들이기 위하여 참을성 있게 노력함.

89 **풀이**

① 錦衣還鄕(금의환향) - 비단옷을 입고 고향에 돌아온다는 뜻으로, 출세를 하여 고향에 돌아가거나 돌아옴을 비유적으로 이르는 말.

② 山中豪傑(산중호걸) - 산속에 사는 호걸이라는 뜻으로, 호랑이나 호랑이의 기상을 이르는 말.

③ 首鼠兩端(수서양단) - 구멍에서 머리를 내밀고 나갈까 말까 망설이는 쥐라는 뜻으로, 머뭇거리며 진퇴나 거취를 정하지 못하는 상태를 이르는 말.

④ 布衣寒士(포의한사) - 베옷을 입은 가난한 선비라는 뜻으로, 벼슬이 없는 가난한 선비를 이르는 말.

⑤ 瓦釜雷鳴(와부뇌명) - 별로 아는 것도 없는 사람이 과장해서 말함을 비유적으로 이르는 말.

90 **풀이**

① 汗牛充棟(한우충동) - 짐으로 실으면 소가 땀을 흘리고, 쌓으면 들보에까지 찬다는 뜻으로, 가지고 있는 책이 매우 많음을 이르는 말.

② 花朝月夕(화조월석) - 꽃 피는 아침과 달 밝은 밤이라는 뜻으로, 경치가 좋은 시절을 이르는 말.

③ 戰戰兢兢(전전긍긍) - 몹시 두려워서 벌벌 떨며 조심함.

④ 臥薪嘗膽(와신상담) - 불편한 섶에 몸을 눕히고 쓸개를 맛본다는 뜻으로, 원수를 갚거나 마음먹은 일을 이루기 위하여 온갖 어려움과 괴로움을 참고 견딤을 비유적으로 이르는 말.

⑤ 道聽塗說(도청도설) - 길에서 듣고 길에서 말한다는 뜻으로, 길거리에 퍼져 돌아다니는 뜬소문을 이르는 말.

〈제3영역〉 독해(讀解)

91	①	92	③	93	④	94	②	95	①
96	④	97	⑤	98	⑤	99	④	100	④
101	⑤	102	⑤	103	②	104	①	105	②
106	④	107	①	108	④	109	④	110	③
111	⑤	112	⑤	113	①	114	②	115	③
116	①	117	③	118	②	119	③	120	②
121	④	122	②	123	①	124	②	125	①
126	③	127	①	128	③	129	④	130	⑤

91 **풀이** 津 나루 진, 液 진 액

92 **풀이** 舞 춤출 무, 臺 대 대

93 **풀이** 羞 부끄러울 수, 恥 부끄러울 치

94 **풀이** 敏 민첩할 민, 捷 빠를 첩

95 **풀이** 修 닦을 수, 繕 기울 선

96 **풀이** 摩 문지를 마, 擦 문지를 찰

97 **풀이** 駱 낙타 락, 駝 낙타 타

98 **풀이** 隔 사이 뜰 격, 阻 막힐 조

99 **풀이** 範 법 범, 疇 이랑 주

100 **풀이** 診 진찰할 진, 療 병 고칠 료

101 **풀이** 欽 공경할 흠, 慕 그릴 모

102 **풀이** 捕 잡을 포, 虜 사로잡을 로

103 풀이

① 白手(백수) – 아무것도 끼거나 감지 아니한 손. 돈 한 푼 없이 빈둥거리며 놀고먹는 건달.

② 白壽(백수) – 아흔아홉 살.

③ 伯嫂(백수) – 맏형의 아내.

④ 百獸(백수) – 온갖 짐승.

⑤ 白叟(백수) – 나이가 들어 늙은 사람.

104 풀이

① 瞳孔(동공) – 눈동자. 눈알의 한가운데에 있는 빛이 들어가는 부분.

② 紫銅(자동) – 금이 조금 섞여 있는 구리.

③ 重瞳(중동) – 겹으로 된 눈동자.

④ 孔明(공명) – 제갈량의 자.

⑤ 毛孔(모공) – 털이 나는 작은 구멍.

105 풀이

① 便紙(편지) – 안부, 소식, 용무 등을 적어 보내는 글.

② 編輯(편집) – 여러 가지 자료를 수집하여 책・신문 등을 엮음.

③ 繼續(계속) – 끊어지지 않고 뒤를 이어 나감.

④ 偏執(편집) – 편견을 고집하고 남의 말을 듣지 않음.

⑤ 特輯(특집) – 신문, 잡지, 방송 등에서 특정한 내용이나 대상에 중점을 두고 하는 편집. 또는 그런 편집물.

106 풀이

① 主掌(주장) – 책임지고 맡아서 함.

② 把握(파악) – 꽉 잡아 쥠. 어떠한 일을 잘 이해하여 확실하게 바로 앎.

③ 長惡(장악) – 악을 조장함.

④ 掌握(장악) – 손에 쥠. 손에 넣음. 세력 등을 온통 잡음.

⑤ 掌樂(장악) – 조선 초기, 장악서(掌樂署)의 으뜸 벼슬.

107 풀이

① 遮陽(차양) – 모자 끝에 대서 햇볕을 가리는 부분.

② 陽傘(양산) – 볕을 가리기 위하여 쓰는 우산 모양의 물건.

③ 雨傘(우산) – 펴고 접을 수 있어 비가 올 때에 펴서 손에 들고 머리 위를 가리는 물건.

④ 遮斷(차단) – 막아서 멈추게 함. 가로막아 사이를 끊음.

⑤ 陽地(양지) – 햇볕이 바로 드는 곳.

108 풀이 支 지탱할 지, 出 날 출

109 풀이 植 심을 식, 民 백성 민, 地 땅 지

110 풀이 特 특별할 특, 段 층계 단

111 풀이 精 정할 정, 誠 정성 성

112 풀이 豐 풍년 풍, 饒 넉넉할 요

113 풀이 宏 클 굉, 壯 장할 장

114 풀이 幣 화폐 폐, 帛 비단 백

115 풀이 腫 종기 종, 氣 기운 기

116 풀이 嗅 맡을 후, 覺 깨달을 각

117 풀이 嗚 슬플 오, 咽 목멜 열

118 **풀이** 歸 돌아갈 귀, 省 살필 성

119 **풀이** 脈 줄기 맥, 絡 이을 락

120 **풀이** 手 손 수, 帖 문서 첩

121 **풀이**

① 侮辱(모욕) – 깔보고 욕되게 함.

② 拔本(발본) – 장사에서 이익을 남겨 밑천을 뽑아냄. 좋지 않은 일의 근본 원인이 되는 요소를 완전히 없애 버림.

③ 判別(판별) – 옳고 그름이나 좋고 나쁨을 판단하여 구별함. 또는 그런 구별.

④ 關鍵(관건) – 어떤 사물이나 문제 해결의 가장 중요한 부분. 문빗장과 자물쇠를 아울러 이르는 말.

⑤ 覆審(복심) – 한 번 심사한 것을 다시 심사하거나 조사함. 또는 그런 심사나 조사.

122 **풀이**

① 無視(무시) – 사람을 깔보거나 업신여김.

② 輕視(경시) – 대수롭지 않게 보거나 업신여김.

⑤ 重視(중시) – 매우 크고 중요하게 여김.

123 **풀이**

① 解消(해소) – 어떤 상태나 관계를 풀어 없앰.

② 理解(이해) – 사리를 분별하여 해석함. 깨달아 앎.

④ 消火(소화) – 불을 끔.

⑤ 解産(해산) – 아이를 낳음.

124 **풀이**

① 水賊(수적) – 바다나 큰 강에서 남의 재물을 강제로 빼앗아 가는 도둑.

② 水滴(수적) – 물방울.

④ 雨水(우수) – 비가 와서 고이거나 모인 물. 빗물.

⑤ 洪水(홍수) – 비가 많이 와서 강이나 개천에 갑자기 크게 불은 물.

125 **풀이**

① 對峙(대치) – 서로 맞서서 버팀.

② 對策(대책) – 어떤 일에 대처할 계획이나 수단.

③ 對應(대응) – 어떤 일이나 사태에 맞추어 태도나 행동을 취함.

④ 對處(대처) – 어떤 정세나 사건에 대하여 알맞은 조치를 취함.

⑤ 對置(대치) – 마주 놓음.

126 **풀이** 兩 두 양, 極 극진할 극, 化 될 화

127 **풀이** 許 허락할 허, 容 얼굴 용

128 **풀이** 타협 – 妥 온당할 타, 協 화합할 협

129 **풀이**

① 服從(복종) ↔ 反抗(반항)

④ 屈服(굴복) ↔ 抵抗(저항)

130 **풀이** 遮 가릴 차, 斷 끊을 단

memo

memo

memo

己所不欲, 勿施於人.

"내가 원하지 않는 것을 남에게 강요하지 마라."

- ≪논어≫, 〈위령공(衛靈公)〉

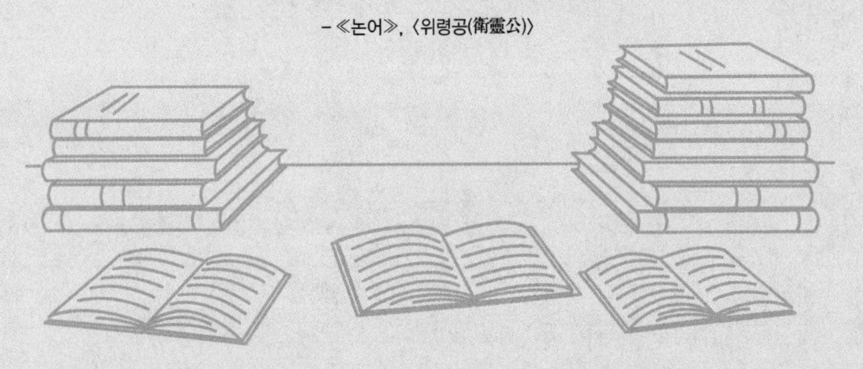

2025 시대에듀 상공회의소 한자 2급 2주 격파

개정11판1쇄 발행	2025년 03월 05일 (인쇄 2025년 01월 20일)
초 판 발 행	2014년 03월 20일 (인쇄 2014년 02월 28일)
발 행 인	박영일
책 임 편 집	이해욱
편 저	한자문제연구소 · 노상학
편 집 진 행	박시현
표지디자인	김도연
편집디자인	차성미 · 임창규
발 행 처	(주)시대고시기획
출 판 등 록	제10-1521호
주 소	서울시 마포구 큰우물로 75 [도화동 538 성지 B/D] 9F
전 화	1600-3600
팩 스	02-701-8823
홈 페 이 지	www.sdedu.co.kr

I S B N	979-11-383-8484-1 (13710)
정 가	22,000원

시대에듀와 함께하는

상공회의소 한자

상공회의소 한자 1급 2주 격파

- 스피드 합격! 2주 필승 전략
- 1~9급 배정한자 수록
- 최신 기출 동형 모의고사 3회분 제공
  (교재 2회 + CBT 1회)
- ALL DAY 쪽지시험 PDF 제공
- 〈빅데이터 빈출 한자〉 소책자 제공

상공회의소 한자 2급 2주 격파

- 스피드 합격! 2주 필승 전략
- 2~9급 배정한자 수록
- 최신 기출 동형 모의고사 3회분 제공
  (교재 2회 + CBT 1회)
- ALL DAY 쪽지시험 PDF 제공
- 〈빅데이터 빈출 한자〉 소책자 제공

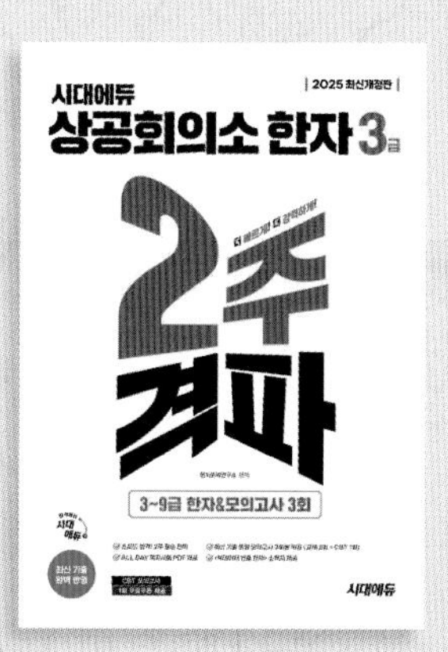

상공회의소 한자 3급 2주 격파

- 스피드 합격! 2주 필승 전략
- 3~9급 배정한자 수록
- 최신 기출 동형 모의고사 3회분 제공
  (교재 2회 + CBT 1회)
- ALL DAY 쪽지시험 PDF 제공
- 〈빅데이터 빈출 한자〉 소책자 제공

※ 도서의 이미지는 변동될 수 있습니다.

빅데이터 빈출 한자

합격을 위한 **가장 빠르고 확실한 방법!**

① **빅데이터를 기반**으로 상공회의소 한자 **2급 빈출 한자 완벽 분석!**

② **빈출 한자** 330자, **빈출 한자어** 100개, **빈출 사자성어** 100개 정리!

③ **빈출 한자 · 한자어 · 사자성어**로 시험 직전 막판 뒤집기!

빈출순으로 정리한 한자

※ 빈칸을 채워서 합격 한자책을 완성해 보세요.

	한자	훈 · 음
1	訶	
2	覲	
3	緊	
4	殼	
5	墾	
6	艮	
7	喝	
8	龕	
9	彊	
10	薑	
11	凱	
12	漑	
13	羹	
14	巾	
15	虔	
16	鍵	
17	訣	
18	憬	
19	稼	

	훈 · 음	한자
1	꾸짖을 가	
2	뵐 근	
3	긴할 긴	
4	껍질 각	
5	개간할 간	
6	괘이름 간	
7	꾸짖을 갈	
8	감실 감	
9	굳셀 강	
10	생강 강	
11	개선할 개	
12	물 댈 개	
13	국 갱	
14	수건 건	
15	공경할 건	
16	자물쇠 건	
17	이별할 결	
18	깨달을 경	
19	심을 가	

	한자	훈·음
20	繭	
21	磬	
22	股	
23	膏	
24	袞	
25	顆	
26	灌	
27	魁	
28	宏	
29	攪	
30	轎	
31	毬	
32	鞠	
33	裙	
34	窟	
35	闕	
36	眷	
37	潰	
38	晷	
39	鈞	
40	橘	
41	棘	
42	隙	

	훈·음	한자
20	고치 견	
21	경쇠 경	
22	넓적다리 고	
23	기름 고	
24	곤룡포 곤	
25	낱알 과	
26	물 댈 관	
27	괴수 괴	
28	클 굉	
29	어지러울 교	
30	가마 교	
31	공 구	
32	성 국	
33	치마 군	
34	굴 굴	
35	대궐 궐	
36	돌볼 권	
37	무너질 궤	
38	그림자 귀	
39	서른 근 균	
40	귤 귤	
41	가시 극	
42	틈 극	

	한자	훈·음
43	筋	
44	衾	
45	矜	
46	伎	
47	冀	
48	嗜	
49	棋	
50	羈	
51	耆	
52	款	
53	乖	
54	管	
55	窺	
56	稿	
57	喫	
58	驕	
59	羌	
60	拏	
61	捺	
62	囊	
63	拈	
64	戴	
65	擡	

	훈·음	한자
43	힘줄 근	
44	이불 금	
45	자랑할 긍	
46	재간 기	
47	바랄 기	
48	즐길 기	
49	바둑 기	
50	굴레 기	
51	늙을 기	
52	정성/항목 관	
53	어그러질 괴	
54	대롱 관	
55	엿볼 규	
56	원고/볏짚 고	
57	먹을 끽	
58	교만할 교	
59	오랑캐 강	
60	붙잡을 나	
61	누를 날	
62	주머니 낭	
63	집을 념	
64	일 대	
65	들 대	

	한자	훈·음
66	屠	
67	萄	
68	蹈	
69	鍍	
70	憧	
71	兜	
72	遁	
73	遯	
74	謄	
75	藤	
76	棠	
77	檀	
78	瀨	
79	勒	
80	牢	
81	壘	
82	劉	
83	漏	
84	罹	
85	吝	
86	戮	
87	藍	
88	拉	

	훈·음	한자
66	죽일 도	
67	포도 도	
68	밟을 도	
69	도금할 도	
70	동경할 동	
71	투구 두	
72	숨을 둔	
73	달아날 둔	
74	베낄 등	
75	등나무 등	
76	아가위 당	
77	박달나무 단	
78	여울 뢰	
79	굴레 륵	
80	우리 뢰	
81	보루 루	
82	죽일 류	
83	샐 루	
84	근심 리	
85	아낄 린	
86	죽일 륙	
87	쪽 람	
88	끌 랍	

	한자	훈·음
89	臘	
90	亮	
91	黎	
92	療	
93	陋	
94	瀝	
95	麓	
96	籠	
97	隷	
98	憫	
99	蔓	
100	悶	
101	旼	
102	苗	
103	吻	
104	罵	
105	畝	
106	蔑	
107	懋	
108	萌	
109	頻	
110	痺	
111	趺	

	훈·음	한자
89	섣달 랍	
90	밝을 량	
91	검을 려	
92	병 고칠 료	
93	더러울 루	
94	스밀 력	
95	산기슭 록	
96	대바구니 롱	
97	종/붙을 례	
98	근심할 민	
99	덩굴 만	
100	답답할 민	
101	화할 민	
102	모 묘	
103	입술 문	
104	꾸짖을 매	
105	이랑 무	
106	업신여길 멸	
107	힘쓸 무	
108	싹 맹	
109	자주 빈	
110	저릴 비	
111	책상다리 할 부	

	한자	훈·음
112	胚	
113	譜	
114	撥	
115	傅	
116	潑	
117	醱	
118	珀	
119	搬	
120	俳	
121	剝	
122	幇	
123	肪	
124	樊	
125	傍	
126	臂	
127	斌	
128	憑	
129	閥	
130	癖	
131	菩	
132	輻	
133	敷	
134	噴	

	훈·음	한자
112	아이 밸 배	
113	족보 보	
114	다스릴 발	
115	스승 부	
116	물 뿌릴 발	
117	술 괼 발	
118	호박 박	
119	옮길 반	
120	배우 배	
121	벗길 박	
122	도울 방	
123	기름 방	
124	울타리 번	
125	곁/기댈 방	
126	팔 비	
127	빛날 빈	
128	기댈 빙	
129	문벌 벌	
130	버릇 벽	
131	보살 보	
132	바퀴살 복	
133	펼 부	
134	뿜을 분	

	한자	훈·음
135	丕	
136	沸	
137	勃	
138	鉢	
139	竪	
140	膝	
141	紹	
142	嶼	
143	鼠	
144	僧	
145	徙	
146	綏	
147	詢	
148	馴	
149	諡	
150	柹	
151	穗	
152	悉	
153	撒	
154	湜	
155	娠	
156	迅	
157	巽	

	훈·음	한자
135	클 비	
136	끓을 비	
137	노할 발	
138	바리때 발	
139	세울 수	
140	무릎 슬	
141	이을 소	
142	섬 서	
143	쥐 서	
144	중 승	
145	옮길 사	
146	편안할 수	
147	물을 순	
148	길들일 순	
149	시호 시	
150	감나무 시	
151	이삭 수	
152	다 실	
153	뿌릴 살	
154	물 맑을 식	
155	아이 밸 신	
156	빠를 신	
157	부드러울 손	

	한자	훈·음
158	嫂	
159	暹	
160	潟	
161	棲	
162	泄	
163	纖	
164	宵	
165	傘	
166	珊	
167	庠	
168	壻	
169	裳	
170	審	
171	蟾	
172	翼	
173	寓	
174	穎	
175	凝	
176	疑	
177	運	
178	鳶	
179	溢	
180	搖	

	훈·음	한자
158	형수 수	
159	햇살 치밀 섬	
160	개펄 석	
161	깃들일 서	
162	샐 설	
163	가늘 섬	
164	밤 소	
165	우산 산	
166	산호 산	
167	학교 상	
168	사위 서	
169	치마 상	
170	살필 심	
171	두꺼비 섬	
172	날개 익	
173	부칠 우	
174	이삭 영	
175	엉길 응	
176	의심할 의	
177	옮길 운	
178	솔개 연	
179	넘칠 일	
180	흔들 요	

	한자	훈·음
181	閼	
182	弛	
183	頤	
184	衙	
185	鵝	
186	魏	
187	巍	
188	孼	
189	堊	
190	艾	
191	櫻	
192	荏	
193	繹	
194	椽	
195	瀛	
196	瓔	
197	纓	
198	譽	
199	鰲	
200	雍	
201	窩	
202	胤	
203	窯	

	훈·음	한자
181	가로막을 알	
182	느슨할 이	
183	턱 이	
184	마을 아	
185	거위 아	
186	성 위	
187	높고 클 외	
188	서자 얼	
189	흰 흙 아	
190	쑥 애	
191	앵두 앵	
192	들깨 임	
193	풀 역	
194	서까래 연	
195	바다 영	
196	옥돌 영	
197	갓끈 영	
198	기릴 예	
199	자라 오	
200	화할 옹	
201	움집 와	
202	자손 윤	
203	기와 굽는 가마 요	

	한자	훈·음
204	訛	
205	茸	
206	虞	
207	萎	
208	癒	
209	毓	
210	猿	
211	撓	
212	籌	
213	雕	
214	廚	
215	詔	
216	暢	
217	酌	
218	謫	
219	棗	
220	阻	
221	梓	
222	奠	
223	迪	
224	炙	
225	滋	
226	雌	

	훈·음	한자
204	그릇될 와	
205	무성할 용	
206	염려할 우	
207	시들 위	
208	병 나을 유	
209	기를 육	
210	원숭이 원	
211	어지러울 뇨(요)	
212	살 주	
213	독수리 조	
214	부엌 주	
215	조서 조	
216	화창할 창	
217	잔 돌릴 작	
218	귀양 갈 적	
219	대추 조	
220	막힐 조	
221	가래나무 재	
222	정할 전	
223	나아갈 적	
224	구울 자	
225	불을 자	
226	암컷 자	

	한자	훈·음
227	雀	
228	滓	
229	咀	
230	塡	
231	彫	
232	澱	
233	鈿	
234	截	
235	澄	
236	做	
237	疇	
238	懿	
239	胄	
240	址	
241	疹	
242	叱	
243	窒	
244	輯	
245	鍾	
246	脂	
247	刺	
248	茨	
249	增	

	훈·음	한자
227	참새 작	
228	찌꺼기 재	
229	씹을 저	
230	메울 전	
231	새길 조	
232	앙금 전	
233	비녀 전	
234	끊을 절	
235	맑을 징	
236	지을 주	
237	이랑 주	
238	아름다울 의	
239	투구 주	
240	터 지	
241	마마 진	
242	꾸짖을 질	
243	막힐 질	
244	모을 집	
245	종 종	
246	기름 지	
247	찌를 자	
248	가시나무 자	
249	불어날 증	

	한자	훈·음
250	贈	
251	沖	
252	衷	
253	擲	
254	芻	
255	醋	
256	僭	
257	慙	
258	稚	
259	娶	
260	穉	
261	酋	
262	鷲	
263	箚	
264	秤	
265	諜	
266	鑿	
267	撰	
268	倡	
269	陟	
270	闡	
271	籤	
272	帖	

	훈·음	한자
250	보낼/줄 증	
251	화할 충	
252	속마음 충	
253	던질 척	
254	꼴 추	
255	초 초	
256	주제넘을 참	
257	부끄러울 참	
258	어릴 치	
259	장가들 취	
260	어릴 치	
261	두목 추	
262	독수리 취	
263	찌를 차	
264	저울 칭	
265	염탐할 첩	
266	뚫을 착	
267	지을 찬	
268	광대 창	
269	오를 척	
270	밝힐 천	
271	제비 첨	
272	표제 첩	

	한자	훈·음
273	塚	
274	摠	
275	寵	
276	撮	
277	錐	
278	軸	
279	黜	
280	脆	
281	仄	
282	峙	
283	唾	
284	駝	
285	擢	
286	鐸	
287	蕩	
288	胎	
289	堆	
290	套	
291	坨	
292	辦	
293	坂	
294	瓣	
295	肺	

	훈·음	한자
273	무덤 총	
274	모두 총	
275	사랑할 총	
276	모을 촬	
277	송곳 추	
278	굴대 축	
279	내칠 출	
280	연할 취	
281	기울 측	
282	언덕 치	
283	침 타	
284	낙타 타	
285	뽑을 탁	
286	방울 탁	
287	방탕할 탕	
288	아이 밸 태	
289	쌓을 퇴	
290	씌울 투	
291	비탈길 타	
292	힘쓸 판	
293	언덕 판	
294	외씨 판	
295	허파 폐	

	한자	훈·음
296	抛	
297	貶	
298	阪	
299	唄	
300	悖	
301	泡	
302	葡	
303	逋	
304	披	
305	弼	
306	穢	
307	晦	
308	虹	
309	渾	
310	蝦	
311	謔	
312	笏	
313	梟	
314	閒	
315	諧	
316	劾	
317	鞋	
318	扈	

	훈·음	한자
296	던질 포	
297	폄할 폄	
298	언덕 판	
299	염불 소리 패	
300	거스를 패	
301	거품 포	
302	포도 포	
303	도망갈 포	
304	헤칠 피	
305	도울 필	
306	더러울 예	
307	그믐 회	
308	무지개 홍	
309	섞일 혼	
310	두꺼비/새우 하	
311	희롱할 학	
312	홀 홀	
313	올빼미 효	
314	틈 한	
315	화할 해	
316	꾸짖을 핵	
317	신 혜	
318	따를 호	

	한자	훈·음
319	昊	
320	欠	
321	膾	
322	誨	
323	酵	
324	喉	
325	嗅	
326	燻	
327	諱	
328	欽	
329	犧	
330	詰	

	훈·음	한자
319	하늘 호	
320	하품 흠	
321	회 회	
322	가르칠 회	
323	삭힐 효	
324	목구멍 후	
325	맡을 후	
326	연기 낄 훈	
327	꺼릴 휘	
328	공경할 흠	
329	희생 희	
330	꾸짖을 힐	

빈출순으로 정리한 한자어

	한자어	음	뜻풀이
1	斬衰	참최	오복(五服)의 하나. 굵은 베로 짓되 아랫단을 꿰매지 않은 상복.
2	輕蔑	경멸	깔보아 업신여김.
3	適切	적절	꼭 알맞음.
4	糞尿	분뇨	똥과 오줌.
5	霧散	무산	안개가 걷히듯 흩어져 없어짐. 또는 그렇게 흐지부지 취소됨.
6	闡明	천명	진리나 사실, 입장 등을 드러내어 밝힘.
7	憔悴	초췌	병, 근심, 고생 등으로 안색이 좋지 않거나 수척한 상태에 있음.
8	多彩	다채	여러 가지 색채나 형태, 종류 등이 한데 어울리어 호화스러움.
9	關鍵	관건	어떤 사물이나 문제 해결의 가장 중요한 부분.
10	曉晨	효신	먼동이 트려 할 무렵.
11	昏暮	혼모	해가 지고 어스름해질 때. 또는 그때의 어스름한 빛.
12	羈寓	기우	타향에서 삶. 타향살이.
13	懶惰	나타	행동, 성격 등이 느리고 게으름.
14	精勤	정근	일이나 공부 등에 부지런히 힘씀.
15	斬新	참신	새롭고 산뜻함.
16	瘦瘠	수척	얼굴이나 몸이 야위어 건강하지 않게 보이는 상태에 있음.
17	諜報	첩보	상대편의 정보나 형편을 몰래 알아내어 보고함. 또는 그런 보고.

	한자어	음	뜻풀이
18	飜譯	번역	어떤 말의 글을 다른 나라 말의 글로 옮김.
19	萎縮	위축	마르고 시들어서 오그라지고 쪼그라듦. 우그러져 펴지 못함.
20	大概	대개	절반이 훨씬 넘어 전체량에 거의 가까운 수효나 분량. 일반적인 경우.
21	凱旋	개선	싸움에서 이기고 돌아옴.
22	猖獗	창궐	못된 세력이나 전염병 등이 세차게 일어나 걷잡을 수 없이 퍼짐.
23	輔弼	보필	윗사람의 일을 도움. 또는 그런 사람.
24	遙遠	요원	까마득히 멂.
25	撮影	촬영	사람, 사물, 풍경 등을 사진이나 영화로 찍음.
26	把握	파악	꽉 잡아 쥠. 어떠한 일을 잘 이해하여 확실하게 바로 앎.
27	黜陟	출척	못된 사람을 내쫓고 착한 사람을 올리어 씀.
28	刺戟	자극	일정한 현상이 촉진되도록 충동함.
29	穿鑿	천착	구멍을 뚫음. 학문을 깊이 연구함.
30	陳腐	진부	사상, 표현, 행동 따위가 낡아서 새롭지 못함.
31	籠球	농구	바스켓을 공중에 매달아 놓고 볼을 넣으며 득점을 경쟁하는 종목.
32	洗淨劑	세정제	물에 풀어 고체의 표면에 붙은 이물질을 씻어 내는 데 쓰는 물질.
33	諧謔的	해학적	익살스럽고도 품위가 있는 말이나 행동이 있는 것.
34	具體的	구체적	실제적이고 세밀한 부분까지 담고 있는 것.
35	常套的	상투적	늘 써서 버릇이 되다시피 한 것.
36	彌縫策	미봉책	눈가림만 하는 일시적인 계책.
37	睿旨	예지	왕세자가 임금을 대신하여 정치를 할 때 내리는 명령.

	한자어	음	뜻풀이
38	港口	항구	배가 안전하게 드나들도록 강가나 바닷가에 부두 등을 설비한 곳.
39	托鉢	탁발	도를 닦는 승려가 경문을 외면서 집집마다 다니며 동냥하는 일.
40	消耗	소모	써서 없어짐.
41	木鐸	목탁	불공을 할 때나 사람들을 모이게 할 때 두드려 소리를 내는 기구.
42	扈從	호종	임금이 탄 수레를 호위하여 따르던 일. 또는 그런 사람.
43	泡沫	포말	물이 다른 물이나 물체에 부딪쳐서 생기는 거품. 물거품.
44	嬰兒	영아	젖을 먹는 어린아이.
45	玩具	완구	아이들이 가지고 노는 여러 가지 물건.
46	魁甲	괴갑	과거(科擧)의 갑과(甲科)에 장원(壯元)으로 급제한 사람.
47	剿襲	초습	남의 것을 덮쳐서 빼앗거나 하여 자기 것으로 함.
48	剿說	초설	남의 학설을 훔쳐 제 것처럼 만듦.
49	壟斷	농단	깎아 세운 듯이 높이 솟은 언덕. 이익을 독점함.
50	遁世	둔세	속세를 피하여 은둔함.
51	黔黎	검려	일반 백성을 비유적으로 이르는 말.
52	詢問	순문	임금이 신하나 백성에게 물음.
53	縉紳	진신	지위가 높고 행동이 점잖은 사람.
54	聘問	빙문	예를 갖추어 방문함.
55	諡號	시호	제왕이나 재상, 유현(儒賢)들이 죽은 뒤에, 그들의 공덕을 칭송하여 붙인 이름.
56	晏駕	안가	임금이 세상을 떠남.

	한자어	음	뜻풀이
57	亢龍	항룡	하늘에 오른 용이라는 뜻으로, 아주 높은 지위를 이르는 말.
58	模糊	모호	말이나 태도가 흐리터분하여 분명하지 않음.
59	邸宅	저택	규모가 아주 큰 집. 예전에, 왕후나 귀족의 집.
60	潛邸	잠저	나라를 세우거나 임금의 친족에 들어와 임금이 된 사람의, 임금이 되기 전의 시기. 또는 그 시기에 살던 집.
61	乖離	괴리	서로 어그러져 동떨어짐.
62	濃醬	농장	오래 묵어서 아주 진하게 된 간장.
63	抽籤	추첨	어떤 표시나 내용이 적힌 종이쪽이나 기타의 여러 물건 중에 어느 것을 무작위로 뽑아 어떤 일의 당락 · 차례 · 분배 등을 결정하는 것.
64	窒息	질식	숨통이 막히거나 산소가 부족하여 숨을 쉴 수 없게 됨.
65	救濟	구제	자연적인 재해나 사회적인 피해를 당하여 어려운 처지에 있는 사람을 도와줌.
66	誹謗	비방	남을 비웃고 헐뜯어서 말함.
67	賦課	부과	세금이나 부담금 등을 매기어 부담하게 함. 일정한 책임이나 일을 부담하여 맡게 함.
68	膨脹	팽창	부풀어서 부피가 커짐.
69	褻翫	설완	가까이 두고 즐겨 구경함.
70	闖入	틈입	기회를 타서 느닷없이 함부로 들어감.
71	絹篩	견사	깁으로 쳇불을 메운 체. 고운 가루를 치는 데 사용함.
72	削黜	삭출	벼슬을 빼앗고 내쫓음.
73	僭奢	참사	자기 몸에 어울리지 않는 지나친 사치.
74	偶數	우수	둘로 나누어지는 수. 짝수.
75	隻日	척일	날짜가 홀수인 날.

	한자어	음	뜻풀이
76	逸豫	일예	멋대로 즐기며 놂.
77	脆弱	취약	무르고 약함.
78	地殼	지각	지구의 바깥쪽을 차지하는 부분.
79	齷齪	악착	일을 해 나가는 태도가 매우 모질고 끈덕짐. 또는 그런 사람.
80	斥黜	척출	벼슬을 빼앗고 내쫓음.
81	屠戮	도륙	사람이나 짐승을 함부로 참혹하게 마구 죽임.
82	堡壘	보루	적의 침입을 막기 위하여 돌이나 콘크리트 등으로 튼튼하게 쌓은 구축물. 지켜야 할 대상을 비유적으로 이르는 말.
83	間諜	간첩	한 국가나 단체의 비밀이나 상황을 몰래 알아내어 경쟁 또는 대립 관계에 있는 국가나 단체에 제공하는 사람.
84	躊躇	주저	머뭇거리며 망설임.
85	凌駕	능가	능력이나 수준 등이 비교 대상을 훨씬 넘어섬.
86	賭博	도박	돈이나 재물 등을 걸고 주사위, 골패, 마작, 화투, 트럼프 등을 써서 서로 내기를 하는 일.
87	艶麗	염려	태도가 아리땁고 고움.
88	薔薇	장미	장미과 장미속의 관목을 통틀어 이르는 말.
89	範疇	범주	동일한 성질을 가진 부류나 범위.
90	模倣	모방	다른 것을 본뜨거나 본받음.
91	旱魃	한발	가뭄을 맡고 있다는 귀신. 심한 가뭄.
92	憤慨	분개	몹시 분하게 여김.
93	捺印	날인	도장을 찍음.
94	披瀝	피력	생각하는 것을 털어놓고 말함.

	한자어	음	뜻풀이
95	暫定的	잠정적	임시로 정하는. 또는 그런 것.
96	敍事的	서사적	서사의 성질을 띤. 또는 그런 것.
97	敍情的	서정적	정서를 듬뿍 담고 있는. 또는 그런 것.
98	拒食症	거식증	먹는 것을 거부하거나 두려워하는 병적 증상.
99	葉綠體	엽록체	식물의 세포소기관 중 하나로 광합성을 하는 곳.
100	罹災民	이재민	재해를 입은 사람.

빈출순으로 정리한 사자성어

	성어	음	뜻풀이
1	九曲肝腸	구곡간장	굽이 굽이 사무친 마음속. 또는 깊은 마음속.
2	口蜜腹劍	구밀복검	겉으로는 친절하나 마음속은 음흉한 것.
3	陵遲處斬	능지처참	대역죄를 범한 자에게 과하던 극형. 죄인을 죽인 뒤 시신의 머리, 몸, 팔, 다리를 토막 쳐서 각지에 돌려 보이는 형벌.
4	勞心焦思	노심초사	몹시 마음을 쓰며 애를 태움.
5	累卵之危	누란지위	몹시 아슬아슬한 위기를 말함.
6	凍足放尿	동족방뇨	잠시 동안만 효력이 있을 뿐 효력이 바로 사라짐을 말함.
7	麻中之蓬	마중지봉	곧은 삼밭 속에서 자란 쑥은 곧게 자라게 되는 것처럼 선한 사람과 사귀면 그 감화를 받아 자연히 선해짐을 말함.
8	猫項懸鈴	묘항현령	실행하지 못할 일을 공연히 의논만 한다는 말.
9	焚書坑儒	분서갱유	진시황이 학자들의 정치 비판을 막기 위해 민간의 서적을 불태우고 유생들을 구덩이에 묻어 죽인 일.
10	不俱戴天	불구대천	하늘 아래 같이 살 수 없는 원수. 죽여 없애야 할 원수.
11	上下撑石	상하탱석	몹시 꼬이는 일을 당하여 임시변통으로 이리저리 맞추어서 겨우 유지해 가는 것을 말함.
12	桑梓之鄕	상재지향	선조의 자취가 남아 있는 고향.
13	如履薄氷	여리박빙	아슬아슬하고 위험한 일.
14	臥薪嘗膽	와신상담	목적을 달성하기 위해 어떤 고난도 감수하는 정신을 말함.

	성어	음	뜻풀이
15	虛心坦懷	허심탄회	품은 생각을 터놓고 말할 만큼 아무 거리낌이 없고 솔직함.
16	班門弄斧	반문농부	재주가 뛰어난 사람 앞에서 함부로 재간을 부림.
17	切齒腐心	절치부심	몹시 분하여 이를 갈고 마음을 썩임.
18	狐假虎威	호가호위	남의 권세를 빌려 허세를 부림.
19	瓦釜雷鳴	와부뇌명	능력이 부족한 사람이 득세하고서 기세등등한 모습을 말함.
20	掩目捕雀	엄목포작	일을 건성으로 함을 이르는 말.
21	竿頭之勢	간두지세	매우 위태로운 형세를 이르는 말.
22	水到渠成	수도거성	때가 오면 일이 자연히 이루어지거나 학문을 열심히 닦아 조예가 깊어지면 명성이 저절로 난다는 말.
23	甘呑苦吐	감탄고토	달면 삼키고 쓰면 뱉는다는 뜻.
24	韋編三絕	위편삼절	한 권의 책을 몇 십 번이나 되풀이해서 읽음을 비유하는 말.
25	密雲不雨	밀운불우	일이 일어날 조짐은 많이 보이나 정작 성사가 되고 있지 않은 상태를 의미함.
26	欲哭逢打	욕곡봉타	불평을 품고 있는 사람을 선동함.
27	井底之蛙	정저지와	우물 안 개구리라는 뜻으로, 식견이 좁음.
28	桂玉之艱	계옥지간	물가가 비싼 도회지에서 고학하는 어려움.
29	袖手傍觀	수수방관	간섭하거나 거들지 아니하고 그대로 버려둠.
30	甲論乙駁	갑론을박	서로 자신의 주장을 내세우며 상대편의 주장을 반대하며 말함.
31	規矩準繩	규구준승	일상생활에서 지켜야 할 법도.
32	黔驢之技	검려지기	겉치레 뿐이고 실속이 보잘것없는 솜씨.
33	泥田鬪狗	이전투구	볼썽사납게 서로 헐뜯거나 다투는 것이나 이익을 차지하려고 지저분하게 다툼.

	성어	음	뜻풀이
34	暮雲春樹	모운춘수	먼 곳에 있는 친구를 생각하는 정이 간절함을 이름.
35	宋襄之仁	송양지인	쓸데없이 베푸는 인정을 이르는 말.
36	鼓舌搖脣	고설요순	입심이 좋아 마구 지껄여댐을 이르는 말.
37	望梅解渴	망매해갈	공상으로 마음의 위안을 얻는다는 말.
38	同歸殊途	동귀수도	같은 곳으로 돌아가지만 경로는 같지 아니함.
39	蓬頭亂髮	봉두난발	쑥대처럼 뒤죽박죽 헝클어진 머리카락. 쑥대머리.
40	暴虎馮河	포호빙하	죽음을 두려워하지 않는 무모한 용기를 비유하여 이르는 말.
41	尸位素餐	시위소찬	하는 일 없이 국가의 녹을 축내는 정치인을 비유한 말.
42	揭斧入淵	게부입연	쓸데없는 짓을 함을 이르는 말.
43	掩耳盜鐘	엄이도종	자신이 듣지 않는다고 남도 듣지 않는 줄로 안다는 뜻.
44	長袖善舞	장수선무	어떤 일을 함에 있어서도 조건이 좋은 사람이 유리함.
45	一狐之腋	일호지액	아주 귀하여 값이 비싼 물건을 이르는 말.
46	白雲孤飛	백운고비	멀리 떠나온 자식이 부모를 그리워 함.
47	燕雁代飛	연안대비	사람이 서로 멀리 떨어져 소식 없이 지냄을 이르는 말.
48	西施捧心	서시봉심	함부로 흉내내다가 웃음거리가 됨.
49	曲突徙薪	곡돌사신	화근을 미리 방지하라는 말.
50	囊中取物	낭중취물	손쉽게 얻을 수 있음을 이르는 말.
51	物外閒人	물외한인	현실에서 벗어나 한가하게 지내는 사람.
52	首鼠兩端	수서양단	주저하며 결단을 내리지 못하는 모습 또는 자신의 이득을 위해 기회만 엿보는 태도.

	성어	음	뜻풀이
53	握髮吐哺	악발토포	간절하게 인재를 구하는 모습을 가리키는 말.
54	魚魯不辨	어로불변	매우 무식함을 이르는 말.
55	刺股懸梁	자고현량	분발하여 열심히 공부함을 이르는 말.
56	日暮途遠	일모도원	늙고 쇠약한데 앞으로 해야 할 일은 많음을 이르는 말.
57	邯鄲之步	한단지보	제 분수를 잊고 무턱대고 남을 흉내내다가 이것저것 다 잃음을 비유하여 이르는 말.
58	輾轉不寐	전전불매	누워서 이리저리 뒤척이며 잠을 이루지 못한다는 말.
59	徒費脣舌	도비순설	헛되이 입술과 혀만 수고롭게 함. 말은 많이 하나 보람이 없음.
60	朽木糞牆	후목분장	어떤 일을 하고자 하는 의지와 기개가 없는 사람은 가르칠 수 없다는 말.
61	康衢煙月	강구연월	태평한 시대의 평화로운 거리 풍경.
62	笑裏藏刀	소리장도	겉으로는 웃고 있으나 마음속에는 해칠 마음을 품고 있음을 이르는 말.
63	巫山之夢	무산지몽	남녀의 밀회나 정교를 이르는 말.
64	徙木之信	사목지신	나라를 다스리는 사람은 백성을 속이지 않는다는 데서, 백성에 대한 신임을 밝히는 일을 이르는 말.
65	肝膽相照	간담상조	서로 속마음을 털어놓고 친하게 사귐.
66	抱炭希涼	포탄희량	하는 일과 바라는 일이 일치하지 않음을 이르는 말.
67	弄瓦之慶	농와지경	딸을 낳은 즐거움.
68	董狐之筆	동호지필	사실을 숨기지 아니하고 그대로 씀을 이르는 말.
69	磨斧作針	마부작침	아무리 어려운 일이라도 끊임없이 노력하면 반드시 이룰 수 있음을 이르는 말.
70	錦鱗玉尺	금린옥척	한 자쯤 되는, 보기에 아름답고 맛 좋은 물고기.

	성어	음	뜻풀이
71	搖頭轉目	요두전목	행동이 침착하지 못함을 이르는 말.
72	杯盤狼藉	배반낭자	술을 흥겹게 마시고 노는 모양 또는 술자리가 끝난 이후의 난잡한 모습.
73	布衣寒士	포의한사	벼슬이 없는 가난한 선비를 이르는 말.
74	赤手空拳	적수공권	맨손과 맨주먹이라는 뜻으로, 아무것도 가진 것이 없음.
75	尾生之信	미생지신	미련하도록 약속을 굳게 지키는 것이나 고지식하여 융통성이 없음을 가리키는 말.
76	博覽强記	박람강기	견문이 넓고 독서를 많이 하여 지식이 풍부함을 이르는 말.
77	白駒過隙	백구과극	인생이나 세월이 덧없이 짧음을 이르는 말.
78	春秋筆法	춘추필법	≪춘추≫와 같이 비판적이고 엄정한 필법을 이르는 말. 대의명분을 밝히어 세우는 역사 서술 방법.
79	鵬程萬里	붕정만리	먼 길 또는 사람의 먼 장래를 이르는 말.
80	經年閱歲	경년열세	여러 해를 지냄.
81	弓折箭盡	궁절전진	힘이 다하여 어찌할 도리가 없음을 이르는 말.
82	家諭戶說	가유호세	집집마다 일러서 깨우침.
83	漱石枕流	수석침류	실수를 인정하지 않고 억지를 부리는 태도를 이르는 말.
84	曳尾塗中	예미도중	부귀롭지만 속박받는 삶보다는 가난하지만 자유로운 삶이 좋다는 뜻.
85	阪上走丸	판상주환	어떤 세력에 힘입어 일을 꾀하면 쉽게 이루어지거나 잘 진전됨을 비유적으로 이르는 말.
86	汗牛充棟	한우충동	가지고 있는 책이 매우 많음을 이르는 말.
87	洛陽紙貴	낙양지귀	사람들의 환영을 받는 저작물이나 책을 가리킴.
88	含哺鼓腹	함포고복	먹을 것이 풍족하여 즐겁게 지냄을 이르는 말.

	성어	음	뜻풀이
89	吐哺握髮	토포악발	민심을 잡고 국가 행정에 관계되는 사무를 보살피기에 잠시도 편안함이 없음을 이르는 말.
90	啞然失色	아연실색	뜻밖의 일에 얼굴빛이 변할 정도로 놀람.
91	鼓腹擊壤	고복격양	백성들이 태평세월을 누린다는 말.
92	春雉自鳴	춘치자명	제 허물을 스스로 드러내어 화를 자초함을 이르는 말.
93	吾鼻三尺	오비삼척	내 코가 석자라는 뜻으로, 내가 당장 곤경에 처해 있어 남을 도울 여지가 없다는 말.
94	以卵擊石	이란격석	계란으로 바위 치기. 지극히 약한 것으로 지극히 강한 것을 치면 반드시 실패함을 이름.
95	養虎遺患	양호유환	남의 사정을 봐주었다가 후에 화를 입게 된다는 뜻.
96	宿虎衝鼻	숙호충비	아무 일도 없는 것을 잘못 건드려서 화를 당한다는 말.
97	非禮勿視	비례물시	예의에 맞지 않는 일이면 보지 말라는 뜻.
98	勿失好機	물실호기	좋은 기회를 놓치지 않음.
99	目不忍見	목불인견	차마 눈으로 볼 수 없을 정도로 딱하거나 참혹한 상황.
100	櫛風沐雨	즐풍목우	긴 세월을 이리저리 떠돌며 갖은 고생을 다함을 이르는 말.